11

Jose Antonio RODRÍGUEZ GARCÍA

LAICIDAD E INTELIGENCIA ARTIFICIAL

La implementación y el alineamiento de la laicidad como valor en los sistemas de inteligencia artificial

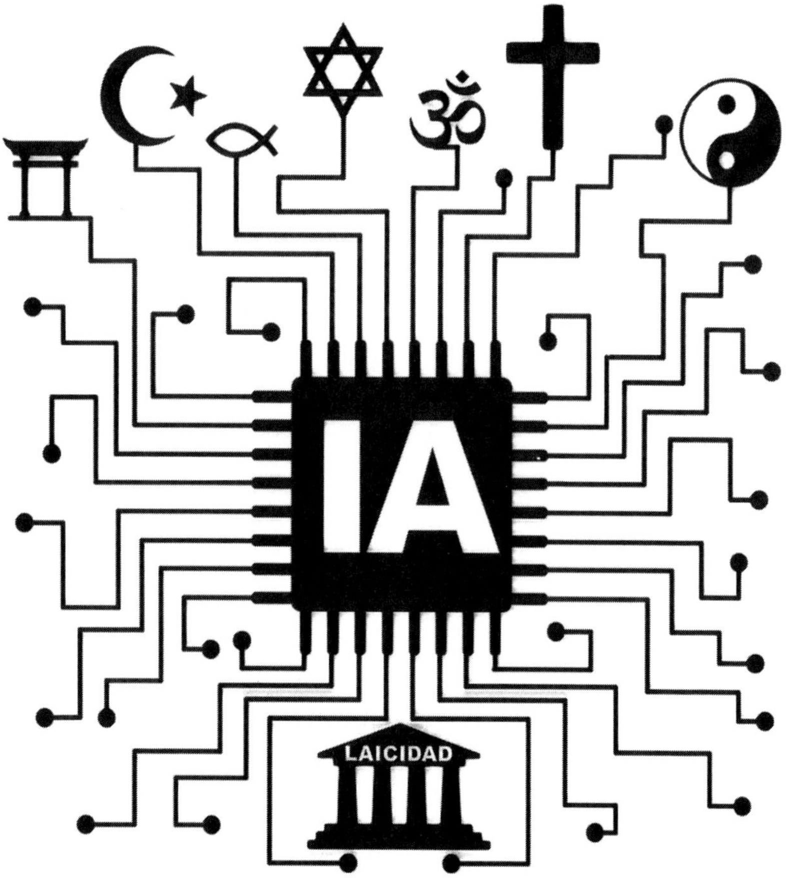

PUBLICACIONES CETINIA
UNIVERSIDAD REY JUAN CARLOS

PUBLICACIONES CETINIA Nº 11

LAICIDAD E INTELIGENCIA ARTIFICIAL

La implementación y el alineamiento de la laicidad como valor en los sistemas de inteligencia artificial

Jose Antonio Rodríguez García

Miembro de CETINIA

Catedrático de Derecho Eclesiástico del Estado

Universidad Rey Juan Carlos

Este libro ha sido sometido a evaluación por parte de nuestro Consejo Editorial
Para mayor información, véase *www.dykinson.com/quienes_somos*

Editorial DYKINSON, S.L. Meléndez Valdés, 61 – 28015 Madrid
Teléfono (+34) 91544 28 46 – (+34) 91544 28 69
e-mail: info@dykinson.com
http://www.dykinson.es
http://www.dykinson.com

ISBN: 978-84-1070-740-5
Depósito Legal: M-23709-2024
DOI: 10.14679/3437

Preimpresión:
Besing Servicios Gráficos, S.L.
besingsg@gmail.com

A Mar,
Cuando me llamas, siempre estoy.

ÍNDICE

INTRODUCCIÓN

La Inteligencia Artificial (IA) se ha convertido en una materia de interés para todos los ámbitos, las especialidades y las áreas de conocimiento, también para el Derecho y para los juristas.

El impacto jurídico de la IA en los derechos fundamentales es evidente. La IA generativa ha revolucionado y ha puesto de manifiesto alguno de los riesgos de la IA para nuestra sociedad (ejemplos son el ChatGPT u otras aplicaciones de IA generativa de imágenes o videos no reales, denominados deepfakes) y que se pueden considerar que son el zaguán de la IA general.

La regulación jurídica de la IA no es ajena a estos riesgos. Así, el Reglamento comunitario 2024/1689, de 13 de junio de 2024, de la IA (Ley de IA) se fundamenta en diversos niveles de riesgo que pueden provocar los sistemas de IA y tiene como objetivo minimizar dichos riesgos. El riesgo de los sistemas de IA se ha definido como: "la combinación de la probabilidad de que se produzca un perjuicio y la gravedad de dicho perjuicio". Este Reglamento comunitario 2024/1689 reconoce, expresamente, que dichos sistemas de IA no pueden vulnerar los derechos humanos ni provocar discriminación por ningún motivo. En concreto, el artículo 1 del Reglamento 2024/1689, de 13 de junio[1], de IA comienza diciendo que "El objetivo del presente Reglamento es mejorar el funcionamiento del mercado interior y promover la adopción de una inteligencia artificial (IA) centrada en el ser humano y fiable, garantizando al mismo tiempo un *elevado nivel de protección* de la salud, la seguridad y *los derechos fundamentales*

---

[1] La propuesta de Reglamento de la Comisión Europea es de 21 de abril de 2021 y el texto aprobado por el Parlamento Europeo es de 14 de junio de 2023 sobre la propuesta de Reglamento del Parlamento Europeo y del Consejo por el que se establecen normas armonizadas en materia de inteligencia artificial (Ley de Inteligencia Artificial) y se modifican determinados actos legislativos de la Unión. Y, finalmente, este Reglamento comunitario fue publicado en el Diario Oficial de la Unión Europea el 12 de julio de 2024 como *Reglamento (UE) 2024/1689 del Parlamento Europeo y del Consejo, de 13 de junio de 2024, por el que se establecen normas armonizadas en materia de inteligencia artificial y por el que se modifican los Reglamentos (CE) nº 300/2008, (UE) nº 167/2013, (UE) nº 168/2013, (UE) 2018/858, (UE) 2018/1139 y (UE) 2019/2144 y las Directivas 2014/90/UE, (UE) 2016/797 y (UE) 2020/1828 (Reglamento de Inteligencia Artificial)*. El 2 de agosto de 2024 entró en vigor, con las excepciones que establece el propio Reglamento (artículo 113) sobre diferentes materias que tendrán una entrada en vigor progresiva del contenido del mismo (conductas prohibidas y obligaciones para sistemas de IA de alto riesgo). El texto del Reglamento en el Diario Oficial de la UE tiene una extensión de 144 páginas y muchas partes de su articulado tienen cierta complejidad técnica.

consagrados en la Carta, incluidos la democracia, el Estado de Derecho y la protección del medio ambiente, frente a los efectos perjudiciales de los sistemas de IA (en lo sucesivo, «sistemas de IA») en la Unión así como prestar apoyo a la innovación". Dentro de este Reglamento 2024/1689, de 13 de junio, de IA destacan el artículo 5 (*prácticas de IA prohibidas*), el artículo 6 *(sobre sistemas de IA de alto riesgo*), el artículo 27 (*Evaluación del impacto relativa a los derechos fundamentales para los sistemas de IA de alto riesgo*) y el Anexo III (listado de sistemas de IA de alto riesgo a que se refiere el artículo 6.2. del Reglamento 2024/1689, de 13 de junio).

Entre los derechos fundamentales se encuentra la libertad de conciencia (religiosa o no) y, además, el principio de igualdad y no discriminación por motivos de convicciones o religión. Sobre el reconocimiento jurídico de estos derechos fundamentales, tanto en el ámbito europeo, comunitario y español nos remitimos al bloque tercero de esta obra donde se analizan casos de uso concretos relacionados con la laicidad. Igualmente se expondrá cómo el valor "laicidad" se sitúa como garantía de la igualdad en la libertad de conciencia y, en consecuencia, la regulación de la IA debe de tener en cuenta dicho valor jurídico. Además, se analizará cómo los sistemas de IA deben implementar la laicidad en su diseño y en su funcionamiento. En definitiva, los sistemas de IA deben alinearse con la laicidad.

Una de las preocupaciones es que las aplicaciones de los sistemas de IA incorporen e implementen determinados valores éticos. A esta preocupación responde el estudio jurídico de la laicidad como valor jurídico que debe implementarse en los sistemas de IA. Este es el propósito de esta obra. Este trabajo de investigación se enmarca en el proyecto de investigación **VAE: Value-aware systems. Ingeniería de valores en sistemas de IA, Subproyecto: Sistemas conscientes de los valores**, financiado por la Agencia Estatal de Investigación del Ministerio de Ciencia e Innovación, TED2021-131295B-C33 MCIN/AEI/ 10.13039/501100011033 y, por la Unión Europea "European Union NextGenerationEU/PRTR". Además, aprovecho estas líneas para agradecer a CETINIA, centro universitario dedicado a las tecnologías informáticas y a la IA, por la publicación de esta obra. Así como dar, también, las gracias a los miembros del grupo de investigación de alto rendimiento en IA, de la Universidad Rey Juan Carlos, por las aportaciones realizadas en los trabajos que he desarrollado sobre IA durante estos últimos años.

En fin, se hace muy necesario, en este contexto, determinar el papel que juega la laicidad como garante de los valores democráticos, de la libertad de conciencia, de la igualdad y de la no discriminación, en la regulación de la IA y en la implementación de la laicidad en los sistemas que utilizan esta tecnología, así como en el alineamiento del funcionamiento de los sistemas de IA con la laicidad.

Partiendo de estas breves premisas introductorias, esta obra se divide en tres grandes bloques:

Primero: Los valores humanos, éticos y jurídicos en los sistemas de IA.

Segundo: El marco teórico de la laicidad como garantía de los valores de libertad e igualdad en una sociedad democrática y su implementación en los sistemas de IA.

Tercero: Algunos casos de uso de la implementación y del alineamiento de la laicidad entendida como igualdad en la libertad de conciencia en los sistemas de IA.

En todo caso lo primero que hay que hacer es definir, o al menos intentarlo, qué es o qué se entiende por IA para, posteriormente, estudiar qué valores son los que se deben implementar en los sistemas de IA. A eso se dedica la primera parte del Bloque I de esta obra.

BLOQUE I: INTELIGENCIA ARTIFICIAL Y VALORES

I. El concepto de Inteligencia Artificial.

Una primera definición de "inteligencia artificial" (IA, en adelante), "también llamada inteligencia computacional, es la inteligencia exhibida por máquinas. En las ciencias de la computación, una máquina 'inteligente' ideal es un agente racional flexible que percibe su entorno y lleva a cabo acciones que maximicen sus posibilidades de éxito en algún objetivo o tarea"[2]. Otra definición más actual entiende la inteligencia artificial (IA), "en el contexto de las ciencias de la computación, como una disciplina y un conjunto de capacidades cognoscitivas e intelectuales expresadas por sistemas informáticos o combinaciones de algoritmos cuyo propósito es la creación de máquinas que imiten la inteligencia humana para realizar tareas, y que pueden mejorar conforme recopilen información"[3].

La inteligencia artificial se puede dividir en cuatro tipos[4]:

1. Sistemas que piensan como humanos. Estos sistemas tratan de emular el pensamiento humano; por ejemplo, las redes neuronales artificiales. Aquí se encuentra la automatización de actividades que se vinculan con procesos de pensamiento humano, actividades como la toma de decisiones, resolución de problemas y aprendizaje.

2. Sistemas que actúan como humanos. Estos sistemas tratan de actuar como humanos; es decir, imitan el comportamiento humano; por ejemplo, la robótica.

---

[2] Así se definía la "Inteligencia artificial" en 2017 en Wikipedia.

[3] Esta es la definición de Inteligencia artificial, en enero de 2024, en Wikipedia.

[4] RUSSELL, S. J. y NORVIG, P.: *Inteligencia Artificial: Un Enfoque Moderno*, 2ª edición, Pearson, 2008, p. 2. Las seis disciplinas que abarcan la mayor parte de la Inteligencia artificial son (Ibidem, p. 3): Procesamiento de lenguaje natural que le permita comunicarse satisfactoriamente en un idioma; Representación del conocimiento para almacenar lo que se conoce o siente; Razonamiento automático para utilizar la información almacenada para responder a preguntas y extraer nuevas conclusiones; Aprendizaje automático para adaptarse a nuevas circunstancias y para detectar y extrapolar patrones; Visión computacional para percibir objetos; Robótica para manipular y mover objetos.

3. Sistemas que piensan racionalmente. Es decir, con lógica (idealmente), tratan de imitar o emular el pensamiento lógico racional del ser humano; por ejemplo, los sistemas expertos y,

4. Sistemas que actúan racionalmente (idealmente). Tratan de emular de forma racional el comportamiento humano; por ejemplo, los agentes inteligentes.

El Diccionario de la Real Academia de la Lengua Española (RAE) define inteligencia artificial como la "Disciplina científica que se ocupa de crear programas informáticos que ejecutan operaciones comparables a las que realiza la mente humana, como el aprendizaje o el razonamiento lógico".

A partir de esta primera aproximación conceptual se han ido proponiendo diferentes definiciones. Por ejemplo, la norma ISO sobre información tecnológica, de 2015[5], define inteligencia artificial "como la capacidad de una unidad funcional para realizar funciones que generalmente están asociadas con la inteligencia humana, como el razonamiento y el aprendizaje". Definición muy similar a la que recoge la RAE.

Existen multitud de definiciones sobre IA, solamente vamos a recoger algunas. Se ha definido "Inteligencia artificial" como inteligencia artificial o simulada mediante medios tecnológicos. A menudo se considera "inteligente" a aquello que responde a ciertos estándares de la inteligencia humana, es decir, al tipo de capacidades inteligentes y comportamientos que presentan los seres humanos. El término puede referirse a la ciencia o a la tecnología, como sucede, por ejemplo, en el caso de los algoritmos de aprendizaje[6]. O, "la inteligencia artificial es un término general para los sistemas de software capaces de tomar decisiones que tradicionalmente requerirían un cerebro humano. La combinación de algoritmos detrás de la IA analiza datos en tiempo real, de diversas fuentes, como sensores, datos digitales y entradas remotas y, luego actúan en función de conocimientos obtenidos de los datos"[7].

La OCDE define un sistema de inteligencia artificial (IA) como un sistema basado en máquinas que puede, para un conjunto determinado de objetivos definidos por humanos, hacer predicciones, recomendaciones o decisiones que influyen en entornos reales o virtuales[8].

Y, la Orden ejecutiva del presidente de los Estados Unidos, Joe BIDEN, sobre el desarrollo y uso seguro y confiable de la inteligencia artificial, de 30 de octubre de 2023, remite el término "inteligencia artificial" a la definición establecida en la Iniciativa Nacional de Inteligencia Artificial de 2020[9], es

---

[5] ISO/IEC 2382:2015(en), 212377, sobre Información tecnológica.

[6] COECKELBERGH, M.: *Ética de la inteligencia artificial*, Cátedra, 2021, p. 166.

[7] SÁNCHEZ SÁNCHEZ, E.: "Inteligencia artificial", en *Diccionario de términos para comprender la transformación digital*, (G. VESTRI, Director), Aranzadi, 2023, p. 197.

[8] *Recommendation of the Council on Artificial Intelligence* OECD, 22 de mayo de 2019.

[9] 15 USC 9401(3).

decir, un sistema basado en una máquina que puede, para un conjunto determinado de objetivos definidos por humanos, hacer predicciones, recomendaciones o decisiones que influyen en entornos reales o virtuales. Los sistemas de inteligencia artificial utilizan entradas de máquinas y humanos para percibir entornos reales y virtuales; abstraen dichas percepciones en modelos mediante análisis de forma automatizada; y utilizan la inferencia de modelos para formular opciones de información o acción.

Otros conceptos que se relacionan directamente con el concepto de Inteligencia Artificial son, por ejemplo, el término "robot inteligente". La normativa koreana[10] define "robot inteligente" como un dispositivo mecánico que percibe el entorno externo por sí mismo, discierne las circunstancias y se mueve voluntariamente y, según el Parlamento europeo, nos encontramos ante un robot inteligente si reúne las siguientes características: "capacidad de adquirir autonomía mediante sensores y/o mediante el intercambio de datos con su entorno (interconectividad) y el intercambio y análisis de dichos datos; capacidad de autoaprendizaje a partir de la experiencia y la interacción (criterio facultativo); un soporte físico mínimo; capacidad de adaptar su comportamiento y acciones al entorno e inexistencia de vida en sentido biológico"[11].

También, la definición de "algoritmo" del Diccionario de la RAE incluye dos acepciones: "Conjunto ordenado y finito de operaciones que permite hallar la solución de un problema" y "Método y notación en las distintas formas del cálculo". También se ha definido "algoritmo" como "un conjunto y secuencia de instrucciones, como una receta, que le dice qué hacer al ordenador, smartphone, máquina, robot, o cualquier cosa en la que esté integrado. Conduce a un resultado (output) particular basándose en la información disponible (input). Se utiliza para resolver un problema"[12] y, por "aprendizaje automático" se entiende "máquina o software capaz de aprender automáticamente, no en la forma en que aprendemos los humanos, sino a partir de un proceso computacional específico. Alimentándose de datos, los algoritmos de aprendizaje pueden detectar patrones o reglas en los datos y hacer predicciones para datos futuros"[13].

Por último, en este apartado de definiciones, se recoge el significado del término "Sistema de Inteligencia Artificial". Se considera que es un "Sistema de ingeniería que genera resultados como contenido, pronósticos, recomendaciones o decisiones para un conjunto determinado de objetivos

---

[10] *Intelligent robots development and distribution promotion Act*, de 28 de marzo de 2008 (en vigor hasta el 30 de junio de 2018).

[11] Resolución del Parlamento Europeo, de 16 de febrero de 2017, con recomendaciones destinadas a la Comisión sobre normas de Derecho civil sobre robótica (2015/2103(INL)).

[12] COECKELBERGH, M.: *Ética de la inteligencia artificial*, op. cit., p. 66.

[13] COECKELBERGH, M.: *Ética de la inteligencia artificial*, op. cit., p. 165.

definidos por el ser humano"[14]. Por su parte, la Orden ejecutiva del presidente de los Estados Unidos, Joe BIDEN, sobre el desarrollo y uso seguro y confiable de la inteligencia artificial, de 30 de octubre de 2023, define el término "sistema de IA" como cualquier sistema de datos, software, hardware, aplicación, herramienta o utilidad que funcione total o parcialmente utilizando IA.

Por "sistema de inteligencia artificial" se entiende en la Ley canadiense de implementación de la Carta Digital, de 2022, "un sistema tecnológico que, de forma autónoma o parcialmente autónoma, procesa datos relacionados con las actividades humanas mediante el uso de un algoritmo genético, una red neuronal, aprendizaje automático u otra técnica con el fin de generar contenidos o tomar decisiones, recomendaciones o predicciones".

Por su parte, el artículo 2 de Convenio marco sobre la inteligencia artificial, los derechos humanos, la democracia y el Estado de Derecho del Consejo de Europa, de 17 de mayo de 2024, establece que a los efectos del presente Convenio, se entenderá por «sistema de inteligencia artificial» un sistema basado en máquinas que, con objetivos explícitos o implícitos, infiere, a partir de los datos que recibe, cómo generar resultados, como predicciones, contenidos, recomendaciones o decisiones que puedan influir en entornos físicos o virtuales. Los diferentes sistemas de inteligencia artificial varían en sus niveles de autonomía y adaptabilidad después de la implementación.

Y, en último lugar, en la Propuesta de Reglamento IA, de la Comisión Europea (2021), el artículo 3 sobre definiciones decía que se entendía por:

«Sistema de inteligencia artificial (sistema de IA)»: el software que se desarrolla empleando una o varias de las técnicas y estrategias que figuran en el anexo I y que puede, para un conjunto determinado de objetivos definidos por seres humanos, generar información de salida como contenidos, predicciones, recomendaciones o decisiones que influyan en los entornos con los que interactúa.

Si bien el artículo 3 del Reglamento comunitario 2024/1689, de 13 de junio, finalmente, recoge esta definición[15] de «sistema de IA»: "un sistema

[14] Tecnología de la información. Inteligencia artificial. Conceptos y terminología de inteligencia artificial (ISO/IEC 22989:2022), (ratificada por la Asociación Española de Normalización en agosto de 2023), https://www.iso.org/obp/ui/es/#iso:std:iso-iec:22989:ed-1:v1:en. Aparecen varias definiciones de sistemas de IA, en ESTÉVEZ ALMENZAR, M. et al.: *Glossary of human-centric artificial intelligence*, Joint Research Centre, Unión Europea, Luxemburgo, 2022, p. 13 https://publications.jrc.ec.europa.eu/repository/handle/JRC129614 DOI:10.2760/860665.

[15] Y, por su parte, el texto aprobado por el Parlamento Europeo, de 14 de junio de 2023, definía: «Sistema de inteligencia artificial (sistema de IA)»: *un sistema basado en máquinas diseñado para funcionar con diversos niveles de autonomía y capaz, para*

basado en una máquina que está diseñado para funcionar con distintos niveles de autonomía y que puede mostrar capacidad de adaptación tras el despliegue, y que, para objetivos explícitos o implícitos, infiere de la información de entrada que recibe la manera de generar resultados de salida, como predicciones, contenidos, recomendaciones o decisiones, que pueden influir en entornos físicos o virtuales". Y, por «modelo de IA de uso general» se entiende en este Reglamento comunitario: "un modelo de IA, también uno entrenado con un gran volumen de datos utilizando autosupervisión a gran escala, que presenta un grado considerable de generalidad y es capaz de realizar de manera competente una gran variedad de tareas distintas, independientemente de la manera en que el modelo se introduzca en el mercado, y que puede integrarse en diversos sistemas o aplicaciones posteriores, excepto los modelos de IA que se utilizan para actividades de investigación, desarrollo o creación de prototipos antes de su introducción en el mercado".

El concepto de "sistema de IA" que define el Reglamento comunitario 2024/1689, de 13 de junio, de IA y la normativa española existente hasta estos momentos utiliza un concepto bastante amplio para no restringir el uso de la tecnología y que tenga cabida cualquier máquina que use inteligencia artificial, porque muchas veces no somos conscientes que usamos aplicaciones que utilizan IA sin nosotros saberlo.

Por su parte, en la normativa autonómica española, el Decreto-ley 2/2023, de 8 de marzo, de medidas urgentes de impulso a la inteligencia artificial en Extremadura, se define sistema de Inteligencia Artificial como "aquel software, que, empleando diferentes técnicas y estrategias para un conjunto determinado de objetivos definidos por seres humanos, puede generar información, contenidos, predicciones, recomendaciones o decisiones capaces de influir en los entornos con los que interactúa".

Y, en el Real Decreto 817/2023, de 8 de noviembre, que establece un entorno controlado de pruebas para el ensayo del cumplimiento de la propuesta de Reglamento del Parlamento Europeo y del Consejo por el que se establecen normas armonizadas en materia de inteligencia artificial. En el artículo 3 se recogen, entre otras definiciones, las siguientes:

«Sistema de inteligencia artificial»: sistema diseñado para funcionar con un cierto nivel de autonomía y que, basándose en datos de entradas proporcionadas por máquinas o por personas, infiere cómo lograr un conjunto de objetivos establecidos utilizando estrategias de aprendizaje automático o basadas en la lógica y el conocimiento, y genera información de salida, como contenidos

---

objetivos explícitos o implícitos, de generar información de salida —como predicciones, recomendaciones o decisiones— que influya en entornos *reales o virtuales.*

(sistemas de inteligencia artificial generativos), predicciones, recomendaciones o decisiones, que influyan en los entornos con los que interactúa.

Por «Sistema de inteligencia artificial de alto riesgo» se entiende el sistema de inteligencia artificial que cumpla alguno de los siguientes supuestos: a) Un sistema de inteligencia artificial que constituya un producto regulado por la legislación de armonización de la Unión especificada en el anexo VII de este Real Decreto se considerará de alto riesgo si debe someterse a una evaluación de la conformidad por un tercero con vistas a la introducción en el mercado o puesta en servicio de dicho producto con arreglo a la legislación mencionada; b) Un sistema de inteligencia artificial que vaya a ser utilizado como un componente que cumple una función de seguridad y cuyo fallo o defecto de funcionamiento pone en peligro la salud y la seguridad de las personas o los bienes en un producto regulado por una norma armonizada de la Unión Europea, si debe someterse a una evaluación de conformidad por parte de un tercero con vistas a la introducción en el mercado o puesta en servicio de dicho producto con arreglo a la legislación de armonización aplicable. Este supuesto será aplicable, aunque el sistema de inteligencia artificial se comercialice o se ponga en servicio independientemente del producto; c) Sistemas de inteligencia artificial mencionados en el anexo II (similar al Anexo III del Reglamento comunitario 2024/1689, de 13 de junio, de IA), siempre que la respuesta del sistema sea relevante respecto a la acción o decisión a tomar, y pueda, por tanto, provocar un riesgo significativo para la salud, los derechos de las personas trabajadoras en el ámbito laboral o la seguridad o los *derechos fundamentales*.

A su vez, por «Sistema de inteligencia artificial de propósito general» se considera aquel sistema de inteligencia artificial que, independientemente de la modalidad en la que se comercialice o se ponga en servicio, incluso como software de código abierto, está destinado por el proveedor del sistema a realizar funciones de aplicación general, como el reconocimiento de texto, imágenes y del habla; la generación de textos, audios, imágenes y/o vídeos; detección de patrones; respuesta a preguntas; traducción y otras. Y, por «Modelo fundacional» se entiende un modelo de inteligencia artificial entrenado en una gran cantidad de datos no etiquetados a escala (generalmente mediante aprendizaje autosupervisado y/o con recopilación automática de contenido y datos a través de internet mediante programas informáticos) que da como resultado un modelo que se puede adaptar a una amplia gama de tareas posteriores. En el Reglamento 2024/1689, de 13 de junio, de IA ya no aparecen los “modelos fundacionales” y se denominan “modelo de IA de uso general”.

II. La implementación y el alineamiento de valores en los sistemas de Inteligencia Artificial, pero ¿qué valores?

Lo primero es realizar una breve aproximación terminológica a dos conceptos. El concepto de "implementación" se refiere a todos los pasos que conlleva la puesta en marcha de un nuevo software o programa informático. Puede incluir cualquier aspecto, desde la instalación hasta la configuración, la prueba de ejecución y la edición. Estaríamos en la fase del diseño, principalmente. Y, por "alineamiento" se entiende la evaluación del desarrollo de los sistemas de inteligencia artificial y que estos actúen de conformidad con los objetivos e intereses implementados. Estaríamos en la fase de auditoría de los sistemas de IA[16].

Se parte en este capítulo de un análisis de algunas investigaciones realizadas por los ingenieros/as informáticos/as y de las ciencias de la computación que propugnan la implementación de valores[17] en la IA[18]. Y, en

---

[16] "When implementing a new norm (or set of norms) leads to an outcome that is viewed as highly positive with respect to some value, we say that the norm is aligned with respect to that value. Hence, the relationship between norms and values is consequential in nature. A norm is not moral in itself, it is so to the extent that the effects it brings about in the society agree with the members' values, represented in the form of goals", vid. MONTES, N.; OSMAN, N.; SIERRA, C., y SLAVKOVIK, M.: "Value Engineering for Autonomous Agents", arXiv:2302.08759v1, 20 de febrero de 2023. Estamos ante lo que se ha denominado "*Value-Alignment Problem* (VAP)", vid. RUSSELL, S.: *Human Compatible: Artificial Intelligence and the Problem of Control*, Penguin, 2019; RUSSELL, S.: "Provably beneficial artificial intelligence", en *The Next Step: Exponential Life*. BBVA-Open Mind, 2017; SIERRA, C.; OSMAN, N.; NORIEGA, P.; SABATER-MIR, J.; PERELLO-MORAGUES, A.: "Value alignment: A formal approach", en *Responsible Artificial Intelligence Agents Work- shop (RAIA)* en AAMAS 20192; MONTES, N.; SIERRA, C.: "Value-Alignment Equilibrium in Multiagent Systems", en HEINTZ, F., MILANO, M., O'SULLIVAN, B. (eds.): *Trustworthy AI - Integrating Learning, Optimization and Reasoning*. TAILOR 2020, Lecture Notes in Computer Science, vol 12641, 2021, Springer, Cham. https://doi.org/10.1007/978-3-030-73959-1_17.

[17] El Diccionario de la RAE define valor como: "Grado de utilidad o aptitud de las cosas para satisfacer las necesidades o proporcionar bienestar o deleite". Sobre la definición de valor en los sistemas de IA, vid. POEL, I. van de: "Embedding Values in Artificial Intelligence (AI) Systems", en *Minds & Machines*, nº 30, 2020, pp. 385-409, https://doi.org/10.1007/s11023-020-09537.

[18] De hecho, *la idea del razonamiento basado en valores tiene su origen en el Derecho*. La idea básica es que la fuerza de una regla depende de los valores que promueve y de las preferencias entre valores; vid. BENCH-CAPON, T.; MODGIL, S.: "Norms and value based reasoning: justifying compliance and violation", *Artificial Intelligence and Law*, nº 25, 2017, pp. 29-64. https://doi.org/10.1007/s10506-017-9194-9; VERHEIJ, B.: "Arguments about values", en ATKINSON, K.; PRAKKEN, H.; WYNER, A. (eds.): *From knowledge representation to argumentation in AI, law and policy making*. College Publications, 2013, pp. 243-257.

consecuencia, que los sistemas de IA este alineados con los valores humanos[19].

En este sentido se ha escrito que la diversidad de propuestas en esta materia conduce a una creciente heterogeneidad en la nomenclatura debido, principalmente, a interpretaciones sesgadas de valores por la aplicación de diferentes teorías computacionales y de las ciencias sociales[20]. En este ámbito, se han diferenciado tres propuestas[21]. Una primera, relativa a la selección de normas alineadas con valores consecuencialistas[22], que utiliza los valores elaborados por SCHWARTZ. Sobre estos valores de SCHWARTZ volveremos, más adelante, para ser estudiados con mayor profundidad. Una segunda, la representación de valores mediante taxonomías[23]. Y, la tercera, responde a una selección deontológica de normas alineadas con valores[24].

Por otra parte, se ha propuesto el marco de argumentación en valores (Value Based Argumentation Frameworks (*VAFs*)) donde se asocia un argumento con un valor social que se promueve. En este sentido, este marco de argumentación en valores se ha demostrado importante para poder reconstruir el razonamiento legal, vid. MODGIL, S. & BENCH-CAPON, T.: "Integrating Object and Meta-Level Value Based Argumentation", en *Computational Models of Argument: Proceedings of COMMA*, 2008, pp. 240-251; BENCH-CAPON, T.: "Persuasion in Practical Argument Using Value-based Argumentation Frameworks", *Journal of Logic and Computation*, 13 (3), 2003, pp. 429-448; BENCH-CAPON, T.; ATKINSON, K. & CHORLEY, A.: "Persuasion and Value in Legal Argument", *Journal of Logic and Computation*, 15, 2005, pp. 1075-1097.

[19] RUSSELL, S: *Human Compatible: Artificial Intelligence and the Problem of Control*, Penguin Publishing, 2019; OSMAN, N. y D'INVERNO, M.: "A computational framework of human values for ethical AI", 2023, arXiv: 2305.02748.

[20] HOLGADO-SÁNCHEZ, A.; BILLHARD, H.; OSSOWSKI, S. y FERNÁNDEZ, A.: "An Ontology for Value Awareness Engineering", en *Proceedings of the 16th International Conference on Agents and Artificial Intelligence*, volumen 3, *AWAI*, 2024, pp. 1421-1428. DOI: 10.5220/0012595500003636. En este paper se realiza una propuesta superadora para aliviar la brecha de la implementación de nuevos sistemas conscientes de valores ("value awareness").

[21] HOLGADO-SÁNCHEZ, A.; BILLHARD, H.; OSSOWSKI, S. y FERNÁNDEZ, A.: "An Ontology for Value Awareness Engineering", en *Proceedings of the 16th International Conference on Agents and Artificial Intelligence*, volumen 3, *AWAI*, 2024, pp. 1421-1428. DOI: 10.5220/0012595500003636. En este paper se realiza una propuesta superadora para aliviar la brecha de la implementación de nuevos sistemas de conscientes de valores.

[22] MONTES, N. y SIERRA, C.: "Synthesis and properties of optimally value-aligned normative systems", *Journal of Artificial Intelligence Research*, 74, 202, pp. 1739-1774.

[23] OSMAN, N. y D'INVERNO, M.: "A computational framework of human values for ethical AI", 2023, arXiv: 2305.02748. En este artículo se utilizan los valores propuestos por SCHWART (2007).

[24] SERRAMIA, M.; LOPEZ-SANCHEZ, M.; RODRIGUEZ-AGUILAR, J. A.; RODRIGUEZ, M.; WOOLDRIDGE, M.; MORALES, J. & ANSOTEGUI, C.: "Moral values in norm decision making", en *Proceedings of the 17th International Conference on Autonomous Agents and MultiAgent Systems (AAMAS'18)*, 2018, pp. 1294-1302; RODRIGUEZ-SOTO, M.; SERRAMIA, M.; LOPEZ-SANCHEZ, M. y RODRÍGUEZ-AGUILAR, J. A.: "Instilling moral value alignment by means of multi-objective reinforcement learning", *Ethics and*

Así, por ejemplo, en el paper: "Value Engineering for Autonomous Agents" de Nieves MONTES, Nardine OSMAN, Carles SIERRA y Marija SLAVKOVIK[25] se propugna la utilización de los valores humanos universales[26] elaborados por SCHWARTZ[27]. La principal área de impacto de la teoría de SCHWARTZ ha sido en los estudios interculturales; sin embargo, estos autores consideran que estos valores se pueden utilizar también para el estudio de un modelo de ética computacional[28] para agentes autónomos. El interés en estos valores no está en los logros de la teoría sino en la conceptualización de los valores con los que trabaja. Siguiendo a SCHWARTZ

Information Technology, n. 24, 9, 2022. https://doi.org/10.1007/s10676-022-09635-0. Estos autores definen los valores como hechos naturales o no naturales sobre lo que es bueno o malo, y sobre qué tipo de cosas debe promoverse, desde un punto ético. Y, consideran que un agente alineado con los valores es aquel que se comporta éticamente, siguiendo un valor moral actuando de la manera más loable posible y respetando siempre las normas morales. En estas obras se dice que se sigue la perspectiva filosófica de ARNOLD, T.; KASENBERG, D. y SCHEUTZ, M.: "Value Alignment or Misalignment. What Will Keep Systems Accountable?", *AAAI Workshops*, 2017. En este artículo se apoya el enfoque de "aprendizaje de refuerzo inverso" —inverse reinforcement learning (IRL)— para entrenar los sistemas de IA para que se comporten como los seres humanos desean, incluido el comportamiento éticamente apropiado. También defiende que los sistemas de IA deben representar explícitamente los principios legales.

[25] Vid. arXiv:2302.08759v1, 20 de febrero de 2023.

[26] OSMAN, N. y D'INVERNO, M.: "A computational framework of human values for ethical AI", 2023, arXiv: 2305.02748. En este artículo defienden que no existen valores universales.

[27] Vid. SCHWARTZ, S. y BILSKY, W.: "Toward a universal psychological structure of human values", *Journal of Personality and Social Psychology, 53*, 1987, pp. 550-562; SCHWARTZ, S.: "Universals in the content and structure of values: theoretical advances and empirical tests in 20 countries", *Advances in Experimental Social Psychology, 25*, 1992, pp. 1-66; SCHWARTZ, S. y SAGIV, L.: "Identifying culture- specifics in the content and structure of values", *Journal of Cross-Cultural Psychology, 26*, 1995, pp. 92-116; SCHWARTZ, S.; SAGIV, L.; BOEHNKE, K.: "Worries and values", *Journal of Personality, 68* (2), 2000, pp. 309-346; SCHWARTZ., S.; BOEHNKE, K.: "Evaluating the structure of human values with confirmatory factor analysis", *Journal of Research in Personality, 38* (3), 2004, pp. 230-255; SCHWARTZ, S.: "Basic human values: Their content and structure across countries", en TAMAYO, A. y PORTO, J. (Eds.). *Values and behavior in organizations*, 2005, pp. 21-55; SCHWARTZ, S.: "Les valeurs de base de la personne: Théorie, mesures et applications [Basic human values: Theory, measurement, and applications]", *Revue Française de Sociologie*, 2006, pp. 249-288; SCHWARTZ, S. H.: *A Proposal for Measuring Value Orientations across Nations*, 2007; SCHWARTZ, S. H.: "An Overview of the Schwartz Theory of Basic Values", *Online Readings in Psychology and Culture, 2* (1), 2012; SCHWARTZ, S. H., CIECIUCH, J., VECCHIONE, M., DAVIDOV, E., FISCHER, R., BEIERLEIN, C., et al.: "Refining the theory of basic individual values", *Journal of Personality and Social Psychology*, 113, 2012, pp. 663-688.

[28] Sobre los modelos de ética computacional, vid. SEGUN, S. T.: "From machine ethics to computational ethics", *AI & SOCIETY*, 36, (1), 2021, pp. 263-276. Y, sobre el término: "ética algorítmica", vid. VESTRI, G.: "Ética algorítmica", en *Diccionario de términos para comprender la transformación digital*, Gabriele VESTRI (dir.), Aranzadi, 2023, pp. 153-156.

se define los valores como creencias que pertenecen a estados finales deseables o a comportamientos, que trascienden situaciones específicas, que guían la selección o evaluación de esos comportamientos y eventos, y que están ordenados por su importancia relativa[29].

En concreto, los valores individuales de SCHWARTZ se recogen en la siguiente tabla:

Valor genérico	*Meta a la que se dirige*	*Valores representados*
1. Poder	Poder y estatus social, autoridad, riqueza.	Poder social, riqueza, imagen pública
2. Logro	Éxito, competencia en acuerdo con las normas	Ambición, influencia, triunfo.
3. Hedonismo	Gratificación, disfrute de la vida	Placer, diversión, autoindulgencia.
4. Estimulación	Audacia, desafíos variados en la vida, emoción, novedad	Una vida emocionante, variada y atrevida
5. Autodirección	Libertad de acción, independencia, capacidad de elección.	Creatividad, libertad, curiosidad elección de las propias metas
6. Universalismo	Mentalidad abierta, belleza de la naturaleza y las artes, un mundo en paz, tolerancia, unidad la con naturaleza, protección de las personas y el medio ambiente.	Igualdad, justicia social, sabiduría, protección del ambiente, unión con la naturaleza, belleza.
7. Benevolencia	Espíritu de servicio, honestidad, lealtad a las personas cercanas, responsabilidad.	Amabilidad, honestidad, responsabilidad, lealtad.
8. Tradición	Respeto de las costumbres propias de la tradición cultural o de la religión.	Devoción, respeto a la tradición, humildad, dedicación, modestia.
9. Conformidad	Obediencia, autodisciplina, cortesía	Autodisciplina, educación, respetar a progenitores y mayores, obediencia. moderación de los impulsos, respeto de las normas.
10. Seguridad	Orden social, armonía, estabilidad de la sociedad y de las relaciones, pulcritud, reciprocidad de los favores.	Seguridad familiar, seguridad nacional.

[29] En el artículo titulado: "Are there universal aspects in the structure and contents of human values?", en *Journal of Social Issues*, nº 50, 1994. SCHWARTZ define los valores como creencias que se refieren a objetivos deseables que motivan la acción. Como este autor explica en su visión atribuye cinco características formales a los valores: son creencias vinculados a los afectos; hacen referencia a objetivos deseables que motivan la acción; trascienden situaciones específicas; seleccionan o evalúan la conducta y eventos en función de una jerarquización personal de los valores y están ordenados por importancia relativa y subjetiva.

Estos valores son motivacionales. Es decir, el comportamiento, la conducta de un individuo está motivada por alguno de estos valores. Incluso se puede establecer una clara jerarquización entre ellos. Estos valores de SCHWARTZ son utilizados preferentemente por la psicología social y por la sociología; en cambio, no se utilizan por las ciencias jurídicas pues no hemos encontrado en la literatura jurídica referencias a este autor. No obstante, conviene tener presente una serie de limitaciones que el propio SCHWARTZ destacó de su clasificación de valores humanos[30]. La razón del estudio de estas limitaciones se debe a que estos valores son utilizados, ampliamente, en otras obras de investigadores de las ciencias de la computación[31].

Primero: Se trata de valores humanos transculturales[32]. Es evidente que las personas difieren en sus jerarquías de valores personales, es decir, en la importancia relativa que atribuyen a los distintos valores. Sin embargo, en "Values hierarchies across cultures. Talking a similarities perspective"[33] utilizando datos de 63 países, Shalom H. SCHWARTZ y Anat BARDI demostraron que la gradación de importancia entre los diez tipos de valores es bastante similar en todo el mundo. No obstante, si tomamos en consideración los estudios de CAPRARA, SCHWARTZ y otros[34] y de

---

30 MACHADO, A.: *Teoría de los valores de Schwartz*, Tesis doctoral, Universidad de Navarra, 2020.

31 A título de ejemplo: LISCIO, E.; LERA-LERI, R.; BISTAFFA, F.; DOBBE, R. I.J.; JONKER, C. M.; LOPEZ-SANCHEZ, M., RODRIGUEZ-AGUILAR, J. A. y MURUKANNAIAH, P. K.: "Value Inference in Sociotechnical Systems", en *Proceedings of the 2023 International Conference on Autonomous Agents and Multiagent Systems (AAMAS '23)*. International Foundation for Autonomous Agents and Multiagent Systems, Richland, SC, 2023, pp. 1774-1780; MONTES, N. y SIERRA, C.: "Synthesis and Properties of Optimally Value-Aligned Normative Systems", *Journal of Artificial Intelligence Research,* 74 (Sep 2022), https://doi.org/10.1613/jair.1.13487; MONTES, N. y SIERRA, C.: "Value-Alignment Equilibrium in Multiagent Systems", *Lecture Notes in Computer Science,* Springer International Publishing, 2021, pp. 189-204; https://doi.org/10.1007/978-3-030-73959-1_17; MONTES, N. y SIERRA, C.: "Value-Guided Synthesis of Parametric Normative Systems", en *Proceedings of the 20th International Conference on Autonomous Agents and MultiAgent Systems (AAMAS '21).* International Foundation for Autonomous Agents and Multiagent Systems, Richland, SC, 2021, pp. 907-915.

32 SCHWARTZ, S. H. y SAGIV. L.: "Identifying culture- specifics in the content and structure of values", *Journal of Cross-Cultural Psychology, 26*, 1995.

33 *Journal of Cross-Cultural Psychology*, 32 (3), 2001, pp. 268-290.

34 CAPRARA, G. V.; SCHWARTZ, S.; CAPANNA, C.; VECCHIONE, M. y BARBARANELLI, C.: "Personality and Politics: Values, Traits, and Political Choice", *Political Psychology*, 27 (1), 2006, pp. 1-28, https://doi.org/10.1111/j.1467-9221.2006.00447.x; CAPRARA, G. V., VECCHIONE, M.; SCHWARTZ, S. H.; SCHOEN, H.; BAIN, P. G.; SILVESTER, J.; CIECIUCH, J.; PAVLOPOULOS, V.; BIANCHI, G.; KIRMANOGLU, H.; BASLEVENT, C.; MAMALI, C.; MANZI, J.; KATAYAMA, M.; POSNOVA, T.; TABERNERO, C.; TORRES, C.; VERKASALO, M.; LÖNNQVIST, J.-E.: "Basic Values, Ideological Self-Placement, and Voting: A Cross-Cultural Study", *Cross-Cultural Research*, 51 (4), 2017, pp. 388-411, https://doi.org/10.1177/1069397117712194.

SINN[35] se pueden señalar diferencias en los valores entre personas de ideología de izquierdas y de derechas. Los primeros dan más importancia a los valores de universalismo y benevolencia y las personas de derechas a los valores de seguridad y poder. Por eso, se puede poner en cuestión que sean valores humanos universales.

La teoría de los valores humanos universales procura saber cuáles son los valores compartidos por todas las personas o cómo jerarquizan las personas esos valores, pero no se realiza la pregunta de si una determinada jerarquización es mejor que otra[36]. El enfoque de SCHWARTZ es descriptivo, es decir, que no se pregunta, de forma ética, por los criterios que llevan a concluir que un valor sea mejor que otro y que una determinada jerarquización de valores sea mejor que otra. En definitiva, SCHWARTZ no se detiene a estudiar si para una persona o para un grupo social es mejor una concreta jerarquía de valores u otra. No hace juicios de valor. Con otras palabras, se puede concluir que esta relación de valores no pretenden ser una relación de valores éticos que satisfagan o den respuestas al bien como respuesta ética. Incluso algunos de estos valores podrían ser considerados socialmente poco éticos. En conclusión, estos valores de SCHWARTZ no pretenden ser principios éticos. Estos valores de SCHWARTZ en una sociedad, en una comunidad, pueden ser positivos o negativos. Esto se ve de manera clara cuando solamente algunos de estos valores podrían entrar en el contenido de lo que se denomina "educación en valores" en una sociedad democrática[37].

Segundo: La obtención de estos valores se basa en encuestas y, a veces, los resultados pueden reflejar diferentes posiciones ideológicas.

En "A proposal for measuring value orientations across nations"[38], SCHWARTZ explica que a veces las respuestas de las encuestas pueden tener una doble interpretación: "elegir 'proteger la libertad de expresión' como el objetivo futuro más importante para la sociedad, por ejemplo, presumiblemente refleja los valores individuales de apertura intelectual y

---

[35] SINN, J. S.: "Mapping ideology: Combining the Schwartz value circumplex with evolutionary theory to explain ideological differences", *Evolutionary Psychological Science,* 5 (1), 2019, pp. 44-57, https://doi.org/10.1007/s40806-018-0165-5.

[36] Sobre la jerarquización de valores de personas de ideología de izquierdas o de derechas, por ejemplo, vid. DAVIDOV, E. y MEULEMAN, B.: "Explaining attitudes towards immigration policies in European countries: The role of human values", *Journal of Ethnic and Migration Studies*, 38, 2012, pp. 757-775.

[37] SUÁREZ PERTIERRA, G.: "Educación en valores y multiculturalidad", en *Interculturalidad y educación en Europa*, Tirant lo Blanch, Valencia, 2005, p. 423-441; RODRÍGUEZ GARCÍA, J. A.: "La educación intercultural: Estudio jurídico-comparado (España-Latinoamérica)", en *Revista General de Derecho Público Comparado*, vol. 10, 2012, pp. 1-35.

[38] En *Questionnaire Package of ESS*, 2003, pp. 259-290.

tolerancia de los demás. Pero en circunstancias personales o sociopolíticas particulares, podría ser la elección de un miembro intolerante de un grupo marginal conservador que teme el control gubernamental".

Tercero: Existe un valor que es la "tradición" donde se incluyen las tradiciones religiosas si bien SCHWARTZ aclara que la espiritualidad no es un valor universal que puedan compartir todas las culturas. Nos detendremos en esta afirmación cuando se estudie en el Bloque II la laicidad y los valores religiosos; en concreto, sobre la posible implementación de los valores religiosos en los sistemas de IA.

SCHWARTZ[39] había planteado la hipótesis de incluir la espiritualidad como otro tipo motivacional universal. Considerando que la pregunta del significado último de nuestra existencia es una necesidad humana básica. Sin embargo, los datos empíricos no avalaron esta hipótesis. SCHWARTZ concluye que lo más probable es que la espiritualidad esté representada por diferentes valores para diferentes grupos. Así, aunque la espiritualidad pueda ser un tipo motivacional significativo para personas de todas las culturas, no existe un conjunto concreto de valores espirituales universalmente distintivos.

Existe un creciente cuerpo de literatura de IA sobre inferencia de valores, que se centra en la identificación de valores[40]. Sin embargo, las aplicaciones

---

[39] SCHWARTZ, S.: "Universals in the content and structure of values: theoretical advances and empirical tests in 20 countries", op. cit..

[40] Vid, entre otras obras: LISCIO, E.; MEER, M. VAN DER; SIEBERT, L. C.; JONKER, C. M.; MOUTER, N. y MURUKANNAIAH, P. K.: "Axies: Identifying and Evaluating Context-Specific Values", en *Proceedings of the 20th International Conference on Autonomous Agents and Multiagent Systems (AAMAS '21)*, IFAAMAS, Online, 2021, pp. 799-808; LISCIO, E.; MEER, M. VAN DER; SIEBERT, L. C.; JONKER, C. M. y MURUKANNAIAH, P. K.: "What values should an agent align with?", *Autonomous Agents and Multi-Agent Systems* 36, 2022; WILSON, H. G.; SANDOZ, E. K.; KITCHENS, J. y ROBERTS, M.: "The Valued Living Questionnaire: Defining and Measuring Valued Action", *The Psychological Record*, 60, 2, 2010, pp. 249-272; ALSHOMARY, M.; EL BAFF, R.; GURCKE, T. y WACHSMUTH, H.: "The Moral Debater: A Study on the Computational Generation of Morally Framed Arguments", en *Proceedings of the 60th Annual Meeting of the Association for Computational Linguistics (ACL '22)*, ACL, 2022, pp. 8782-8797; KIESEL, J.; ALSHOMARY, M.; HANDKE, N.; CAI, X.; WACHSMUTH, H. y STEIN, B.: "Identifying the Human Values behind Arguments", en *Proceedings of the 60th Annual Meeting of the Association for Computational Linguistics (ACL '22)*, ACL, 2022; pp. 4459-4471; LISCIO, E.; DONDERA, A. E.; GEADAU, A.; JONKER, C. M. y MURUKANNAIAH, P. K.: "Cross-Domain Classification of Moral Values", en *Findings of the 2022 Conference of the North American Chapter of the Association for Computational Linguistics (NAACL '22)*, ACL, 2022, pp. 2727-2745; SHORTALL, R.; ITTEN, A.; MEER, M. VAN DER; MURUKANNAIAH, P. K. y JONKER, C. M.: "Reason against the machine? Future directions for mass online deliberation", *Frontiers in Political Science*, 4 (10), 2022, pp. 1-17; LERA-LERI, R.; BISTAFFA, F.; SERRAMIA, M.; LOPEZ-SANCHEZ, M. y RODRIGUEZ-AGUILAR, J.: "Towards Pluralistic Value

del mundo real a menudo requieren una combinación de estas funcionalidades. La literatura actual no ofrece una visión holística sobre cómo encajan las piezas de inferencia de valor. Las listas de valores humanos básicos, aplicables a través de culturas y contextos, han sido propuestas por especialistas en ética[41]. Sin embargo, estas investigaciones se consideran demasiado genéricas para aplicaciones prácticas[42]. En los capítulos siguientes de este Bloque I se desarrolla nuestra propuesta sobre qué valores deben ser implementados en los sistemas de IA.

Por otra parte, los/as investigadores/as de las ciencias de la computación utilizan el término "Sistemas sociotécnicos éticos"[43]. Un sistema sociotécnico combina tres elementos: 1° artefactos técnicos o máquinas, 2° agentes humanos y agentes artificiales y 3° normas o reglas que deben seguir[44]. A estos sistemas se incorporan o implementan valores éticos.

Alignment: Aggregating Value Systems through l-Regression", en *Proceedings of the 21st International Conference on Autonomous Agents and Multiagent Systems (AAMAS '22)*, IFAAMAS, Online, 2022, pp. 780-788. Esta última obra ha sido criticada señalando que no está exenta de errores y no aborda la complejidad de las taxonomías de valor (vid. OSMAN, N. y D'INVERNO, M.: "A computational framework of human values for ethical AI", 2023, arXiv: 2305.02748). Y, además, se ha indicado que siguen la posición sobre los valores de R. CHISHOLM. En las obras de CHISHOLM ("Supererogation and Offence: A Conceptual Scheme for Ethics", *Ratio (Misc.)*, 5 (1), 1963 y *Brentano and Meinong studies*, Humanities Press, 1982) se realiza una clasificación de los sistemas morales. Considera que para cualquier acto existen nueve posibilidades y las combinaciones de dichas posibilidades dan lugar a 512 sistemas morales.

[41] ROKEACH, M.: *The Nature of Human Values*, Free Press, 1973; las obras de SCHWARTZ anteriormente citadas; GRAHAM, J.; HAIDT, J.; KOLEVA, S.; MOTYL, M.; IYER, R.; WOJCIK, S. P. y DITTO, P. H.: "Moral Foundations Theory: The Pragmatic Validity of Moral Pluralism", en *Advances in Experimental Social Psychology*, vol. 47, 2013, pp. 55-130.

[42] LE DANTEC, C. A.; POOLE, E. S. y WYCHE, S. P.: "Values as Lived Experience", en *Proceedings of the 27th international conference on Human factors in computing systems (CHI '09)*, ACM Press, 2009, pp. 1141-1150; LISCIO, E.; MEER, M. VAN DER; SIEBERT, L. C.; JONKER, C. M. y MURUKANNAIAH, P. K.: "What values should an agent align with?", *Autonomous Agents and Multi-Agent Systems,* 36, 2022; POMMERANZ, A.; DETWEILER, C.; WIGGERS, P. y JONKER, C. M.: "Self-Reflection on Personal Values to Support Value-Sensitive Design", en *Proceedings of the 25th BCS Conference on Human Computer Interaction (HCI '11), BCS Learning & Development*, 2021, pp. 491-496.

[43] A título de ejemplo: LISCIO, E.; LERA-LERI, R.; BISTAFFA, F.; DOBBE, R. I.J.; JONKER, C. M.; LOPEZ-SANCHEZ, M., RODRIGUEZ-AGUILAR, J. A. y MURUKANNAIAH, P. K.: "Value Inference in Sociotechnical Systems", en *Proceedings of the 2023 International Conference on Autonomous Agents and Multiagent Systems (AAMAS '23)*. International Foundation for Autonomous Agents and Multiagent Systems, Richland, SC, 2023, pp. 1774-1780.

[44] POEL, I. van de: "Embedding Values in Artificial Intelligence (AI) Systems", op. cit.. Este autor diferencia entre sistemas de IA y sistemas sociotécnicos tradicionales.

Otro de los conceptos que se tiene en cuenta en este ámbito es el *Diseño Sensible al Valor*[45] [Value-Sensitive Design (VSD)]. Se propone métodos participativos para identificar los valores de las partes interesadas al diseñar un sistema de IA, de tal forma que las normas técnicas éticamente adecuadas son propuestas e implementadas por un diseñador humano. Así, se ha propuesto que deberían ser los agentes autónomos ("sistemas sociotécnicos éticos") quienes intenten alinear las normas con los valores que el diseñador humano les ha inculcado, es decir, que sean los agentes quienes elaboren, negocien e implementen nuevas normas sobre la base de cuán bien alineadas se perciben que están las normas candidatas con respecto a los valores modelados[46]. Una propuesta de clasificación de los valores desde una perspectiva multidisciplinar se puede ver en un extenso artículo de J. STAY et. al. titulado: "Building human values into recommender systems: an interdisciplinary synthesis"[47]. Este artículo que parte del "diseño sensible al

---

[45] FRIEDMAN, B., HENDRY, D. G., & BORNING, A.: "A survey of value sensitive design methods", *Foundations and Trends in Human–Computer Interaction*, 11 (2), 2017, pp. 63-125, https://doi.org/10.1561/1100000015; MONTES, N.; OSMAN, N.; SIERRA, C., y SLAVKOVIK, M.: "Value Engineering for Autonomous Agents", arXiv:2302.08759v1, 20 de febrero de 2023; FRIEDMAN, B.; KAHN, P. H. y BORNING, A.: "Value Sensitive Design and Information Systems", en *The Handbook of Information and Computer Ethics*, John Wiley & Sons, Inc., 2008, pp. 69-101; TUOMELA, S.; LIVARI, N. y SVENTO, R.: "User values of smart home energy management system: sensory ethnography in VSD empirical investigation", en *Proceedings of the 18th International Conference on Mobile and Ubiquitous Multimedia (MUM '19). ACM*, 2019, pp. 1-12; NORIEGA, P.; VERHAGEN, H.; PADGET, J. y D'INVERNO, M.: "Ethical Online AI Systems Through Conscientious Design", en *IEEE Internet Computing*, vol. 25, no. 6, 2021, pp. 58-64, doi: 10.1109/MIC.2021.3098324.

[46] GONZÁLEZ-PACHÓN, J. y ROMERO, C.: "Aggregation of Ordinal and Cardinal Preferences: A Framework Based on Distance Functions", *Journal of Multi-Criteria Decision Analysis*, 15, 3-4, 2008, pp. 79–85; GONZÁLEZ-PACHÓN, J. y ROMERO, C.: "Bentham, Marx and Rawls Ethical Principles: in Search for a Compromise", *Omega*, 62, 2016, pp. 47-51. En estos artículos estos autores muestran cómo agregar preferencias considerando un principio ético que es utilitarista (es decir, el sistema de valores de consenso es el más cercano a la mayoría) o igualitario (es decir, el sistema de valores de consenso minimiza la distancia máxima con el individuo más aislado, evitando así la "tiranía de la mayoría"). Parece que el único trabajo que aborda explícitamente la agregación de valor es el de LERA-LERI, R.; BISTAFFA, F.; SERRAMIA, M.; LOPEZ-SANCHEZ, M. y RODRIGUEZ-AGUILAR, J.: "Towards Pluralistic Value Alignment: Aggregating Value Systems through l-Regression", en *Proceedings of the 21st International Conference on Autonomous Agents and Multiagent Systems (AAMAS '22)*. IFAAMAS, 2022, Online, pp. 780-788, quienes proponen un método para calcular el sistema de valores de consenso de acuerdo con cualquier principio ético, incluidos los no igualitarios y no utilitarios, y probar este método en las respuestas de la Encuesta Europea de Valores calculando un sistema de valores de consenso de acuerdo con un principio ético.

[47] STRAY, J.; HALEVY, A.; ASSAR, P.; HADFIELD-MENELL, D.; BOUTILIER, C.; ASHAR, A.; BAKALAR, C.; BEATTIE, L.; EKSTRAND, M.; LEIBOWICZ, C.; MOON SEHAT, C.; JOHANSEN, S.; KERLIN, L.; VICKREY, D.; SINGH, S.; VRIJENHOEK, S.;

valor", se pregunta qué se puede hacer para que los sistemas de recomendación que utilizan, por ejemplo, las redes sociales, implementen los valores de las personas y las sociedades a las que sirven. En la tabla de 31 valores humanos se incluye los derechos humanos y las libertades fundamentales, la libertad de expresión, la tolerancia, la igualdad y la equidad y la diversidad.

En todo caso, conviene advertir, desde este momento que entre los principios generales que éticamente deben alinearse por parte de los sistemas de inteligencia artificial se citan los derechos humanos[48]. Sobre los derechos humanos en los sistemas de IA[49] volveremos más adelante.

Como resumen de lo expuesto hasta aquí utilizamos el paper "Value Engineering for Autonomous Agents", de Nieves MONTES, Carles SIERRA y Nardine OSMAN[50]. En este paper estos investigadores establecen que los puntos principales de su propuesta son: los valores se introducen en los agentes como objetivos que fundamentan el significado de esos valores; las normas son el medio para dirigir un agente hacia resultados beneficiosos y, por lo tanto, deben utilizarse para promover valores; y los agentes autónomos pueden negociar normas para alinearlas con sus valores, en un ejercicio de agregación de valores[51]. Finalmente, esta propuesta no dota a los agentes de software de agencia moral, ya que siempre hay un equipo humano

---

ZHANG, A.; ANDRUS, M.; HELBERGER, N. PROUTSKOVA, P.; MITRA, T.; VASAN, N.: "Building Human Values into Recommender Systems: An Interdisciplinary Synthesis", *ACM Transactions on Recommender Systems*, Association for Computing Machinery, 2023, https://doi.org/10.1145/3632297.

[48] Se ha escrito que uno de los componentes del humanismo digital es que la tecnología digital debe estar alineada con los objetivos y *valores humanos*. En este sentido, se requiere una ética centrada en el ser humano. Más específicamente, el punto de vista (posiblemente más fuerte o radical) es que los valores humanos deben implementarse en el desarrollo de la tecnología, en una etapa temprana. En lugar de esperar a que se implemente la tecnología digital y luego simplemente regular en respuesta a sus efectos, la idea es que ya deberíamos intervenir en el proceso de desarrollo: las tecnologías digitales deben diseñarse de manera que se alineen con los valores y principios humanos, como la dignidad humana, la democracia, la inclusión, la equidad, la rendición de cuentas, *derechos humanos*, ..., vid. COECKELBERGH, M.: "What is digital humanism? A conceptual analysis and an argument for a more critical and political digital (post)humanism", *Journal of Responsible Technology*, Volume 17, 2024, https://doi.org/10.1016/j.jrt.2023.100073.

[49] DONAHOE, E. y MACDUFFEE METZGER, M.: "Artificial Intelligence and Human Rights", *Journal of Democracy*, vol. 30 no. 2, 2019, p. 115-126. *Project MUSE*, https://doi.org/10.1353/jod.2019.0029.

[50] http://hdl.handle.net/10261/235831, 2021; https://digital.csic.es/handle/10261/235831; 2021, y https://doi.org/10.48550/arXiv.2302.08759, 2023.

[51] NORIEGA, P.; VERHAGEN, H.; PADGET, J. y D'INVERNO, M.: "Ethical Online AI Systems Through Conscientious Design", en *IEEE Internet Computing*, vol. 25, no. 6, 2021, pp. 58-64, doi: 10.1109/MIC.2021.3098324. En esta obra se propone tres etapas para hacer operativos los valores. Las tres etapas son: interpretación, implementación y evaluación del valor.

responsable de decidir qué valores deben codificarse y el significado que toman. Más adelante, se recoge en esta propuesta que las normas pueden, si se diseñan cuidadosamente, facilitar el logro de los objetivos que fundamentan el significado de los valores en el entorno donde operan los agentes. Cuando la implementación de una nueva norma (o conjunto de normas) conduce a un resultado que se considera altamente positivo con respecto a algún valor, decimos que la norma está alineada con respecto a ese valor. Por lo tanto, la relación entre normas y valores es de naturaleza consecuente. Una norma no es moral en sí misma, lo es en la medida en que los efectos que produce en la sociedad concuerdan con los valores de los miembros, representados en forma de objetivos, se dice en este paper. Es decir, las normas deben seleccionarse automáticamente sobre la base de los valores éticos en que se apoyan. En todo caso, estos autores manifiestan que debe establecerse claramente que es tarea de un equipo humano decidir qué valores son relevantes en el sistema multiagente bajo diseño y qué forma deben tomar los objetivos que fundamentan esos valores toman[52]. Por lo tanto, los agentes autónomos están en todo momento tomando decisiones con respecto a los valores humanos. El significado de los valores, es decir, su manifestación en el contexto particular del sistema multiagente, es una entrada externa sometida a la discreción humana. En lo que respecta a esta propuesta, los agentes autónomos no poseen la capacidad de razonar sobre los valores como entidades abstractas, sino sobre los objetivos en los que se basan y las prioridades entre ellos tal como ha establecido el diseñador humano. De tal forma que al dejar que el diseñador sea el único responsable de la base de los valores, la supervisión humana[53] sobre el sistema se

[52] Michael ANDERSON y Susan ANDERSON ("General introduction", en *Machine Ethics*, Cambrigde University Press, 2011, pp. 1-4) consideran que es posible y deseable otorgar a las máquinas una moralidad de tipo humano. De tal forma que se pueden dar principios éticos a los sistemas de IA e, incluso, a las máquinas llegando a ser mejores que los seres humanos en el razonamiento moral, ya que no se dejan llevar por las emociones. Sobre la "ética de las máquinas", vid. GUARINI, M.: "Introduction: machine ethics and the ethics of building intelligent machines", *Topoi*, 32 (2), 2013, pp. 213-215; ROSSI, F., & MATTEI, N.: "Building Ethically Bounded AI", en *Proceedings of the AAAI Conference on Artificial Intelligence*, 33, (01), 2019, pp. 9785-9789. https://doi.org/10.1609/aaai.v33i01.33019785.

[53] Dentro de los principios éticos se incluye una serie de requisitos que deben cumplir los sistemas de IA. En concreto, el respeto de la autonomía humana: esto implica garantizar la supervisión y el control humano sobre los procesos de trabajo de los sistemas de IA. El control humano se refiere a la capacidad de que los seres humanos intervengan durante el ciclo de diseño del sistema y el seguimiento de su funcionamiento; y la capacidad de supervisar la actividad global del sistema, incluidos sus efectos económicos, sociales, jurídicos y éticos ("el mando humano"), vid. *Directrices éticas para una IA fiable*. Grupo independiente de expertos de alto nivel sobre inteligencia artificial, creado por la Comisión Europea, 2019, vid. https://op.europa.eu/es/publication-detail/-/publication/d3988569-0434-11ea-8c1f-01aa75ed71a1. En especial, el artículo 14 del Reglamento 2024/1689, de 13 de junio, de IA sobre la supervisión humana.

conserva en un grado mucho mayor que si los agentes descubrieran los objetivos de "conexión a tierra" por su cuenta. Los seres humanos tienen la competencia exclusiva de captar los valores como entidades abstractas y traducirlos en los objetivos reales que están motivados por ese valor. Por lo tanto, incluso si los agentes están dotados de una considerable maquinaria éticamente consciente, todavía carecen de la agencia moral de los humanos. Sobre los agentes morales, nos remitimos al Bloque III de esta obra.

En relación con estas ideas, se ha escrito que las normas técnicas son los principales mecanismos de promoción de valores. Están intrigantemente relacionados con los valores por los resultados que las normas son capaces de lograr y que son compatibles con respecto a los valores. Es el grupo de agentes autónomos que proponen, negocian y acuerdan directamente un nuevo conjunto de normas a implementar. En ese proceso, los agentes confían en la alineación de valor para evaluar la conveniencia de cualquier propuesta. Debido a que todos los agentes participan activamente en la generación de normas técnicas, la negociación que tiene lugar es una forma de agregación sobre todos los valores que los agentes consideran. Las normas resultantes no apoyan totalmente los valores de ningún agente individual, sino los valores sociales emergentes de la comunidad. En resumen, esta propuesta sobre la implementación y alineamiento de valores asumen una visión consecuencialista[54].

En fin, se propone el término "*value awareness engineering*" que supone que los agentes autónomos y los sistemas de software (sistemas de IA) deben ser conscientes de los valores, es decir, deben ser capaces de razonar explícitamente sobre la alineación de valores de sus acciones[55].

Se puede concluir con WINIKOFF[56] que los sistemas de IA exigen un "razonamiento basado en valores" que deberían ser capaz de representar valores humanos. Aquí se añade que dicho razonamiento debe ser explicado

---

[54] HOLGADO-SÁNCHEZ, A.; BILLHARD, H.; OSSOWSKI, S. y FERNÁNDEZ, A.: "An Ontology for Value Awareness Engineering", en *Proceedings of the 16th International Conference on Agents and Artificial Intelligence*, volumen 3, *AWAI*, 2024, pp. 1421-1428. DOI: 10.5220/0012595500003636

[55] HOLGADO-SÁNCHEZ, A.: "Value-Awareness Engineering: Towards Learning Context-Based Value Taxonomies", en MALVONE, V. y MURANO, A. (eds.): *Multi-Agent Systems. EUMAS 2023. Lecture Notes in Computer Science*, vol 14282. Springer, Cham, 2023, https://doi.org/10.1007/978-3-031-43264-4_35.

[56] WINIKOFF, M.: "Towards Trusting Autonomous Systems", en EL FALLAH-SEGHROUCHNI, A., RICCI, A., SON, T. (eds.) *Engineering Multi-Agent Systems. EMAS 2017. Lecture Notes in Computer Science*, vol 10738, 2018, Springer, Cham. https://doi.org/10.1007/978-3-319-91899-0_1, pp. 3-20.

para dar confianza a los usuarios. Esta idea nos remite al "derecho de transparencia y explicabilidad"[57].

Como ha quedado patente en este capítulo se puede implementar cualquier valor humano[58] en los sistemas de IA. No en vano, se parte de que toda tecnología responde a una ideología[59], es decir, siempre tiene una serie de valores "incrustados"[60] o, como se denomina por otros autores valores

---

[57] Dentro del documento titulado: *Directrices éticas para una IA fiable*. Grupo independiente de expertos de alto nivel sobre inteligencia artificial, creado por la Comisión Europea en el año 2018, se establece como criterio que deben cumplir los sistemas de IA, la explicabilidad: es crucial para conseguir que los usuarios confíen en los sistemas de IA. Los procesos han de ser transparentes, las decisiones deben poder explicarse (de manera directa o indirecta) porque sin esta información no es posible impugnar adecuadamente una decisión. En este sentido, los algoritmos de "caja negra" (donde, muchas veces, no es posible explicar por qué un modelo ha generado un resultado o una decisión particular, ni qué combinación de factores contribuyeron a ello) requieren una especial atención. En este sentido, es necesario adoptar otras medidas relacionadas con la explicabilidad (por ejemplo, la trazabilidad, la auditabilidad y la comunicación transparente sobre las prestaciones del sistema), siempre y cuando el sistema en su conjunto respete los derechos fundamentales. La transparencia, por tanto, es un requisito de la IA; transparencia en los datos, el sistema y los modelos de negocio. Debe asegurarse la trazabilidad, es decir, los conjuntos de datos y los procesos que dan lugar a la decisión del sistema de IA deben documentarse con arreglo a la norma más rigurosa posible con el fin de posibilitar la trazabilidad y aumentar la transparencia; esto permitirá identificar los motivos de una decisión errónea por parte del sistema, lo que a su vez podría ayudar a prevenir futuros errores. La trazabilidad, por tanto, facilita la auditabilidad y la explicabilidad. Pero la explicabilidad también incluye la comunicación; el derecho del usuario a saber que está interactuando con un sistema de IA; por lo tanto, los sistemas de IA deben identificarse como tales, deben comunicar este extremo y, cuando sea necesario, se debería ofrecer al usuario la posibilidad de decidir si prefiere interactuar con un sistema de IA o con otra persona, con el fin de garantizar el cumplimiento de los derechos fundamentales. Sobre la explicabilidad, vid. el considerando nº 27 y los artículos 13 y 50 del Reglamento 2024/1689, de 13 de junio, de IA.

[58] Incluso estados de ánimo y sentimientos pueden ser utilizados por sistemas de IA para hacer predicciones, vid. GÓMEZ MARTÍNEZ, R.; PLAZA CASADO, P., y PRADO ROMÁN, M.: "Market efficiency analysis using AI models based on Investors' Mood", en *Revista Perspectiva Empresarial*, 7 (2), 2021, pp. 10-23. https://doi.org/10.16967/23898186.649.

[59] HABERMAS, J.: *Ciencia y tecnología como "ideología"*, Tecnos, 1986, [*Wissenschaft und Technik als "Ideologie"*, 1968]. También, se ha escrito que: "los algoritmos de la IA no son nunca políticamente neutrales", vid. COECKELBERGH, M.: *La filosofía política de la Inteligencia artificial*, Cátedra, 2023, pp.19 y 77.

[60] SURDEN, H.: "Values Embedded in Legal Artificial Intelligence", en *University of Colorado Law Legal Studies Research Paper No. 17*, 15 de marzo de 2017; SURDEN, H.: "Values Embedded in Legal Artificial Intelligence", en *IEEE Technology and Society Magazine*, vol. 41, no. 1, March 2022, pp. 66-74, doi: 10.1109/MTS.2022.3147542. La idea central de los "valores incrustados" es que ciertos valores están favoreciendo a ciertos subgrupos sociales. Esto puede ocurrir incluso si dichos valores no se han creado intencionadamente, sino que han surgido como subproductos imprevistos de decisiones tomadas de buena fe por razones de funcionalidad. Aunque los sistemas tecnológicos no

intencionados, incorporados o realizados[61]. La preocupación es que esos valores humanos implementados no sean éticos[62]. Así se ha puesto de manifiesto por parte de la doctrina científica y se recoge en numerosos documentos de diferentes organismos que propugnan, precisamente, que los sistemas de IA deben incorporar valores éticos. El siguiente capítulo se dedica a esta cuestión: la implementación y el alineamiento de valores éticos en los sistemas de IA.

III. Valores éticos e Inteligencia Artificial.

1. Introducción.

Existen autores que han manifestado, como ya hemos indicado, su preocupación por los riesgos éticos de los sistemas de IA y, en consecuencia, consideran que la IA debe ser ética o no podría ni debería desarrollarse[63]. Se ha afirmado que: "Con todo, a pesar de las diferencias culturales, lo cierto es que las políticas éticas con respecto a la IA resultan tremendamente similares"[64].

Han existido proyectos sobre el establecimiento de una "ética universal de la máquina", en relación con los sistemas de IA[65]. En ese experimento

---

son neutrales en cuanto a valores, es útil distinguir entre la incorporación involuntaria e intencionada de valores. Esto se debe a que la incorporación de valores dentro de la tecnología no surge necesariamente debido a una manipulación deliberada.

[61] POEL, I. van de: "Embedding Values in Artificial Intelligence (AI) Systems", en *Minds & Machines*, nº 30, 2020, pp. 385-409, https://doi.org/10.1007/s11023-020-09537. Las diferencias entre los valores incorporados, intencionados y realizados pueden dar lugar a diferentes tipos de bucles o interacciones de retroalimentación. Es posible que sea necesaria una revisión de los valores previstos para evitar consecuencias no deseadas en el futuro. Por tal motivo, este autor propone el rediseño. Los bucles de retroalimentación indican que el diseño no es una actividad puntual, de hecho, se debe considerar como una actividad continua después de que un sistema de IA está operativo.

[62] Sara DEGLI-ESPOSTI considera la alineación de valores en los sistemas de IA como la salvación, en *La ética de la inteligencia artificial*, Catarata-CSIC, 2023, pp. 73-75.

[63] BOSTROM, N.: *Superintelligence: Paths, Dangers, Strategies*, Oxford University Press, 2016; COECKELBERGH, M.: *Ética de la inteligencia artificial*, op. cit., pp. 42 y ss., pp. 139 y ss.; DEGLI-ESPOSTI, S.: op. cit., pp. 33 y ss.

[64] COECKELBERGH, M.: *Ética de la inteligencia artificial*, op. cit., p. 131.

[65] AWAD, E., DSOUZA, S., KIM, R. et al.: "The Moral Machine experiment", *Nature*, 563, 2018, pp. 59-64. https://doi.org/10.1038/s41586-018-0637-6. En este trabajo se recopiló 39,61 millones de respuestas de 233 países. Después de completar una sesión de 13 accidentes, los participantes pudieron completar una encuesta que recopiló, entre otras variables, información demográfica como género, edad, ingresos y educación, así como *creencias religiosas y políticas*. Los participantes fueron geolocalizados para que sus

basado en encuestas se perfilaban tres grupos morales en el mundo (grupo occidental, grupo oriental y grupo meridional) si bien con muchas similitudes en gran parte de las respuestas.

No obstante, si nos alejamos de las encuestas existen normativas como la regulación de la República Popular de China. En las normas que aparecen en nota[66] los sistemas de IA que funcionen en China deben estar alineados

---

coordenadas pudieran ser utilizadas en un análisis de agrupamiento que buscaba identificar grupos de países o territorios con vectores homogéneos de preferencias morales. La geolocalización permitió identificar el país de residencia de los encuestados y buscar grupos de países con vectores homogéneos de preferencias morales. Se identificaron tres "grupos morales" distintos de países. El primer grupo (grupo occidental) contiene América del Norte, así como muchos países europeos de grupos culturales cristianos (protestantes, católicos y ortodoxos). La estructura interna dentro de este grupo también exhibe una notable validez nominal, con un subgrupo que contiene países escandinavos y un subgrupo que contiene países de la UE. El segundo grupo (grupo oriental) contiene muchos países del Lejano Oriente como Japón y Taiwán que pertenecen al grupo cultural confucionista, y países islámicos como Indonesia, Pakistán y Arabia Saudita. El tercer grupo (un grupo ampliamente meridional) consiste en los países latinoamericanos de América Central y del Sur, además de algunos países que se caracterizan en parte por la influencia francesa (por ejemplo, Francia metropolitana, territorios franceses de ultramar y territorios que en algún momento estuvieron bajo el liderazgo francés). Por último, según este estudio, los efectos más notables son impulsados por el género y la religiosidad de los encuestados. Sobre los valores religiosos y su implementación en los sistemas de IA serán estudiados en el Bloque II de esta obra.

[66] La República Popular China no tiene cuando se escriben estas líneas una normativa específica sobre IA, pero sí un conjunto de normas que inciden en los sistemas de IA. En concreto: las Disposiciones Administrativas sobre la Recomendación de Algoritmos para los Servicios de Información de Internet, que entraron en vigor el 1 de marzo de 2022 (Reglamento sobre la Recomendación de Algoritmos); las Disposiciones sobre la Gestión de la Síntesis Profunda en el Servicio de Información de Internet (Reglamento de Síntesis Profunda), que entraron en vigor el 10 de enero de 2023; las Disposiciones Provisionales sobre Gestión de Servicios de Inteligencia Artificial Generativa (Reglamento de IA Generativa), publicadas el 13 de julio de 2023, que entraron en vigor el 15 de agosto de 2023; y las Medidas de Ensayo para la Revisión Ética de las Actividades de Ciencia y Tecnología (Reglamento de ética científica y tecnológica), aprobado en octubre de 2023 y que entró en vigor el 1 de diciembre de 2023. Según el Plan de Trabajo Legislativo para 2023 publicado por el Consejo de Estado de la República Popular China el 31 de mayo de 2023, se presentaría un proyecto de Ley de IA al Comité Permanente de la Asamblea Popular Nacional de la República Popular China (el órgano legislativo de la República Popular China) para su deliberación durante 2024. Toda esta normativa tiene como restricciones que la investigación y desarrollo de modelos, aplicaciones y sistemas algorítmicos con capacidad de movilización de la opinión pública y orientación de la conciencia social. Es decir que los sistemas de IA velaran porque se refleje los valores fundamentales del régimen chino (por ejemplo, artículo 4 del Reglamento de IA generativa). Este sistema de control se ha denominado "represión tecnológica" pero como vemos también responde a unos determinados valores, incluso son denominados valores éticos.

con los valores del régimen comunista. Esos son los valores "éticos" que deben ser implementados, que se ajustarán a las directrices políticas del régimen sin que en ningún caso se pueda orientar la conciencia social ni movilizar a la opinión pública. Los Derechos Humanos ni se mencionan.

Y, se ha propuesto la incorporación de un "algoritmo ético", por ejemplo, que se incorpore a los vehículos autónomos[67]. Se trata de un algoritmo de planificación de trayectorias éticas con un marco que tiene como objetivo una distribución justa del riesgo entre los usuarios de la carretera. Esta implementación incorpora una combinación de cinco principios éticos esenciales: minimización del riesgo general, prioridad para los más desfavorecidos, igualdad de trato de las personas, responsabilidad y riesgo máximo aceptable.

Por otra parte, uno de los ámbitos éticos más problemáticos en la utilización de los sistemas de IA es el uso de *drones armados*[68]. Se ha definido este tipo de drones como "una clase especial de sistemas de armas que utilizan conjuntos de sensores y algoritmos informáticos para *identificar*

Vid. *China's New AI Regulations*, https://www.lw.com/admin/upload/SiteAttachments/Chinas-New-AI-Regulations.pdf; *China Released New Ethics Rules Requiring Company's Internal EC*, https://www.hankunlaw.com/en/portal/article/index/cid/8/id/13701.html.

[67] GEISSLINGER, M.; POSZLER, F. & LIENKAMP, M.: "An ethical trajectory planning algorithm for autonomous vehicles", *Nature Machine Intelligence*, 5, 2023, pp. 137-144. https://doi.org/10.1038/s42256-022-00607-z.

[68] Sobre esta materia, vid. BURRI, T.: "International Law and Artificial Intelligence" (October 27, 2017). *German Yearbook of International Law* 2017/18 (Forthcoming), 2017, http://dx.doi.org/10.2139/ssrn.3060191; el documento de la OTAN, titulado "Autonomous Systems. Issues for Defense Policymarkers", http://www.act.nato.int/images/stories/media/capdev/capdev_02.pdf; HEINEGG, W. H. VON Y BERUTTO, G. L. (ed.): *International Humanitarian Law and New Weapon Technologies,* 34th Round Table on Current Issues of International Humanitarian Law (Sanremo, 8th-10th September 2011), 2012; THURNHER, J. S.: "The Law That Applies to Autonomous Weapon Systems", *ASIL Insights;* vol. 17 (4), 2013, https://www.asil.org/insights/volume/17/issue/4/law-applies-autonomous-weapon-systems; WEISS, L. G.: "Autonomous Robots in the Fog of War" *IEEE Spectrum* (New York, 27 July 2011); 2011, http://spectrum.ieee.org/robotics/military-robots/autonomous-robots-in-the-fog-of-war; AL-RODHAN, N.: "The Moral Code: How to Teach Robots Right and Wrong", *Foreign Affairs* (New York, August 12, 2015, https://www.foreignaffairs.com/articles/2015-08-12/moral-code; GARCIA, D.: "Battle Bots: How the World Should Prepare Itself for Robotic Warfare", *Foreign Affairs* (New York, 5 June 2015) https://www.foreignaffairs.com/articles/2015-06-05/battle-bots; SCHMITT, M. N.: "Autonomous Weapon Systems and International Humanitarian Law: A Reply to the Critics", *Harvard National Security Journal Features*, 2013, p. 1-37; ANDERSON, K. y WAXMAN, M. : *Law and Ethics for Autonomous Weapon Systems Why a Ban Won't Work and How the Laws of War Can*, Hoover Institution, Stanford University, http://media.hoover.org/sites/default/files/documents/Anderson-Waxman_LawAndEthics_r2_FINAL.pdf, 2014; O'CONNELL, M. E.: "Banning Autonomous Weapons: A Legal and Ethical Mandate", *Ethics & International Affairs*, 37 (3), 2023, pp. 287-298, doi:10.1017/S0892679423000357

de forma independiente un objetivo y que destruye el objetivo sin el control humano manual del sistema". En este ámbito de los drones armados se debe dar la máxima importancia al respeto de los principios éticos, a los derechos humanos y al Derecho internacional humanitario y se abordarán cuestiones como el marco jurídico, la proporcionalidad, la rendición de cuentas, la transparencia y la protección de los civiles, tomando asimismo todas las precauciones posibles para evitar que se inflijan daños accidentales a los civiles y garantizando que el control y la responsabilidad última recaigan en un ser humano. El Consejo de Europa ha solicitado que se prohíban la producción, el desarrollo y el uso de armas totalmente autónomas que permitan realizar ataques sin intervención humana[69]. Desde 2018, el Secretario de las Naciones Unidas[70], António GUTERRES, ha sostenido que los sistemas de armas letales autónomas son políticamente inaceptables y moralmente repugnantes y ha pedido su prohibición en virtud del Derecho internacional. En la Nueva Agenda para la Paz de 2023, el Secretario General reiteró este llamamiento y recomendó que los Estados concluyan, para 2026, un instrumento jurídicamente vinculante para prohibir los sistemas de armas letales autónomas que funcionan sin control o supervisión humana y que no pueden usarse de conformidad con el Derecho internacional humanitario y regular todos los demás tipos de sistemas de armas autónomos. Señaló que, en ausencia de regulaciones multilaterales específicas, el diseño, desarrollo y uso de estos sistemas plantean preocupaciones humanitarias, legales, de seguridad y éticas y representan una amenaza directa a los derechos humanos y las libertades fundamentales. El Relator Especial de la ONU sobre ejecuciones extrajudiciales, sumarias o arbitrarias, Christof HEYNS, fue el primero en dar la alarma sobre los sistemas de armas letales autónomas, en un informe al Consejo de Derechos Humanos en 2013. El Relator Especial de la ONU sobre lucha contra el terrorismo y los derechos humanos, Fionnuala NÍ AOLÁIN, se unió a este planteamiento del Secretario General para una prohibición global de los sistemas de armas letales autónomas en un informe al Consejo de Derechos Humanos en 2023.

En el considerando 24 y en el artículo 2.3 del Reglamento 2024/1689, de 13 de junio, de IA se hace mención del uso de los sistemas de IA con fines

---

[69] Vid. Resolution 2051 (2015) "Drones and targeted killings: the need to uphold human rights and international law".

[70] Se ha creado un comité sobre los sistemas de armas autónomas letales (LAWS) en al ámbito de la Convención de Naciones Unidas sobre armas convencionales; vid. https://www.unog.ch/80256EDD006B8954/(httpAssets)/6866E44ADB996042C12581D400630B9A/$file/op30.pdf.; https://www.unog.ch/80256EDD006B8954/(httpAssets)/B5B99A4D2F8BADF4C12581DF0048E7D0/$file/2017_CCW_GGE.1_2017_CRP.1_Advanced_+corrected.pdf.

militares[71]. Estos sistemas de IA quedan excluidos del ámbito de aplicación de este Reglamento comunitario, independientemente del tipo de entidad que lleve a cabo esas actividades, por ejemplo, con independencia de que se trate de una entidad pública o de una entidad privada.

En esta obra se defiende el alineamiento de los sistemas de IA con los valores humanos, pero no la implementación con cualquier valor humano sino con los valores éticos[72] que se desprenden del artículo 2 del Tratado de la Unión Europea: "La Unión se fundamenta en los valores de respeto de la dignidad humana, libertad, democracia, igualdad, Estado de Derecho y respeto de los derechos humanos, incluidos los derechos de las personas pertenecientes a minorías. Estos valores son comunes a los Estados miembros en una sociedad caracterizada por el pluralismo, la no discriminación, la tolerancia, la justicia, la solidaridad y la igualdad entre mujeres y hombres". Es decir, los sistemas de IA deben alinearse con los valores que se desprenden de los Derechos Humanos y del sistema democrático. Así lo reconoce como objetivo el Reglamento comunitario 2024/1689, de 13 de junio, de IA en su artículo 1: "El objetivo del presente Reglamento es mejorar el funcionamiento del mercado interior y promover la adopción de una inteligencia artificial (IA) centrada en el ser humano y fiable, garantizando al mismo tiempo un elevado nivel de protección de la salud, la seguridad y los derechos fundamentales consagrados en la Carta,

---

[71] En concreto el artículo 2 en su apartado 3 dice: "El presente Reglamento no se aplicará a los sistemas de IA que, y en la medida en que, se introduzcan en el mercado, se pongan en servicio o se utilicen, con o sin modificaciones, exclusivamente con fines militares, de defensa o de seguridad nacional, independientemente del tipo de entidad que lleve a cabo estas actividades. El presente Reglamento no se aplicará a los sistemas de IA que no se introduzcan en el mercado o no se pongan en servicio en la Unión en los casos en que sus resultados de salida se utilicen en la Unión exclusivamente con fines militares, de defensa o de seguridad nacional, independientemente del tipo de entidad que lleve a cabo estas actividades".

[72] Sobre los principios éticos y la IA, vid., entre otras obras: CARRILLO, M. R.: "Artificial intelligence: From ethics to law", *Telecommunications Policy,* 2020. https://doi.org/10.1016/j.telpol.2020.101937; The IEEE Global Initiative on Ethics of Autonomous and Intelligent Systems. Classical Ethics in A/IS. In *Ethically Aligned Design,* 2019, pp. 36-67; https://standards.ieee.org/industry-connections/ec/autonomous-systems.html; EMA, A.: *EADv2 Regional Reports on A/IS Ethics: Japan.* The Ethics Committee of the Japanese Society for Artificial Intelligence, 2018. https://standards.ieee.org/content/dam/ieeestandards/standards/web/documents/other/eadv2_regional_report.pdf; FLORIDI, L.: "Establishing the rules for building trustworthy AI". *Nature Machine Intelligence, 1* (6), 2019, pp. 261-262. https://doi.org/10.1007/s11023-018-9482-5; FLORIDI, L.; COWLS, J.; BELTRAMETTI, M.; CHATILA, R.; CHAZERAND, P.; DIGNUM, V.; LUETGE, C.; MADELIN, R.; PAGALLO, U.; ROSSI, F.; SCHAFER, B.; VALCKE, P. y VAYENA, E.: "Twenty recommendations for an ethical framework for a good AI society", *Minds and Machines, 28,* 2018, pp. 689-707. https://doi.org/10.1007/s11023-018-9482-5; ASÍS, R. de: "Inteligencia artificial y Derechos Humanos", *Materiales de Filosofía del Derecho,* nº 4, 2020.

incluidos la democracia, el Estado de Derecho y la protección del medio ambiente, frente a los efectos perjudiciales de los sistemas de IA (en lo sucesivo, «sistemas de IA») en la Unión así como prestar apoyo a la innovación".

En esta introducción de este capítulo tenemos que manifestar que no desconocemos la existencia de tratados regionales sobre derechos humanos diferentes a los que existen en el ámbito de la Unión Europea. Pero las características, elementos y regulación que se siguen en esta obra son los que se propugnan la Unión Europea, en especial, la Carta de Derechos Fundamentales, de 2000, que sigue la tradición de las Naciones Unidas sobre el Derecho internacional de los derechos humanos, cuyo frontispicio es la Declaración Universal de los Derechos Humanos de 1948. Compartimos el concepto de «consenso sobrepuesto» que aparece en la obra *Liberalismo político* (1995) de John RAWLS. Esta noción se apoya en el supuesto de que la razón común a todos los seres humanos es suficiente para descubrir y justificar nuestras obligaciones morales y políticas. El consenso obtenido con respecto a la Declaración Universal de los Derechos Humanos de la ONU sería un claro ejemplo de consenso sobrepuesto. En el caso de la Unión Europea es, también, la Carta de Derechos Fundamentales, del año 2000.

Dentro de estos tratados regionales existen algunos que son similares a los establecidos por Naciones Unidas. En concreto: *Convención Americana sobre Derechos Humanos* (Pacto de San José de Costa Rica, del 22 de noviembre del 1969); *Convenio Europeo para la Protección de los Derechos Humanos y de las Libertades Fundamentales*, hecho en Roma el 4 de noviembre de 1950; *Carta Africana de Derechos Humanos y de los Pueblos* (adoptada el 27 de junio de 1981).

Sin embargo, existen otros que, aunque nominalmente se refieren a los derechos humanos se alejan de sus características esenciales: que sean universales, interdependientes, indivisibles, inalienables e inherentes a la persona. En concreto:

a) *La Declaración Islámica Universal de los Derechos Humanos* (Conferencia Internacional Islámica, 1981). En esta Declaración se recoge: "En consecuencia, nosotros, musulmanes. a) que creemos en Dios, Bienhechor y Misericordioso, Creador, Soporte, Soberano, único Guía de la Humanidad y Fuente de toda Ley; b) que creemos en el Vicariato (Jilafah) del hombre que ha sido creado para cumplir la Voluntad de Dios sobre la tierra; c) que creemos en la sabiduría de los preceptos Divinos transmitidos por los Profetas, cuya misión alcanzó su apogeo en el mensaje Divino final transmitido por el Profeta Muhammad (que la Paz sea con El) a toda la humanidad".

b) *La Declaración de los Derechos Humanos en el Islam* (1990). Los países de mayoría musulmana quisieron dotarse de su propia Declaración de los Derechos Humanos que se promulgó durante la 19ª Conferencia Islámica celebrada en El Cairo el 5 de agosto de 1990; una declaración alternativa a la aprobada por la Asamblea General de las Naciones Unidas en 1948. Se trata de "una declaración de preceptos, no de derechos, cuyo objetivo esencial es imponer el hecho religioso como un requisito previo a los Derechos Fundamentales"[73]. Estamos ante una visión islámica de los Derechos Humanos que gira en torno a la expresión *de acuerdo con lo estipulado en la charía*; es decir, los derechos fundamentales se reconocen solo si la ley religiosa islámica los convalida, remitiéndose a ella para determinar su alcance y ámbito de aplicación. El articulado de esta Declaración islámica de 1990 se puede resumir leyendo su artículo 1.a): Como *la humanidad entera forma una sola familia unida por su adoración a Alá y su descendencia común de Adán*, todos los seres humanos tienen la obligación de creer en Dios y ninguno podrá reclamarse agnóstico, ateo o animista; reafirmando que *el Islam es la religión indiscutible* (Art. 10).

c) Y, la *Declaración de Derechos Humanos de la Asociación de Naciones del Sudeste Asiático* (ASEAN) de 2012[74]. Esta Declaración tiene poco recorrido jurídico y ha sido duramente criticada por las organizaciones en defensa de los derechos humanos. Un ejemplo es el punto nº 7: "All human rights are universal, indivisible, interdependent and interrelated. All human rights and fundamental freedoms in this Declaration must be treated in a fair and equal manner, on the same footing and with the same emphasis. *At the same time, the realisation of human rights must be considered in the regional and national context bearing in mind different political, economic, legal, social, cultural, historical and religious backgrounds"*. Se afirma que los derechos humanos son universales, pero lo importante es el contexto nacional, religioso, cultural, legal, etc.. Se afirma negando.

[73] vid. BUENDÍA, P.: "La Declaración de los Derechos Humanos en el Islam", en *Los Derechos Humanos. 60 años después (1948-2008)*, Instituto de Estudios Europeos, Universidad de Valladolid, 2009.

[74] https://asean.org/wp-content/uploads/2021/01/6_AHRD_Booklet.pdf.

2. Las declaraciones de principios sobre Inteligencia Artificial.

Teniendo en cuenta esta premisa sobre los derechos humanos se enumeran diferentes Declaraciones y Documentos de multitud de organismos internacionales e, incluso de empresas tecnológicas, donde se recoge, expresamente, esta idea sobre la implementación de los derechos humanos en los sistemas de IA.

Ya, en 2019, en el artículo de A. JOBIN, M. IENCA y E. VAYENA titulado: "The global landscape of AI ethics guidelines"[75] se daba cuenta de la multitud de documentos que se habían elaborado sobre directrices éticas de la IA[76]. Después de ese año (2019) se han incrementado exponencialmente dichos documentos[77]. Así, por ejemplo, en el estudio realizado por J. FJELD, N. ACHTEN y otros[78] sobre 36 documentos sobre los principios éticos, se extraen los siguientes datos: a) Los principios de equidad y no discriminación están presentes en el 100% de los documentos; b) el 64% de esos documentos contenían una referencia a los derechos humanos, y cinco documentos tomaron los derechos humanos internacionales como marco general. Los principios éticos que mencionan a los valores humanos a menudo incluyen referencias explícitas a los derechos humanos fundamentales y, concluye que, para esta área de la gobernanza de la tecnología, la IA, que es resbaladiza y de rápido movimiento,

---

[75] En *Nature Machine Intelligence*, *1* (9), 2019, pp. 389-399.

[76] En este artículo se estudian 84 documentos. Solamente en 34 de estos 84 se recoge el término "libertad" y la palabra "dignidad" aparece en 13 documentos (p. 395).

[77] Otros trabajos sobre los documentos sobre directrices éticas de los sistemas de IA, vid. HAGENDORFF, T.: "A Virtue-Based Framework to Support Putting AI Ethics into Practice", *Philosophy and Technology*, 35, 55, 2022, DOI: 10.1007/s13347-022-00553-z, BIRHANE, A.; KALLURI, P.; CARD, D.; et al.: "The values encoded in machine learning research", https://arxiv.org/abs/2106.15590, 2021; RUDSCHIES, C.; SCHNEIDER, I.; SIMON J.: "Value Pluralism in the AI Ethics Debate – Different Actors, Different Priorities", *The International Review of Information Ethics*, 29, 2020, http://informationethics.ca/index.php/irie/article/view/419.

[78] FJELD, J.; ACHTEN, N.; HILLIGOSS, H.; NAGY, A. y SRIKUMAR, M.: "Principled Artificial Intelligence: Mapping Consensus in Ethical and Rights-Based Approaches to Principles for AI" (January 15, 2020), Berkman Klein Center Research Publication No. 1, 2020, http://dx.doi.org/10.2139/ssrn.3518482.

En otros trabajos de investigación se han analizado las publicaciones sobre esta materia, BAKINER, O.: "What do academics say about artificial intelligence ethics? An overview of the scholarship", *AI Ethics,* 3, 2023, pp. 513-525. https://doi.org/10.1007/s43681-022-00182-4. El objetivo de este artículo es evaluar si la erudición académica sobre la ética de la IA constituye un campo coherente, con conceptos y significados compartidos, fundamentos filosóficos y citas. Los datos de este documento consisten en el contenido de 221 artículos de ética de IA revisados por pares publicados en los campos de la medicina, el Derecho, la ciencia y la ingeniería, y los negocios y el marketing. La conclusión de este trabajo es que es prematuro hablar de un canon ético de la IA o de un campo coherente este ámbito.

sin embargo, el Derecho de los derechos humanos ofrece un conjunto básico de conceptos atractivamente bien establecidos, con respecto a los cuales se pueden juzgar las tecnologías emergentes.

En este apartado no se pretende estudiar o describir dichas declaraciones o documentos sobre directrices éticas[79] sino la intención es destacar las referencias que se realizan a los derechos humanos o derechos fundamentales como valor ético esencial que deben implementarse en los sistemas de IA y cómo dichos sistemas de IA deben alinearse para el cumplimiento de este valor ético[80].

Las Declaraciones son las siguientes:

1. PRINCIPIOS ASILOMAR de IA[81] del año 2017.

En el apartado sobre ética y valores esta declaración elaborada por Future of Life Institute señala sobre el alineamiento de valores que los sistemas de IA deberían ser diseñados para que sus metas y comportamientos puedan alinearse con los valores humanos. Y, dentro de los valores humanos se indica que los sistemas de IA deberían ser diseñados y operados para que sean compatibles con los ideales de dignidad humana, derechos, libertades y diversidad cultural.

2. HUMAN RIGHTS IN THE ROBOT AGE REPORT, elaborado por The Rathenau Institute[82] (2017).

Este Instituto realiza una serie de recomendaciones sobre la protección de los derechos humanos en los ámbitos de la robótica e inteligencia artificial.

---

[79] Algunos países han elaborado guías de principios éticos, por ejemplo, en Malta, vid. *Towards Trustworthy AI, Malta Ethical AI Framework*, octubre de 2019, pp. 7 y ss.. El Gobierno de Malta, entre los cuatro objetivos éticos que contempla este documento, recoge como segundo: es el respeto a las leyes y normas jurídicas, a los derechos humanos y a los valores democráticos.

[80] PIZZI, M.; ROMANOFF, M.; ENGELHARDT, T.: "AI for humanitarian action: Human rights and ethics", *International Review of the Red Cross*, 102 (913), 2020, pp. 145-180. doi:10.1017/S1816383121000011.

[81] https://futureoflife.org/open-letter/ai-principles/.

[82] VAN EST, R. y GERRITSEN, J. B. A.: *Human rights in the robot age: Challenges arising from the use of robotics, artificial intelligence, and virtual and augmented reality*. Informe elaborado para el comité sobre Cultura, Ciencia, Educación y Medios de Comunicación de la Asamblea Parlamentaria del Consejo de Europa, Rathenau Instituut, 2017. Sobre el impacto de los sistemas de IA en el Derecho internacional de los derechos humanos, vid. GELLERS, J. C., & GUNKEL, D. J.: "Artificial intelligence and international human rights law: Implications for humans and technology in the 21st century and beyond", en A. ZWITTER & O. J. GSTREIN (Eds.), *Handbook on the politics and governance of big data and artificial intelligence,* Edward Elgar Publishing, 2023, pp. 430-455. https://doi.org/10.4337/9781800887374.00027.

3. INFORME DEL COMITÉ DE EXPERTOS SOBRE LOS DERECHOS HUMANOS en las decisiones automatizadas del procesamiento de datos y en las diferentes formas de inteligencia artificial, (MSI-AUT) (2018) del Consejo de Europa.

El objetivo de este informe es examinar las implicaciones de responsabilidad de los sistemas de IA desde una perspectiva de los derechos humanos. Por lo tanto, se ocupa principalmente de analizar la responsabilidad por las violaciones de los derechos humanos, en lugar de la responsabilidad por los daños tangibles derivados del funcionamiento de estos sistemas de IA[83].

4. PARTNERSHIP ON AI, de Google[84] (2018).

La empresa Google se compromete a no diseñar ni implementar IA en las siguientes áreas de aplicación: "Tecnologías cuyo propósito contraviene principios ampliamente aceptados del derecho internacional y los derechos humanos".

Y, entre los objetivos para aplicaciones de IA, indica que evitará crear o reforzar prejuicios injustos. Es decir, "los algoritmos y conjuntos de datos de IA pueden reflejar, reforzar o reducir sesgos injustos. Reconocemos que distinguir los prejuicios justos de los injustos no siempre es sencillo y difiere según las culturas y sociedades[85]. Buscaremos evitar impactos injustos en las personas, particularmente aquellos relacionados con características sensibles como raza, etnia, género, nacionalidad, ingresos, orientación sexual, capacidad y creencias políticas o religiosas".

5. PRINCIPIOS DE IA, de Telefónica (octubre 2018).

En este Documento se dice lo siguiente: "Tenemos un fuerte compromiso con los derechos humanos, tal y como se indica en nuestros Principios de Negocio Responsable y en nuestra política de derechos humanos, así como el resto de políticas derivadas de ellos (…) IA centrada en las personas La IA debería estar al servicio de la sociedad y generar beneficios tangibles para

---

[83] Sobre el trabajo de este Comité, vid. YEUNG, K.: "A Study of the Implications of Advanced Digital Technologies (Including AI Systems) for the Concept of Responsibility Within a Human Rights Framework", 2018, https://ssrn.com/abstract=3286027.

[84] https://blog.google/technology/ai/ai-principles/ (2018).

[85] Utiliza un concepto de Derechos Humanos alejados de la concepción propia de los mismos, universales, indivisibles e interdependientes. La dignidad humana merece el mismo respeto en todas las partes del mundo y no se pueden excepcionar culturalmente los motivos que pueden ser objeto de discriminación, vid. https://www.ohchr.org/es/what-are-human-rights.

las personas. Telefónica es consciente del hecho de que la implementación de la IA en nuestros productos y servicios no debe, en ningún caso, provocar un impacto negativo en los derechos humanos o en el logro de los Objetivos de Desarrollo Sostenible de la ONU. Nos preocupa el posible uso de la IA para la creación o propagación de noticias falsas, adicción a la tecnología y en general el potencial refuerzo del sesgo social en los algoritmos. Nos comprometemos a trabajar para evitar estas tendencias en la medida en que se encuentren dentro de nuestro ámbito de control".

6. DECLARACIÓN DE TORONTO (2018).

La Declaración de Toronto sobre la protección de los derechos de igualdad y no discriminación en los sistemas de aprendizaje automático, de 16 de mayo de 2018[86]. Se trata de una declaración preparada por Amnistía Internacional y Access Now, que ha sido aprobada por Human Rights Watch y Wikimedia Foundation.

Los Estados tienen la obligación de promover, proteger y respetar los derechos humanos. El sector privado, incluidas las empresas, tiene la responsabilidad de respetar los derechos humanos en todo momento. Esta Declaración se aprueba para afirmar estas obligaciones y responsabilidades. E, incluye:

Los derechos de igualdad y no discriminación.

Esta Declaración se centra en los derechos a la igualdad y la no discriminación, principios críticos que sustentan todos los derechos humanos.

Prevenir la discriminación

El sector público y el privado tienen obligaciones y responsabilidades bajo la normativa de derechos humanos para prevenir proactivamente la discriminación. Cuando la prevención no es suficiente o satisfactoria, la discriminación debe ser mitigada.

Si bien esta Declaración se centra en las tecnologías de aprendizaje automático, muchas de las normas y principios incluidos son igualmente aplicables a la inteligencia artificial, así como a los sistemas de datos relacionados. La declaración se centra en los derechos a la igualdad y la no discriminación. El aprendizaje automático y la inteligencia artificial impactan una gama más amplia de derechos humanos, como el derecho a la

---

86 https://www.accessnow.org/the-toronto-declaration-protecting-the-rights-to-equality-and-non-discrimination-in-machine-learning-systems/.

privacidad, el derecho a la libertad de expresión, la participación en la vida cultural, el derecho a recibir reparación y el derecho a la vida.

El Derecho de los derechos humanos es un sistema de valores adscrito universalmente basado en el Estado de Derecho que proporciona medios establecidos para garantizar que se respeten los derechos fundamentales, incluidos los derechos a la igualdad y la no discriminación. Su naturaleza como conjunto de estándares universalmente vinculantes y aplicables es particularmente adecuado para tecnologías sin fronteras como el aprendizaje automático. El Derecho de los derechos humanos proporciona normas y mecanismos para responsabilizar a los sectores público y privado cuando no cumplen con sus respectivas obligaciones y responsabilidades de proteger y respetar los derechos. También requiere que todos puedan interponer un recurso y obtener una reparación efectivos cuando sus derechos hayan sido denegados o violados. Los riesgos que plantean los sistemas de aprendizaje automático deben ser examinados y abordados urgentemente a nivel gubernamental y por parte del sector privado, concibiendo, desarrollando e implementando estos sistemas. Las medidas gubernamentales deben ser vinculantes y adecuadas para proteger y promover los derechos.

Al emplear nuevas tecnologías, tanto el sector público como el privado probablemente necesitarán encontrar nuevas formas de proteger los derechos humanos, a medida que surjan nuevos desafíos a la igualdad y la representación de diversos individuos y grupos. Este tipo de tecnologías pueden exacerbar la discriminación a gran escala.

Los patrones existentes de discriminación estructural pueden reproducirse y agravarse en situaciones que son específicas de estas tecnologías (por ejemplo, objetivos de sistemas de aprendizaje automático que crean marcadores de éxito autocumplidos y refuerzan patrones de desigualdad, o problemas que surgen del uso de "no representativos" o conjuntos de datos "sesgados".

Todos los actores, públicos y privados, deben prevenir y mitigar los riesgos de discriminación en el diseño, desarrollo y aplicación de tecnologías de aprendizaje automático y garantizar que existan soluciones efectivas antes del despliegue y durante todo el ciclo de vida de estos sistemas.

Esta Declaración subraya que la inclusión, la diversidad y la equidad son componentes clave para garantizar que los sistemas de aprendizaje automático no creen ni perpetúen la discriminación, particularmente contra los grupos marginados. Hay algunos grupos para quienes la recopilación de datos sobre la discriminación representa una dificultad particular; sin embargo, la protección debe extenderse también a esos grupos.

Los sesgos discriminatorios intencionales e inadvertidos a lo largo del diseño, desarrollo y uso de sistemas de aprendizaje automático crean graves riesgos para los derechos humanos; Los sistemas son en su mayor parte desarrollados, aplicados y revisados por actores que se encuentran en gran medida en países y regiones particulares, con aportes limitados de diversos grupos en términos de raza, cultura, género y antecedentes socioeconómicos. Esto puede producir resultados discriminatorios.

La inclusión, la diversidad y la equidad implican la participación activa y una consulta significativa con comunidades minoritarias para garantizar que los sistemas de aprendizaje automático se diseñen y utilicen de manera que respeten la no discriminación, la igualdad y otros derechos humanos.

7. CARTA ÉTICA EUROPEA SOBRE EL USO DE LA INTELIGENCIA ARTIFICIAL EN LOS SISTEMAS JUDICIALES Y SU ENTORNO, del Consejo de Europa (2018).

La Carta Ética europea sobre el uso y desarrollo de la inteligencia artificial en los sistemas judiciales, de la Comisión Europea para la Eficiencia de la Justicia del Consejo de Europa, de diciembre de 2018[87]. En esta Carta se destacan cinco grandes principios. El primer principio es el principio del respeto a los derechos fundamentales: asegurar que el diseño e implementación de herramientas y servicios de Inteligencia Artificial sean compatibles con los derechos fundamentales. El procesamiento de decisiones judiciales y de datos debe tener fines claros, en pleno cumplimiento de los derechos fundamentales garantizados por el Convenio Europeo de Derechos Humanos (CEDH) y el Convenio sobre la Protección de Datos Personales. Por lo tanto, se debe dar preferencia a los enfoques éticos incluyendo los derechos humanos en el diseño. Esto significa que desde las fases de diseño y de aprendizaje se deben integrar plenamente normas que prohíben violaciones directas o indirectas de los valores fundamentales protegidos por las convenciones del Consejo de Europa.

El segundo principio es el principio de no discriminación. Se debe prevenir específicamente el desarrollo o intensificación de cualquier discriminación entre personas o grupos de personas. Dada la capacidad de estos métodos de procesamiento para revelar la discriminación existente, mediante la agrupación o clasificación de datos relacionados con individuos

[87] https://campusialab.com.ar/wp-content/uploads/2020/07/Carta-e%CC%81tica-europea-sobre-el-uso-de-la-IA-en-los-sistemas-judiciales-.pdf.

o grupos de individuos, las partes interesadas públicas y privadas deben garantizar que los métodos no reproduzcan o agraven dicha discriminación y que no conduzcan a resultados deterministas. análisis o usos. Se debe tener especial cuidado tanto en la fase de desarrollo como en la de implementación, especialmente cuando el procesamiento se basa directa o indirectamente en datos "sensibles". Esto podría incluir presunto origen racial o étnico, antecedentes socioeconómicos, opiniones políticas, creencias religiosas o filosóficas, afiliación sindical, datos genéticos, datos biométricos, datos relacionados con la salud o datos relacionados con la vida sexual o la orientación sexual. Cuando se haya identificado dicha discriminación, se deben considerar medidas correctivas para limitar o, si es posible, neutralizar estos riesgos, así como también la sensibilización de las partes interesadas. Sin embargo, se debe fomentar el uso del aprendizaje automático y de análisis científicos multidisciplinarios para combatir dicha discriminación. El principio de no discriminación e igualdad será estudiado como un caso de uso en el Bloque III de esta obra.

8. La IEEE Global Initiative for ETHICAL CONSIDERATIONS IN ARTIFICIAL INTELLIGENCE AND AUTONOMOUS SYSTEMS[88] elaborados por la IEEE Standards Association (2019).

El motivo principal para la elaboración de estos principios éticos para los sistemas de IA es que "encarnen los más altos ideales de los derechos humanos". En este sentido, el primer principio ético se denomina "beneficio humano" y se pregunta ¿Cómo podemos garantizar que las IA no infrinjan los derechos humanos? Después de hacer una relación de los tratados internacionales de Naciones Unidas sobre Derechos Humanos declara que deben ser plenamente tomados en consideración por individuos, empresas, instituciones de investigación y gobiernos por igual para reflejar las siguientes preocupaciones: "1. La IA debe diseñarse y operarse de manera que respete los derechos humanos, las libertades, dignidad humana y diversidad cultural".

Para respetar mejor los derechos humanos, continua este Documento, la sociedad debe garantizar la seguridad de la IA para garantizar que estén diseñados y operados de una manera que beneficie a los humanos y *para ello es necesario traducir las obligaciones legales existentes para respetar mejor*

[88] https://standards.ieee.org/wp-content/uploads/import/documents/other/ead_general_principles.pdf; https://standards.ieee.org/wp-content/uploads/import/documents/other/ead1e.pdf.

los Derechos Humanos que se recogen en los tratados internacionales sobre Derechos Humanos[89].

9. PRINCIPIOS DE LA OCDE SOBRE INTELIGENCIA ARTIFICIAL (2019).

Los Principios de la OCDE sobre Inteligencia Artificial promueven la inteligencia artificial (IA) para que sea innovadora y confiable y, al mismo tiempo, garantizar que respeten los derechos humanos y los valores democráticos. Fueron adoptados en mayo de 2019 por los países miembros de la OCDE cuando aprobaron la Recomendación del Consejo de la OCDE sobre Inteligencia Artificial[90]. La Recomendación tiene como objetivo fomentar la innovación y la confianza en la IA mediante la promoción de la gestión responsable de una IA confiable y al mismo tiempo garantizar el respeto de los derechos humanos y los valores democráticos. Se recoge: "Subrayando que ciertos marcos legales, regulatorios y políticos nacionales e internacionales existentes ya son relevantes para la IA, incluidos aquellos relacionados con los derechos humanos, la protección de datos personales y de los consumidores, los derechos de propiedad intelectual, la conducta empresarial responsable y la competencia, al tiempo que observa que la idoneidad de algunos tal vez sea necesario evaluar los marcos y desarrollar nuevos enfoques". Y dentro de los valores centrados en el ser humano y equidad se dice que los actores de la IA deben respetar el Estado de Derecho, los derechos humanos y los valores democráticos durante todo el ciclo de vida del sistema de IA. Estos incluyen libertad, dignidad y autonomía, privacidad y protección de datos, no discriminación e igualdad, diversidad, equidad, justicia social y derechos laborales internacionalmente reconocidos.

10. En junio de 2019, el *G20* adoptó los *PRINCIPIOS DE IA CENTRADOS EN EL SER HUMANO* que se basan en los Principios de IA de la OCDE, anteriormente citados.

---

[89] En concreto, este Documento cita los siguientes tratados sobre derechos humanos: la Declaración Universal de Derechos Humanos; el Pacto Internacional de Derechos Civiles y Políticos, 1966; el Pacto Internacional de Derechos Económicos, Sociales y Culturales, 1966; la Convención Internacional sobre la Eliminación de todas las Formas de Discriminación Racial, 1965; la Convención sobre los Derechos del Niño; la Convención sobre la Eliminación de Todas las Formas de Discriminación contra la Mujer, 1979; la Convención sobre los Derechos de las Personas con Discapacidad, 2006; los Convenios de Ginebra y sus protocolos adicionales, 1949 y, también, menciona las Consideraciones sobre el protocolo de investigación sobre derechos humanos de la IRTF (Internet Research Task Force) y los Principios Rectores de las Naciones Unidas sobre las Empresas y los Derechos Humanos, 2011.

[90] *Recommendation of the Council on Artificial Intelligence* OECD, 22 de mayo de 2019 (https://legalinstruments.oecd.org/api/print?ids=648&lang=en).

11. Las DIRECTRICES SOBRE INTELIGENCIA ARTIFICIAL Y PROTECCIÓN DE DATOS de enero de 2019[91], del Consejo de Europa.

Estas Directrices proporcionan un conjunto de medidas básicas que los gobiernos, los desarrolladores de IA, los fabricantes y los proveedores de servicios deben seguir para garantizar que las aplicaciones de IA no socaven la dignidad humana, los derechos humanos y las libertades fundamentales de cada individuo, en particular con respecto al derecho a la protección de datos

En la Orientación general se dice: "1. La protección de la dignidad humana y la salvaguardia de los derechos humanos y las libertades fundamentales, en particular el derecho a la protección de datos personales, son esenciales a la hora de desarrollar y adoptar aplicaciones de IA que puedan tener consecuencias para los individuos y la sociedad. Esto es especialmente importante cuando se utilizan aplicaciones de IA en procesos de toma de decisiones".

Los desarrolladores, fabricantes y proveedores de servicios de IA deberían evaluar las posibles consecuencias adversas de las aplicaciones de IA para los derechos humanos y las libertades fundamentales y, teniendo en cuenta estas consecuencias, adoptar un enfoque de precaución basado en medidas adecuadas de prevención y mitigación de riesgos.

En todas las fases del procesamiento, incluida la recopilación de datos, los desarrolladores, fabricantes y proveedores de servicios de IA deben *adoptar un enfoque de derechos humanos* desde el diseño y evitar posibles sesgos, incluidos los involuntarios u ocultos, y el riesgo de discriminación u otros impactos adversos en el ser humano y para los derechos y libertades fundamentales de los interesados.

Se alienta a los desarrolladores, fabricantes y proveedores de servicios de IA a crear y consultar a comités independientes de expertos de diversos campos, así como a colaborar con instituciones académicas independientes, que pueden contribuir al diseño de aplicaciones de IA basadas en los derechos humanos y con orientación ética y social, así como para detectar posibles sesgos. Dichos comités pueden desempeñar un papel especialmente importante en áreas donde la transparencia y la participación de las partes interesadas pueden ser más difíciles debido a intereses y derechos

[91] https://rm.coe.int/guidelines-on-artificial-intelligence-and-data-protection/168091f9d8.

contrapuestos, como en los campos de la justicia predictiva, la prevención y la detección del delito.

Los desarrolladores, fabricantes y proveedores de servicios de IA deben adoptar formas de vigilancia de algoritmos que promuevan la responsabilidad de todas las partes interesadas relevantes durante todo el ciclo de vida de estas aplicaciones, para garantizar el cumplimiento de las leyes y principios de protección de los derechos humanos.

12. La DECLARACIÓN DEL COMITÉ DE MINISTROS DEL CONSEJO DE EUROPA SOBRE LAS CAPACIDADES MANIPULADORAS DE LOS PROCESOS ALGORÍTMICOS, de febrero de 2019[92].

Se reproduce por la importancia de esta Declaración para la libre formación de la conciencia como dimensión de la libertad de conciencia y la neutralidad de los poderes públicos en el ámbito ideológico y religiosa como elemento de la laicidad. Sobre estas cuestiones nos centraremos en el Bloque II. En esta Declaración se establece que: "Los Estados miembros del Consejo de Europa se han comprometido a construir sociedades basadas en los valores de la democracia, los derechos humanos y el Estado de Derecho. Este compromiso permanece y debe honrarse a lo largo del proceso continuo de transformación social impulsado por los avances tecnológicos. Los Estados miembros deben garantizar los derechos y libertades consagrados en el Convenio para la Protección de los Derechos Humanos y de las Libertades Fundamentales a todas las personas que se encuentren dentro de su jurisdicción, tanto en línea como fuera de línea, en un entorno de globalización política, económica y cultural sin precedentes y conectividad.

Las tecnologías avanzadas desempeñan un papel fundamental a la hora de mantener la eficiencia y el valor de servicio público de la digitalización, fortalecer la autonomía y la autodeterminación individuales y mejorar el florecimiento humano mediante la creación de condiciones óptimas para el ejercicio de los derechos humanos.

Los niveles sutiles, subconscientes y personalizados de **persuasión algorítmica** pueden tener efectos significativos en la autonomía cognitiva de los individuos y su derecho a formarse opiniones y tomar decisiones independientes. Estos efectos aún no se han explorado lo suficiente, pero no se pueden subestimar. No sólo pueden debilitar el ejercicio y disfrute de los derechos humanos individuales, sino que también pueden conducir a la

---

[92] https://search.coe.int/cm/pages/result_details.aspx?objectid=090000168092dd4b.

corrosión de los cimientos mismos del Consejo de Europa. Sus pilares centrales de derechos humanos, democracia y Estado de Derecho se basan en la creencia fundamental en la igualdad y dignidad de todos los seres humanos como agentes morales independientes. Además, se subraya igualmente la responsabilidad de los Estados miembros de liderar y apoyar la exploración y la investigación sobre el potencial de mejora de la autonomía, la igualdad y el bienestar de las tecnologías avanzadas de procesamiento de datos y aprendizaje automático. En particular, deberían crearse incentivos para desarrollar servicios que fortalezcan la igualdad de acceso y disfrute de los derechos humanos y creen un valor amplio para la sociedad, entre otras cosas fomentando la atención a las necesidades de comunidades históricamente marginadas o hasta ahora desatendidas. Para ello, debe promoverse la diversidad estructural en la innovación y la investigación; (...) Por último, se reconoce la necesidad de considerar, tanto a nivel nacional como internacional, la creciente responsabilidad de la industria en todos los sectores para estar a la altura de sus importantes funciones e influencia con niveles proporcionales de mayor equidad, transparencia y rendición de cuentas, en consonancia con su responsabilidad de respetar los derechos humanos. derechos y libertades fundamentales, y bajo la dirección de las instituciones públicas".

13. Las DIRECTRICES ÉTICAS PARA UNA INTELIGENCIA ARTIFICIAL FIABLE (8 de abril de 2019) [93].

Es un documento elaborado por un Grupo independiente de expertos de alto nivel, creado por la Comisión Europea. Este Documento reconoce que la Inteligencia Artificial debe estar al servicio de la humanidad y del bien común, su objetivo debe centrarse en mejorar el bienestar y la libertad de los seres humanos[94].

En este mismo sentido, en el documento de las Directrices éticas para una inteligencia artificial fiable, elaborado por un grupo independiente de expertos, creado por la Comisión Europea, anteriormente citado, se advierte

[93] *Directrices éticas para una IA fiable*. Grupo independiente de expertos de alto nivel sobre inteligencia artificial, creado por la Comisión Europea, 2019, vid. https://op.europa.eu/es/publication-detail/-/publication/d3988569-0434-11ea-8c1f-01aa75ed71a1

[94] *Directrices éticas para una IA fiable*. Grupo independiente de expertos de alto nivel sobre inteligencia artificial, creado por la Comisión Europea, 2019, página 5 del documento. Sobre estas Directrices, vid. MORENO REBATO, M.: *Inteligencia artificial (Umbrales éticos, Derecho y Administraciones Públicas)*, Aranzadi, 2021, pp. 29 y ss.. Autora que seguimos en este apartado.

que "Este documento ha sido redactado por el Grupo de expertos de alto nivel sobre inteligencia artificial (IA). Los miembros del Grupo de expertos citados en este documento respaldan el marco general para una IA fiable descrito en las presentes directrices, aunque no están necesariamente de acuerdo con todas y cada una de las afirmaciones que se realizan en ellas"[95].

El objetivo de las Directrices fijadas por el grupo de expertos, anteriormente mencionado, es promover, en el ámbito europeo, una Inteligencia Artificial fiable. En este sentido, sostienen que la fiabilidad de la Inteligencia Artificial (IA) se apoya en tres componentes que deben satisfacerse a lo largo de todo el ciclo de vida del sistema: a) la IA **debe ser lícita, es decir, cumplir todas las leyes y normas jurídicas aplicables**; b) ha de ser ética, de modo que se garantice el respeto de los principios y valores éticos; y c) debe ser robusta, tanto desde el punto de vista técnico como social, puesto que los sistemas de IA, incluso si las intenciones son buenas, pueden provocar daños accidentales. A su vez, entienden, que los sistemas de IA deben cumplir siete requisitos: acción y supervisión humanas; solidez técnica y seguridad; gestión de la privacidad y de los datos; transparencia; diversidad, no discriminación y equidad; bienestar ambiental y social, y rendición de cuentas[96]. Estos requisitos tienen como destinatarios: a los desarrolladores, que deben introducir y aplicar los requisitos en los procesos de diseño y desarrollo; a los responsables del despliegue, que deben asegurarse de que los sistemas que utilizan y los productos y servicios que ofrecen cumplen los requisitos establecidos; a los usuarios finales y la

[95] Una crítica a este documento puede verse en: MCMILLAN, D., & BROWN, B.: "Against ethical AI", en *Proceedings of the Halfway to the Future Symposium*, 2019, pp. 1-3; SMUHA, N. A.: "The EU approach to ethics guidelines for trustworthy artificial intelligence", *CRi-Computer Law Review International*, *20* (4), 2019, pp. 97-106. Si bien se destaca la importancia de los derechos humanos: "An important step towards such common ground was taken with the decision of using a fundamental rights-based approach to frame the document. This is not surprising, as in the quest for moral universalism, the human rights acquis is often put forward as one of the most viable conceptual candidates, hence increasing the potential for the framework's acceptability also beyond Europe" (p. 103). En esta idea se insiste en MOLAVI VASSE'I, R.: "The Ethical Guidelines for Trustworthy AI – A Procrastination of Effective Law Enforcement. Weaknesses of ethical principles in general and the EU's approach in particular", Computer Law Review International, https://doi.org/10.9785/cri-2019-200502, con las siguientes palabras: ***"As a framework, human rights are the most promising standard to ensure ethical development of technology"*** (p. 131).

[96] *Directrices éticas para una IA fiable.* Grupo independiente de expertos de alto nivel sobre inteligencia artificial, creado por la Comisión Europea, 2019, páginas 6 y 18 del Documento.

sociedad en su conjunto, que deben permanecer informados sobre dichos requisitos y tener la capacidad de pedir que se cumplan[97].

El Grupo de expertos parte de un enfoque de la ética en la IA basado en los derechos fundamentales consagrados en los Tratados de la Unión Europea, la Carta de los Derechos Fundamentales de la Unión Europea y la legislación internacional de derechos humanos. El respeto de los derechos fundamentales, dentro de un marco de democracia y Estado de Derecho, proporciona la base más prometedora para identificar los principios y valores éticos abstractos que se pueden poner en práctica en el contexto de la IA. Derechos fundamentales que son legalmente exigibles en la Unión Europea[98].

Se enumeran **cuatro principios éticos, arraigados en los derechos fundamentales**, que deben cumplirse para garantizar que los sistemas de IA se desarrollen, desplieguen y utilicen de manera fiable. De estos principios éticos se derivan, a su vez, una serie de requisitos que deben cumplir los sistemas de IA. Estos son[99]:

1. Respeto de la autonomía humana: esto implica garantizar la supervisión y el control humano sobre los procesos de trabajo de los sistemas de IA. El control humano se refiere a la capacidad de que los seres humanos intervengan durante el ciclo de diseño del sistema y el seguimiento de su funcionamiento; y la capacidad de supervisar la actividad global del sistema, incluidos sus efectos económicos, sociales, jurídicos y éticos ("el mando humano").

2. Prevención del daño: los sistemas de IA no deben provocar daños (o agravar los existentes) ni perjudicar de cualquier otro modo a los seres humanos. No pueden, por tanto, destinarse a usos malintencionados. Esto conlleva la protección de la dignidad humana, así como de la integridad física y mental. En relación con la integridad mental nos remitimos a los neuroderechos que serán estudiados más adelante (en el Bloque III). Es evidente, en este contexto, que los registros digitales de las personas y su comportamiento no solo pueden dejar rastro de sus preferencias sino también es fácil inferir de los mismos su orientación sexual, edad, género, *opiniones*

[97] *Directrices éticas para una IA fiable.* Grupo independiente de expertos de alto nivel sobre inteligencia artificial, creado por la Comisión Europea, 2019, páginas 6 y 18 del documento.

[98] Ibidem, p. 12 del documento *Directrices éticas para una IA fiable.*

[99] Ibidem, pp. 14 y ss. y pp. 20 y ss. del documento *Directrices éticas para una IA fiable.*

políticas y religiosas. Es necesario, por tanto, establecer protocolos que determinen quién puede acceder a los datos y en qué circunstancias.

3. Equidad: esto implica asegurar que las personas y grupos no sufran sesgos injustos, discriminación ni estigmatización. Los conjuntos de datos que utilizan los sistemas de IA (tanto con fines de formación como para su funcionamiento) pueden presentar sesgos históricos inadvertidos, lagunas o modelos de gestión incorrectos. El mantenimiento de dichos sesgos podría dar lugar a prejuicios y discriminación (directa e indirecta) contra determinados grupos o personas, lo que podría agravar los estereotipos y la marginación. Siempre que sea posible, los sesgos identificables y discriminatorios deberían eliminarse en la fase de recopilación de la información. La propia programación de algoritmos también puede presentar sesgos injustos, por lo que hay que contar con procesos de supervisión. Tampoco puede permitirse que se engañe a los usuarios ni se limite su libertad de elección. También incluye, en su faceta procedimental, oponerse a las decisiones adoptadas por los sistemas de IA y por las personas que los manejan. Se debe poder identificar a la entidad responsable de la decisión y explicar los procesos de adopción de decisiones.

4. Explicabilidad: es crucial para conseguir que los usuarios confíen en los sistemas de IA. Los procesos han de ser transparentes, las decisiones deben poder explicarse (de manera directa o indirecta) porque sin esta información no es posible impugnar adecuadamente una decisión. En este sentido, los algoritmos de "caja negra" (donde, muchas veces, no es posible explicar por qué un modelo ha generado un resultado o una decisión particular, ni qué combinación de factores contribuyeron a ello) requieren una especial atención. En este sentido, es necesario adoptar otras medidas relacionadas con la explicabilidad (por ejemplo, la trazabilidad, la auditabilidad y la comunicación transparente sobre las prestaciones del sistema), *siempre y cuando el sistema en su conjunto respete los derechos fundamentales*. La explicabilidad también incluye la comunicación; el derecho del usuario a saber que está interactuando con un sistema de IA; por lo tanto, los sistemas de IA deben identificarse como tales, deben comunicar este extremo y, cuando sea necesario, se debería ofrecer al usuario la posibilidad de decidir si prefiere interactuar con un sistema de IA o con otra persona, *con el fin de garantizar el cumplimiento de los derechos fundamentales*. En este punto nos remitimos al Bloque III de esta obra.

Estas Directrices articulan un marco para lograr una IA fiable basada en los derechos humanos consagrados en la Carta de los Derechos Fundamentales de la Unión Europea, así como en la pertinente legislación internacional de derechos humanos. A continuación, se describe algunos apuntes sobre la IA lícita que recoge este Documento. Los sistemas de IA no operan en un mundo sin leyes. Existen varias normas jurídicamente vinculantes a escala europea, nacional e internacional que ya son aplicables o pertinentes al desarrollo, despliegue y utilización de sistemas de IA. Entre las fuentes jurídicas de importancia en la materia figuran, con carácter no limitativo, el Derecho primario de la UE (los Tratados de la Unión Europea y su Carta de Derechos Fundamentales) y el Derecho secundario de la Unión (como el Reglamento General de Protección de Datos, las Directivas contra la discriminación, la Directiva sobre máquinas, la Directiva sobre responsabilidad por los daños causados por productos defectuosos, el Reglamento sobre la libre circulación de datos no personales, las leyes de protección de los consumidores y las Directivas relativas a la seguridad y la salud en el trabajo), pero también los tratados de derechos humanos de las Naciones Unidas y los convenios del Consejo de Europa (como el Convenio Europeo de Derechos Humanos), además de numerosas leyes de los Estados miembros de la UE. Además de las normas de aplicación horizontal, existen diversas normas de carácter sectorial aplicables a determinados usos de la IA. Y, por supuesto, el Reglamento comunitario 2024/1689, de 13 de junio, de IA y la Directiva sobre responsabilidad en materia de IA.

Estas Directrices parten de la hipótesis de que todos los derechos y obligaciones legales que se aplican a los procesos y actividades implicados en el desarrollo, despliegue y utilización de la IA conservan su carácter obligatorio y han de ser debidamente observados.

Los derechos fundamentales se encuentran en la base de la legislación de derechos humanos, tanto a escala internacional como de la UE, y sustentan los derechos legalmente exigibles garantizados por los Tratados de la UE y la Carta de los Derechos Fundamentales de la UE. Dado que los derechos fundamentales son jurídicamente vinculantes, su cumplimiento entra dentro del primero de los componentes de una IA fiable, la «IA lícita». No obstante, los derechos fundamentales también pueden entenderse como derechos morales especiales de todas las personas por el hecho de serlo, con independencia de su carácter jurídicamente vinculante. En ese sentido, también forman parte del segundo componente de la IA fiable, la «IA ética».

El respeto de los derechos fundamentales, dentro de un marco de democracia y Estado de Derecho, proporciona la base más prometedora para identificar los principios y valores éticos abstractos que se pueden poner en práctica en el contexto de la IA, se recalca en este Documento.

Por su parte, dentro de la IA ética se incluye los derechos fundamentales como principios éticos, como hemos indicado. Los derechos fundamentales se configuran como la base para una IA fiable. Entre el amplio conjunto de derechos indivisibles recogido en la legislación internacional de derechos humanos, los Tratados de la UE y la Carta de la UE, las familias siguientes de derechos fundamentales resultan particularmente aptas para cubrir los sistemas de IA. En determinadas circunstancias, muchos de esos derechos son legalmente exigibles en la UE, por lo que son de obligado cumplimiento desde el punto de vista legal. Pero, incluso una vez lograda la exigibilidad legal de los derechos fundamentales, la reflexión ética puede ayudarnos a comprender el modo en que el desarrollo, despliegue y utilización de la IA pueden afectar a los derechos fundamentales y sus valores subyacentes, y de qué manera pueden contribuir a ofrecer orientaciones más detalladas a la hora de tratar de identificar aquello que debemos hacer en lugar de lo que podemos hacer (actualmente) con la tecnología. En concreto:

Respeto de la dignidad humana. La dignidad humana contiene en sí la idea de que todo ser humano posee un «valor intrínseco» que jamás se debe menoscabar, poner en peligro ni ser objeto de represión por parte de otros (ni de las nuevas tecnologías, como los sistemas de IA). En el contexto de la inteligencia artificial, el respeto de la dignidad humana implica que todas las personas han de ser tratadas con el debido respeto que merecen como sujetos morales, y no como simples objetos que se pueden filtrar, ordenar, puntuar, dirigir, condicionar o manipular. En consecuencia, los sistemas de IA deben desarrollarse de un modo que respete, proteja y esté al servicio de la integridad física y mental de los seres humanos, el sentimiento de identidad personal y cultural y la satisfacción de sus necesidades esenciales.

Libertad individual. Los seres humanos deben ser libres para tomar decisiones vitales por sí mismos. Esto implica libertad frente a intromisiones soberanas, pero también requiere la intervención de organizaciones gubernamentales y no gubernamentales para garantizar que los individuos o las personas en riesgo de exclusión disfruten de igualdad de acceso a los beneficios y las oportunidades que ofrece la IA. En el contexto de la inteligencia artificial, la libertad individual exige mitigar la coerción ilegítima (in)directa, las amenazas a la autonomía mental y la salud mental, la vigilancia injustificada, el engaño y la manipulación injusta. De hecho, la libertad individual entraña un compromiso de permitir que los individuos ejerzan un control aún mayor sobre su vida, incluidos (entre otros derechos) la protección de la libertad de empresa, la libertad de las artes y de las ciencias, la libertad de expresión, el derecho a la privacidad y la vida privada y la libertad de reunión y asociación.

Respeto de la democracia, la justicia y el Estado de Derecho. En las democracias constitucionales, todo poder gubernamental debe estar autorizado legalmente y limitado por la legislación. Los sistemas de IA deberían servir para mantener e impulsar procesos democráticos, así como para respetar la pluralidad de valores y elecciones vitales de las personas. Los sistemas de IA no deben socavar los procesos democráticos, las deliberaciones humanas ni los sistemas democráticos de votación. Asimismo, los sistemas de IA deben incluir un compromiso de garantizar que su funcionamiento no menoscabe los compromisos esenciales en los que se fundamenta el Estado de Derecho —así como las leyes y reglamentos de obligado cumplimiento— y de asegurar el respeto de las garantías procesales y la igualdad ante la ley.

Igualdad, no discriminación y solidaridad, incluidos los derechos de las personas en riesgo de exclusión. Es preciso garantizar por igual el respeto del valor moral y la dignidad de todos los seres humanos. Este requisito va más allá de la no discriminación, que tolera el establecimiento de distinciones entre situaciones diferentes sobre la base de justificaciones objetivas. En el contexto de la IA, la igualdad implica que el funcionamiento de este tipo de sistemas no debe generar resultados injustamente sesgados (por ejemplo, los datos utilizados para la formación de los sistemas de IA deben ser lo más inclusivos posibles, de forma que estén representados los diferentes grupos de población). Esto también requiere un adecuado respeto de las personas y grupos potencialmente vulnerables, como los trabajadores, las mujeres, las personas con discapacidad, las minorías étnicas, los niños, los consumidores u otras personas en riesgo de exclusión.

Derechos de los ciudadanos. Los ciudadanos disfrutan de una amplia variedad de derechos, como el derecho de voto, el derecho a una buena administración, el derecho de acceso a documentos públicos o el derecho de petición a la administración. Los sistemas de IA ofrecen un potencial muy importante para mejorar el alcance y la eficiencia del gobierno en la prestación de bienes y servicios públicos a la sociedad. Al mismo tiempo, determinadas aplicaciones de la IA también pueden afectar negativamente a los derechos de los ciudadanos, que deben protegerse. La utilización del término «derechos de los ciudadanos» en el presente documento no significa que se nieguen o ignoren los derechos de los nacionales de terceros países o de las personas que se encuentren en situación irregular (o ilegal) en la UE, que también tienen derechos al amparo de la legislación internacional, incluso —por tanto— en el campo de la IA.

Nos hemos extendido más en estas Directrices porque el Reglamento comunitario 2024/1689, de 13 de junio, de IA en su considerando nº 165 dice: "El desarrollo de sistemas de IA que no sean sistemas de IA de alto riesgo conforme a los requisitos establecidos en el presente Reglamento puede dar lugar a la adopción más amplia de una IA ética y fiable en la Unión. Se debe alentar a los proveedores de sistemas de IA que no son de alto riesgo a crear códigos de conducta, entre los que se incluyen los correspondientes mecanismos de gobernanza, destinados a impulsar la aplicación voluntaria de la totalidad o parte de los requisitos aplicables a los sistemas de IA de alto riesgo, adaptados teniendo en cuenta la finalidad prevista de los sistemas y el menor riesgo planteado y teniendo en cuenta las soluciones técnicas disponibles y las mejores prácticas del sector, como las tarjetas de modelo y de datos Asimismo, se debe animar a los proveedores y, en su caso, a los responsables del despliegue de todos los sistemas de IA, ya sean o no de alto riesgo, y de los modelos de IA, a aplicar, con carácter voluntario, requisitos adicionales relativos, por ejemplo, a los elementos de las Directrices éticas de la Unión para una IA fiable".

14. UNBOXING ARTIFICIAL INTELLIGENCE: 10 STEPS TO PROTECT HUMAN RIGHTS, de mayo de 2019[100]. En este documento el Comisario de Derechos Humanos del Consejo de Europa hace una serie de recomendaciones, así como una serie de checklists sobre el respeto de los derechos humanos que deben cumplir los sistemas de IA.

15. La CARTA DE LOS DERECHOS FUNDAMENTALES EN EL CONTEXTO DE LA INTELIGENCIA ARTIFICIAL Y EL CAMBIO DIGITAL, de la Unión Europea, de 21 de octubre de 2020[101].

La UE es una «unión de valores», consagrada en el artículo 2 del Tratado de la Unión Europea, basada en el respeto de la dignidad humana, la libertad, la democracia, la igualdad, el Estado de Derecho y el respeto de los derechos humanos, incluidos los derechos de las personas pertenecientes a minorías, como ya hemos indicado. Todos los Estados miembros tienen la responsabilidad de defender estos valores para hacerlos realidad en la vida cotidiana de todos sus ciudadanos.

Aunque las tecnologías digitales, en particular la IA, ofrecen oportunidades y beneficios cada vez mayores, su diseño, desarrollo y despliegue, así como su utilización indebida, pueden entrañar asimismo

---

100 https://rm.coe.int/unboxing-artificial-intelligence-10-steps-to-protect-human-rights-reco/1680946e64.

101 https://data.consilium.europa.eu/doc/document/ST-11481-2020-INIT/es/pdf.

riesgos para los derechos fundamentales, la democracia y el Estado de Derecho. Por lo tanto, es necesario desplegar esfuerzos para velar por que quede garantizado el respeto de los derechos fundamentales consagrados en la Carta de Derechos Fundamentales de la Unión Europea. En este contexto, para garantizar la compatibilidad de los sistemas automatizados con los derechos fundamentales y facilitar la aplicación de las normas jurídicas, deben afrontarse retos como la opacidad, la complejidad, el sesgo, cierto grado de imprevisibilidad y un comportamiento parcialmente autónomo.

En esta Carta se insiste en el enfoque de la IA basado en los derechos fundamentales, subrayando que el diseño, el desarrollo, el despliegue y el uso de la IA deben respetar plenamente los derechos fundamentales y las normas jurídicas vigentes. En definitiva, se insiste en que en el mundo digital debe aplicarse el mismo grado de protección que en el mundo físico.

16. El documento titulado: "THE FUTURE OF TECHNOLOGY LAW: THREE LEVELS OF IMPACT ASSESSMENT AND DEMOCRACY, RULE OF LAW AND HUMAN RIGHTS BY DESIGN IN AI"[102].

Este documento del Consejo de Europa, de 21 de mayo de 2021, hace un llamamiento a una nueva cultura que incorpore los principios de democracia, Estado de Derecho y derechos humanos desde el diseño en la IA y una evaluación de impacto tecnológico de tres niveles para nuevas tecnologías como la IA como una forma práctica de avanzar para lograr este propósito.

17. Una DECLARACIÓN DE LA SOCIEDAD CIVIL PARA DAR PRIORIDAD A LA PROTECCIÓN DE LOS DERECHOS FUNDAMENTALES Y LOS VALORES DEMOCRÁTICOS (2021). Una Ley de Inteligencia Artificial de la UE para los derechos fundamentales.

En este documento se propugna que se prohíba todas las prácticas que supongan un riesgo inaceptable para los derechos fundamentales en los sistemas de IA. Así se considera que se deben prohibir todos los sistemas que equivalen a la fisonomía de la IA mediante el uso de datos sobre nuestros cuerpos para hacer inferencias problemáticas sobre la personalidad, el carácter, las creencias políticas y religiosas.

Esta declaración fue redactada por: European Digital Rights (EDRi), Access Now, Panoptykon Foundation, epicenter.works, AlgorithmWatch, European Disability Forum (EDF), Bits of Freedom, Fair Trials, PICUM y

---

[102] https://rm.coe.int/cahai-pdg-2021-05-2768-0229-3507-v-1/1680a291a3.

ANEC (European consumer voice in standardisation) y fue firmada por 115 organizaciones de derechos humanos.

18. La RECOMENDACIÓN SOBRE LA ÉTICA DE LA INTELIGENCIA ARTIFICIAL, DE LA UNESCO, de 23 de noviembre de 2021.

Las normas éticas aceptadas mundialmente para las tecnologías de la IA, que respetan plenamente el Derecho internacional, en particular el Derecho de los derechos humanos, pueden desempeñar una función esencial en la elaboración de normas relacionadas con la IA en todo el mundo. Los objetivos de esta Recomendación son los siguientes:

a) proteger, promover y respetar los derechos humanos y las libertades fundamentales, la dignidad humana y la igualdad, incluida la igualdad de género y respetar la diversidad cultural en todas las etapas del ciclo de vida de los sistemas de IA;
b) La dignidad inviolable e intrínseca de cada ser humano constituye la base del sistema universal, indivisible, inalienable, interdependiente e interrelacionado de derechos humanos y libertades fundamentales. Por consiguiente, el respeto, la protección y la promoción de la dignidad humana y de los derechos establecidos por el Derecho internacional, en particular el Derecho internacional de los derechos humanos, son esenciales a lo largo del ciclo de vida de los sistemas de IA. La dignidad humana tiene que ver con el reconocimiento del valor intrínseco e igual de cada ser humano, con independencia de su raza, color, ascendencia, género, edad, idioma, religión, opiniones políticas, origen nacional, étnico o social, condición económica o social de nacimiento, discapacidad o cualquier otro motivo.
c) Los derechos humanos y las libertades fundamentales han de ser respetados, protegidos y promovidos a lo largo del ciclo de vida de los sistemas de IA. Los gobiernos, el sector privado, la sociedad civil, las organizaciones internacionales, las comunidades técnicas y las universidades deben respetar los instrumentos y marcos de derechos humanos en sus intervenciones en los procesos que rodean el ciclo de vida de los sistemas de IA. Es necesario que las nuevas tecnologías proporcionen nuevos medios para promover, defender y ejercer los derechos humanos, y no para vulnerarlos.

La decisión de utilizar sistemas de IA y la elección del método de IA deberían justificarse de las siguientes maneras: a) el método de IA elegido debería ser adecuado y proporcional para lograr un objetivo legítimo determinado; b) el método de IA elegido no debería vulnerar los valores fundamentales enunciados en el presente documento, en particular, su utilización no debe constituir una violación o un abuso de los derechos humanos; y c) el método de IA elegido debería ser adecuado al contexto y basarse en fundamentos científicos rigurosos.

Las modificaciones de la legislación nacional existente o la elaboración de una nueva legislación nacional en materia de sistemas de IA deben ajustarse a las obligaciones de los Estados Miembros en materia de derechos humanos y promover los derechos humanos y las libertades fundamentales a lo largo del ciclo de vida de esos sistemas. La promoción de los derechos humanos y las libertades fundamentales también debería adoptar la forma de iniciativas de gobernanza, buenos ejemplos de prácticas de colaboración en relación con los sistemas de IA y directrices técnicas y metodológicas nacionales e internacionales a medida que avancen las tecnologías de la IA. En sus prácticas relativas a los sistemas de IA, diversos sectores, incluido el privado, deben respetar, proteger y promover los derechos humanos y las libertades fundamentales utilizando los instrumentos existentes.

Los Estados Miembros deberían velar por que las interacciones entre seres humanos y robots se ajusten a los mismos valores y principios que se aplican a cualquier otro sistema de IA, lo que incluye los derechos humanos y las libertades fundamentales, la promoción de la diversidad. Las cuestiones éticas relativas a los sistemas basados en la IA utilizados en las neurotecnologías y las interfaces cerebro-ordenador deberían tenerse en cuenta a fin de preservar la dignidad y la autonomía humanas. Sobre esta última cuestión nos remitimos al Bloque III.

19. La DECLARACIÓN EUROPEA SOBRE LOS DERECHOS Y PRINCIPIOS DIGITALES PARA LA DÉCADA DIGITAL realizada conjuntamente por el Parlamento Europeo, el Consejo y la Comisión Europea, de 23 de enero de 2023.

Las instituciones comunitarias aspiran a promover una vía europea para la transformación digital basada en los valores europeos y los derechos fundamentales de la UE, que sitúe a las personas en el centro, reafirme los derechos humanos universales y beneficie a todas las personas, empresas y a la sociedad en su conjunto.

Las personas constituyen el núcleo de la transformación digital de la Unión Europea. La tecnología debe servir y beneficiar a todas las personas que viven en la UE y empoderarlas para que cumplan sus aspiraciones, en total seguridad y respetando plenamente sus derechos fundamentales.

Por tal motivo, las instituciones de la UE se comprometen a adoptar las medidas necesarias para que los valores de la UE y los derechos de los ciudadanos reconocidos por el Derecho de la Unión se respeten tanto en línea como fuera de línea; fomentar y garantizar una acción responsable y diligente por parte de todos los agentes digitales, públicos y privados, en el entorno digital y promover activamente esta visión de la transformación digital, también en nuestras relaciones internacionales.

Se reconoce a toda persona debería estar empoderada para beneficiarse de las ventajas de los sistemas algorítmicos y de inteligencia artificial, especialmente a fin de tomar sus propias decisiones en el entorno digital con conocimiento de causa, así como estar protegida frente a los riesgos y daños a su salud, su seguridad y *sus derechos fundamentales*.

Con tal objetivo las instituciones comunitarias tomarán las siguientes medidas:

- velar por un nivel adecuado de transparencia en el uso de los algoritmos y la inteligencia artificial y porque las personas estén informadas y capacitadas para utilizarlos cuando interactúen con ellos;
- velar por que los sistemas algorítmicos se basen en conjuntos de datos adecuados para evitar la discriminación y permitir la supervisión humana de todos los resultados que afecten a la seguridad y los derechos fundamentales de las personas;
- garantizar que las tecnologías como la inteligencia artificial no se utilicen para anticiparse a las decisiones de las personas en ámbitos como, por ejemplo, la salud, la educación, el empleo y la vida privada;
- proporcionar salvaguardias y adoptar las medidas adecuadas, en particular promoviendo normas fiables, para que la inteligencia artificial y los sistemas digitales sean seguros y se utilicen en todo momento con pleno respeto de los derechos fundamentales de las personas;
- adoptar medidas para garantizar que la investigación en inteligencia artificial respete las normas éticas más estrictas y la legislación pertinente de la UE.

Se destaca de esta Declaración conjunta el reconocimiento de los siguientes derechos: "Toda persona debería tener acceso a un entorno digital fiable, diverso y multilingüe. El acceso a contenidos diversos contribuye a un debate público plural y a la participación efectiva en la democracia de manera no discriminatoria".

“Toda persona tiene derecho a la libertad de expresión y de información, así como a la libertad de reunión y de asociación en el entorno digital”.

“Toda persona debería poder acceder a la información sobre quién posee o controla los servicios de comunicación que utiliza”.

Las plataformas en línea, en particular las plataformas en línea de gran tamaño, deberían apoyar el debate democrático libre en línea. Dado el papel de sus servicios en la configuración de la opinión y el discurso públicos, las plataformas en línea de muy gran tamaño deberían mitigar los riesgos derivados del funcionamiento y el uso de sus servicios, incluidos los relacionados con campañas de desinformación e información errónea, y proteger la libertad de expresión. Sobre las redes sociales y la moderación de contenidos, nos remitimos al Bloque III de esta obra.

En consecuencia, la Unión Europea se compromete a:

a) seguir salvaguardando todos los derechos fundamentales en línea, en particular la libertad de expresión y de información, incluida la libertad y pluralismo de los medios de comunicación;
b) apoyar el desarrollo y el mejor uso de las tecnologías digitales para fomentar la implicación de las personas y la participación democrática;
c) adoptar medidas proporcionadas para combatir todas las formas de contenidos ilegales, respetando plenamente los derechos fundamentales, incluido el derecho a la libertad de expresión y de información, sin establecer ninguna obligación general de supervisión o censura;
d) crear un entorno digital en el que las personas estén protegidas contra la desinformación, la manipulación de la información y otras formas de contenidos nocivos, incluidos el acoso y la violencia de género;
e) apoyar el acceso efectivo a contenidos digitales que reflejen la diversidad cultural y lingüística de la UE;
f) capacitar a las personas para que puedan tomar decisiones concretas con libertad y limitar la explotación de las vulnerabilidades y los sesgos, en particular a través de la publicidad personalizada.

20. El CÓDIGO INTERNACIONAL DE CONDUCTA DEL PROCESO DE HIROSHIMA PARA ORGANIZACIONES QUE DESARROLLAN SISTEMAS AVANZADOS DE IA, aprobado en la reunión del G7 en Hiroshima, mayo de 2023.

En este Documento se recoge que: "Al tiempo que aprovechan las oportunidades de la innovación, las organizaciones deben respetar el Estado de Derecho, los derechos humanos, el debido proceso, la diversidad, la equidad y la no discriminación, la democracia y el enfoque humano en el diseño, desarrollo y despliegue de sistemas avanzados de IA. Las organizaciones no deben desarrollar ni implementar sistemas avanzados de IA de manera que socaven los valores democráticos, sean particularmente perjudiciales para las personas o las comunidades, faciliten el terrorismo, promuevan el uso delictivo o representen riesgos sustanciales para la seguridad y los derechos.

Los Estados deben cumplir con sus obligaciones bajo el Derecho internacional de los derechos humanos para garantizar que los derechos humanos sean plenamente respetados y protegidos, mientras que las actividades del sector privado deben estar en línea con marcos internacionales como los Principios Rectores de las Naciones Unidas sobre las Empresas y los Derechos Humanos y las Líneas Directrices de la OCDE para la Empresas multinacionales. Estos principios y líneas serán comentados en el apartado siguiente de este Bloque I.

Y, finalmente este Código, concluye que "las organizaciones se comprometen a realizar, colaborar e invertir en investigaciones que respalden el avance de la seguridad y la confiabilidad de la IA y a abordar riesgos clave, como priorizar la investigación sobre la defensa de los valores democráticos, el respeto de los derechos humanos y evitar sesgos dañinos, información errónea y desinformación, y la manipulación de la información".

21. La DECLARACIÓN DE BLETCHLEY de los países que asisten a la Cumbre de seguridad de la IA, de los días 1 y 2 de noviembre de 2023.

En esta Declaración los países participantes[103] establecen que: "Acogemos con beneplácito los esfuerzos de la comunidad internacional hasta ahora para cooperar en materia de IA para promover el crecimiento económico inclusivo, el desarrollo sostenible y la innovación, proteger los

---

[103] Los países participantes son: Alemania, Australia, Brasil, Canadá, Chile, China, Emiratos Árabes Unidos, España, Estados Unidos de América, Filipinas, Francia, India, Indonesia, Irlanda, Israel, Italia, Japón, Kenia, Nigeria, Países Bajos, Reino de Arabia Saudita, Reino Unido de la Gran Bretaña e Irlanda del Norte, República de Corea, Ruanda, Singapur, Suiza, Turquía, Ucrania y la Unión Europea.

derechos humanos y las libertades fundamentales y fomentar la confianza pública en los sistemas de IA para realizar plenamente su potencial (...) Construir políticas respectivas basadas en riesgos en nuestros países para garantizar la seguridad a la luz de dichos riesgos, colaborando según corresponda y reconociendo que nuestros enfoques pueden diferir según las circunstancias nacionales y los marcos legales aplicables. Esto incluye, junto con una mayor transparencia por parte de los actores privados que desarrollan capacidades de IA de vanguardia, métricas de evaluación apropiadas, herramientas para pruebas de seguridad y el desarrollo de capacidades e investigaciones científicas relevantes del sector público".

22. El INFORME PROVISIONAL DEL CONSEJO ASESOR DE IA DE NACIONES UNIDAS, de diciembre de 2023.

Este Consejo Asesor de Alto Nivel fue propuesto inicialmente en 2020 como parte de la hoja de ruta del Secretario general de Naciones Unidas para la cooperación digital (A/74/821). Este órgano consultivo de Alto Nivel sobre Inteligencia Artificial que está integrado por múltiples partes interesadas se constituyó en octubre de 2023 para realizar análisis y formular recomendaciones para la gobernanza internacional de la IA. El órgano está integrado por 38 miembros de los gobiernos, el sector privado, la sociedad civil y el mundo académico, así como por un Secretario miembro.

En este informe provisional se recuerda que este órgano no lleva a cabo su labor dentro de un vacío normativo pues la *Declaración universal de Derechos Humanos*, a título de ejemplo, *sí tiene carácter normativo.* Las Naciones Unidas no tienen una panacea para la gobernanza de la IA. Sin embargo, su legitimidad única como órgano de composición universal basado en la Carta de las Naciones Unidas, acordada universalmente, así como su compromiso de aceptar la diversidad de todos los pueblos del mundo, ofrecen un nodo fundamental para compartir conocimientos, acordar normas y principios, y garantizar la buena gobernanza y la rendición de cuentas. Las Naciones Unidas se encuentran en el corazón del orden internacional basado en normas. Su legitimidad proviene de ser un foro verdaderamente global fundado en el Derecho internacional, al servicio de la paz y la seguridad, los derechos humanos y el desarrollo sostenible. Esto supone la base institucional y normativa para la acción colectiva en la gobernanza mundial de la IA. La IA debe regirse por el interés público, es decir que no puede basarse únicamente en la autorregulación. Se necesitan normas vinculantes aplicadas por los Estados miembros de forma coherente para garantizar que prevalezcan los intereses públicos, en lugar de los intereses privados. La gobernanza de la IA debe ser universal y debe basarse en la comprensión de las diferentes ideologías y perspectivas culturales. En este informe como principio rector se destaca que la gobernanza de la IA debe basarse en la Carta de las Naciones Unidas, el Derecho Internacional de los Derechos Humanos y otros compromisos internacionales acordados, como los Objetivos de Desarrollo Sostenible. Las Naciones Unidas tienen un papel normativo e institucional único que desempeñar que supone alinear la gobernanza de la IA con los valores fundamentales de las Naciones Unidas, en particular la Carta de las Naciones Unidas y su compromiso con la paz y la seguridad, los derechos humanos y el desarrollo sostenible. La ONU está en condiciones de considerar el impacto de la IA en una variedad de condiciones económicas, sociales, sanitarias, de seguridad y culturales globales, todas ellas basadas en la necesidad de mantener el respeto universal y la aplicación de los derechos humanos y el Estado de Derecho. Los acuerdos de gobernanza de la IA deben ser interoperables en todas las jurisdicciones y basarse en normas internacionales, como la Declaración Universal de Derechos Humanos. Las mejores prácticas, como las evaluaciones del impacto en los derechos humanos por parte de los desarrolladores de sistemas de IA de los sectores público y privado, podrían difundirse a través de dicho marco, que podría requerir un acuerdo internacional. En definitiva, se propugna: "un modelo tecnoprudencial, similar al marco macroprudencial utilizado para aumentar la resiliencia de la banca central y que reúna los desarrollados a nivel nacional, puede ayudar a aislar de manera similar los riesgos de la IA para la estabilidad mundial. Ese modelo debe basarse en los principios de los derechos humanos".

23. RESOLUCIÓN APROBADA POR LA ASAMBLEA GENERAL DE LAS NACIONES UNIDAS, de 21 de marzo de 2024, titulada: "Aprovechar las oportunidades de sistemas seguros y fiables de inteligencia artificial para el desarrollo sostenible".

Esta Resolución comienza con esta materia debe estar presidida por la Declaración Universal de Derechos Humanos. Considera que los sistemas de IA tienen el potencial de acelerar y propiciar los avances hacia la consecución de los 17 Objetivos de Desarrollo Sostenible. Se reconoce que el diseño, el desarrollo y la utilización incorrectos o maliciosos de los sistemas de IA, sin salvaguardias adecuadas o de manera contraria al Derecho internacional debilitan la protección, la promoción y el goce de los derechos humanos y las libertades fundamentales. En este sentido esta Resolución de la ONU destaca que: "se deben respetar, proteger y promover los derechos humanos y las libertades fundamentales durante todo el ciclo de vida de los sistemas de inteligencia artificial, exhorta a todos los Estados Miembros y, en su caso, a otros interesados, a que se abstengan o dejen de usar sistemas de inteligencia artificial que sean imposibles de operar en consonancia con el derecho internacional o que supongan riesgos indebidos para el disfrute de los derechos humanos, en especial de quienes se encuentran en situaciones vulnerables, y reafirma que los derechos de las personas también deben estar protegidos en Internet, también durante el ciclo de vida de los sistemas de inteligencia artificial" y, más adelante, resalta que se debe fortalecer: "la inversión en la elaboración y la aplicación de salvaguardias eficaces, incluidas evaluaciones de riesgos y del impacto, a lo largo de todo el ciclo de vida de los sistemas de inteligencia artificial para proteger el goce pleno y efectivo de los derechos humanos y las libertades fundamentales y mitigar el posible impacto en él". Y, esta Resolución termina con las siguientes palabras: "*Reconoce* que el sistema de las Naciones Unidas, de conformidad con su mandato, contribuye de manera excepcional a lograr un consenso mundial sobre los sistemas seguros y fiables de inteligencia artificial que sea coherente con el derecho internacional, en particular con la Carta de las Naciones Unidas, la Declaración Universal de Derechos Humanos y la Agenda 2030 para el Desarrollo Sostenible, entre otras cosas, promoviendo la cooperación internacional y facilitando la inclusión, la participación y la representación de los países en desarrollo en las deliberaciones".

24. El CONVENIO MARCO SOBRE LA INTELIGENCIA ARTIFICIAL, LOS DERECHOS HUMANOS, LA DEMOCRACIA Y EL ESTADO DE DERECHO, del Consejo de Europa, de 27 de mayo de 2024.

El artículo 4 de este proyecto estipula sobre la protección de los derechos humanos que: "Cada Parte adoptará o mantendrá medidas para garantizar que las actividades dentro del ciclo de vida de los sistemas de inteligencia artificial sean compatibles con las obligaciones de protección de los derechos humanos, consagradas en el derecho internacional aplicable y en su legislación nacional".

Dentro de este Convenio Marco destacan otros artículos como: artículo 5 sobre integridad de los procesos democráticos y el Estado de Derecho; artículo sobre dignidad humana y autonomía individual; artículo 8 sobre transparencia y supervisión; artículo 9 sobre rendición de cuentas; artículo 10 sobre igualdad y no discriminación.

Este Convenio Marco, al igual que el Reglamento comunitario 2024/1689, de 13 de junio, de IA no se aplica los sistemas de IA relacionados con la seguridad nacional y los sistemas de IA utilizados en la investigación, es decir, que no se pongan en el mercado.

3. La responsabilidad social de las empresas e Inteligencia Artificial.

Después de esta recopilación de documentos y declaraciones sobre el respeto de los derechos humanos como principio ético que debe ser implementado en los sistemas de IA, es conveniente realizar un breve apunte sobre la responsabilidad social de las empresas que utilizan sistemas de IA y, como están obligadas a garantizar los derechos humanos en este ámbito.

En la Declaración de Hiroshima del G7 (2023) se establece que actividades del sector privado que desarrolla sistemas de IA deben estar en línea con marcos internacionales como los Principios Rectores de las Naciones Unidas sobre las Empresas y los Derechos Humanos y las Líneas Directrices de la OCDE para la Empresas multinacionales. Se insiste en la idea de que las empresas tienen que garantizar los derechos humanos, también en el ámbito de la IA. En este sentido, se debe partir el artículo 9.1 de la Constitución Española (en adelante, CE) que establece que los ciudadanos, incluidos las empresas, están sujetas a la Constitución y, por lo tanto, a todos los derechos fundamentales reconocidos por la CE[104]. Los ciudadanos tienen un deber general negativo de abstenerse de cualquier actuación que vulnere la Constitución (Sentencia del Tribunal Constitucional 101/1983, — en adelante, STC— entre otras).

En este apartado, es importante tener en cuenta las Normas de la Organización Internacional de Estandarización (ISO) sobre derechos humanos. Sin embargo, ISO en sus normas de estandarización no recoge el respeto de los derechos humanos, excepto en la ISO 26000, sobre la responsabilidad social y desarrollo sostenible: orientación sobre el uso de ISO 26000 del año 2010.

Entre los siete principios de la responsabilidad social contemplados en ISO 26000, se indica el respeto a los derechos humanos[105]. La Guía ISO

[104] Sobre la eficacia horizontal de los derechos fundamentales entre particulares, vid. VV. AA. *Teoría general de los derechos fundamentales en la Constitución española* de 1978, 2004, Tecnos, pp. 179 y ss.

[105] ARGANDOÑA, A. y ISEA SILVA, R.: *ISO 26000, una guía para la responsabilidad social de las organizaciones,* Cuadernos de la Cátedra "la Caixa" de Responsabilidad Social de la Empresa y Gobierno Corporativo-IESE, 2011. En los párrafos siguientes seguimos a estos autores.

26000 apunta que la organización debería respetar los derechos humanos, así como reconocer su importancia y universalidad, es decir, que estos derechos son aplicables a todos los individuos de todos los países y de todas las culturas. Y, en el caso de que los derechos humanos no sean garantizados en su ámbito de actuación, bien sea por un vacío legal o por prácticas inadecuadas, la organización debería hacer todo lo que esté a su alcance para respetar y proteger esos derechos. Los derechos humanos tienen unas características muy peculiares que los hacen únicos y los colocan por encima de cualesquiera otros derechos: son inherentes a la persona: se nace con ellos; son inalienables: nadie puede renunciar a ellos, ni despojar de ellos a otro; son universales: todo individuo posee estos derechos, independientemente de su lugar de nacimiento, cultura, raza, religión, etc.; son indivisibles: debe atenderse a todos por igual, no cabe priorizar entre derechos; son interdependientes: la afectación de uno tiene impactos en el resto.

La ISO 26000 recomienda a las organizaciones y corporaciones que hagan un esfuerzo por conocer la normativa internacional sobre derechos humanos, incluyendo la Declaración Universal de Derechos Humanos (DUDH), el Pacto Internacional de Derechos Civiles y Políticos (PIDCP) y el Pacto Internacional sobre Derechos Económicos, Sociales y Culturales (PIDESC). El compromiso con el respeto y la protección de los derechos humanos debe existir independientemente de la capacidad o disposición del Estado en el cual opera la organización para cumplir con sus propias obligaciones en materia de derechos humanos.

La Guía identifica ocho asuntos que deberían ser tenidos en cuenta por las empresas y entidades:

- Debida diligencia: la ISO 26000 recomienda asegurarse de que la toma de decisiones y el desarrollo de actividades de una organización no tengan impactos negativos sobre los derechos humanos.

  Ello implica no solo garantizar su cumplimiento dentro de la organización y en sus relaciones con otros, sino también influir en el comportamiento de terceros para que satisfagan estos derechos.

- Situaciones de riesgo para los derechos humanos: la Guía destaca la importancia de identificar situaciones de riesgo para los derechos humanos (por ejemplo: conflictos políticos, fragilidad democrática, corrupción, pobreza extrema, explotación indiscriminada de recursos naturales, trabajo infantil...), y emplear todas las medidas que tenga a su disposición para proteger estos derechos.

- Evitar la complicidad: la ISO 26000 aconseja evitar cualquier acto u omisión que vulnere los derechos humanos. Ello incluye evitar complicidad directa (violación directa de los derechos humanos), beneficiosa (obtener ventaja de la violación de los derechos humanos por otros) y tácita (no denunciar violaciones de los derechos humanos de las que se tenga conocimiento).

- Resolución de reclamaciones: aunque una organización considere que sus actividades son compatibles con los derechos humanos, la Guía sugiere poner a disposición de sus partes interesadas y actores relacionados mecanismos de reclamación, para que se puedan denunciar posibles abusos y exigir compensación.

- Discriminación y grupos vulnerables: la ISO 26000 invita a hacer especial énfasis en garantizar los derechos humanos de los grupos tradicionalmente discriminados (mujeres, niños y niñas, discapacitados, pueblos indígenas, minorías étnicas, inmigrantes, etc.).

- Derechos civiles y políticos: la Guía sugiere que la organización debería identificar los derechos civiles y políticos y hacer todo lo que esté a su alcance para respetarlos y, si es posible, garantizarlos.

Algunos de estos derechos son: la libertad de opinión, la libertad de reunión, la libertad de información, el debido proceso...

- Derechos económicos, sociales y culturales: la organización debería identificar también los derechos económicos, sociales y culturales y hacer todo lo que esté a su alcance para respetarlos y, si es posible, garantizarlos. Se trata de derechos como la educación, la salud, la alimentación, un trabajo en condiciones favorables y justas, etc.

- Principios y derechos fundamentales en el trabajo: la ISO 26000 recomienda garantizar la libertad de asociación y negociación colectiva, la igualdad de oportunidades y la no discriminación, y evitar el trabajo forzoso y el trabajo infantil. Todo ello no solo dentro de la propia organización, sino en todas aquellas que caen dentro de su esfera de influencia.

Por último, se ha propuesto que los sistemas de IA deben ser responsables socialmente, con otras palabras, es necesario integrar el concepto de responsabilidad social en la tecnología de inteligencia artificial y, en consecuencia, los sistemas de IA deben cumplir con esta norma ISO 26000[106].

Sin embargo, las normas específicas ISO sobre inteligencia artificial[107] no recogen esta responsabilidad social de respeto de los derechos humanos. En concreto[108]: *UNE-EN ISO/IEC 23053:2023 sobre marco para sistemas de inteligencia artificial (IA) que utilizan Machine Learning (ML) (ISO/IEC 23053:2022)* que ha sido ratificada por la Asociación Española de Normalización en agosto de 2023 y, la *norma ISO sobre Tecnología de la información e Inteligencia artificial. Conceptos y terminología de inteligencia artificial (ISO/IEC 22989:2022)*, también, ratificada por la Asociación Española de Normalización en agosto de 2023.

En cambio, el Instituto Británico de Estándares (British Standards Institution, BSI) sí ha elaborado una guía sobre cómo realizar una evaluación de riesgos éticos en relación con los sistemas de IA. En concreto, **BS 8611:2023, publicada el 27 de marzo de 2023, sobre Robots y dispositivos robóticos.** Es una guía completa que establece el estándar para el diseño y la aplicación éticos de robots y sistemas robóticos. Esta guía es imprescindible para cualquier persona involucrada en el diseño, fabricación, uso y mantenimiento de sistemas robóticos, pues proporciona un marco claro y conciso para garantizar que los robots se diseñen y utilicen de manera que respete los **derechos humanos**, la seguridad y la privacidad.

4. Los principios éticos y la autorregulación de los sistemas de Inteligencia Artificial[109].

Llegados a este punto surge la pregunta sobre si es suficiente con la autorregulación en el uso de los sistemas de IA, basada en los principios

---

[106] WEIWEI, Z.: "Artificial Intelligence and ISO 26000 (Guidance on Social Responsibility)'. AI and Learning Systems. Industrial Applications and Future Directions", *IntechOpen*, 2021, doi:10.5772/intechopen.93451; BRYSON, J. y WINFIELD, A.: "Standardizing Ethical Design for Artificial Intelligence and Autonomous Systems," en *Computer*, vol. 50, no. 5, pp. 116-119, May 2017, doi: 10.1109/MC.2017.154.

[107] https://www.iso.org/committee/6794475.html.

[108] https://www.iso.org/obp/ui/es/#iso:std:iso-iec:22989:ed-1:v1:en y la Resolución de 4 de septiembre de 2023, de la Dirección General de Industria y de la Pequeña y Mediana Empresa, por la que se publica la relación de normas europeas que han sido ratificadas durante el mes de agosto de 2023 como normas españolas.

[109] Sobre esta cuestión, vid. MORENO REBATO, M.: op. cit., pp. 33 y ss; MORENO REBATO, M.: "La propuesta de Reglamento de la Unión Europea sobre inteligencia

éticos que se han ido estableciendo en los Documentos, Resoluciones, Recomendaciones, Guías y Códigos de buenas prácticas que hemos recopilado en los apartados precedentes o bien si es más conveniente la aprobación de un marco jurídico vinculante que, además, pueda ser complementado con normas éticas e instrumentos de *soft law* (directrices, guías, códigos éticos...)[110].

Sin embargo, la desconfianza hacia la autorregulación es bastante visible en la literatura[111]. La pronta adopción de la terminología ética por parte de las empresas de Silicon Valley ha suscitado, en particular, la preocupación por si la ética de la IA es un truco público para ocultar la incapacidad de cuestionar las lógicas y estructuras mismas del modelo de negocio de estas empresas[112]. Se ha argumentado que el enfoque continuo en la ética en la IA, junto con la falta de definiciones claras de esa ética, ha llevado a un "lavado ético" generalizado de la IA, lo que ha dado como resultado que la ética de la IA se convierta en un recipiente vacío en el que cualquiera, incluida la industria tecnológica y los desarrolladores de sistemas de IA puede verter su "ética" preferida[113].

El escepticismo en torno a la autorregulación ha puesto de relieve la importancia de la legislación y las políticas para eliminar o mitigar el impacto negativo de las tecnologías de IA. Las regulaciones propuestas en

artificial y las Directrices éticas para una inteligencia artificial fiable: Una oportunidad para la Administración pública española", en *La disrupción tecnológica en la Administración pública. Retos y desafíos de la inteligencia artificial*, Aranzadi, 2022, pp. 69 y ss.

110 BAKINER, O.: "What do academics say about artificial intelligence ethics? An overview of the scholarship", *AI Ethics*, 3, 2023, pp. 513-525. https://doi.org/10.1007/s43681-022-00182-4.

111 FERRETTI, T.: "An institutionalist approach to ai ethics: justifying the priority of government regulation over self-regulation", *Moral Philosophy Politics*, 2021, https://doi.org/10.1515/mopp-2020-0056.

112 METCALF, J.: "Owning ethics: corporate logics, Silicon Valley, and the institutionalization of ethics", *Social Research International Quarterly*, 86 (2), 2019, pp. 449-476.

113 YEUNG, K.; HOWES, A. y POGREBNA, G.: "AI Governance by Human Rights-Centred Design, Deliberation and Oversight: An End to Ethics Washing", en *The Oxford Handbook of AI Ethics*, Oxford University Press, 2019.

torno a los sistemas de IA en los Estados Unidos[114], Reino Unido[115], Japón[116], la Unión Europea, China[117], Canadá[118], Brasil[119], Portugal[120] y un

---

[114] En Estados Unidos como hemos indicado se ha aprobado la Orden ejecutiva del presidente BIDEN sobre el desarrollo y uso seguro y confiable de la inteligencia artificial, 30 de octubre de 2023. En esta Orden se dice que el Gobierno Federal debe liderar el camino hacia el progreso social, económico y tecnológico global, como lo ha hecho Estados Unidos en épocas anteriores de innovación y cambio disruptivos. Este liderazgo no se mide únicamente por los avances tecnológicos que realiza nuestro país. Un liderazgo eficaz también significa ser pionero en aquellos sistemas y salvaguardas necesarios para implementar la tecnología de manera responsable, y construir y promover esas salvaguardas con el resto del mundo. La Administración BIDEN colaborará con aliados y socios internacionales en el desarrollo de un marco para gestionar los riesgos de la IA, desbloquear el potencial positivo de la IA y promover enfoques comunes para los desafíos compartidos. El Gobierno Federal buscará promover principios y acciones responsables de seguridad de la IA con otras naciones, incluidos nuestros competidores, al tiempo que lidera conversaciones y colaboraciones globales clave para garantizar que la IA beneficie a todo el mundo, en lugar de exacerbar las desigualdades, amenazar los derechos humanos y causar otros daños. Con anterioridad se había publicado el documento: *The Blueprint for an AI Bill of Rights is a set of five principles and associated practices to help guide the design, use, and deployment of automated systems to protect the rights of the American public in the age of artificial intelligence*, de octubre de 2022. En este documento se dice que este importante progreso, que supone la IA, no debe lograrse a costa de los derechos civiles o los valores democráticos, principios estadounidenses fundamentales que el presidente BIDEN ha afirmado como piedra angular de su Administración. En su primer día en el cargo, el presidente ordenó a todo el gobierno federal trabajar para erradicar la inequidad, incorporar la equidad en los procesos de toma de decisiones y promover afirmativamente los derechos civiles, la igualdad de oportunidades y la justicia racial en Estados Unidos. En fin, se concluye que es necesario responsabilizar a quienes desarrollan e implementan sistemas de IA de cumplir con estándares que protegen contra la discriminación y el abuso ilegales, incluso en el sistema judicial y el gobierno federal. Sólo entonces los estadounidenses podrán confiar en la IA para promover los derechos civiles, las libertades civiles, la equidad y la justicia para todos.

[115] En Reino Unido se ha presentado un Proyecto de Ley, de 22 de noviembre de 2023, sobre la regulación de la IA y para fines conexos. Este proyecto se dedica a la creación de una Autoridad de la IA en el Reino Unido, el establecimiento de una serie de principios reguladores de la IA (donde se recoge expresamente el principio de no discriminación) y los sandboxes.

[116] En Japón, aprobaron los *Principios sociales de la IA centrada en el ser humano*, en 2019. En este documento se establece que: La Inteligencia Artificial (IA) es considerada una tecnología clave para rescatar a la sociedad de estos problemas, para abordar las metas establecidas en los Objetivos de Desarrollo Sostenible (ODS) de las Naciones Unidas y para construir un mundo sostenible. Japón, con la creación de la Sociedad 5.0, cuyo propósito es abordar los problemas sociales y el desarrollo económico utilizando la IA, pretende revitalizar su sociedad y su economía, ser una sociedad atractiva a nivel internacional y contribuir a los ODS a escala mundial. La Sociedad 5.0 es la sociedad futura a la que aspira Japón, después de la Sociedad de la Información (Sociedad 4.0). Una sociedad que se da cuenta de que la Sociedad 5.0 es una sociedad sostenible centrada en el ser humano que implementa IA, IoT (Internet de las cosas), robótica y otras tecnologías de vanguardia para crear un valor sin precedentes, y una amplia gama de

personas puede lograr su propio bienestar respetando el bienestar de los demás. Los principios sociales de la IA son principios relacionados con los marcos sociales que deben implementarse en toda la sociedad japonesa, incluidos los gobiernos nacionales y locales, así como en marcos multilaterales en una "sociedad preparada para la IA".
El principio centrado en el ser humano implica que la utilización de la IA no debe infringir los derechos humanos fundamentales garantizados por la Constitución y las normas internacionales. Además, se reconoce el principio de equidad, rendición de cuentas y transparencia; es decir, que en una "sociedad preparada para la IA", es necesario garantizar la equidad y la transparencia en la toma de decisiones, la rendición de cuentas adecuada de los resultados y la confianza en la tecnología, de modo que las personas que utilizan la IA no sean objeto de discriminación indebida con respecto a los antecedentes personales ni de un trato injusto en términos de dignidad humana. Según el concepto de diseño de la IA, todas las personas reciben un trato justo sin discriminación injustificada por motivos de diversos orígenes, como raza, género, nacionalidad, edad, creencias políticas, religión, etc.. En conclusión, con el fin de liderar al mundo en la construcción de la primera "Sociedad preparada para la IA", Japón debe compartir los principios aquí establecidos con el gobierno, las industrias relacionadas, las organizaciones, etc., y reflejarlos en las políticas gubernamentales. Además, Japón debería compartir estos principios con otros países de todo el mundo y asumir un papel de liderazgo en las discusiones internacionales con el objetivo de establecer una sociedad preparada para la IA en todo el mundo. Al hacerlo, Japón debe presentar al mundo una imagen social de la sociedad 5.0 que apoye la realización de los ODS y contribuya a un nuevo desarrollo cooperativo y creativo de la comunidad internacional.

[117] La regulación de la IA en China ha sido estudiada con anterioridad en estas páginas.

[118] La regulación de la IA, en Canadá, se contempla en: la Directiva sobre la toma de decisiones automatizada, de 2019, las últimas modificaciones son de 2023. En los niveles de evaluación de impacto de estas decisiones se contempla las repercusiones que puedan tener en los derechos fundamentales y en el principio de igualdad y no discriminación y en la Ley de Implementación de la Carta Digital*, 2022.* En este sentido se recoge que el Parlamento reconoce que los sistemas de inteligencia artificial y otras tecnologías emergentes deben defender las normas y los valores canadienses en consonancia con los principios del Derecho internacional en materia de derechos humanos; así aparece en la Propuesta de Ley de Datos e Inteligencia artificial que formará parte de la Ley de Implementación de la Carta Digital, en concreto, la parte III.

[119] En Brasil, se ha presentado el proyecto de ley para regular los sistemas de inteligencia artificial. El artículo 1 establece que esta Ley contempla que la IA se utilicen dentro de los límites de la ética y de los derechos humanos.

[120] La *Carta Portuguesa de Direitos Humanos na Era Digital* aprobada mediante la Lei n.º 27/2021 de 17 de mayo, incluye, además de la protección de derechos clásicos, como las libertades de expresión, manifestación, asociación o participación, en el mundo digital, y de reconocer derechos como el derecho al olvido y la protección contra la geolocalización abusiva, el uso de la inteligencia artificial y los robots: "1. El uso de la inteligencia artificial se guiará por el respeto a los derechos fundamentales, garantizando un justo equilibrio entre los principios de explicabilidad, seguridad, transparencia y responsabilidad, teniendo en cuenta las circunstancias de cada caso concreto y estableciendo procesos para evitar prejuicios y discriminaciones. 2. Las decisiones tomadas mediante algoritmos que tengan un impacto significativo en los destinatarios deberán ser comunicadas a los interesados, ser susceptibles de recurso y ser auditables en los términos previstos por la ley".

número cada vez mayor de países y regiones de todo el mundo están en el centro de los debates y controversias en la amplia literatura sobre regulación, con implicaciones para la política nacional, regional e internacional[121], así como para las organizaciones empresariales como hemos visto anteriormente.

La Unión Europea ha apostado por la regulación. En el caso de la Unión Europea se ha aprobado el Reglamento (UE) 2024/1689 del Parlamento Europeo y del Consejo, de 13 de junio de 2024, por el que se establecen normas armonizadas en materia de inteligencia artificial y por el que se modifican los Reglamentos (CE) nº 300/2008, (UE) nº 167/2013, (UE) nº 168/2013, (UE) 2018/858, (UE) 2018/1139 y (UE) 2019/2144 y las Directivas 2014/90/UE, (UE) 2016/797 y (UE) 2020/1828 (Reglamento de Inteligencia Artificial), que complementa, a su vez, al resto del Derecho de la Unión que afecta a esta tecnología, pero donde la autorregulación basada en unos principios éticos seguirá teniendo mucha importancia (código de buenas prácticas). En este sentido se dice: "En consecuencia, se necesita un marco jurídico de la Unión que establezca unas normas armonizadas en materia de IA para impulsar el desarrollo, la utilización y la adopción en el mercado interior de la IA y que, al mismo tiempo, ofrezca un nivel elevado de protección de los intereses públicos, como la salud y la seguridad y la protección de los **derechos fundamentales**, incluidos la democracia, el Estado de Derecho y la protección del medio ambiente, reconocidos y protegidos por el Derecho de la Unión"[122].

No obstante, para los sistemas de Inteligencia Artificial que no se consideran de alto riesgo ni práctica prohibidas se crea un marco para la creación de códigos de conducta que permitan la aplicación voluntaria de los requisitos obligatorios establecidos para los sistemas de IA de alto riesgo[123].

---

[121] ETZIONI, A., ETZIONI, O.: "Should artificial intelligence be regulated?, *Issues Science Technology*, 33 (4), 2017, pp. 32-36; PASQUALE, F.: "Data-informed duties in AI development", *Columbia Law Review*,119 (7), 2019, pp. 1917-1940; PASQUALE, F.: *New laws of robotics*. Harvard University Press, 2020; RAYMOND, A.H.; YOUNG, E.A.S., SHACKELFORD, S.J.: "Building a better HAL 9000: algorithms, the market, and the need to prevent the engraining of Bias", *Northwestern Journal Technology Intellectual Property*, 15 (3), 2018, p. 41; SMUHA, N.A.: "From a 'race to AI' to a 'race to AI regulation': regulatory competition for artificial intelligence", *Law, Innovation and Technology*, 13 (1), 2021, pp. 57-84. https://doi.org/10.1080/17579961.2021.1898300.

[122] Vid. Considerando nº 8 del Reglamento (UE) 2024/1689, de 13 de junio de 2024, de IA.

[123] "El desarrollo de sistemas de IA que no sean sistemas de IA de alto riesgo conforme a los requisitos establecidos en el presente Reglamento puede dar lugar a la adopción más amplia de una IA *ética y* fiable en la Unión", dice el considerando nº 165 del Reglamento

En definitiva, la Unión Europea opta por establecer un marco normativo horizontal (el Reglamento (UE) 2024/1689, de 13 de junio, de Inteligencia Artificial) basado en el riesgo, con la posibilidad de que todos los proveedores de sistemas de IA que no sean de alto riesgo sigan un código de conducta; es decir, prescinde de realizar un enfoque sectorial, o basarse en un sistema de etiquetado voluntario, o de establecer unos requisitos obligatorios para todos los sistemas de IA, independientemente del riesgo que plantean.

En relación con los códigos de conducta la regulación se realiza en el artículo 95 del Reglamento comunitario 2024/1689, de 13 de junio de 2024[124].

(UE) 2024/1689, de 13 de junio de 2024, de IA, también, vid. capítulo X y artículo 95 del Reglamento (UE) 2024/1689, de 13 de junio de 2024, de IA.

[124] Vid. artículo 95 del Reglamento (UE) 2024/1689, de 13 de junio de 2024, de IA recoge: "Códigos de conducta para la aplicación voluntaria de requisitos específicos.
1. La Oficina de IA y los Estados miembros fomentarán y facilitarán la elaboración de códigos de conducta, con los correspondientes mecanismos de gobernanza, destinados a fomentar la aplicación voluntaria de alguno o de todos los requisitos establecidos en el capítulo III, sección 2, a los sistemas de IA que no sean de alto riesgo, teniendo en cuenta las soluciones técnicas disponibles y las mejores prácticas del sector que permitan la aplicación de dichos requisitos.
2. La Oficina de IA y los Estados miembros facilitarán la elaboración de códigos de conducta relativos a la aplicación voluntaria, también por parte de los responsables del despliegue, de requisitos específicos para todos los sistemas de IA, sobre la base de objetivos claros e indicadores clave de resultados para medir la consecución de dichos objetivos, incluidos, entre otros, pero no exclusivamente, elementos como:
a) los elementos aplicables establecidos en las Directrices éticas de la Unión para una IA fiable;
b) la evaluación y reducción al mínimo de las repercusiones de los sistemas de IA en la sostenibilidad medioambiental, también por cuanto se refiere a la programación eficiente desde el punto de vista energético y las técnicas para diseñar, entrenar y utilizar la IA de manera eficiente;
c) la promoción de la alfabetización en materia de IA, en particular en el caso de las personas que se ocupan del desarrollo, funcionamiento y utilización de la IA;
d) la facilitación de un diseño inclusivo y diverso de los sistemas de IA, por ejemplo mediante la creación de equipos de desarrollo inclusivos y diversos y la promoción de la participación de las partes interesadas en dicho proceso;
e) la evaluación y prevención de los perjuicios de los sistemas de IA para las personas vulnerables o los colectivos de personas vulnerables, también por cuanto se refiere a accesibilidad para las personas con discapacidad, así como para la igualdad de género.
3. Los códigos de conducta podrán ser elaborados por proveedores o responsables del despliegue de sistemas de IA particulares, por las organizaciones que los representen o por ambos, también con la participación de cualquier parte interesada y sus organizaciones representativas, como, por ejemplo, las organizaciones de la sociedad civil y el mundo académico. Los códigos de conducta podrán comprender uno o varios sistemas de IA en función de la similitud de la finalidad prevista de los distintos sistemas.
4. La Oficina de IA y los Estados miembros tendrán en cuenta los intereses y necesidades específicos de las pymes, incluidas las empresas emergentes, a la hora de fomentar y facilitar la elaboración de códigos de conducta".

Establece que la Oficina de la IA[125], la Comisión y los Estados miembros fomentarán y facilitarán la elaboración de códigos de conducta, voluntarios, para los sistemas IA que no son considerados de alto riesgo. Estos códigos de conducta (*códigos éticos*) promoverán la aplicación voluntaria de los requisitos exigidos a los sistemas IA de alto riesgo (requisitos que, en relación con estos, sí son de obligado cumplimiento). Conviene advertir que dentro de esos códigos éticos un pilar esencial es el respeto a los derechos fundamentales y que los derechos humanos son un componente de la IA ética como se indicaba en el Documento de Directrices éticas.

Estos códigos podrán ser elaborados por proveedores individuales de los sistemas de IA, por organizaciones que los representen o por ambos, también con la participación de usuarios y de cualquier parte interesada y sus organizaciones representativas. Estos códigos de conducta podrán abarcar uno o varios sistemas de IA. Aquí juegan un papel importante la Oficina Europea de IA y las agencias nacionales de IA[126], en especial, con el otorgamiento de sellos de calidad a los sistemas de IA.

5. El Reglamento 2024/1689, de 13 de junio de 2024, de la Unión Europea sobre Inteligencia Artificial.

En este contexto, en el de avanzar y perfeccionar un sistema de protección frente a los riesgos y los daños que puedan provocar los sistemas de IA, surgió la propuesta de Reglamento de la UE sobre IA[127], que se sustentaba, en un amplio trabajo preparatorio que comenzó en 2018 con la creación de un grupo de expertos de alto nivel (cuyas aportaciones se reflejaron en el documento Directrices Éticas para una IA fiable, de 2019), así como en el Libro Blanco sobre IA (2020)[128], que resalta la importancia de que los sistemas de IA respeten los derechos humanos.

[125] Decisión de la Comisión Europea, de 24 de enero de 2014, por la que se crea la Oficina Europea de Inteligencia Artificial.

[126] Real Decreto 729/2023, de 22 de agosto, por el que se aprueba el Estatuto de la Agencia Española de Supervisión de Inteligencia Artificial.

[127] Vid. Exposición de Motivos, 3.2. de la Propuesta de Reglamento Unión Europea sobre IA, de 2021.

[128] https://ec.europa.eu/info/sites/default/files/commission-white-paper-artificial-intelligence-feb2020_es.pdf. En este Libro Blanco sobre IA se recoge la importancia de los derechos humanos en esta materia con las siguientes palabras:

"The Commission is convinced that international cooperation on AI matters must be based on an approach that promotes *the respect of fundamental rights*, including human

La base jurídica del Reglamento (UE) 2024/1689, de 13 de junio de 2024, sobre IA se encuentra en el artículo 114 del Tratado de Funcionamiento de la Unión Europea (TFUE) relativo a la adopción de medidas que garanticen el establecimiento y el funcionamiento del mercado interior. En definitiva, con el Reglamento comunitario 2024/1689, de 13 de junio de 2024, se trata de ofrecer unas normas armonizadas que eviten la fragmentación del mercado interior y garanticen la seguridad de los operadores, en relación con los sistemas de IA. Se persiguen varios fines: asegurar un nivel elevado de protección de los derechos humanos[129], garantizar la libre circulación transfronteriza de bienes y servicios basados en IA, con lo que impide que los Estados miembros impongan restricciones al desarrollo, la comercialización y la utilización de sistemas IA, a menos que el propio Reglamento (UE) 2024/1689, de 13 de junio de 2024, lo autorice expresamente[130].

El Reglamento comunitario 2024/1689, de 13 de junio de 2024, de IA, como hemos puesto de manifiesto, en su artículo 1 establece como objetivo el promover la adopción de una inteligencia artificial centrada en el ser humano y fiable, garantizando al mismo tiempo un elevado nivel de protección de los derechos fundamentales consagrados en la Carta, incluidos la democracia, el Estado de Derecho.

En el Reglamento comunitario 2024/1689, de 13 de junio de 2024, de IA esta garantía de protección de los derechos fundamentales se contempla en

---

dignity, pluralism, inclusion, nondiscrimination and protection of privacy and personal data and it will strive to export its values across the world. (...)
The main risks related to the use of AI concern the application of rules designed to *protect fundamental rights* (including personal data and privacy protection and non-discrimination), as well as safety and liability-related issues. (...)
AI is a strategic technology that offers many benefits for citizens, companies and society as a whole, provided it is human-centric, ethical, sustainable and *respects fundamental rights and values.*

[129] Se ha escrito: "los derechos humanos o fundamentales, fundamentados en la Carta de los Derechos Fundamentales de la Unión Europea, son la base fundamental de la mayoría de los marcos legales. En la aplicación del Derecho de la Unión, se aplican entre las instituciones y órganos de la UE y los ciudadanos; por lo tanto, en el contexto de la IA, del texto legal no se pueden inferir obligaciones directas para los proveedores de IA. Sin embargo, se mencionan con frecuencia en el contexto de la IA, ya que los riesgos y desafíos para el respeto de los derechos humanos a menudo se identifican con la introducción de sistemas de IA. Esto da como resultado una obligación directa para el Estado de proteger a sus ciudadanos de las restricciones a los derechos fundamentales y una obligación indirecta para el proveedor de IA de cumplir con las disposiciones estipuladas y las medidas contra la imposición de restricciones a los derechos fundamentales", vid. HOHMA, E.; LÜTGE, C.: "From Trustworthy Principles to a Trustworthy Development Process: The Need and Elements of Trusted Development of AI Systems", *AI,* 4, 2023, pp. 904-925. https://doi.org/10.3390/ai4040046

[130] Vid. Exposición de Motivos, 2.1. de la Propuesta de Reglamento de la Unión Europea sobre IA y Considerando 1 y 2.

el artículo 6 que regula los sistemas de IA de alto riesgo[131]. Y, el artículo 5 del Reglamento (UE) 2024/1689, de 13 de junio de 2024, regula las conductas

---

[131] El artículo 6 establece las reglas de clasificación de los sistemas de IA de alto riesgo: "1. Con independencia de si se ha introducido en el mercado o se ha puesto en servicio sin estar integrado en los productos que se mencionan en las letras a) y b), un sistema de IA se considerará de alto riesgo cuando reúna las dos condiciones que se indican a continuación:
a) que el sistema de IA esté destinado a ser utilizado como componente de seguridad de un producto que entre en el ámbito de aplicación de los actos legislativos de armonización de la Unión enumerados en el anexo I, o que el propio sistema de IA sea uno de dichos productos, y
b) que el producto del que el sistema de IA sea componente de seguridad con arreglo a la letra a), o el propio sistema de IA como producto, deba someterse a una evaluación de la conformidad de terceros para su introducción en el mercado o puesta en servicio con arreglo a los actos legislativos de armonización de la Unión enumerados en el anexo I.
2. Además de los sistemas de IA de alto riesgo a que se refiere el apartado 1, también se considerarán de alto riesgo los sistemas de IA contemplados en el anexo III.
3. No obstante lo dispuesto en el apartado 2, un sistema de IA a que se refiere el anexo III no se considerará de alto riesgo cuando no plantee un riesgo importante de causar un perjuicio a la salud, la seguridad o los derechos fundamentales de las personas físicas, también al no influir sustancialmente en el resultado de la toma de decisiones.
El párrafo primero se aplicará cuando se cumpla cualquiera de las condiciones siguientes:
a) que el sistema de IA esté destinado a realizar una tarea de procedimiento limitada;
b) que el sistema de IA esté destinado a mejorar el resultado de una actividad humana previamente realizada;
c) que el sistema de IA esté destinado a detectar patrones de toma de decisiones o desviaciones con respecto a patrones de toma de decisiones anteriores y no esté destinado a sustituir la valoración humana previamente realizada sin una revisión humana adecuada, ni a influir en ella, o
d) que el sistema de IA esté destinado a realizar una tarea preparatoria para una evaluación que sea pertinente a efectos de los casos de uso enumerados en el anexo III.
No obstante lo dispuesto en el párrafo primero, los sistemas de IA a que se refiere el anexo III siempre se considerarán de alto riesgo cuando el sistema de IA efectúe la elaboración de perfiles de personas físicas.
4. El proveedor que considere que un sistema de IA contemplado en el anexo III no es de alto riesgo documentará su evaluación antes de que dicho sistema sea introducido en el mercado o puesto en servicio. Dicho proveedor estará sujeto a la obligación de registro establecida en el artículo 49, apartado 2. A petición de las autoridades nacionales competentes, el proveedor facilitará la documentación de la evaluación.
5. La Comisión, previa consulta al Comité Europeo de Inteligencia Artificial (en lo sucesivo, «Comité»), y a más tardar el 2 de febrero de 2026, proporcionará directrices que especifiquen la aplicación práctica del presente artículo en consonancia con el artículo 96, junto con una lista exhaustiva de ejemplos prácticos de casos de uso de sistemas de IA que sean de alto riesgo y que no sean de alto riesgo.
6. La Comisión estará facultada para adoptar actos delegados con arreglo al artículo 97 al objeto de modificar el apartado 3, párrafo segundo, del presente artículo, añadiendo nuevas condiciones a las establecidas en dicho apartado, o modificando estas, cuando existan pruebas concretas y fiables de la existencia de sistemas de IA que entren en el ámbito de aplicación del anexo III, pero que no planteen un riesgo importante de causar un perjuicio a la salud, la seguridad o los derechos fundamentales de las personas físicas.

prohibidas por ser absolutamente incompatibles con los derechos humanos. Y, especialmente, tiene muchísima relevancia en la protección de los derechos fundamentales el artículo 27 del Reglamento (UE) 2024/1689, de 13 de junio de 2024, sobre la *evaluación del impacto en los derechos fundamentales para los sistemas de IA de alto riesgo*[132]. Este artículo del

---

7. La Comisión adoptará actos delegados con arreglo al artículo 97 al objeto de modificar el apartado 3, párrafo segundo, del presente artículo, suprimiendo cualquiera de las condiciones establecidas en él, cuando existan pruebas concretas y fiables de que es necesario para mantener el nivel de protección de la salud, la seguridad y los derechos fundamentales previsto en el presente Reglamento.
8. Ninguna modificación de las condiciones establecidas en el apartado 3, párrafo segundo, adoptada de conformidad con los apartados 6 y 7 del presente artículo, reducirá el nivel global de protección de la salud, la seguridad y los derechos fundamentales previsto en el presente Reglamento, y cualquier modificación garantizará la coherencia con los actos delegados adoptados con arreglo al artículo 7, apartado 1, y tendrá en cuenta la evolución tecnológica y del mercado".
En el Anexo III del Reglamento comunitario 2024/1689, de 13 de junio de 2024, se mencionan los siguientes ámbitos: biometría (sistemas de identificación biométrica); infraestructuras críticas; educación y formación profesional; empleo y gestión de trabajadores; acceso a servicios públicos y privados esenciales, así como prestaciones públicas esenciales; migración, asilo y control fronterizo; administración de justicia y procesos democráticos.

[132] El artículo 27 regula la Evaluación de impacto relativa a los derechos fundamentales para los sistemas de IA de alto riesgo: "1. Antes de desplegar uno de los sistemas de IA de alto riesgo a que se refiere el artículo 6, apartado 2, con excepción de los sistemas de IA de alto riesgo destinados a ser utilizados en el ámbito enumerado en el anexo III, punto 2, los responsables del despliegue que sean organismos de Derecho público, o entidades privadas que prestan servicios públicos, y los responsables del despliegue de sistemas de IA de alto riesgo a que se refiere el anexo III, punto 5, letras b) y c), llevarán a cabo una evaluación del impacto que la utilización de dichos sistemas puede tener en los derechos fundamentales. A tal fin, los responsables del despliegue llevarán a cabo una evaluación que consistirá en:
a) una descripción de los procesos del responsable del despliegue en los que se utilizará el sistema de IA de alto riesgo en consonancia con su finalidad prevista;
b) una descripción del período de tiempo durante el cual se prevé utilizar cada sistema de IA de alto riesgo y la frecuencia con la que está previsto utilizarlo;
c) las categorías de personas físicas y colectivos que puedan verse afectados por su utilización en el contexto específico;
d) los riesgos de perjuicio específicos que puedan afectar a las categorías de personas físicas y colectivos determinadas con arreglo a la letra c) del presente apartado, teniendo en cuenta la información facilitada por el proveedor con arreglo al artículo 13;
e) una descripción de la aplicación de medidas de supervisión humana, de acuerdo con las instrucciones de uso;
f) las medidas que deben adoptarse en caso de que dichos riesgos se materialicen, incluidos los acuerdos de gobernanza interna y los mecanismos de reclamación.
2. La obligación descrita con arreglo al apartado 1 se aplicará al primer uso del sistema de IA de alto riesgo. En casos similares, el responsable del despliegue podrá basarse en evaluaciones de impacto relativas a los derechos fundamentales realizadas previamente o a evaluaciones de impacto existentes realizadas por los proveedores. Si, durante el uso del sistema de IA de alto riesgo, el responsable del despliegue considera que alguno de los

Reglamento (UE) 2024/1689, de 13 de junio de 2024, de IA pretende que todos los sistemas de IA de alto riesgo que afecten de forma considerable a los derechos humanos antes de su comercialización realicen una evaluación de impacto para mitigar los riesgos que pudieran ocasionar dichos sistemas de IA en los derechos humanos.

6. La implementación y el alineamiento de los sistemas de Inteligencia Artificial con los valores jurídicos.

En resumen, se ha escrito[133] que "Cuando la inteligencia artificial ingresa a la sociedad humana, es necesario cumplir con las normas y valores legales, morales y de otro tipo de la sociedad humana, y actuar legalmente y de acuerdo con la moral humana. Porque el sistema de inteligencia artificial es el diseño subjetivo del personal de investigación y desarrollo. Por un lado, es necesario incorporar todo tipo de normas y valores en el sistema de inteligencia artificial de una manera técnicamente viable y eficaz, para que el sistema pueda adoptar un comportamiento ético cuando esté en funcionamiento. Por otro lado, es necesario que el personal de investigación y desarrollo evite sesgos subjetivos, preferencias, discriminación, etc. en el proceso de investigación y desarrollo de sistemas de inteligencia artificial. Los formuladores de políticas, los investigadores y los consumidores de productos deben asumir la responsabilidad con respecto a la inteligencia artificial, porque una vez que se desarrolle la tecnología de inteligencia

elementos enumerados en el apartado 1 ha cambiado o ha dejado de estar actualizado, adoptará las medidas necesarias para actualizar la información.
3. Una vez realizada la evaluación a que se refiere el apartado 1 del presente artículo, el responsable del despliegue notificará sus resultados a la autoridad de vigilancia del mercado, presentando el modelo cumplimentado a que se refiere el apartado 5 del presente artículo. En el caso contemplado en el artículo 46, apartado 1, los responsables del despliegue podrán quedar exentos de esta obligación de notificación.
4. Si ya se cumple cualquiera de las obligaciones establecidas en el presente artículo mediante la evaluación de impacto relativa a la protección de datos realizada con arreglo al artículo 35 del Reglamento (UE) 2016/679 o del artículo 27 de la Directiva (UE) 2016/680, la evaluación de impacto relativa a los derechos fundamentales a que se refiere el apartado 1 del presente artículo complementará dicha evaluación de impacto relativa a la protección de datos.
5. La Oficina de IA elaborará un modelo de cuestionario, también mediante una herramienta automatizada, a fin de facilitar que los responsables del despliegue cumplan sus obligaciones en virtud del presente artículo de manera simplificada".

[133] WEIWEI, Z.: *Artificial Intelligence and ISO 26000 (Guidance on Social Responsibility). AI and Learning Systems. Industrial Applications and Future Directions*, IntechOpen, 2021, doi:10.5772/intechopen.93451.

artificial, es poco probable que retroceda. Es necesario integrar el concepto de responsabilidad social en la tecnología de inteligencia artificial".

La conclusión de este Bloque, siguiendo a YAMPOLSKIY[134], quien, ya en 2013, indicaba que no existe necesidad de que los sistemas de IA, los robots, las máquinas sean agentes éticos completos pues, simplemente, es suficiente con que sean respetuosos con la ley o, en palabras de HANSON, en 2009, que prefería las leyes a los valores[135]. O, la misma idea con un título más provocador el artículo de CASEY: "Amoral machines, or: how roboticists can learn to stop worrying and love the law"[136]. Los sistemas de IA deben ser lícitos, es decir, deben cumplir con las normas jurídicas[137]. Como ha dicho el Parlamento Europeo "los principios éticos solo son eficaces cuando están también asentados en el Derecho"[138] y, es necesario contar con un marco

---

[134] YAMPOLSKIY, R. V.: "Artificial Intelligence Safety Engineering: Why Machine Ethics Is a Wrong Approach", en Müller, V. (eds.): *Philosophy and Theory of Artificial Intelligence. Studies in Applied Philosophy, Epistemology and Rational Ethics*, vol 5. Springer, 2013, p. 394, https://doi.org/10.1007/978-3-642-31674-6_29.

[135] HANSON, R.: "Prefer Law to Values", 10 de octubre de 2009, https://www.overcomingbias.com/p/prefer-law-to-valueshtml. Más aún cuando se ha escrito: "We use legal norms as examples because they are widely known, and hence easy to understand" (sic), vid. RODRIGUEZ-SOTO, M.; SERRAMIA, M.; LOPEZ-SANCHEZ, M. y RODRÍGUEZ-AGUILAR, J. A.: "Instilling moral value alignment by means of multi-objective reinforcement learning", *Ethics and Information Technology*, nº 24, 9, 2022. https://doi.org/10.1007/s10676-022-09635-0.

[136] CASEY, B.: "Amoral Machines, Or: How Roboticists Can Learn to Stop Worrying and Love the Law", *Northwestern University Law Review*, Vol. 111, No. 5, 2017, http://dx.doi.org/10.2139/ssrn.2923040. En este artículo, CASEY ha escrito que el análisis económico de la ley enseña que las empresas que maximizan las ganancias diseñarán sus robots para que se comporten no como buenos filósofos morales, sino como "hombres malos" holmesianos [hace mención al juez Oliver Wendell HOLMES, en su obra *La senda del Derecho* (1897) que decía: "Si quieres conocer lo que es el Derecho, y nada más que el Derecho, debes mirarlo como lo haría un hombre malo, a quien sólo le importan las consecuencias materiales que tal conocimiento le permite predecir"], preocupados menos por las reglas éticas que por las reglas legales que dictan si se les "hará pagar dinero" y si pueden "mantenerse fuera de la cárcel". Lejos de seguir un código moral claro y consistente", los sistemas optimizados seguirán un código amoral que refleje las realidades económicas desordenadas de los regímenes legales imperfectos de la sociedad. Estos robots no maximizarán la moralidad, pero minimizarán la responsabilidad. En este sentido, la normativa comunitaria sobre responsabilidad de los sistemas de IA que se recogen en el Reglamento comunitario y en la Directiva comunitaria sobre responsabilidad civil extracontractual en materia de IA. Sobre la responsabilidad de los sistemas de IA, vid. *Artificial Intelligence and Civil Liability*, 2020, https://www.europarl.europa.eu/RegData/etudes/STUD/2020/621926/IPOL_STU(2020)621926_EN.pdf.

[137] LEENES, R. & LUCIVERO, F.: "Laws on Robots, Laws by Robots, Laws in Robots: Regulating Robot Behaviour by Design", *Law, Innovation and Technology*, 6 (2), 2014, pp. 193-220. https://doi. org/10.5235/17579961.6.2.193.

[138] Resolución del Parlamento Europeo, de 20 de octubre de 2020, sobre un marco de los aspectos éticos de la inteligencia artificial, la robótica y las tecnologías conexas.

regulatorio efectivo y armonizado basado en el Derecho de la Unión Europea, en la Carta de los Derecho Fundamentales y el Derecho Internacional en materia de los derechos humanos y, así como proteger los valores de la Unión Europea[139], confirma el Parlamento Europeo en su apuesta por la regulación jurídica que, finalmente, se ha plasmado en el Reglamento comunitario 2024/1689, de 13 de junio de 2024, sobre Inteligencia artificial[140].

En esta idea también ha incidido el Comisionado para los Derechos Humanos de Naciones Unidas que expresa claramente la necesidad de que el Derecho de los derechos humanos y, no la ética, formule las bases para el desarrollo de tecnologías avanzadas[141]. Se ha puesto de manifiesto que la ética de la IA carece de la claridad conceptual necesaria para proteger los derechos humanos, ya que el desarrollo de la IA podría ser ético, pero, sin embargo, violar los derechos humanos. Por ejemplo, un enfoque ético puede hacer hincapié en los marcos éticos culturales, creando estándares de desarrollo de IA que varían según la geografía y la cultura. Por lo tanto, podría ser ético desarrollar una IA que restrinja el ejercicio del derecho a la libertad de religión en línea en nombre de la armonía religiosa, pero ese marco ético violaría los derechos humanos de las minorías religiosas[142]. En fin, los derechos humanos nos ofrecen un conjunto amplio y bien definido de principios para abarcar todos los casos en que nuestra dignidad e integridad se vean amenazadas por los sistemas de IA y que los ordenamientos jurídicos reconocen como parte integrante de los mismos.

Se ha escrito[143] que existe una preocupación importante en el campo de la IA sobre la posibilidad de que la construcción de agentes muy sofisticados con un alto grado de autonomía y que esto pueda ser contraproducente porque puedan terminar perjudicando a los humanos a quienes se supone que sirven. Por tal motivo, se ha propuesto[144] aprovechar esta autonomía y

---

[139] Resolución del Parlamento Europeo, de 20 de octubre de 2020, sobre un marco de los aspectos éticos de la inteligencia artificial, la robótica y las tecnologías conexas.

[140] El Anexo de esta Resolución del Parlamento Europeo, de 20 de octubre de 2020, sobre un marco de los aspectos éticos de la inteligencia artificial, la robótica y las tecnologías conexas, recoge las recomendaciones detalladas (texto articulado) respecto al contenido de la propuesta de Reglamento sobre la regulación de la IA.

[141] United Nations High Commissioner for Human Rights, 'Impact of New Technologies on the Promotion and Protection of Human Rights in the Context of Assemblies, Including Peaceful Protests,' A/HRC/44/24 (United Nations Human Rights Council, 2020).

[142] ASHRAF, C.: "Exploring the impacts of artificial intelligence on freedom of religion or belief online", *The International Journal of Human Rights, 26* (5), 2022, pp. 757-791. https://doi.org/10.1080/13642987.2021.1968376

[143] MONTES, N.; SIERRA, C. y OSMAN, N.: "Value Engineering for Autonomous Agents – Position Paper", 2021; https://digital.csic.es/handle/10261/235831.

[144] Ibidem.

ponerla al servicio del comportamiento ético. En esta obra se propone que el comportamiento elegido sea el comportamiento legal que recoge los valores éticos como la libertad, la igualdad, la democracia, la laicidad, los derechos humanos, ..., en definitiva, los valores de la UE.

En el siguiente apartado se describe, como meras pinceladas, la relación entre Derecho y ética, entre valores jurídicos y valores éticos.

IV. Valores éticos, Derecho e Inteligencia Artificial. Breve apunte sobre la relación entre Derecho y Ética.

En este apartado, no se pretende hacer un tratado sobre Filosofía del Derecho, ni sobre Teoría del Derecho ni mucho menos realizar un trabajo de investigación sobre axiología jurídica, pues como ha escrito LAPORTA: "Una de las cuestiones más discutidas en el Derecho, no sólo en el ámbito de la filosofía del Derecho, es la relación que existe entre Derecho y moral, un asunto que parece estar inevitablemente condenado a la polémica"[145]. Las diferentes posiciones entre los juristas van desde la absoluta separación entre el Derecho y la ética/moral (iuspositivistas) hasta los que defiende la conexión directa entre moral y Derecho (iusnaturalistas); es decir, que el Derecho debe ser definido a partir de su contenido de valores éticos[146]. Los matices entre tales extremos pasan por: el iusnaturalismo incluyente moderado, el positivismo incluyente constructivo, la tesis de las fuentes sociales del Derecho, el iusmoralismo, el carácter convencional del Derecho, el objetivismo moral, el constitucionalismo de los derechos, etc..

En estas líneas no se pretende examinar ni juzgar si las normas jurídicas responden a valores éticos como la justicia. Simplemente, casi de forma telegráfica, se apunta a que los valores morales y éticos han influido en la elaboración de las normas jurídicas[147], en concreto, en la regulación de los sistemas de IA. O, en todo caso, se afirma que toda moral o ética que vaya

---

[145] LAPORTA, F.: *Entre el Derecho y la moral*, Fontamara, 2007, p. 7.

[146] LYONS, D.: *Ética y Derecho*, Ariel Derecho, 1989.

[147] C. S. NINO ha escrito: "Las normas de todo sistema jurídico reflejan de hecho los valores y aspiraciones morales de la comunidad en la cual rigen o de los grupos de poder que participan directa o indirectamente en el dictado de tales normas (...). Las normas de un sistema jurídico deben ajustarse a ciertos principios morales y de justicia que son universalmente válidos, con independencia de que ellos sean aceptados o no por la sociedad en que tales normas se aplican" (*Introducción al análisis del Derecho*, Ariel Derecho, 1983, pp. 16-17).

unida al Derecho se ha positivizado, se ha juridificado, como el caso de los derechos humanos[148].

En el iter de la elaboración del Reglamento comunitario de IA se encuentra el Documento de Directrices éticas para una IA fiable (2019). Este Documento determinó, de forma clara, la relación entre una IA lícita y una IA ética.

El Grupo de expertos que elaboró el documento de las Directrices éticas parte de un enfoque de la ética en la IA basado en los derechos fundamentales consagrados en los Tratados de la Unión Europea, la Carta de los Derechos Fundamentales de la Unión Europea y la legislación internacional de derechos humanos. El respeto de los derechos fundamentales, dentro de un marco de democracia y Estado de Derecho, proporciona la base más prometedora para identificar los principios y valores éticos abstractos que se pueden poner en práctica en el contexto de la IA. Derechos fundamentales que son legalmente exigibles en la Unión Europea[149]. Dado que los derechos fundamentales son jurídicamente vinculantes, su cumplimiento entra dentro la «IA lícita». No obstante, los derechos fundamentales también pueden entenderse como derechos morales[150] de todas las personas por el hecho de serlo, con independencia de su carácter jurídicamente vinculante. En ese sentido, también forman parte del segundo componente de la IA fiable, la «IA ética».

En el artículo 5 del Reglamento (UE) 2024/1689, de 13 de junio de 2024, de IA establece que una serie de sistemas de IA están prohibidos (técnicas manipuladoras de la conciencia; identificación biométrica, en todo tiempo y lugar y los sistemas de puntuación social o de "smart citizen wallet") y otros sistemas de IA son de alto riesgo (artículo 6 del Reglamento comunitario 2024/1689, de 13 de junio de 2024, de IA) porque pueden perjudicar o vulnerar los derechos fundamentales de forma significativa[151]. Para los

---

[148] "El Derecho puede estar integrado por principios morales ... El positivismo jurídico no niega que una norma pueda ser calificada simultáneamente tanto de norma moral como de norma jurídica; lo que exige es que para identificar a la norma en cuestión como una norma jurídica ella debe satisfacer las condiciones fácticas implícitas en el concepto descriptico de Derecho (como lo es su reconocimiento por determinados órganos", vid. NINO, C. S.: *Introducción al análisis del Derecho*, Ariel Derecho, 1983, p. 126.

[149] Documento *Directrices éticas para una IA fiable*, p. 12.

[150] Sobre los derechos fundamentales como derechos morales, vid. NINO, C. S.: op. cit., pp. 196-197, 418; PECES BARBA, G.: *Curso de Derechos Fundamentales*, Universidad Carlos III y BOE, 1995, pp. 391-407.

[151] MORENO REBATO, M.: *Inteligencia artificial ...*, op. cit., pp. 38-39. MORENO REBATO, M.: "La propuesta de Reglamento de la Unión Europea sobre inteligencia artificial y las Directrices éticas para una inteligencia artificial fiable: Una oportunidad para la Administración pública española", en *La disrupción tecnológica en la*

sistemas de Inteligencia Artificial que no se consideran de alto riesgo se crea un marco para la creación de códigos de conducta (códigos éticos) que permitan la aplicación voluntaria de los requisitos obligatorios exigidos a los sistemas de IA de alto riesgo, como hemos indicado. Mediante sistemas de certificación y de sellos de calidad, estos sistemas de IA pueden cumplir los requisitos que se exigen para los sistemas de IA calificados como de alto riesgo (artículo 6.3 del Reglamento (UE) 2024/1689, de 13 de junio de 2024, de IA). En estos sistemas de IA que no son de alto riesgo, los valores éticos (especialmente, la dimensión ética de los derechos humanos) siguen teniendo, en consecuencia, gran importancia.

En relación con los derechos humanos, no se puede olvidar que la moral pública es un límite al ejercicio de los mismos. Así, a título de ejemplo, el artículo 16.1. Constitución Española establece que el único límite que afecta tanto a la libertad ideológica como de la libertad religiosa, y sólo en sus manifestaciones externas, es el orden público protegido por la ley. En consecuencia, la libre formación de nuestra conciencia no admite límites; con otras palabras, la libertad para tener unas ideas u otras es ilimitada y es la libertad de actuar la que admite límites; son nuestros actos los que tienen límites. Como instrumento para concretar el contenido del orden público como límite acudimos al artículo 3.1. Ley Orgánica 7/1980, de Libertad Religiosa. El artículo 3.1. LOLR expresamente recoge el contenido del orden público como límite de los derechos fundamentales: protección de los derechos y libertades fundamentales de los demás; la seguridad pública, la salud pública y la moralidad pública (mínimo ético común)[152]. La moral pública[153] es un concepto ético, pero no es propiamente un concepto jurídico, sino que se encuentra "juridificado, en cuanto es necesario un mínimum ético para la vida social"[154]. Es un mínimo ético compartido por todas las morales presentes en una comunidad[155]. El límite es la moral pública no la moral

Administración pública. Retos y desafíos de la inteligencia artificial, Aranzadi, 2022, pp. 73 y ss.

[152] PARDO PRIETO, P. C. y RODRÍGUEZ GARCÍA, J. A.: "La moral pública como límite de la libertad ideológica y religiosa. Estudio jurisprudencial", en *La libertad religiosa y de conciencia ante la justicia constitucional,* 1998, pp. 743-759.

[153] Se puede definir como "el conjunto de reglas del comportamiento que una sociedad reconoce y admite comúnmente como justas y obligatorias y que son independientes del reconocimiento del individuo concreto. Son el mínimum ético que todo sistema jurídico debe realizar", vid. PECES BARBA, G.: *Derechos Fundamentales*, Facultad de Derecho de la UCM, 1986, p. 114.

[154] STC 62/1982, f. j. nº 3. Un comentario de esta sentencia, vid. SANTOS ARNAIZ, J. A.: "'La moralidad' como límite de la libertad de expresión", en *Persona y Derecho*, nº 55, 2006, pp. 653 y ss.

[155] LLAMAZARES FERNÁNDEZ, D.: "Libertad de conciencia y pacto constitucional", en *Laicidad y Libertades, Escritos Jurídicos*, nº 22, 2023, p. 33.

privada o la moral de una determinada concepción vital o religiosa por muy respaldada que se encuentre en la sociedad.

Para terminar este apartado, la fundamentación ética del Derecho, según RAWLS, descansa en la autonomía real de los hombres, tal como la conciben los ciudadanos de los países democráticos desde una acreditada tradición, es decir, es el reconocimiento del carácter autolegislador de sus componentes el que presta al proceder democrático un valor moral y proporciona, por tanto, un fundamento de legitimidad. La deliberación y el debate público democráticos se fundamentan en normas que, racionalmente, pretenden tener un valor universal. RAWLS afirma que los principios políticos deben ser aceptados por personas libres y de igual rango para que éstas deliberen acerca de las normas básicas de sus instituciones sociales. RAWLS aclara que para ello no es necesario rechazar las creencias o las instituciones religiosas en general, aunque sí implica que no hay que dar por bueno a una clase selecta de autoridades morales en cuestiones políticas. Y, al igual que quien abraza la concepción naturalista y pública de los principios políticos puede conservar sus propias creencias religiosas (mientras sean compatibles con esta concepción), también puede adoptar las pautas morales basadas en la fe o la revelación, siempre que no trate de imponérselas a los demás (...) El justificar determinadas posiciones políticas está abierta a todos. Quien rechaza que la moral política es una cosa natural y pública también rechaza la exigencia de una deliberación de cuestiones morales de interés general sea natural y pública, y asimismo rechaza la idea de que lo que unas personas hacen a otras debe poder defenderse en términos comprensibles para todos y apoyarse en principios que todos puedan aplicar. Rechazar tales ideas equivale a negar el espíritu mismo de la democracia[156].

Estas palabras de RAWLS nos sirven de introducción del siguiente bloque dedicando a la laicidad que incluye la separación entre el Estado y las confesiones religiosas y, la neutralidad/imparcialidad religiosa. Además, en el siguiente Bloque se determinará como la laicidad es la garantía de los derechos imbricados en la libertad de conciencia (religiosa o no) de todos.

[156] LYONS, D.: op. cit., pp. 188-189.

BLOQUE II: MARCO TEÓRICO DE LA LAICIDAD.

I. La laicidad como valor.

La frase de Isaac ASIMOV: "What I'm against is the attempt to place a person's belief system onto the nation or the world generally"[157], resume una parte del contenido de la laicidad (secularism) como valor universal. En este bloque se describirá el contenido de la laicidad. Pero antes es conveniente determinar porqué entendemos que la laicidad es un valor. Como primer paso, se ha considerado que la laicidad es un valor ético y, este valor ético, la laicidad, se ha juridificado.

Se ha afirmado que "la ética sólo puede ser laica, es decir, una moral que sirva para todos y que sea el punto de partida de aquellos valores, principios y obligaciones que, en una sociedad secularizada y en un Estado laico, hay que aceptar y están en la base de algo tan fundamental como los Derechos Humanos"[158]. Los valores, que hemos visto en el Bloque I, como la *libertad,* la *igualdad,* la *justicia,* la *tolerancia,* son valores que conforman la ética, la ética laica[159].

Lo que cualquier Estado laico y, por ende, democrático, debe garantizar, es que los *derechos humanos* se plasmen en leyes y que éstas recojan los valores de la ética laica, que todos podemos y debemos compartir[160]. Además, la laicidad garantiza la independencia de los poderes públicos de la moralidad religiosa[161], como comprobaremos en este Bloque.

La laicidad es un principio fundamental de lo que G. PECES-BARBA denominó "Ética Pública de la Modernidad", entendida esta ética como la

---

157 Isaac ASIMOV, entrevista realizada por Bill MOYERS, 1988 (*A world of ideas*).

158 CAMPS, V.: "Ética y laicidad", en *Langue(s) & Parole: Revista de filología francesa y románica*, nº. 1, 2015, ejemplar dedicado a: *La laïcité*, coord. por Manuel TOST PLANET, p. 35.

159 CAMPS, V.: "Ética y laicidad", op. cit., p. 35.

160 CAMPS, V.: "Ética y laicidad", op. cit. p. 39.

161 LINDSAY, R. A.: *The Necessity of Secularism: Why God Can't Tell Us What to Do,* Pitchstone, diciembre, 2014.

"configuración de una organización jurídica y política, donde cada uno puede establecer libremente sus planes de vida o elegir entre aquellos proyectos de planes de vida"[162]. Esta "Ética pública de la Modernidad" está presidida por una serie de valores y principios que delimitan mínimamente el ámbito de los fines estatales. La laicidad no se entiende sin esos valores, pero, de la misma manera, la laicidad constituye uno de esos principios configuradores de la ética pública. Los derechos humanos se desenvuelven dentro de un marco ético y jurídico en el que la laicidad desempeña un papel fundamental[163]. Siguiendo a BARBIER, la laicidad es una condición previa para el reconocimiento de los derechos humanos y el reconocimiento del principio de laicidad facilita el ejercicio de los mismos[164].

No se puede basar la moral ni la ética universal en valores éticos o morales religiosos que son particulares[165]. Como se comprobará en un capítulo de este Bloque II, los valores religiosos podrán ser implementados en los sistemas de IA, con carácter general, solamente, en la medida que coincidan con los valores comunes universales como son los derechos humanos y la laicidad, como garantía de los mismos.

Es decir, que cuando los valores morales como el respeto al derecho de otros de profesar sus ideas religiosas, la imparcialidad frente a la pluralidad religiosa y el no tratar de imponer las convicciones religiosas personales al resto de la sociedad se llevan al plano de la ética pública, se llama laicidad[166].

La laicidad como valor ético[167] se ha convertido en un valor o principio jurídico que tiene un reconocimiento constitucional. Así en el Derecho

[162] PECES BARBA, G.: *Ética, poder y Derecho*, Centro de Estudios Constitucionales, 1995, p. 75.

[163] DE ASIS, R.: "Laicidad y teoría de los derechos humanos", *Laicidad y Libertades. Escritos jurídicos*, nº 4, 2004, p. 121.

[164] BARBIER, M.: « Pour une définition de la laïcité française », *Le Débat*, nº 134, 2005.

[165] LINDSAY, R. A.: op. cit.

[166] ORTIZ MILLÁN, G.: "La laicidad como valor moral", en *Este País*, 1 de enero de 2014, https://archivo.estepais.com/site/2014/la-laicidad-como-valor-moral/.

[167] Sobre la laicidad como valor ético, vid. SPITZ, J.-F.: *La laïcité dévoyée*, 17 de abril de 2023, https://aoc.media/analyse/2023/04/16/la-laicite-devoyee/; PIERRE, K.: «La laïcité est-elle une valeur?», en *Spirale. Revue de recherches en éducation*, (Laïcité, croyances et éducation), n° 39, 2007, pp. 29-37.

francés[168], o italiano[169], pero también en el ordenamiento jurídico español, como veremos en el capítulo segundo de este Bloque II.

El sistema jurídico español viene conformado por unos valores superiores que la sociedad ha querido normativizar al máximo nivel: la libertad, la igualdad, la justicia y pluralismo político, que recoge el artículo 1.1. Constitución Española —en adelante, CE—. De forma que nos vamos a encontrar con tres categorías íntimamente conectadas: valores superiores, principios informadores y derechos fundamentales. En todo caso, los valores superiores del ordenamiento responden a una demanda social que con la Constitución española se convierte en norma jurídica. Los principios informadores tienen como destinatarios a los tres poderes del Estado, para que legislen, gobiernen, administren o juzguen, en atención a los mismos. Los valores, a través de los principios informadores, se convierten en derechos fundamentales de los ciudadanos frente al Estado y frente a los particulares.

Los valores constitucionales son definidos por el Diccionario panhispánico del español jurídico como "Ideas jurídicas básicas o estructurantes de todo el ordenamiento". La jurisprudencia constitucional[170]

---

168 El Consejo constitucional francés reconoció la laicidad como un valor constitucional, Décision 77-87, de 23 de noviembre de 1977, *Liberté de l'enseignement* (dans *Laïcité et liberté religieuse*, précité, p. 17). Sobre el Derecho francés, vid. DIEU, F.: « Laïcité et espace public », *Revue du droit public et de la science politique en France et a l'étranger*, 2013, nº 3, p. 566, DIEU, F.: « Le principe de laïcité érigé en valeur de la Convention européenne des droits de l'homme », *Revue du droit public et de la science politique en France et a l'étranger*, 2010, nº 3, p. 749; BENELBAZ, C.: *Le principe de laïcité en droit public français*, L'Harmattan, 2011, p. 133, indica que « la laïcité, telle qu'elle est abordée en Europe, se rattache davantage à une valeur qu'à un principe »; BERGOUNIOUX, A.: « La laïcité, valeur de la République », *Pouvoirs*, 1995, nº 75, pp. 17-26; J. MORANGE, J.: « Le mystère de la laïcité française », *Revue du droit public et de la science politique en France et a l'étranger*, 2013, nº 3, p. 507.

169 Sobre el Derecho italiano, a título de ejemplo, vid. MONTESANO, S.: "Dalla laicità dello Stato alla laicità per lo Stato. Il paradigma laico tra principio e valore", en *Stato, Chiese e pluralismo confessionale*, n. 36 del 2017; ONIDA F.: *Il problema dei valori nello Stato Laico. Il principio di laicità nello Stato democratico,* Soveria Mannelli, 1996.

170 Según el TC se utilizan los conceptos "valores y principios de modo intercambiable", vid. SSTC 21/1981, 27/1981, 63/1982, 81/1983, 122/1983, 18/1984, 83/1984, etc.). Una crítica a esta doctrina constitucional por utilizar indistintamente los términos principios y valores se encuentra en las siguientes palabras: "Los valores enumeran cláusulas generales o finalidades. Las reglas contienen disposiciones específicas. Valores y reglas estás positivizados, es decir, constan de forma explícita y concreta y pueden claramente apreciarse a través de una simple interpretación lingüística. Los principios se extraen de las reglas constitucionales, y, una vez, determinados, tienen proyección normativa", vid. FREIXES SAN JUAN, T. y REMOTTI CARBONELL, J. C.: "Los valores y principios en la interpretación constitucional", *Revista Española de Derecho Constitucional*, año 12, nº 35, 1992, pp. 97-109.

se refiere a los valores dándoles habitualmente la misma significación que a los principios. Con otras palabras, el TC constitucional español no diferencia entre principio o valor constitucional y los utiliza de modo intercambiable.

Conviene recordar que la laicidad, independientemente de que sea calificado jurídicamente, como un valor o principio informador, está incluida en la CE y como norma que es cimera del sistema jurídico funciona como criterio de contrastabilidad de la validez o no validez de cada una de las normas jurídicas que forman parte del ordenamiento jurídico español. En este sentido, si una norma jurídica o actuación de los poderes públicos vulnera la laicidad, dicha norma o actuación deberá ser declarada inconstitucional y, en consecuencia, es nula.

Como resumen de este apartado introductorio de este Bloque II, la laicidad como valor se describe con las siguientes palabras de G. CIMBALO[171]: "La laicità viene assunta dagli ordinamenti come strumento per emanciparsi dalla tutela ecclesiastica, come principio fondante per far fronte al bisogno di costruire valori propri ai quali ispirarsi, per indicare ai cittadini i principi cardine della convivenza civile. Il perseguimento della ricerca della felicità attraverso la garanzia per tutti della libertà, dell'uguaglianza e della fratellanza, valori tipicamente laici propugnati dalla rivoluzione francese, rappresenta un momento fondante di una nuova etica destinata a porre le basi del superamento della visione cristiana della vita e dell'"ordine sociale naturale" che essa propugna. Da qui la laicità come valore che racchiude in se la portata dirompente e rivoluzionaria della libertà, della uguaglianza, della fratellanza, tra loro combinate, che separano l'uomo da Dio, che ne fanno un essere altro, individuo, libero di confrontarsi e di crescere forte del valore di sé".

En conclusión, la laicidad se presenta como un "valor ético universal" construido por la historia y como un "principio o valor jurídico" recogido en diversos textos normativos[172], como la Constitución española. El siguiente apartado lo dedicamos al estudio de la laicidad en el ordenamiento jurídico español.

II. El concepto de laicidad.

Debemos tener en cuenta la premisa de que la laicidad (separación entre el Estado y las confesiones y, neutralidad religiosa) es una condición

[171] CIMBALO, G.: "Laicità come strumento di educazione alla convivenza", en *Stato, Chiese e pluralismo confessionale*, marzo 2007.
[172] BARBIER, M.: "Towards a Definition of French Secularism", anteriormente públicado en francés: «Pour une définition de la laïcité française», *Le Débat*, n°134, mars-avril 2005.

necesaria para la existencia de la democracia[173]. Además, la laicidad hay que entenderla, como decía G. PECES BARBA, como el último proceso de la secularización[174]. Y no nos podemos olvidar de la idea de M. BARBIER de que la laicidad es una condición previa para el reconocimiento de los derechos humanos y que el reconocimiento de la laicidad facilita el ejercicio de los mismos[175]. En este sentido, el Estado democrático ha ido asumiendo la obligación de garantizar la libertad de conciencia a través de la laicidad[176]. Con otras palabras, un verdadero Estado democrático sólo puede ser laico[177].

1. La secularización como proceso previo.

Antes de definir el concepto de laicidad es necesario hacer referencia a otro concepto íntimamente relacionado con la laicidad que es la secularización. Además, se debe advertir que en la lengua inglesa el término "laicidad" se traduce por "secularism"[178].

Para describir este proceso de secularización, lo primero es definir el término "secularización". La secularización se eleva en el siglo XX al rango de una de las palabras claves y encrucijada hermenéutica de la modernidad occidental[179]. Como escribió Max WEBER, el desarrollo de la sociedad

---

[173] MOUANNÈS, H.: « Le principe de la laïcité, condition de la démocratie », en ANDRIANTSIMBAZOVINA, J., KABOU, P., *Laïcité et défense de l'État de droit*, Presses de l'Université Toulouse, pp. 147-158. En este sentido, en la sentencia del TEDH, caso Refah Partisi contra Turquía, de 31 de julio de 2001, entre las alegaciones del Gobierno turco se recoge que el principio de laicidad es condición previa a toda democracia liberal y pluralista. Idea que compartimos.

[174] PECES BARBA, G.: "Prólogo", en *Estado y religión. Proceso de secularización y laicidad. Homenaje a Don Fernando de los Ríos*, Universidad Carlos III de Madrid, BOE, 2001, p. 10. Sobre el concepto de secularización y sus cinco posibles acepciones, vid. MARRAMAO, G.: *Poder y secularización*, Península, 1989, nota nº 8, pp. 254-255; y del mismo autor, *Cielo y tierra. Genealogía de la secularización*, Paidós, 1998, pp. 121-122.

[175] BARBIER, M. : « Pour une définition de la laïcité française », *Le Débat*, nº 134, 2005.

[176] LLAMAZARES FERNÁNDEZ, D.: "Derecho de la libertad de conciencia: construcción del sistema", *Laicidad y Libertades*, núm. 1, 2001, p. 286, nota nº 46.

[177] MOLANO, E.: "La laicidad del Estado en la Constitución española", *Anuario de Derecho Eclesiástico del Estado*, vol. II, 1986, p. 245.

[178] COPSON, A.: "What is secularism?", en *Secularism: A Very Short Introduction*, Very Short Introductions, Oxford, 2019, https://doi.org/10.1093/actrade/9780198747222.003.0001. Jean BAUBÉROT considera que el secularismo se compone de tres partes: separación de las instituciones religiosas de las instituciones del Estado y ninguna dominación de la esfera política por parte de las instituciones religiosas; libertad de pensamiento, conciencia y religión para todos; y no habrá discriminación estatal contra nadie por motivos de su religión o su cosmovisión no religiosa. Es decir, coincide con la definición de laicidad.

[179] MARRAMAO, G.: *Cielo y tierra, Genealogía de la secularización*, Paidós, 1998, p. 52. En cambio, se viene a definir como *sociedad "postsecular"* a las sociedades del siglo XXI. En concreto, J. HABERMAS la define de la siguiente manera: "Utilizo es expresión

europea occidental moderna está representado por el proceso de secularización. Con otras palabras, siguiendo a Hannah ARENDT, en su obra *La condición humana* (1958): "la secularización como acontecimiento histórico tangible no significa otra cosa que separación de Iglesia y Estado, de religión y política, y ello, desde un punto de vista político, implica una vuelta a la primitiva actitud cristiana ("dad al Cesar lo que es del Cesar y a Dios lo que es de Dios") más que la desaparición de la fe en la trascendencia o un nuevo interés enfático por las cosas de este mundo"[180].

Ese progresivo fenómeno de secularización afectará no sólo a los Estados y a sus ordenamientos jurídicos. También se secularizará la sociedad y lo que es más importante, las mismas creencias e ideas[181]. Consecuentemente, en la opinión pública se abrirá paso el pluralismo. La Reforma protestante había traído consigo el pluralismo religioso, posteriormente se reafirmará el pluralismo ideológico. Las cosmovisiones no religiosas adquieren un estatus de libertad similar y equiparado al de las cosmovisiones religiosas, como reflejo del principio de igualdad y de no discriminación[182]. En el artículo 137.7 de la Constitución de Weimar de 1919[183] se produce una equiparación en cuanto al régimen jurídico de las confesiones religiosas con aquellas asociaciones que tengan como finalidad la de cuidar conjuntamente una determinada ideología u opción vital ("*Weltanschauung*")[184]. Esta equiparación se recoge, por ejemplo, en el artículo 17 del Tratado de

---

(postsecular) para describir las sociedades modernas que se encuentran con que siguen existiendo grupos religiosos y que las diferentes tradiciones religiosas siguen siendo relevantes, aunque las sociedades mismas estén en gran parte secularizadas. En la medida en que describo "postsecular" no a la sociedad misma, sino un correspondiente cambio de conciencia en ella, el predicado puede utilizarse también para referirse a un autocompresión modificada de las ya en buena parte secularizadas sociedades de Europa occidental, Canadá o Australia" (p. 131), en "¿Una sociedad mundial postsecular? Sobre la relevancia filosófica de la conciencia postsecular y la sociedad mundial multicultural", en *El poder de la religión en la esfera pública*, Trotta, 2011.

[180] *The Human Condition,* The University of Chicago Press, 1998, p. 253.

[181] Sobre la secularización y su influencia dentro de las religiones, vid. MCCAULIFF, C. M. A.: "Religion and the Secular State", *The American Journal of Comparative Law*, vol. 58, 2010, pp. 31–49, http://www.jstor.org/stable/20744531; BILGRAMI, A.: *Beyond the Secular West*, Columbia University Press, 2017; EGGERT, M. y HÖLSCHER, L.: *Religion and Secularity: Transformations and Transfers of Religious Discourses in Europe and Asia*, Brill, 2013; ASAD, T.: *Formations of the Secular: Christianity, Islam, Modernity*, University Press; 2003; SIX, C.: *Secularism, Decolonisation, and the Cold War in South and Southeast Asia*, Routledge, 2018.

[182] LLAMAZARES FERNÁNDEZ, D.: *Derecho de la libertad de conciencia. I. Libertad de conciencia y laicidad*, Civitas, Cuarta edición, 2011, p. 35.

[183] Este apartado dispone: "Se equiparán a las comunidades religiosas las asociaciones que tengan como tarea el cultivo en común de una concepción del mundo".

[184] RODRÍGUEZ GARCÍA, J. A.: "El fútbol como forma de entender la vida y su protección jurídica a través de la libertad de conciencia", en *Revista Aranzadi de Derecho de deporte y entretenimiento*, nº 75, 2022, pp. 1-40.

Funcionamiento de la Unión Europea (TFUE)[185] que dispone: "1. La Unión respetará y no prejuzgará el estatuto reconocido en los Estados miembros, en virtud del Derecho interno, a las iglesias y las asociaciones o comunidades religiosas. 2. La Unión respetará asimismo el estatuto reconocido, en virtud del Derecho interno, a las organizaciones filosóficas y no confesionales. 3. Reconociendo su identidad y su aportación específica, la Unión mantendrá un diálogo abierto, transparente y regular con dichas iglesias y organizaciones".

La interpretación de este artículo se fundamenta en el principio de neutralidad religiosa que es consecuencia obligada del reconocimiento de la libertad de conciencia y de religión y del respeto al pluralismo de la sociedad europea. Conviene recordar que la Unión Europea es una construcción jurídica que trasciende de lo nacional y donde los principios de libertad y pluralismo son determinantes en dicha construcción supranacional junto al principio de igualdad y no discriminación por motivos religiosos y de convicciones que establecen los Tratados comunitarios. Estos principios quedarían vacíos de contenido si la Unión Europea aplicase en el Derecho comunitario el estatuto privilegiado de que disfrutan algunas confesiones en el Derecho nacional[186].

---

[185] Sobre este artículo 17 del TFUE, vid. FERNÁNDEZ CORONADO, A.: "El derecho de libertad de conciencia en el proceso constituyente de la Unión Europea hasta el momento actual", en *El Derecho de la libertad de conciencia en el marco de la Unión Europea: pluralismo y minorías*, COLEX, 2002, p. 111; FERNÁNDEZ-CORONADO, A.: "Marco comparado de la libertad religiosa en Europa", *Revista de Derecho UNED*, nº 11, 2012, pp. 310 y ss.; RODRIGUEZ GARCÍA, J. A.: "Autonomía de las confesiones y Derecho comunitario: La protección de los datos personales en este contexto", en *Revista General de Derecho Canónico y Derecho Eclesiástico del Estado*; 2019, pp. 1-31; CAÑAMARES ARRIBAS, S.: *Derecho y factor religioso en la Unión Europea*, Aranzadi, 2023, pp. 45 y ss.

[186] FERNÁNDEZ CORONADO, A.: "Marco comparado ...", op. cit., p. 311; POLO SABAU, J. R.: "El diálogo entre la Unión Europea y las confesiones religiosas tras el Tratado de Lisboa (A propósito de la Decisión del Defensor del Pueblo Europeo de 25 de enero de 2013)", *Revista de Derecho constitucional europeo*, nº 22, 2014, p.150. Así, lo confirma la Sentencia del TJUE en el caso Egenberger, de 17 de abril de 2018: "Antes de la entrada en vigor del Tratado de Lisboa, que dio a la Carta el mismo valor jurídico que los Tratados, el citado principio se derivaba de las tradiciones constitucionales comunes a los Estados miembros. La prohibición de cualquier discriminación basada en la religión o en las convicciones tiene así carácter imperativo en cuanto principio general del Derecho de la Unión, ya consagrado en el artículo 21 de la Carta, y es suficiente por sí sola para conferir a los particulares un derecho que pueden invocar como tal en los litigios en que se enfrenten en un ámbito regulado por el Derecho de la Unión (...) La prohibición de cualquier discriminación basada en la religión o las convicciones tiene carácter imperativo como principio general del Derecho de la Unión. Establecida en el artículo 21, apartado 1, de la Carta, esta prohibición es suficiente por sí sola para conferir a los particulares un derecho invocable como tal en un litigio que les enfrente en un ámbito regulado por el Derecho de la Unión".

Esta interpretación toma más en consideración el criterio sistemático y contextual del Derecho comunitario[187]. En consecuencia, el artículo 17 TFUE no puede ser interpretado sin tener en cuenta los artículos 10[188], 20 y 21 de la Carta de Derechos Fundamentales de la UE, así como el artículo 6.3 del Tratado de la Unión en relación con los derechos fundamentales reconocidos por el Convenio Europeo (e interpretados por el Tribunal Europeo de Derechos Humanos, TEDH) y las tradiciones constitucionales comunes.

Peter HÄBERLE ha resumido este proceso de secularización con las siguientes palabras: "*Entre los fundamentos genuinos de la cultura jurídica europea se halla la garantía del ejercicio de la libertad religiosa, lugar donde el Estado debe asumir un papel preponderantemente neutral.* Para nosotros, su importancia como derecho "justo" es primordial. La libertad religiosa que en palabras de JELLINEK es "la primera de todas las demás libertades", la tolerancia por parte del Estado vinculada a materias religiosas, el principio de no identificación de H. KRÜGER, todo ello no es sino *conditio sine qua non* de la propia Justicia. Más aún, gracias a ellas el Estado constitucional pudo llegar a ser en Europa lo que hoy es. Toda diferencia cultural, todo pluralismo, toda libertad cultural depende en último extremo del resultado final y definitivo de la secularidad del Estado, o de su proceso de secularización. La contraprueba de esta tesis es fácil de hallar en los regímenes islámicos fundamentalistas y en la jurisprudencia de los Estados totalitarios de todo signo. Europa, en cambio, pudo lograr su propia cultura jurídica y en general su propio cuño cultural mediante la *declaración de neutralidad estatal* en estas materias"[189].

La libertad de conciencia (religiosa o no) sólo fue proclamada una vez que la sociedad política fue concebida como una comunidad distinta y separada de la comunidad religiosa. Sin separación entre el Estado y las confesiones y sin neutralidad religiosa de los poderes públicos (sin laicidad, en definitiva) es imposible el reconocimiento de la libertad de conciencia para todos, en

---

[187] Se ha escrito: "Para interpretar una disposición del Derecho de la Unión, no sólo debe tenerse en cuenta su tenor literal, sino también su contexto y los objetivos perseguidos por la normativa de la que forma parte", vid. Conclusiones del Abogado General Sr. Evgeni TANCHEV, fechadas el 9 de noviembre de 2017 en el asunto Vera Egenberger contra Evangelisches Werk für Diakonie und Entwicklung e.V.

[188] El TJUE ha señalado que la Carta de Derechos fundamentales de la UE recoge una acepción amplia del concepto de «religión», comprensiva tanto del *forum internum* —el hecho de tener convicciones— como del *forum externum* —la manifestación pública de la fe religiosa—, vid. sentencias de 14 de marzo de 2017, caso G4S Secure Solutions, de 14 de marzo de 2017, caso Bougnaoui y ADDH, y 29 de mayo de 2018, caso Liga van Moskeeën en Islamitische Organisaties Provincie Antwerpen VZW y otros y Vlaams Gewest.

[189] Vid. *Teoría de la Constitución como ciencia de la cultura*, Tecnos, 2000, p. 117.

condiciones de igualdad[190]. En definitiva, la laicidad está íntimamente vinculada con los valores de libertad, de igualdad y de democracia[191]. En este sentido se ha escrito: "Un régimen democrático reconoce, en el plano de los principios, el mismo valor moral o dignidad a todos los ciudadanos y por tanto intenta darles el mismo trato. Para lograr este objetivo es indispensable la separación de la Iglesia y el Estado y la neutralidad del Estado respecto a las religiones y a los movimientos seculares"[192].

Antes de pasar al siguiente apartado de este Bloque II, nos detenemos en las críticas realizadas al proceso de secularización que, según algunas investigaciones, se está viendo incrementado por los sistemas de IA. Se ha denunciado que los sistemas de IA incorporan una dimensión implícita "secular" o "secularizadora" como modelo de pensamiento[193]. La popularización de los sistemas de IA como imagen del "pensamiento sin vida" corresponde a la promoción implícita de un ideal axiológico de la inteligencia y al privilegio de ciertas formas de pensamiento "racionalistas" o "computacionales" en la sociedad sobre las formas de pensar más "existenciales" o incluso "espirituales"[194]. En este Bloque II se estudiará más adelante los valores posthumanistas en los sistemas de IA.

Además, se ha escrito[195] que el declive global de la religiosidad representa uno de los cambios sociales más significativos de la historia reciente. Se ha propuesto que este declive tiene una explicación y se puede encontrar en que la automatización —el desarrollo de robots y los sistemas de IA—. Este estudio parte de cuatro conjuntos de datos únicos compuestos por más de 3 millones de personas que muestran que la exposición a la robótica y a la IA está relacionada con el declive religioso del siglo XXI en naciones, regiones metropolitanas y personas individuales. Este estudio muestra que los declives religiosos han sido más rápidos en naciones (estudio 1) y regiones geográficas (estudio 2) con altos niveles de robotización y

---

190 MACLURE, J. y TAYLOR, Ch.: *Laicidad y libertad de conciencia*, Alianza Editorial, 2011, p. 34. Estos autores establecen que los fines de la laicidad son dos: igualdad y libertad de conciencia y que son dos, también, los medios para conseguir la laicidad: separación entre lo político y lo religioso, y neutralidad religiosa, vid. MACLURE, J. y TAYLOR, Ch.: *Laicidad y libertad de conciencia*, op. cit., pp. 34 y 44.

191 RODRÍGUEZ GARCÍA, J. A.: "Libre formación de la conciencia, redes sociales y medios de comunicación: Inteligencia artificial y democracia", en *Derecho Eclesiástico del Estado, en homenaje al profesor Gustavo Suárez Pertierra*, Tirant lo Blanch, 2022, pp. 1257 y ss.

192 MACLURE, J. y TAYLOR, Ch.: *Laicidad y libertad de conciencia*, op. cit., p. 34.

193 LEUNG, K.-H.: "The Picture of Artificial Intelligence and the Secularization of Thought", *Political Theology*, 20:6, 2019, pp. 457-471, DOI: 10.1080/1462317X.2019.1605725.

194 LEUNG, K.-H.: "The Picture of Artificial Intelligence and the Secularization of Thought", op. cit..

195 JACKSON, J. C.; YAM, K. CH.; TANG, P. M.; CHRIS G. SIBLEY, C. G. y WAYTZ, A.: "Exposure to automation explains religious declines", *Psychological and Cognitive Sciences*, 120 (34), 2023, https://doi.org/10.1073/pnas.2304748120

utilización de sistemas de IA y que esta relación no puede explicarse por variables tecnológicas o socioeconómicas. También, en este estudio se ha descubierto que trabajar en ocupaciones que implican una mayor exposición a los sistemas de IA se asocia con niveles más bajos de religiosidad entre los individuos y una disminución de la creencia en Dios dentro de los individuos (estudio 3) y que la exposición a los sistemas de IA se asocia con el declive religioso en una organización que incorpora tecnología de IA (estudio 4). En el estudio 5 de esta investigación sobre el declive religioso, se ha comprobado que aprender sobre los avances en IA se asocia con mayores reducciones en las convicciones religiosas que aprender sobre los avances científicos en general. En definitiva, se ha comprobado que la automatización está relacionada con el declive religioso en múltiples tradiciones religiosas (por ejemplo, cristiana, musulmana y budista) y regiones del mundo (por ejemplo, América del Norte, Asia meridional y Oceanía).

Hay que advertir que la implementación y el alineamiento de los sistemas de IA con el secularismo o con la laicidad como valor universal que refleja la neutralidad religiosa no es criticable sino, todo lo contrario, es absolutamente necesario en una sociedad democrática donde se garantiza la igualdad en la libertad de conciencia, como se defiende en esta obra.

2. El concepto de laicidad en el ordenamiento jurídico español.

En la Declaración universal de laicidad en el siglo XXI[196], en el artículo 4 se define "laicidad" como: "la armonización, en diversas coyunturas sociohistóricas y geopolíticas, de los tres principios ya indicados: el respeto a la libertad de conciencia y a su práctica individual y colectiva; la autonomía de la política y de la sociedad civil con respecto a determinadas normas religiosas y filosóficas; la no discriminación directa o indirecta contra los seres humanos" y, en el artículo 7 de esta Declaración Universal se consagra que: "la laicidad no es prerrogativa de ninguna cultura, nación o continente. Puede existir en circunstancias en las que el término no se ha utilizado tradicionalmente. Los procesos de secularización han tenido lugar, o pueden tener lugar, en diversas culturas y civilizaciones, sin que necesariamente se haga referencia a ellos como tales".

Es conveniente realizar algunas precisiones terminológicas[197]. La palabra "laicidad" (*laïcité*) tiene su origen etimológico, en Francia, en la

---

[196] Esta *Declaración* fue elaborada por los profesores Jean BAUBÉROT (Francia), Micheline MILOT (Canadá) y Roberto BLANCARTE (México), y "fue presentada en el Senado de Francia, el 9 de diciembre de 2005 para conmemorar el centenario de la separación entre el Estado y las Iglesias en Francia", vid. https://archivos.juridicas.unam.mx/www/bjv/libros/6/2512/14.pdf.

[197] CELADOR ANGÓN, Ó.: *Orígenes histórico constitucionales del principio de laicidad*, Tirant lo Blanch, 2017.

década de 1870 y es fruto del debate sobre la enseñanza laica; es decir, enseñanza no confesional[198]. El adjetivo "laico" (*laïque*) es anterior al sustantivo "laicidad" y designa aquello que no es eclesiástico ni religioso. Tendría dos sentidos diferentes: como opuesto a clérigo o, como opuesto a religioso. El primer sentido se origina en la Edad Media, en concreto, cuando se produce la distinción entre clérigos y laicos ("*laïcs*") y, en cambio, el segundo sentido, se origina en el siglo XIX. La aplicación del término laicidad al concepto de Estado viene a definir al Estado como neutral entre las confesiones religiosas y tolerante con todas ellas[199]. En cambio, en el Derecho anglosajón no se utiliza el término "laicidad" sino "neutralidad religiosa" o "secularismo" (secularism) o "Estado secular" (secular state), como hemos anticipado. El término laicidad, también, se relaciona con la palabra griega "*laos*" que significa pueblo. Y, la palabra "*laikós*", perteneciente al pueblo. En consecuencia, *el término laicidad se relaciona directamente con "lo común a todos"; es decir, con la igualdad y el sistema democrático.* Con otras palabras, el Estado laico sólo puede desenvolverse en sistemas democráticos y que garanticen los derechos y libertades fundamentales de todos los ciudadanos. Confluyendo en lo que se ha denominado "democracia sustancial"[200]. Además, el Diccionario de la Real Academia de Lengua Española recogió, por primera vez en 2014, el término "laicidad"[201]: "Condición de laico. Principio de separación de la sociedad civil y de la sociedad religiosa". En relación con esta última frase, se ha escrito que la laicidad es un principio organizador del Estado que implica la separación entre la sociedad civil y la sociedad religiosa[202]. Exactamente con las mismas palabras que hace la RAE.

---

[198] Este neologismo inmediatamente se incorpora a los diccionarios, por ejemplo, la Enciclopedia Larousse en 1873, y el suplemento del Diccionario de Littré de 1877, sobre esta cuestión, vid. RODRÍGUEZ GARCÍA, J. A. y AMÉRIGO CUERVO-ARANGO, F.: "Algunos elementos de formación del estado laico francés como reacción defensiva contra la iglesia católica", en *Miedo y religión*, Ediciones del Orto, 2002, p. 51 y ss. Sobre el concepto de laicidad, vid. CIMBALO, G.: "Laicità come strumento di educazione alla convivenza", en *Stato, Chiese e pluralismo confessionale*, marzo 2007; MOULINET, D.: *Genèse de la laïcité à travers le textes fondateurs*, Cerf, 2005; COQ, G.: *Laïcité et République*, Editions du Félin, 1995; BARBIER, M.: *La laïcité,* l'Harmattan, 1995; PENA-RUIZ, H.: *La laïcité pour l'égalité,* Mille et une nuits, 2000; PENA-RUIZ, H.: *Dieu et Marianne. Philosophie de la Laïcité,* PUF, 2001; POULAT E.: *Notre Laïcité publique: la France est une République laïque,* Editeurs Berg International, 2003; BAUDEROT J. : *Histoire de la laïcité français*, PUF, 2005.

[199] Esta definición se expresa en un discurso de Emile LITTRÉ de 27 de abril de 1882, aunque también se puede encontrar en el Diccionario de pedagogía y de enseñanza primaria de Ferdinand BUISSON en 1887. Sobre esta materia, vid. BARBIER, M.: *La laïcité*, L'Harmattan, 1995, pp. 6-8.

[200] FERRAJOLI, L: *Derechos y garantías. La ley del más débil*, Trotta, 2016, pp. 23 y ss.

[201] 23ª edición, de 2014.

[202] LETTERON, R.: *Libertés publiques*, Dalloz, 2012, p. 484.

En resumen: "*Laicidad* significa neutralidad ideológica y demanda de los poderes públicos igual consideración y respeto de todas las concepciones religiosas, morales y culturales, incluidas las indiferentes y las contrarias a la religión, en un universo de pluralismo de ideas. La laicidad conlleva la prohibición de promover o valorar como superior o mejor una creencia, de crear jerarquías entre las diversas concepciones de la vida en materia religiosa y de discriminar a los que se adhieren a otras creencias o no se adhieren a ninguna de las que ofrecen las ideas religiosas. Por ello, la laicidad es una técnica de protección de los derechos fundamentales y un límite a la actuación de los poderes públicos, especialmente dirigido a jueces y tribunales"[203].

En conclusión, se puede indicar que la laicidad implica, como ha señalado la Sentencia C-152 de la Corte Constitucional de Colombia, de 25 de febrero de 2003, lo siguiente: "Así, está constitucionalmente prohibido no solo 1) establecer una religión o iglesia oficial, sino que 2) el Estado se identifique formal y explícitamente con una iglesia o religión o 3) que realice actos oficiales de adhesión, así sean simbólicos, a una creencia, religión o iglesia. Estas acciones del Estado violarían el principio de separación entre las iglesias y el Estado, desconocerían el principio de igualdad en materia religiosa y vulnerarían el pluralismo religioso dentro de un estado liberal no confesional. No obstante, tampoco puede el Estado 4) tomar decisiones o medidas que tengan una finalidad religiosa, mucho menos si ella constituye una expresión de una preferencia por alguna iglesia o confesión, ni 5) adoptar políticas o desarrollar acciones cuyo impacto primordial real sea promover, beneficiar o perjudicar a una religión o iglesia en particular frente a otras igualmente libres ante la ley. Esto desconocería el principio de neutralidad que ha de orientar al Estado, a sus órganos y a sus autoridades en materias religiosas".

En el Derecho constitucional español, la laicidad[204] aparece consagrada en el artículo 16.3 CE: "Ninguna confesión tendrá carácter estatal" con una

---

[203] Voto Particular del magistrado D. Ramón SÁEZ VALCÁRCEL, en la sentencia del TC 5/2023, de 20 de febrero.

[204] El problema del concepto de laicidad es que está cargado de numerosos significados y adherencias emocionales, lo que ha provocado que, para algunos, dicho concepto se haya convertido en impreciso y ambiguo. Sobre la manipulación del concepto de laicidad, vid. CIMBALO, G.: "Laicità come strumento di educazione alla convivenza", en *Stato, Chiese e pluralismo confessionale*, marzo 2007. Otros consideran que: "El concepto de laicidad es un concepto sutil, lleno de matices, sorprendentemente leve, y es precisamente esa levedad en la que descansa su utilidad y todo su potencial para resolver de manera armónica el arduo dilema de las relaciones entre el Estado y las confesiones religiosas en un Estado democrático", vid. TORRES GUTIÉRREZ, A.: "La levedad de la laicidad y sus claroscuros en España", en *Libertad de conciencia, laicidad y Derecho*, Thomson Reuters-Civitas, 2014, p. 136. Se han ido añadiendo calificativos al sustantivo laicidad, que

fórmula poco afortunada e inexacta, porque esta frase es una reproducción adaptada del artículo 137.1 de la Constitución alemana de Weimar de 1919 ("*Es besteht keine Staatskirche*") que hacía referencia a un contexto histórico-sociológico muy distinto al español: la existencia de varias Iglesias de Estado. En cambio, el contexto histórico español, con pocas interrupciones, ha sido el modelo de Estado confesional[205]. En todo caso, como dice LLAMAZARES[206], tanto el modelo de Iglesia de Estado como de Estado confesional están incluidos en el modelo de utilidad y reúnen una serie de características comunes: valoración positiva de las creencias religiosas (de una o varias) por parte del Estado; adopción estatal de decisiones políticas basadas en motivos religiosos e, intervención estatal en los asuntos religiosos. En conclusión, esta fórmula constitucional implica que, en ningún caso, el Estado puede adoptar esas actuaciones contenidas en la citada serie de características.

---

provocan aún mayor imprecisión, por ejemplo; laicidad abierta (LLAMAZARES)/laicidad cerrada; sana laicidad (definida por el papa BENEDICTO XVI [Discurso al 56 Congreso Nacional de la Unión de Juristas católicos italianos, 9 de diciembre de 2006])/enfermiza laicidad; laicidad en sentido amplio/laicidad en sentido estricto; laicidad natural (E. MOLANO en "La laicidad del Estado en la Constitución española", *ADEE*, vol. II, 1986)/ laicidad artificial; laicidad por omisión (MOLANO)/laicidad por inclusión; laicidad por atención (OLLERO en *España: ¿Un estado laico?*, Civitas, 2005) /laicidad por desatención. También se ha distinguido dos tipos de laicidad: asertiva y pasiva. La laicidad asertiva es una "doctrina integral" que tiene como objetivo eliminar la religión de la esfera pública, mientras que la laicidad pasiva permite la visibilidad pública de los símbolos religiosos y el gobierno desempeña solo un papel "pasivo" en la restricción de la libertad de expresión religiosa, vid. KURU, A. T.: "Passive and Assertive Secularism: Historical Conditions, Ideological Struggles, and State Policies toward Religion", *World Politics*, 59 (4), 2007, pp. 568-594. Laicidad positiva es el término utilizado por el TC frente a la laicidad negativa o estricta de origen francés, si bien esta afirmación debe ser matizada en función del voto particular de la Sentencia 46/2001, interpretado *a sensu contrario*. Críticas a la laicidad positiva, vid. VÁZQUEZ, R.: "Laicidad, ¿neutralidad? y deliberación pública. Un diálogo con Alfonso Ruiz Miguel. Comentario a Alfonso Ruiz Miguel, Cuestiones de principios: entre política y Derecho", *Eunomía. Revista en Cultura de la Legalidad*, 20, 2021, pp. 415-425, DOI: https://doi.org/10.20318/eunomia.2021.6085. Y, en especial, SAVATER, F.: "Siempre negativa, nunca positiva", en *El País*, 16 de octubre de 2008, pp. 31-32. En fin, "Así cuando el TC habla de laicidad positiva a lo que se refiere es a que el Estado laico valora de manera positiva no las creencias religiosas de cada persona, sino el derecho a la libertad religiosa, a profesar o no una convicción religiosa. Por ello, nuestro estado es un estado laico", vid. LLAMAZARES FERNÁNDEZ, D.: "Laicidad, sistema de acuerdos y confesiones minoritarias en España", *Revista catalana de Dret Públic*, N.º. 33, 2006, p. 107.

[205] En el Borrador de la Constitución española de 1978 se contemplaba la expresión: "El Estado español no es confesional", que reproducía la fórmula empleada por el artículo 3 de la Constitución republicana española de 1931, lo que levantó las críticas de la Iglesia católica.

[206] LLAMAZARES FERNANDEZ, D.: *Derecho de la libertad de conciencia. I. Libertad de conciencia y laicidad*, Cizur Menor, Thomson Reuters-Civitas, 2011, pp. 346 y ss.

El principio de laicidad del Estado (que hace suyo, por primera vez, la STC 46/2001, de 15 de febrero y reitera la STC 154/2002, de 18 de julio[207]) incluye dos subprincipios, como ha puesto de manifiesto LLAMAZARES[208]: neutralidad del Estado y separación entre Estado y confesiones; siendo este último subprincipio condición *sine qua non* de la realización del primero.

a. La separación entre Estado y confesiones religiosas.

El Tribunal Constitucional en la Sentencia 38/2007, de 15 de febrero, recoge expresamente el principio de separación. Dice textualmente: "el principio de neutralidad del art. 16.3 CE, como se declaró en las Sentencias del T. C. 24/1982, de 13 de mayo, y 340/1993, de 16 de noviembre, "veda cualquier tipo de confusión entre funciones religiosas y estatales" en el desarrollo de las relaciones de cooperación del Estado con la Iglesia católica y las demás confesiones, antes bien sirve, precisamente, a la garantía de su separación, "introduciendo de este modo una idea de aconfesionalidad o laicidad positiva" (STC 46/2001, de 15 de febrero, FJ 4)".

La separación, siguiendo al Tribunal Constitucional[209], tiene como objetivo asegurar la mutua independencia del Estado frente a las confesiones religiosas y de éstas frente a aquél.

El subprincipio de separación implica:

- la no confusión de lo político y lo religioso, que se traduce en que el Estado no puede tomar ninguna decisión que se fundamente en motivos religiosos ni puede satisfacer ninguna finalidad religiosa[210]; en fin, queda totalmente excluida la confusión entre fines públicos y religiosos. En consecuencia, los fines religiosos no son fines públicos ni de interés público;

---

[207] STC 42/2011, de 28 de marzo; STC 101/2004, de 2 de junio; STC 51/2011, de 14 de abril, entre otras.

[208] LLAMAZARES FERNANDEZ, D.: *Derecho de la libertad de conciencia. I. Libertad de conciencia y laicidad*, op. cit., p. 349.

[209] Cfr. STC 265/1988, de 22 de diciembre (fundamento jurídico nº 1). En esta Sentencia del Tribunal Constitucional español se dispone el reconocimiento del carácter separado de ambas potestades (Iglesia católica y Estado español).

[210] Vid. STC 24/1982, de 13 de mayo, fundamento jurídico nº 1, donde se recoge que: "el artículo 16.3. de la Constitución proclama que "ninguna confesión tendrá carácter estatal", e impide por ende, como dicen los recurrentes, que los valores e intereses religiosos se erijan en parámetros para medir la legitimidad o justicia de las normas y actos de los poderes públicos. Al mismo tiempo el citado precepto constitucional veda cualquier tipo de confusión entre funciones religiosas y funciones estatales". Igualmente, vid. SsTC 177/1996, 128/2001, de 4 de junio, fund. jur. nº 2.

- reconocimiento de la autonomía interna de las confesiones religiosas, pues el Estado no puede intervenir en los asuntos internos de las confesiones;
- las confesiones religiosas no forman parte de las Administraciones públicas ni se pueden equiparar a las entidades públicas[211].

b. La neutralidad religiosa.

Se ha escrito que "la libertad de religión implica una obligación de neutralidad por parte del Estado en materia religiosa, es decir, le impide favorecer o discriminar una religión en comparación con las otras"[212]. El TEDH ha establecido que existe "la obligación para el Estado de abstenerse de imponer, ni siquiera indirectamente, unas creencias, en los lugares donde las personas dependen de él o incluso en los lugares donde éstas son particularmente vulnerables"[213]. La neutralidad religiosa e ideológica solo es posible en un Estado laico; es decir, un Estado separado de las confesiones religiosas.

El Tribunal Constitucional ha señalado que el artículo 16.3. CE formula una declaración de neutralidad en este ámbito[214]. La neutralidad[215] implica que el Estado es imparcial respecto a las convicciones y creencias de sus

---

[211] La STC 340/1993, de 16 de noviembre establece que: "al determinar que "ninguna confesión tendrá carácter estatal", cabe estimar que el constituyente ha querido expresar que las confesiones religiosas en ningún caso pueden trascender los fines que les son propios y ser equiparadas al Estado, ocupando una igual posición jurídica".

[212] WOEHRLING, J.: "La obligación de neutralidad religiosa del estado en el derecho canadiense", *Revista catalana de Dret Públic*, núm. 33, 2006, p. 3.

[213] STEDH caso Lautsi c. Italia, de 3 de noviembre de 2009. Y en la STEDH caso Ahmet Aislam y otros contra Turquía de 23 de febrero de 2010 se dice: "No se trata [en este caso una manifestación religiosa en el exterior de una mezquita] de la reglamentación del uso de símbolos religiosos en establecimientos públicos, en los que el respeto a la neutralidad a las creencias prima sobre el libre ejercicio del derecho a manifestar su religión", vid. *Guide on Article 9 of the European Convention on Human Rights. Freedom of thought, conscience and religion*, 31 August 2022, pp. 1-107.

[214] Cfr. sentencia del Tribunal Constitucional 46/2001, de 15 de febrero, fund. jur. Nº 4 y 7. En este último fundamento jurídico expresamente se recoge: "a) de una parte, el que surge del propio art. 16 CE, conforme al cual el Estado y los poderes públicos han de adoptar ante el hecho religioso una actitud de abstención o neutralidad, que se traduce en el mandato de que ninguna confesión tendrá carácter estatal, contenido en el apartado 3, inciso primero, de dicho precepto constitucional".

[215] El deber del Estado de neutralidad e imparcialidad es incompatible con cualquier poder por parte del Estado de valorar la legitimidad de las creencias religiosas o las formas de expresión de esas creencias (véase *Manoussakis y otros contra Grecia*, sentencia de 26 de septiembre de 1996, ap. 47; *Hasan y Chaush contra Bulgaria*, 2000, ap. 78; *Refah Partisi y otros contra Turquía*, ap. 1, 2003).

ciudadanos[216]. Al Estado le debe ser indiferente que sus ciudadanos sean creyentes o no creyentes, que pertenezcan a una confesión religiosa o a otra; de lo contrario se vulneraría el principio de igualdad, dando lugar a la división de los ciudadanos en varias categorías por razón de sus creencias. Es decir, supondría un trato discriminatorio que se traduciría inexorablemente en coacción y limitación, siquiera sea indirecta de la libertad de conciencia (religiosa o no religiosa). El Estado está obligado a dar exactamente el mismo trato a quienes tienen creencias e ideas religiosas que a quienes no las tienen y entre quienes tienen creencias religiosas cualesquiera que sean éstas[217]. La neutralidad religiosa del Estado es, además, una consecuencia obligada de la despersonalización del Estado que no puede ser sujeto creyente, no profesa ninguna religión, no existe religión del Estado ni religión oficial. Y, además, la neutralidad religiosa se expresa "en atención al pluralismo de creencias existentes en la sociedad española" y "*como garantía de la libertad religiosa*"[218].

El término "neutralidad" se relaciona directamente con otros conceptos como pluralismo (artículo 1.1 CE), libertad ideológica (art. 16.1 CE); laicidad (art. 16.3 CE) y objetividad (art. 103 CE). Además de con los términos indiferencia, abstención e imparcialidad. Si por neutralizador entendemos "hacer neutral" al Estado (a los poderes públicos) después de un período totalitario ideológicamente es, como indica el TEDH[219], obligado la imposición de la laicidad.

c. La laicidad como garantía de la libertad de conciencia de todos.

Se ha escrito: « La laïcité, c'est la liberté de conscience. (...) C'est une garantie rendant possible le fait que l'État promeut la liberté, l'égalité et l'universalité, mais les trois valeurs ou les trois principes qui définisse la laïcité »[220].

---

216 Cfr. STC 177/1996, de 11 de noviembre, fundamento jurídico nº 9, in fine y STC 340/1993, de 16 de noviembre. La Sentencia del Tribunal Europeo de Derechos Humanos de 3 de noviembre de 2009 (asunto Lautsi contra Italia) recoge: "*El deber de neutralidad e imparcialidad del Estado es incompatible con cualquier facultad de apreciación por parte de éste en cuanto a la legitimidad de las convicciones religiosas o sus modalidades de expresión*".

217 En todo caso, el Tribunal Constitucional español ha señalado que "en un sistema jurídico político basado en el pluralismo, la libertad ideológica y religiosa de los individuos y la aconfesionalidad del Estado, todas las instituciones públicas (...) han de ser, en efecto, ideológicamente neutrales", en STC 5/1981, de 13 de febrero, fundamento jurídico, nº 9.

218 Vid. STC 340/1993, fund. jur. nº 4, D, párrafo 2º.

219 Caso Rekvenyi contra Hungría, de 20 de mayo de 1999.

220 PEÑA-RUIZ, H.: «Le Sens et l'Enjeu de la Laicité aujourd'hui», en *Les enjeux de la laïcité à l'ère de la diversité culturelle planétaire*, Gerflint, 2014, p. 101.

Por ello, se parte del convencimiento de que el principio de laicidad es una consecuencia lógica, una exigencia insoslayable, de la igualdad y de la libertad de conciencia; es decir, no es posible la plena libertad de conciencia en condiciones de igualdad sin laicidad. Un Estado donde se garantice con plenitud el ejercicio de la igualdad y la libertad de conciencia; donde se hagan reales y efectivas tanto la igualdad como la libertad de conciencia sólo puede ser un Estado laico[221]. Con otras palabras: "En todo caso, si existe un contenido filosófico de la *laicidad,* yo diría que, para mí, lo primero que lo caracteriza es la *libertad de conciencia* de las personas. Los Estados que se proclaman laicos defienden la libertad de conciencia: las personas son libres de elegir qué quieren creer y cuál es la religión a la que quieren adscribirse o si no optan por ninguna. Eso forma parte de la libertad de conciencia. La segunda característica de un Estado laico es la aceptación de la *igualdad de derecho* de todas las opciones religiosas. Todas las opciones religiosas, mientras acepten los principios fundamentales del Estado, son válidas y legítimas"[222].

En suma: "*la laicidad es la única garantía realmente eficaz de la libertad de conciencia*"[223]. Estas palabras del profesor LLAMAZARES las pongo en relación con las siguientes palabras de L. FERRAJOLI sobre el principio de laicidad, en su obra *Manifiesto por la igualdad*[224]: "Por eso no hay laicidad sin garantía de los derechos de libertad y del igual valor de las diferencias de religión y de culturas; no hay libertad, ni igual valor de tales diferencias sin laicidad" y, prosigue diciendo: "La garantía de la laicidad equivale a la garantía de las libertades como facultades de autodeterminación universalmente atribuidas a todos"[225]. Y, en la obra titulada "Laicidad del

---

[221] La Commission de réflexion sur l'application du principe de laïcité dans la République, rapport au Président de la République, 2003, en el Informe de esta Comisión Stasi se reconoce que: «La laïcité, pierre angulaire du pacte républicain, repose sur trois valeurs indissociables: liberté de conscience, égalité en droit des options spirituelles et religieuses, neutralité du pouvoir politique».

[222] CAMPS, V.: "Ética y laicidad", op. cit., p. 34.

[223] Entre otras muchas obras del profesor LLAMAZARES donde se reafirma en esta idea, por ejemplo, "Laicidad, sistemas de acuerdos y confesiones minoritarias en España", *Revista catalana de Dret Públic*, nº 33, 2006, p. 72 y en "Fuentes del Derecho y comunidad civil", en *Perspectivas Actuales de las fuentes del derecho*, coords. María del Carmen BARRANCO AVILÉS; Óscar CELADOR ANGÓN; Félix VACAS FERNÁNDEZ; Dykinson, 2011, p. 18.

[224] Editorial Trotta, 2019, pp. 63-72.

[225] También, en esta obra FERRAJOLI ha escrito lo siguiente: "La laicidad del Derecho y del Estado reside en este paso atrás en todo lo que no ocasione daños a terceros. Por eso reside en su neutralidad frente a las diversas concepciones morales que conviven en una sociedad, según resulta asegurada por los derechos de libertad, primero entre todo, la libertad religiosa y de conciencia. De este modo, tales derechos no son solo valores en sí y fines en sí mismos. Su respeto es también una condición necesaria de la paz al consistir

Derecho y Laicidad de la moral", este autor ha escrito: "La laicidad es una garantía de la libertad de conciencia y de pensamiento y con ella del pluralismo político, religioso, moral y cultural. Solamente la laicidad del Derecho, en tanto técnica de garantía de los derechos y de las libertades de todos –de la ley del más débil en lugar de la ley del más fuerte que rige en su ausencia— es capaz de garantizar igual valor y dignidad a las diferencias, de excluir cualquier discriminación o privilegio y, por ello, de la convivencia pacífica"[226].

Además, la neutralidad religiosa e ideológica del Estado; en definitiva, la laicidad tiene su fundamento en la libertad de conciencia[227]. En este sentido, la doctrina alemana estima que *la libertad de conciencia es un derecho fundamental autónomo con respecto a la libertad ideológica y religiosa que incluiría conceptualmente a estas últimas libertades*[228]. Incluso, la libertad de conciencia cumple también la función de proteger la participación política de los ciudadanos, contribuyendo a la formación de la conciencia colectiva y de la opinión pública[229] y, siendo fundamento del sistema democrático.

El derecho a la libertad de conciencia[230] se puede definir, siguiendo a LLAMAZARES, como "*el derecho a tener unas u otras creencias, unas u otras ideas, unas u otras opiniones, así como a expresarlas, a comportarse de acuerdo con ellas y a no ser obligado a comportarse en contradicción con ellas*"[231]. Así entendida la libertad de conciencia comprende cuatro niveles o dimensiones:

1º) *Libertad para tener unas u otras convicciones, creencias e ideas, y opiniones.* En este ámbito, también, se *incluye la libertad de elección de la identidad cultural* y a la libertad para elegir nuestra propia opción vital, cosmovisión, visión del mundo, estilo de vida o, en alemán "Weltanschauung"[232]. En principio se trata de fenómenos internos sobre los

---

en la sola garantía posible del multiculturalismo, es decir, del igual valor atribuido a todas las diferentes identidades culturales y morales".

226 En *Revista de la Facultad de Derecho de México*, vol. 57, nº 248, 2007.

227 HERDEGEN, M.: "Gewissensfreiheit", en *Handbuch des Staatskirchenrechts der Bundesrepublik Deutschland*, 1º Band, 2 ª Auflage, Duncker & Humblot, 1974, p. 484.

228 Ibidem, p. 481.

229 Ibidem, p. 484-486.

230 Sobre la elección del término "conciencia" frente a otros conceptos similares como pensamiento, idea, creencia, convicción y sus correspondientes libertades, vid. LLAMAZARES FERNÁNDEZ, D.: *Derecho de la libertad de conciencia*, vol. I., op. cit., 2011, p. 15-29.

231 Ibidem, p. 22 y ss.

232 El TC español ha incidido en esta materia con las siguientes palabras: "En un régimen democrático, donde rigen derechos fundamentales, la libertad de los ciudadanos es la regla general y no la excepción, de modo que aquellos gozan de autonomía para elegir entre las diversas *opciones vitales* que se les presentan"(STC 85/2019 y Ss TC 29/2008,

cuales no interviene el Derecho. La relevancia jurídica en esta libertad se produce respecto del *derecho a la libre formación de la conciencia que incluye los derechos a la educación y a la información.*

La identidad cultural es muy importante en la implementación de los sistemas de IA y se ha indicado que la religiosidad o espiritualidad no juega un papel decisivo o importante, pero sí la identidad cultural[233].

En esta materia el Comité de Derechos Económicos, Sociales y Culturales aprobó la Observación general Nº 21 (2009) sobre el derecho de toda persona a participar en la vida cultural, ha establecido que: "Toda persona, individual o colectivamente, tiene derecho a elegir su identidad cultural, en la diversidad de sus modos de expresión y a que se respete dicha elección". Este derecho que conlleva la obligación de los Estados parte de reconocer, respetar y proteger la cultura de las minorías como componente esencial de su propia identidad[234]. Es decir, tiene derecho a conformarse, libremente, su propia identidad como contenido del libre desarrollo de la personalidad y del proceso de *mestizaje constitucional democrático* dentro de la interculturalidad[235].

82/2003; 233/2000; 209/2000; 208/2000; 147/2000) y "la libertad constituye uno de los valores superiores del Ordenamiento jurídico (art. 1 CE), lo que implica el reconocimiento de la autonomía del individuo para elegir entre las diversas *opciones vitales* que se le presenten" y, sostiene que "el libre desarrollo de la personalidad (art. 10 CE) significa que corresponde a cada persona diseñar y ejecutar su propio proyecto vital" (STC 139/2008). Y, en otra sentencia del TC, confirma que: "el punto de partida básico en esta materia habría de ser el art. 1.1 C.E. en cuanto "consagra la libertad como 'valor superior' del ordenamiento jurídico español, lo que implica, evidentemente, el reconocimiento, como principio general inspirador del mismo, de la autonomía del individuo para elegir entre las diversas *opciones vitales* que se le presenten, de acuerdo con sus propios intereses y preferencias"; y, en consecuencia, dicho valor superior, "en el ámbito de la formación de agrupaciones entre individuos se traduce, entre otras, en las disposiciones del art. 22 de la Constitución" (STC 179/1994; 113/1994; 132/1989). Sobre esta cuestión, vid. RODRÍGUEZ GARCÍA, J. A.: "El fútbol como forma de entender la vida y su protección jurídica a través de la libertad de conciencia", en *Revista Aranzadi de Derecho de deporte y entretenimiento*, nº 75, 2022, pp. 1-40.

233 AWAD, E., DSOUZA, S., KIM, R. y otros: "The Moral Machine experiment", *Nature*, 563, 2018, pp. 59–64, https://doi.org/10.1038/s41586-018-0637-6; STEPHEN, K. y JONES, B.: "The effect of religiosity on decision making in self-driving cars: the case of 'the ethical knob'", *Issues in Information Systems Volume*, 21, Issue 1, 2020, pp. 74-90. *En este último artículo se constata que el nivel de religiosidad no influye en las percepciones morales de los humanos en relación con los sistemas de IA. Pero sí influye la cultura.*

234 Vid. caso Lovelace vs. Canadá del Comité de Derechos Humanos, (1981); la Convención sobre la protección y protección de la diversidad de las expresiones culturales, de la UNESCO, de 20 de octubre de 2005 (B.O.E. de 12 de febrero de 2007) y el Convenio-marco para la protección de las minorías nacionales de 1 de febrero de 1995 (BOE de 23 de enero de 1998).

235 RODRÍGUEZ GARCÍA, J. A.: "La integración intercultural: El mestizaje constitucional democrático", en *Migraciones Internacionales*, vol. 6, nº 2, 2011, pp. 193 y ss. y "Pluralismo

Una persona puede poseer varias identidades que le son propias, no sólo en la vida privada sino también en la esfera pública. De hecho, en las sociedades abiertas, como la española y la europea, con una circulación cada vez mayor de personas e ideas, muchas personas tienen múltiples identidades que coinciden, coexisten o se superponen (de forma jerarquizada o no jerarquizada), reflejando su identidad personal y su personalidad. En este sentido, conviene recordar la idea de un agente con múltiples identidades, de AXELROD[236], que ha determinado que, si consideramos, por ejemplo, 10 rasgos culturales generales con 10 rasgos específicos para cada uno, tendríamos 1.010 posibles culturas (un billón de posibilidades)[237].

Los límites al reconocimiento de los derechos de las minorías son los derechos humanos, pero eso afecta, sin duda, a la identidad de muchos grupos. Cuando los derechos individuales y colectivos entran en conflicto, el Estado debe proteger a los derechos individuales de las personas pertenecientes a las minorías, pero no al grupo en cuanto tal; es decir, el Estado no debe proteger, en principio, la identidad del grupo. Por lo tanto, es en este punto donde se sitúa el límite a la protección de la identidad de las minorías ya que, en muchos casos, la protección de la "pureza" del grupo puede vulnerar la neutralidad, el pluralismo y los derechos humanos. La idea que subyace en el multiculturalismo es la necesidad de reconocer las diferencias y las identidades culturales. Eso no supone que todas las culturas contengan aportaciones igualmente valiosas para el bienestar, la libertad y la igualdad de los seres humanos[238]. El Estado no es absolutamente neutral en el ámbito cultural, porque tiene que defender los valores democráticos y, consecuentemente, habrá de distinguir las pretensiones de las minorías culturales que sean dignas de protección y de reconocimiento jurídico de las que no lo merecen[239]. La *interculturalidad* se refiere a "la presencia e interacción equitativa de diversas culturas y la posibilidad de generar expresiones culturales compartidas, adquiridas por medio del diálogo y de una actitud de respeto mutuo" como reconoce el artículo 4.8. de la Convención sobre

---

culturale e laicità in Spagna. "Meticciato costituzionale democratico"", en *Quaderni di diritto e politica ecclesiastica*, 1/2011, pp. 235-254, doi: 10.1440/34468.

[236] AXELROD, R.: *La Complejidad de la Cooperación. Modelos de Cooperación y Colaboración Basados en los Agentes*, FCE, 2004.

[237] Sobre este ejemplo, incluyendo como rasgo cultural la religión, vid. CHÁVEZ, A. y LARA, A.: "Identidad y cooperación en los recursos de uso común", *Argumentos*, año 28, nº 77, enero-abril 2015, p. 40.

[238] DE LUCAS, J.: "¿Elogio de Babel? Sobre las dificultades del Derecho frente al proyecto intercultural", en *Multiculturalismo y diferencia. Sujetos, nación, género*, en *Anales de la Cátedra de Francisco Suárez*, n º 31, 1994, p. 35

[239] COBO, R.: "Multiculturalismo, democracia paritaria y participación política", en *Política y Sociedad*, n º 32, septiembre-diciembre, 1999, p. 54; FRASER, N. "Multiculturalidad y equidad entre los sexos", en *Revista de Occidente*, n º 173, octubre 1995, p. 55

la protección y protección de la diversidad de las expresiones culturales, de la UNESCO, de 20 de octubre de 2005[240]. La garantía de que la multiculturalidad se oriente hacia la interculturalidad es que aquélla esté guiada por valores éticos universales (valores comunes) y se produzcan nuevos "mestizajes" de los valores diferenciales, siempre que esos valores diferenciales no entren en contradicción con los valores éticos universales (valores comunes), Sobre los valores religiosos como valores comunes o como valores diferenciales, nos remitimos a un capítulo posterior de este Bloque II.

2º) *Libertad para expresar y manifestar, o no, las convicciones, las creencias, las ideas, y las opiniones.* Libertad para transmitir esas convicciones propagándolas o enseñándolas, pero también incluye el hacer partícipe a otros de nuestras convicciones, convencerlos evitando el proselitismo ilícito. La transmisión de unas y otras (convicciones, creencias, ideas y opiniones) está en el fundamento de la *libertad de enseñanza y de la libertad de expresión.*

3º) *Libertad para comportarse de acuerdo con las propias convicciones, ideas, creencias, opciones vitales y a no ser obligado a obrar en contradicción a ellas.* Esta libertad fundamenta tanto el derecho a la *objeción de conciencia* en caso de contradicción entre la norma jurídica y la norma de conciencia, como el derecho al reconocimiento de conductas consideradas libres en conciencia.

4º) *Libertad para asociarse, reunirse y manifestarse con otros sobre la base de compartir las mismas convicciones.* El *derecho de asociación* como Derecho común para todos los grupos de personas que se asocian en torno a unas convicciones. En este nivel se incluye, en función del carácter especial del colectivo, la creación de: partidos políticos (*libertad política*), sindicatos (*libertad sindical*), confesiones religiosas (*libertad religiosa*) e, incluso, la constitución de empresas ideológicas o de tendencia, como son los medios de comunicación privados (donde se pueden incluir algunas redes sociales) y los centros educativos privados, entre otros ejemplos.

Por otra parte, la laicidad supone que el Estado no asume como propia una particular concepción religiosa, sino que garantiza el derecho de autodeterminación de cada ciudadano. Las normas que reconocen derechos, como los derechos reproductivos, el matrimonio entre personas del mismo sexo, la eutanasia, o derechos de determinados colectivos como las minorías religiosas, de inmigrantes, de colectivos LGTBI+, etc., están directamente relacionadas con la concepción del Estado como laico. El Estado no hace ninguna valoración religiosa y no puede imponer a sus ciudadanos unas convicciones religiosas con las que no se sienten representados. En este

[240] B.O.E. de 12 de febrero de 2007.

sentido se ha escrito que: "El Estado laico tiene entonces la obligación de asegurarse que las libertades se ejerzan en la esfera religiosa, pero que ésta no condicione otras esferas del comportamiento humano en las que a nivel individual o colectivo prevalecen los principios de autonomía, antidogmatismo y tolerancia. Sólo así puede el Estado establecer las condiciones que le permitan construir un contexto en el que todas las personas, independientemente de que profesen o no una religión y de cuál sea la misma, puedan convivir pacíficamente"[241].

La laicidad, en definitiva, sería un vértice de un triángulo invertido que soporta a los otros dos vértices: libertad de conciencia y democracia. La laicidad (separación y neutralidad) es la condición previa para la existencia de una democracia avanzada o sustancial. La separación entre el Estado y las confesiones religiosas es el presupuesto histórico para que aparezca el sistema democrático (voluntad popular, principio de igualdad, ley igual para todos, supresión de los fueros, que la ley no dependa de la voluntad divina, etc.). La neutralidad religiosa de los poderes públicos es una condición imprescindible para la convivencia pacífica[242] (como se detallará en un capítulo más adelante en este Bloque II) para la existencia del pluralismo, para la igualdad de trato y la tolerancia[243]. "La neutralidad de la comunidad es la garantía de libertad de todas las conciencias"[244], se ha escrito. Por el otro lado del triángulo, la laicidad es la garantía de la libertad de conciencia; de tal forma, que sin laicidad (separación y neutralidad) no se garantiza el ejercicio de la libertad de conciencia en condiciones de igualdad para todos, como hemos puesto de manifiesto. Y, el último lado del triángulo, la relación entre libertad de conciencia y democracia. No existe sistema democrático si no se garantizan los derechos y libertades que forman parte de las cuatro

---

[241] SALAZAR, P.: "Capítulo primero. La reforma al artículo 40: México como república laica", en *La República laica y sus libertades. Las reformas a los artículos 24 y 40 constitucionales*, Universidad Nacional Autónoma de México, 2015, p. 20.

[242] En sentido el Tribunal constitucional alemán ha indicado que la neutralidad es uno de los requisitos previos y fundamentales para la paz social en una sociedad plural. Porque en un Estado democrático en el que conviven partidarios de diferentes convicciones ideológicas y religiosas, la coexistencia pacífica solamente puede tener éxito si el propio Estado mantiene la neutralidad en cuestiones de cosmovisiones (vid. BVerfG de 26 de junio de 2002). Y, nuestro TC ha dicho que: "la neutralidad en materia religiosa se convierte de este modo en presupuesto para la convivencia pacífica entre las distintas convicciones religiosas existentes en una sociedad plural y democrática" (STC 177/1996, de 11 de noviembre, fund. jur. nº 9).

[243] LLAMAZARES FERNÁNDEZ, D.: "Tolerancia y comunidad política", en *Laicidad y Libertades. Escritos jurídicos*, nº 20, 2020, pp. 19-51.

[244] Ibidem, p. 28. También las páginas 32 y 33 de esta última obra citada el profesor LLAMAZARES establece que son tres principios básicos del pacto por la convivencia: libertad de conciencia, tolerancia y laicidad. Así escribe LLAMAZARES: "El principio de neutralidad, paraguas que cobija todo el contenido del pacto por la convivencia, se desdobla en los principios de tolerancia y laicidad".

dimensiones del contenido de la libertad de conciencia[245] y, además, la laicidad solamente se da en los países democráticos.

Además, si es necesario elegir entre diferentes interpretaciones (siguiendo la dicción del artículo 7.2 de la Ley 15/2022, de 12 de julio, integral para la igualdad de trato y la no discriminación) la elección final debe ser la interpretación que sea más compatible con la laicidad (secularism) como garantía de la igualdad en la libertad de conciencia. Con otras palabras, la interpretación más favorable para la igualdad y para la no discriminación es la que garantice en mayor grado la laicidad (neutralidad y separación).

Sin embargo, como se indica por parte de la doctrina alemana, la neutralidad religiosa es el principio más olvidado y menos aplicado[246] y, como consecuencia, nos está transmitiendo la imagen de un sistema democrático de baja calidad y donde los derechos fundamentales imbricados en la libertad de conciencia no son garantizados plenamente.

Para evitar esta falta de aplicación, en Francia, se ha aprobado la Ley nº 1109, de 28 de agosto de 2021, sobre el respeto a los principios de la República francesa, entre ellos, el principio de laicidad. En concreto, el artículo 1 de esta Ley empieza con la siguiente frase: «Lorsque la loi ou le règlement confie directement l'exécution d'un service public à un organisme de droit public ou de droit privé, celui-ci est tenu d'assurer l'égalité des usagers devant le service public et de veiller au respect des principes de laïcité et de neutralité du service public».

Conviene recordar que los principios constitucionales, como la laicidad, tienen fuerza derogatoria y, por lo tanto, depuran el ordenamiento jurídico garantizando que el contenido material de todas las normas jurídicas se ajusta a dichos principios constitucionales[247]. En sentido contrario, las normas jurídicas que no respeten el principio de laicidad carecen de legitimidad y, en consecuencia, pueden fundamentar la declaración de inconstitucionalidad de una norma por infracción de los principios constitucionales[248]. Y, además, los principios constitucionales tienen una

---

[245] LLAMAZARES, D.: *Derecho de la libertad de conciencia, I.*, op. cit., pp. 21-13.
[246] CZERMAK, G.; HILGENDORF, E.: *Religions und Weltanschauungsrecht*, Springer, 2018, p. 93. Se ha propuesto en Alemania la integración de la neutralidad en la ley y la transversalización integral de la neutralidad, vid. NEUMANN, J. y SCHMIDT-SALOMON, M.: "Was ist Weltanschauungsrecht?", en: NEUMANN, J.; CZERMAK, G.; MERKEL, R. y PUTZKE, H.: *Aktuelle Entwicklungen im Weltanschauungsrecht*, Nomos, 2019, pp. 13 y ss..
[247] FREIXES SANJUAN, T.; REMOTTI CARBONELL, J. C.: "Los valores y principios en la interpretación constitucional", en *Revista Española de Derecho constitucional*, año 12, nº 35, 1992, pp. 104-105.
[248] Ibidem, p. 107.

función informadora del ordenamiento jurídico permitiendo extraer reglas aplicables a los casos concretos[249].

Como conclusión en este punto, se puede decir: "E può svolgere questa funzione perché il diritto ecclesiastico attuale è il diritto della laicità. La laicità, in quanto principio supremo, permea evidentemente l'ordinamento in tutti i suoi rami, dal diritto privato al diritto penale"[250]. Es decir, la utilidad del Derecho Eclesiástico del Estado como Derecho de la laicidad se encuentra en su carácter transversal. La laicidad es el parámetro de constitucionalidad de todo ordenamiento jurídico que se considere democrático y que garantice la igualdad en la libertad de conciencia.

3. La laicidad en el mundo y en el Derecho internacional como valor universal.

No se pretende en este apartado realizar un estudio de Derecho comparado de todos los países del mundo. La intención es mucho más modesta. Se pretende determinar que la laicidad es un valor universal que se reconoce jurídicamente en muchos países del mundo con diferentes tradiciones culturales y religiosas.

No existen modelos laicos o neutrales puros, la historia de cada país determina claramente ciertas impurezas (de carácter confesional, pluriconfesional o laicista) que incidirá directamente en el grado de reconocimiento de la libertad de conciencia[251]. Lo que siempre habrá que tener en cuenta es este ideal para, como una falsilla (checklist), poner de manifiesto las impurezas que deben depurarse. En consecuencia, *la finalidad de la laicidad es garantizar el pleno disfrute de la libertad de conciencia de todos los seres humanos.*

En el Informe del Relator Especial sobre la libertad de religión o de creencias, Ahmed SHAHEED[252], de 28 de febrero de 2018, pone de relieve la obligación de los Estados de actuar como garantes imparciales de la libertad de religión o de creencias para todos sin consideración de las relaciones

---

[249] FREIXES SANJUAN, T.; REMOTTI CARBONELL, J. C.: "Los valores y principios en la interpretación constitucional", op. cit., p. 104.

[250] COLAIANNI, N.: "Diritto ecclesiastico attuale", en *Stato, Chiese e pluralismo confessionale*, nº 16, 2023. p. 11. También, RODRÍGUEZ GARCÍA, J. A.: *Derecho Eclesiástico del Estado. Derecho de la laicidad*, BURJC, 2023, https://hdl.handle.net/10115/27511.

[251] RODRÍGUEZ GARCÍA, J. A.: *Derecho Eclesiástico del Estado. Derecho de la laicidad*, BURJC, 2023, https://hdl.handle.net/10115/27511.

[252] En 2009, Ahmed SHAHEED, fue reconocido como Demócrata Musulmán del Año por el Centro para el Estudio del Islam y la Democracia.

existentes entre el Estado y la religión o las creencias. En este Informe, se hace referencia a un estudio de 2017 centrado en la política religiosa oficial, que informó sobre las prácticas de los 193 Estados Miembros de las Naciones Unidas. Este Informe llega a la conclusión de que aproximadamente el 53% de los Estados Miembros de Naciones Unidas no se identificaba con ninguna fe ni creencia. Es decir, la mayoría de los Estados Miembros de las Naciones Unidas (102) no declaran una religión de Estado ni otorgan privilegios a las religiones. En términos generales, estos países tienden a mantener una separación entre las confesiones religiosas y el Estado o una "distancia de principio" entre la religión y el Estado, o una "distancia basada en principios" entre la religión y el Estado, fundada en lo que puede llamarse un "laicismo adaptado al contexto" (en la versión en español) ["laïcité contextuelle" (en la versión en francés); "context-sensitive secularism" (en la versión en inglés)], que admite un enfoque flexible de las cuestiones de inclusión o exclusión de la religión en la vida pública, así como el grado de esa intervención o desconexión[253]. El dato es que un grupo amplio y diverso de Estados (53%) con distintas culturas, en todas las regiones del mundo, se caracterizan por no identificarse con la religión. Este grupo se distingue fundamentalmente por la insistencia en el principio de no discriminación y la necesidad de mantener una equidistancia entre el Estado y todas las comunidades de creyentes. Estos Estados parecen estar en mejores condiciones de respetar varios derechos humanos, incluido el derecho a la libertad de religión o de creencias. Por ejemplo, gracias a la separación entre la religión y la política disponen de un espacio más amplio para cumplir su función de garantes imparciales de la libertad de religión o de creencias para todos[254]. En definitiva, este Informe recoge las siguientes palabras: "El Derecho internacional de los derechos humanos impone a los Estados el deber de ser garantes imparciales del disfrute de la libertad de religión o de creencias para todas las personas y grupos que residen en su territorio y que están bajo su jurisdicción. Además, no existe una jerarquía de los derechos humanos, y cuando la libertad de religión entra en conflicto con el derecho a la no discriminación y la igualdad, o leyes de efecto general, se debe poner el acento en velar por la protección de todos los derechos humanos, inclusive mediante una adaptación razonable. En un contexto de creciente diversidad, parece evidente que el Estado cumplirá su papel de garante imparcial de los derechos de todos, a condición de que coopere y se adapte en aras del bien común. Por cierto, es difícil concebir una aplicación del concepto de religión de Estado que en la práctica no tenga efectos discriminatorios en la variedad de "otros" que aparezcan".

---

[253] BHARGAVA, R.: "Rehabilitating Secularism", en Craig CALHOUN, Mark JUERGENSMEYER y Jonathan van ANTWERPEN (eds.), *Rethinking Secularism,* Oxford University Press, 2011, pp. 92-113.

[254] BIELEFELDT, H.; GHANEA, N. y WIENER, M.: *Freedom of Religion or Belief,* Oxford University Press, 2016, p. 357.

En este apartado mencionamos el reconocimiento jurídico de la laicidad en diferentes países, más allá de los modelos laicos más reconocidos y estudiados[255]. Así, por ejemplo, en Etiopía[256], la laicidad es un principio fundamental del Estado cuyos objetivos principales son lograr: (1) proteger al Estado de la influencia religiosa excesiva (libertad para el Estado); (2) proteger la religión de los poderes coercitivos del Estado (libertad de religión), o (3) gestionar la diversidad religiosa.

En Etiopía, la laicidad no consiste en eliminar por completo la religión de las esferas públicas, sino más bien en definir su "lugar apropiado" garantizando la neutralidad del Estado en asuntos religiosos. Además, la laicidad también es importante para promover la igualdad de las religiones y la libertad de los creyentes. A pesar de las muchas ventajas que el secularismo o la laicidad puede ofrecer a las sociedades y Estados multirreligiosos de todo el mundo, es desafiado por fundamentalistas religiosos que afirman ofrecer valores morales y éticos mejores que las

[255] En Kenia, vid. MUJUZI, J. D.: "Separating the Church from State: The Kenyan High Court's Decision in 'Jesse Kamau and 25 Others v Attorney General' (Judgment of 24 May 2010)", *Journal of African Law*, vol. 55, no. 2, 2011, pp. 314-319. *JSTOR*, http://www.jstor.org/stable/41709866.

Sobre la India, vid. MAHMOOD, T.: "Religion and the Secular State: Indian Perspective", https://classic.iclrs.org/content/blurb/files/India.rev.2011.05.16.pdf. El Tribunal Supremo de la India declaró que la laicidad es "más que una actitud pasiva de tolerancia religiosa; es un concepto positivo de igualdad de trato de todas las religiones", afirmando al mismo tiempo que "cuando el Estado permite a los ciudadanos profesar y practicar la religión, no les permite, ni explícita ni implícitamente, introducir la religión en las actividades no religiosas y seculares del Estado", vid. *SR Bommai v. Union of India* (1994) 3 SCC 1. No obstante, en la actualidad existe preocupación porque el Gobierno indio está abandonando la laicidad. Así, en el documento del Consejo de Derechos Humanos de Naciones Unidas de 26 de febrero-5 de abril de 2024 se dice: "Despite being currently ruled by a right-wing Hindu nationalist government, India claims to be a "secular democracy." Its constitution allows for the freedom of religion, meaning people should be able to follow and freely practice their religious beliefs. India's constitution says that the state will not "discriminate, patronize or meddle in the profession of any religion". However, when it comes to Islam and Muslims, and especially when it comes to the Indian Administered Jammu and Kashmir, religious freedom and claims of secularism mentioned in the Indian Constitution are completely absent".

En Tailandia, vid. LARSSON, T.: "Secularisation, secularism, and the Thai state", en *Routledge Handbook of Contemporary Thailand*, editado por Pavin Chachavalpongpun, Routledge, 2019; LARSSON, T.: "Buddhist Bureaucracy and Religious Freedom in Thailand", *Journal of Law and Religion*, 2018, https://doi.org/10.1017/jlr.2018.27.

[256] ASSEN, D. M.: "Religion and the secular state order: the Ethiopian experience", en *Religion, Law and Security in Africa* (M. Christian GREEN, T. Jeremy GUNN, Mark HILL, ed.), African Sun Media, SUN MeDIA, 2018, Stable URL: https://www.jstor.org/stable/j.ctv21ptz2w.18.

virtudes del secularismo o la laicidad[257]. En la Etiopía histórica, donde una religión era privilegiada en su estatus social, económico y político, la disposición constitucional de la laicidad es una garantía para esas religiones marginadas durante mucho tiempo puedan ejercer la libertad religiosa. Etiopía es uno de los países del mundo donde las diversidades étnicas y religiosas son profundas y amplias, de manera que requiere un gran cuidado para mantener el delicado equilibrio entre la libertad religiosa y la laicidad.

En Malí[258], el requisito del reconocimiento de la laicidad, que es originario de las relaciones internacionales, tiene por objeto fomentar o mantener la distinción entre poder político y religioso, es decir, la secularización del Estado, y, sin duda, rechazar también la adopción, en particular constitucional, de la sharía como fuente de Derecho. La estricta separación del Estado y de la religión, que garantiza la libertad de culto, será una de las piedras angulares del sistema político de Malí.

En términos más generales, los actores internacionales implicados en la solución de la situación en Malí parten de la idea esencial de que para evitar el "riesgo islamista" es necesario la existencia de un Estado laico.

La laicidad permite evitar que un texto religioso, en este caso la sharía, se convierta en fuente de Derecho. Los derechos o deberes individuales, en particular, pueden ser consagrados en nombre de la sociedad y no en un credo, lo que permite, en particular, evitar la inspiración decisiva de una comunidad religiosa mayoritaria o activa sobre el contenido de las normas jurídicas.

La adopción de la sharía como norma fundamental plantea su incompatibilidad con los derechos fundamentales contenidos en los instrumentos internacionales. En este punto, la STEDH de 31 de julio de 2001 (asunto Refah Partisi –Partido de la Prosperidad—y otros contra Turquía)[259]. El TEDH analiza dos cuestiones del Partido de la Prosperidad

[257] SMITH, G.: *A Short History of Secularism*, IB Tauris & Co Ltd, 2008; HURD, E. S.: *The Politics of Secularism in International Relations*, Princeton University Press, 2008.

[258] MOINE, A.: «La prise en compte internationale de la nature du pouvoir au Mali», *Civitas Europa*, N° 31, 2013, pp. 59-87, DOI 10.3917/civit.031.0059

[259] En esta Sentencia se recoge: "El Convenio Europeo de Derechos Humanos debe entenderse e interpretarse como un todo. Los Derechos Humanos constituyen un sistema integrado tendente a proteger la dignidad del ser humano; la democracia y a la preeminencia del Derecho tienen a este respecto un papel clave" (Considerando nº 42). Y, prosigue diciendo: "En opinión de Tribunal, un partido político puede hacer campaña a favor de un cambio de la legislación o de las estructuras legales o constitucionales del Estado con dos condiciones: 1) los medios utilizados a este efecto deben ser desde todo punto de vista legales y democráticos; 2) el cambio propuesto debe ser él mismo compatible con los principios democráticos fundamentales. De ellos se deriva necesariamente que un partido político cuyos responsables incitan a recurrir a la violencia o proponen un proyecto político que no respeta una o varias normas de la democracia o que tiende a la destrucción

que constituyen la esencia de un partido islamista y que son contrarios al Convenio Europeo de Derechos Humanos: *el establecimiento de un sistema multijurídico*[260] y de *la ley islámica (sharía)*[261].

La adopción de la laicidad por Malí para rechazar la islamización garantiza que los derechos fundamentales establecidos constitucionalmente no serán cuestionados legalmente por las autoridades elegidas democráticamente.

Mientras que el mecanismo democrático está sujeto a límites en el respeto de las minorías religiosas y de las creencias individuales efectivas, el Estado, aunque puede conservar una religión estatal, es, al menos parcialmente, laico. Estas libertades son incompatibles con la constitucionalización de un texto religioso o, más ampliamente, con la permeabilidad de las normas religiosas en las normas estatales. La imposición por parte del Estado de una regulación social cuya única legitimidad es su correspondencia con las exigencias religiosas es potencialmente contraria al respeto de la libertad religiosa de todos los miembros de la población.

---

de ésta, así como al desconocimiento de los derechos y libertades que ésta reconoce, no puede prevalecerse de la protección del Convenio contra las sanciones impuestas por estos motivos" (Considerando nº 46). Doctrina reiterada en la STEDH, de 13 de febrero de 2003.

[260] "Tal y como lo proponía el Refah Partisi, introducía en el conjunto de las relaciones de Derecho una distinción entre los particulares basada en la religión, separándolos en categorías según su pertenencia religiosa y les reconocería derechos y libertades no como individuos, sino en función de su pertenencia a un movimiento religioso (...)"tal modelo de sociedad no podría ser considerado compatible con el sistema del Convenio por dos razones: por un lado, suprime el papel del Estado como garante de los derechos y libertades individuales y organizador imparcial del ejercicio de las diversas convicciones y religiones en una sociedad democrática (...) Por otro lado, tal sistema infringiría indudablemente el principio de la no discriminación de los individuos en su goce de las libertades públicas, que constituye uno de los principios fundamentales de la democracia" (Considerando nº 69).

[261] "El Tribunal reconoce que la "Charia", al reflejar fielmente los dogmas y las normas divinas dictadas por la religión, presenta el carácter de estable e invariable. Le son extraños principios como el pluralismo en la participación política o la evolución incesante de las libertades públicas. El Tribunal señala que, leídas conjuntamente, las declaraciones en cuestión que contienen referencias explícitas a la instauración de la "Charia" son difícilmente compatibles con los principios fundamentales de la democracia, como resultan del Convenio, comprendido como un todo. Es difícil a la vez declararse respetuoso de la democracia y de los Derechos Humanos y apoyar un régimen basado en la "Charia", que se desmarca claramente de los valores del Convenio, principalmente con respecto a sus normas de Derecho penal y de procedimiento penal, al lugar que reserva a las mujeres en el orden jurídico y a su intervención en todos los campos de la vida privada y pública conforme a las normas religiosas (...) un partido político cuya acción de conjunto parezca completar la instauración de la Charia en un Estado parte del Convenio, puede difícilmente ser considerado como una asociación conforme al ideal democrático subyacente en el conjunto del Convenio" (Considerando nº 71).

La Constitución de Malí, de 23 de julio de 2023, aprobada por referéndum popular, sigue manteniendo el principio de laicidad[262]. La Junta Militar de Malí se comprometió a convocar elecciones antes del mes de marzo de 2024. Las elecciones no se han convocado y, en cambio, en abril de 2024, se aprobó un decreto prohibiendo las actividades de los partidos políticos. En este punto, conviene precisar que, aunque un ordenamiento jurídico reconozca, formalmente, el principio de laicidad no quiere decir que sea un Estado laico, que responda a la neutralidad ideológica y religiosa. Como ya hemos indicado respecto a los derechos humanos, que un ordenamiento jurídico establezca que respeta los derechos humanos no quiere decir que en la realidad sea así. Lo mismo ocurre con que un Estado se declaré democrático no quiere decir que lo sea, como ejemplo, la extinta República Democrática de Alemania. Y, lo mismo es predicable de la laicidad. La laicidad va a aparejada con el pluralismo ideológico, con la democracia, con los derechos humanos y con la neutralidad ideológica y religiosa. Una característica de los modelos de relaciones entre los Estados y las confesiones religiosas es la labilidad; es decir, que un modelo se transforma, rápidamente, en otro modelo como ocurre en este caso, dejando de ser un modelo laico, un modelo que consagra la laicidad como valor.

La laicidad como valor universal también se confirma en el ***Derecho internacional***[263]. En este sentido, se ha escrito que: "parece necesario mantener el carácter fundamentalmente laico del orden internacional" [264]. También, M. FLORY señaló que el Derecho internacional sólo puede adherirse a un humanismo tolerante, a una neutralidad laica, únicos que pueden ser convenientes en un mundo intercultural[265]. El principal peligro para un orden internacional universal son las concepciones religiosas intolerantes[266]. Si bien las concepciones religiosas son tenidas en cuenta en el Derecho internacional siempre que no sean intolerantes y contradigan la laicidad (neutralidad-secularismo) del orden internacional[267].

---

[262] https://sgg-mali.ml/JO/2023/mali-jo-2023-13-sp-2.pdf.

[263] FERNÁNDEZ LIESA, C. R.: "La evolución del proceso de secularización del Derecho internacional", en *Estado y religión*. BOE, Universidad Carlos III, 2001, pp. 116-117.

[264] FLORY, M.: «Religion, laïcité et droit international», en *Les relations internationales à épreuve de la science politique*, Mélanges M. Merle, Economica, 1993, p. 330.

[265] Vid. «Religion, laïcité et droit international», en *Les relations internationales à épreuve de la science politique*, Mélanges M. Merle, Economica, 1993, p. 330.

[266] El riesgo para la universalidad derivado de los fundamentalismos religiosos fue señalado por BROWLIE, I.: "Problems concerning the unity od International Law", *Le droit international à l'heure de sa codification*, 1987, p. 158; GREEN, L. C.: "Is there a universal International Law today?, CYIL, vol. XXV, 1987, pp. 33 y ss.; MBAYE, L.: «Ménaces sur l'universalité des droits de l'homme», *Amicorum Discipulorumque B. B. Ghali amicorum*, Liber, 1999, pp. 1243 y ss..

[267] Sobre las influencias de diversas religiones en el Derecho internacional, vid., entre otras obras las siguientes: WEERAMANTRY, G.: «Some Buddhist perspectives on International Law",

Se ha afirmado que el Derecho internacional de los derechos humanos impone a los Estados el deber de ser garantes imparciales del disfrute de la libertad de religión o de creencias para todas las personas y grupos que residen en su territorio y que están bajo su jurisdicción[268]. En este sentido, la laicidad es una condición previa para el reconocimiento de los derechos humanos y que el establecimiento del principio de laicidad facilita el reconocimiento y el ejercicio de los mismos[269].

No es así extraño que exista una clara conexión entre laicidad y derechos humanos y que la misma sea esencial para el correcto desarrollo de los derechos fundamentales[270]. En definitiva, la laicidad se configura como parte integrante del Derecho internacional de los Derechos Humanos y como consecuencia de ello en valor universal.

III. La laicidad y el pacto de convivencia.

Noberto BOBBIO afirmaba que "el espíritu laico no es en sí mismo una nueva cultura, sino la condición de convivencia de todas las posibles culturas"[271].

---

outros Boutros-Ghali; Amicorum Discipulorumque, Liber, 1999, pp. 775-826; TSE-SHYANG CHEN, F.: "The Confucian view of world order", *The influences of religion on the development of International Law*, 1991, pp. 31 y ss.; SINGH, N.: "Indica and International Law", *Estudios de Derecho Internacional en Homenaje a Antonio de Luna*, CSIC, Instituto Francisco de Vitoria, 1968, pp. 449-464; NANDA, V. P.: "International Law in ancient Hindu India", *The influence of religion on the development on international law*, Martinus Nijhoff Publishers, 1991; KHADDURI, M.: "Islamic Law and International Law", *L'avenir du droit international dans un monde multicultural*, Martinus Nijhoff Publishers, 1984; RECHID, A.: "Islam et droit de gens", RCADI, 1937, t. 60, pp. 375-506; JAYETILEKE, K.N.: *The Principles of International Law in Buddhist Doctrine*, Hague Academy of International Law, 1968; PERERA, L. P. N.: *Buddhism and Human Rights*, Karunaratne & Sons, 1991; POWELL, E. J.: *Islamic Law and International Law: Peaceful Resolution of Disputes*, Oxford University Press, 2022; ROSENNE S.: "The Influence of Judaism on the Development of International Law", *Nederlands Tijdschrift voor Internationaal Recht*. 1958; 5 (2), pp. 119-149, doi:10.1017/S0165070X00029685; JANIS, M. W.: "Religion and International Law", *Proceedings of the Annual Meeting (American Society of International Law)*, vol. 87, 1993, pp. 321-322, http://www.jstor.org/stable/25658739.

268 Informe del Relator Especial sobre la libertad de religión o de creencias, Ahmed SHAHEED, de 28 de febrero de 2018.

269 BARBIER, M.: « Pour une définition de la laïcité française », *Le Débat*, nº 134, 2005; VAZQUEZ, R.: "Laicidad, ¿neutralidad? y deliberación pública. Un diálogo con Alfonso Ruiz Miguel. Comentario a Alfonso Ruiz Miguel, Cuestiones de principios: entre política y Derecho", *Eunomía. Revista en Cultura de la Legalidad*, 20, 2021, pp. 424.

270 DE ASIS, R.: "Laicidad y teoría de los derechos humanos", op. cit., pp. 110 y ss.

271 BOBBIO, N.: "Cultura laica y laicismo", texto en respuesta a los intelectuales italianos que firmaron un "Manifiesto laico" contra el integrismo religioso, en *El Mundo de España*, 17 de noviembre de 1999.

Una de las características de la laicidad es que forma parte esencial del pacto de convivencia de cualquier sociedad. Este pacto de convivencia se basa en los siguientes compromisos[272]:

- ✓ Neutralidad ideológico-religiosa de la comunidad política (laicidad).
- ✓ Reconocimiento de la libertad de conciencia como el primero de los derechos fundamentales de los ciudadanos en cuanto base y fundamentos de su dignidad como seres humanos y como persona, algo que entraña necesariamente neutralidad.
- ✓ Reconocimiento de la igualdad en la libertad de todos los ciudadanos.

Esta idea de laicidad como presupuesto para la convivencia pacífica en cualquier sociedad ha sido resaltada por el Tribunal Constitucional con las siguientes palabras: "la neutralidad en materia religiosa se convierte de este modo en presupuesto para la convivencia pacífica entre las distintas convicciones religiosas existentes en una sociedad plural y democrática"[273]. Y, el TEDH ha tenido en muchas ocasiones la oportunidad de subrayar el papel del Estado en tanto que organizador neutral e imparcial de la práctica de religiones, cultos y creencias, e indicar que este papel contribuía a asegurar el orden público, la paz religiosa y la tolerancia en una sociedad democrática, particularmente entre grupos opuestos[274]. Así, por ejemplo, en el caso Taganrog lro y otros c. Rusia, de 7 de junio de 2022, el TEDH reitera que: "para cumplir con su deber de defender el derecho a la libertad de religión en sociedades democráticas en las que coexisten varias religiones dentro de una misma población, los Estados tienen la responsabilidad de garantizar, de manera neutral e imparcial, el ejercicio de diversas religiones y creencias. Su función es ayudar a mantener el orden público, la armonía religiosa y la tolerancia, incluso en las relaciones entre los seguidores de diversas religiones y creencias. Dado que los Estados no pueden evaluar la legitimidad de las creencias religiosas o las formas en que se expresan dichas creencias, el papel de las autoridades no consiste en eliminar la causa de la tensión eliminando el pluralismo, sino en garantizar que los grupos rivales se toleren mutuamente".

Esta misma idea ha sido repetida por el Tribunal constitucional alemán que ha indicado que la neutralidad religiosa es uno de los requisitos previos y fundamentales para la paz social en una sociedad plural. Porque en un Estado democrático en el que conviven partidarios de diferentes convicciones ideológicas y religiosas, la coexistencia pacífica solamente puede tener éxito

---

[272] LLAMAZARES FERNÁNDEZ, D.: "Libertad de conciencia y pacto constitucional", en *Laicidad y Libertades, Escritos Jurídicos*, nº 22, 2023, pp. 17 a 46.
[273] Vid. STC 177/1996, de 11 de noviembre, fund. jur. nº 9.
[274] Caso Sindicatul "Păstorul cel Bun", 2013, § 165.

si el propio Estado mantiene la neutralidad en cuestiones de cosmovisiones[275]. A sensu contrario, si el Estado no cumple con su obligación de neutralidad religiosa rompe la convivencia pacífica que es fundamento de las sociedades democráticas. En resumen, por razones obvias, mezclar la religión con la política crea problemas y conflictos sociales, ya que divide a las personas, lo que a menudo dificulta la negociación de términos comunes. Por tal motivo, la única solución viable para que una sociedad multirreligiosa mantenga la solidaridad y la tolerancia es la laicidad[276].

IV. La laicidad, la democracia y los sistemas de Inteligencia Artificial.

La soberanía nacional significa que todo el poder en el Estado se origina en la ciudadanía, en el pueblo, por lo tanto, no tiene su origen en lo sagrado ni tampoco el poder procede del Derecho divino[277]. Los Estados laicos tienen entonces la obligación de garantizar un espacio amplio de libertades iguales para todos —creyentes y no creyentes, independientemente de la opción vital o cosmovisión que se elija—, permitiendo así que la configuración democrática del Estado mismo se desarrolle de manera independiente a cualquier creencia. La religión no puede erigirse en elemento de la identidad nacional, de todos.

El derecho de libertad de conciencia se convierte en el "derecho fundamental básico de los sistemas democráticos", como ha escrito LLAMAZARES[278]. Idea que aparece en la jurisprudencia canadiense con las siguientes palabras: "(...) while keeping in mind that the Charter has established the essentially secular nature of Canadian society and *the central place of freedom of conscience in the operation of our institutions.* ...It should also be noted (...) that an emphasis on individual conscience and individual judgment also lies at the heart of our democratic political tradition. *The ability of each citizen to make free and informed decisions is the absolute prerequisite for the legitimacy, acceptability, and efficacy of our system of self-government*"[279]. En parecidos términos el Tribunal Europeo de Derechos Humanos ha dicho, también, que la libertad de pensamiento, conciencia y religiosa (art. 9 del Convenio Europeo para protección de los

---

[275] Vid. BVerfG de 26 de junio de 2002.

[276] ASSEN, D. M.: "Religion and the secular state order: the Ethiopian experience", en *Religion, Law and Security in Africa,* op. cit..

[277] Sobre el concepto de soberanía como noción jurídica fundamental, vid. *Soberanía*, en Colección Peces-Barba, nº 2, 2022.

[278] LLAMAZARES FERNÁNDEZ, D.: *Derecho de la libertad de conciencia. I.,* op. cit., 2011, p. 23.

[279] Sentencias de la Corte Suprema de Canadá: Rodriguez v British Columbia (Attorney General), [1993] 3 SCR 519 y, R v Big M Drug Mart Ltd., [1985] 1 SCR 295.

Derechos Humanos y las Libertades Fundamentales, de 1950) es uno de los cimientos de la sociedad democrática[280] y, por su parte, la Corte Interamericana de Derechos Humanos recoge esta idea con idénticas palabras[281].

En fin, el profesor LLAMAZARES después de reconducir, ideas y creencias al derecho de libertad de conciencia, afirma: "Así entendido, *el derecho de libertad de conciencia es el derecho fundamental básico de los sistemas democráticos: en él encuentran su razón de ser todos los demás derechos fundamentales de la persona y, en última instancia, a él está ordenado todo el sistema*"[282].

La laicidad garantiza el ejercicio de la libertad de conciencia de todos los ciudadanos, en condiciones de igualdad, *y, en especial, la libertad de expresión de todas las ideas y creencias en el debate público; es decir, garantiza el principio de igualdad entre todos los ciudadanos y la no discriminación por motivos de convicciones u opiniones en ese debate público*; más aún cuando el sistema constitucional español no responde a una "democracia militante" y se protege, incluso, el discurso antidemocrático; es decir, la CE permite la expresión de todas las ideas que no inciten a la violencia por muy ofensivas o molestas que pueden ser para la mayoría de la sociedad (STC 235/2007).

El término laicidad se relaciona, como hemos anticipado, con la palabra griega "*laos*" (*λαός*) que significa "pueblo", desde tiempos de HOMERO[283]. La palabra "*laos*" (*λαός*) carece de la matización política que está muy presente en su otro sinónimo: "demos" (δῆμος)[284] que a su vez es sinónimo de "ekklesia" (*ἐκκλησία*). Y, la palabra "*laikós*" (*λαϊκός*) viene a significar: lo perteneciente al pueblo "laós" (*λαός*), es decir, lo común al pueblo[285]. Se ha considerado que el origen de "laico" en las primeras comunidades cristianas se utilizaba para

[280] Sentencias del TEDH, casos: Kokkinakis contra Grecia,1993; Buscarini y otros contra San Marino,1999; Leyla Çahin contra Turquía, 2007; entre otras.
[281] Caso "La Última Tentación de Cristo" (Olmedo Bustos y otros) v. Chile de 5 de febrero de 2001, entre otros.
[282] LLAMAZARES FERNÁNDEZ, D.: *Derecho de la libertad de conciencia, I.*, op. cit., p. 23. En palabras de M. SCHEININ: "Article 18", en A. EIDE et al. (eds.), *The Universal Declaration of Human Rights: A Commentary*, Oxford University Press/ Scandinavian University Press, 1992) la libertad de pensamiento se ha descrito como "el fundamento de la sociedad democrática" y "la base y el origen de todos los demás derechos".
[283] CHAPA, J.: "Sobre la relación laós-laikós. La misión del laico en la Iglesia y en el mundo", en *VIII Simposio Internacional de Teología*, Pamplona, 22-24 de abril de 1987, editado por la Universidad de Navarra, 1987, pp. 199-204 y RODRÍGUEZ HERRERA, I.: "Noción del término laico", *Scripta Fulgentina, Revista de Ciencias Humanas y Eclesiásticas*, 1991, pp. 130-133.
[284] RODRÍGUEZ HERRERA, I.: op. cit., p. 130.
[285] Ibidem, p. 133.

nombrar a los miembros del pueblo de Dios cuando era necesario distinguirlos de los que llevaban a cabo la función sagrada (los sacerdotes)[286]. En este punto, conviene retener la idea de relacionar el término "Derecho Eclesiástico del Estado" con su primigenio significado etimológico de "*ekklesia*" (*ἐκκλησία*)[287] como asamblea democrática de ciudadanos y no relacionarlo con el lugar de reunión de creyentes (se restringe el término pueblo solamente al pueblo de Dios). Término que en la Grecia clásica se identificaba con la asamblea de la democracia ateniense (la democracia participativa)[288]. Por eso, el Derecho Eclesiástico del Estado como Derecho de la laicidad se convierte en la rama jurídica que garantiza el sistema democrático y su perfeccionamiento constante a través del reconocimiento y ejercicio de la libertad de conciencia y de la laicidad como garantía de esta libertad.

Una primera conclusión de esta aproximación etimológica de estas palabras griegas es que *el término laicidad se relaciona directamente con "lo común a todos"; es decir, con la igualdad y con el sistema democrático.* En este sentido se ha afirmado que la laicidad es la condición para que sea posible el ejercicio y la legitimación del poder en democracia[289]. A su vez, insistiendo en esta afirmación se ha escrito: "El Estado democrático debe por tanto ser neutro o imparcial en sus relaciones con las distintas religiones. Además, debe tratar de la misma manera a los ciudadanos que actúan en función de creencias religiosas y a los que no lo hace; dicho de otra manera, debe ser neutro respecto a las distintas visiones del mundo y a los conceptos del bien seculares, espirituales y religiosos con lo que se identifican los ciudadanos"[290].

Consecuentemente, compartimos la idea de que el principio de laicidad (separación entre el Estado y las confesiones y neutralidad) es una condición necesaria para la existencia de la democracia[291] o, con otras palabras, un verdadero Estado democrático sólo puede ser laico[292].

---

286 CHAPA, J.: op. cit., p. 212.

287 RODRÍGUEZ GARCÍA, J. A.: "Ekklesia (ἘΚΚΛΗΣΊΑ): Derecho Eclesiástico y democracia", en *Laicidad y Libertades. Escritos Jurídicos*, nº 22, 2022, pp. 169-198.

288 Existe un error común en denominar "ágora" al lugar donde se reunía el pueblo ateniense para tomar decisiones. Ese lugar es la "ekklesia".

289 PÉREZ TAPIAS, J. A.: "Una visión laica de lo religioso", en *Laicidad en España. Estado de la cuestión en el siglo XXI*, Junta de Andalucía, 2001, p. 132.

290 MACLURE, J.; TAYLOR, Ch.: *Laicidad y libertad de conciencia*, Alianza Editorial, 2011, pp. 21-22.

291 MOUANNÈS, H.: « Le principe de la laïcité, condition de la démocratie », en ANDRIANTSIMBAZOVINA, J., KABOU, P.: *Laïcité et défense de l'État de droit*, Presses de l'Université Toulouse, pp. 147-158.

292 MOLANO, E.: "La laicidad del Estado en la Constitución española", *Anuario de Derecho Eclesiástico del Estado*, vol. II, 1986, p. 245; DI COSIMO, G.: "Laicità e

En este punto, debemos analizar como los valores religiosos pueden participar en el debate público en las sociedades democráticas que están presididas por la laicidad (secularism) pues dicho debate público sirve para conformar la opinión pública libre. La libertad de conciencia, que garantiza la laicidad, cumple la función de proteger la participación política de los ciudadanos, contribuyendo a la formación de la conciencia colectiva y de la opinión pública libre[293].

La garantía institucional de la opinión pública libre constituye la íntima ligazón entre la libertad de expresión e información con el principio democrático. Esta libertad juega un papel esencial como garantía institucional del principio democrático; el cual presupone el derecho de los ciudadanos a contar con hechos que les permitan formar sus convicciones, su conciencia, ponderando opiniones diversas e incluso contrapuestas y, participar así en la discusión relativa a los asuntos públicos[294]. En el Bloque III se estudiará como las redes sociales influyen decisivamente en la conformación de la opinión pública libre y como la desinformación se ha convertido en un problema que ataca directamente la supervivencia de la democracia. Además, la garantía institucional de la opinión pública se conecta directamente con el principio de soberanía nacional; pues si no existe esta garantía institucional se puede poner en tela de juicio la base organizativa jurídica y política de cualquier Estado democrático y no se garantizaría, o no se constituiría en una posibilidad real y efectiva del sistema democrático, la ineludible protección de las minorías, como mecanismo institucionalizado para garantizar la disidencia o la heterodoxia.

A partir del "consenso sobrepuesto", RAWLS distingue entre razón pública y razón privada, distinción necesaria para responder la cuestión de qué tipo de argumentos son aceptables e inaceptables en la deliberación pública. Para RAWLS nada impide que los ciudadanos que participan en la deliberación pública política ofrezcan razones procedentes de las doctrinas comprehensivas, metafísicas o religiosas, en las que creen, pero siempre y cuando ofrezcan además razones generalmente accesibles a todos los ciudadanos que justifiquen dichas doctrinas. Si estas doctrinas comprehensivas no pueden apoyarse en razones públicas paralelas deben excluirse de la deliberación.

---

democrazia", en *AIC*, septiembre 2007; CASUSCELLI, G.: "Le laicità e le democrazie: la laicità della "Repubblica democratica" secondo la Costituzione italiana", en *Stato, Chiese e pluralismo confessionale*, febrero 2007.

293 HERDEGEN, M.: "Gewissensfreiheit", en *Handbuch des Staatskirchenrechts der Bundesrepublik Deutschland*, 1° Band, 2 ª Auflage, Duncker & Humblot, 1974, pp. 484-486.

294 cfr. STC 159/1986, de 16 de diciembre. En el mismo sentido, STC 107/1988, de 8 de junio; STC 51/1989, de 22 de febrero; STC 172/1990, de 12 de noviembre y STC 214/1991, de 11 de noviembre.

Por su parte, HABERMAS ha escrito que: "Die weltanschauliche Neutralität der Staatsgewalt, die gleiche ethische Freiheiten für jeden Bürger garantiert, ist unvereinbar mit der politischen Verallgemeinerung einer säkularistischen Weltsicht. Säkularisierte Bürger dürfen, soweit sie in ihrer Rolle als Staatsbürger auftreten, weder religiösen Weltbildern grundsätzlich ein Wahrheitspotential absprecben, noch den gläubigen Mitbürgern das Recht bestreiten, in religiöser Sprache Beiträge zu öffentlichen Diskussionen zu machen. Eine liberale politische Kultur kann sogar von den säkularisierten Bürgern erwarten, dass sie sich an Anstrengungen beteiligen, relevante Beiträge aus der religiösen in eine öffent lich zugängliche Sprache zu übersetzen"[295]. Y, este autor reafirma: "Todos los ciudadanos deben tener libertad para decidir si utilizan el lenguaje religioso en la esfera pública. Sin embargo, si lo utilizan tienen que aceptar que el potencial contenido de verdad de las afirmaciones religiosas se debe traducir a un lenguaje universalmente accesible, antes de que puedan entrar en el orden del día de los parlamentos, los tribunales o las instituciones administrativas, e influir en sus decisiones"[296] y, sigue diciendo: "Los ciudadanos creyentes que se consideran también miembros leales de una democracia constitucional deben aceptar el requisito de traducción como el precio a pagar por la neutralidad de la autoridad estatal con respecto a las diversas cosmovisiones" y "Lo que se debe salvaguardar es que las decisiones del poder legislativo, del ejecutivo y del judicial están no solo formuladas en un lenguaje universalmente accesible sino también que estén justificadas sobre la base de razones aceptables por todos universalmente. Esto excluye las razones religiosas de las decisiones acerca de normas sancionadas políticamente, o sea, legalmente vinculantes"[297]. Esta idea es importante a la hora de estudiar el denominado "Derecho computacional"[298], es decir, que los valores religiosos pueden ser incorporados por el implementador o "traductor" de la norma jurídica a lenguaje informático.

Se distingue, por tanto, entre una esfera pública informal y una esfera pública formal o institucional, propia de los empleados públicos, legisladores, jueces y demás operadores jurídicos. En la primera, los ciudadanos pueden apelar a razones exclusivamente religiosas en la deliberación siempre y

[295] HABERMAS, en HABERMAS, J. y RATZINGER, J.: *Dialektik der Säkularisierung. Über Vernunft und Religion*, Herder, 2018, p. 36.
[296] HABERMAS, J.: "Lo político: el sentido racional de una cuestionable herencia de la teología política", en *El poder de la religión en la esfera pública*, Trotta, 2011, p. 35.
[297] HABERMAS, J.: "Lo político: el sentido racional de una cuestionable herencia de la teología política", op. cit., p. 140.
[298] HABERMAS, J.: *Entre naturalismo y religión,* Paidós, 2006, p. 127.

cuando reconozcan la obligación de traducción institucional. Sólo las razones religiosas que puedan traducirse con éxito en razones seculares podrán pasar el filtro institucional y aspirar a ser coercitivas. Con esta distinción, la propuesta de HABERMAS permitiría a los ciudadanos en la esfera pública informal expresar y justificar sus convicciones en un lenguaje religioso si no pueden encontrar traducciones seculares para ellas[299].

La libertad de expresión de los líderes religiosos en los debates públicos ha sido objeto de estudio por parte del TEDH. El asunto Gündüz contra Turquía, de 4 de diciembre de 2003, sobre los líderes de los grupos religiosos que realizan declaraciones contrarias al principio de laicidad. Según el TEDH: "No cabe ninguna duda de que a semejanza de cualquier otra declaración contra los valores que subyacen en el Convenio, las expresiones que tienden a propagar, incitar o justificar el odio basado en la intolerancia, incluida la intolerancia religiosa, no se benefician de la protección del artículo 10 del Convenio. Sin embargo, el simple hecho de defender la sharia, sin emplear la violencia para establecerla, no podría ser considerado como un "discurso de odio"". El TEDH consideró que se había lesionado la libertad de expresión del señor Gündüz pues, aunque sus declaraciones podían ser consideradas por algunas personas como ofensivas, éstas se vertieron en el marco de un debate plural que tenía por objeto conocer y contrastar las opiniones religiosas del grupo religioso al que pertenece el señor Gündüz. Y, el asunto Kutlular contra Turquía (2008) también consideró que se había lesionado la libertad de expresión. La libertad de expresión constituye uno de los fundamentos esenciales de una sociedad democrática, que no sólo protege "las informaciones o ideas bien acogidas o consideradas inofensivas o indiferentes, sino también las que hieren, chocan, inquietan; así lo quieren el pluralismo, la tolerancia, el espíritu abierto, sin lo que no sería una sociedad democrática". En todo caso, conviene recordar en este punto sobre la difusión de discursos islamistas, la STEDH, caso Belkacem contra Bélgica, de 27 de junio de 2017. El TEDH declaró que el líder de la organización salafista belga "Sharia4Belgium" no se beneficia de la protección de la libertad de expresión porque la defensa de un discurso que incita al odio y a la violencia no tiene protección de la Convención Europea de Derechos Humanos.

En todo caso, conviene también advertir que, si se pretende dejar la esfera pública "desnuda" de religión, en realidad se cede gran parte del impulso democráticos a grupos moralistas conservadores. Estos grupos "quieren entrar en la arena política haciendo afirmaciones públicas basadas

---

[299] Una crítica a estos planteamientos: RUIZ MIGUEL, A.: "La laicidad y el eterno retorno de la religión", en R. VÁZQUEZ, A. RUIZ MIGUEL y J. M. VILAJOSANA RUBIO: *Democracia, religión y Constitución*, Fundación Coloquio Jurídico Europeo – Fontamara, 2013, pp. 61-62.

en verdades privadas" y "la integridad de la política misma exige resistir a dicha propuesta. Las decisiones públicas se deben basar en argumentos que tengan carácter público"[300]. Por tal motivo, para la plena realización de la laicidad así entendida (como neutralidad y separación) es absolutamente necesaria la separación entre Estado y sociedad. Es decir, que los criterios religiosos no se pueden convertir en condicionantes de las decisiones legislativas estatales ni que se tomen decisiones fundamentadas en motivos, exclusivamente, religiosos, aunque sea de manera indirecta o interpuesta. Con palabras del Tribunal Constitucional: "los valores e intereses religiosos se erijan en parámetros para medir la legitimidad o justicia de las normas y actos de los poderes públicos"[301].

Ronald A. LINDSAY sostiene que el secularismo es la mejor solución a los problemas que plantea una sociedad muticultural y plurirreligiosa y que para que el discurso democrático tenga éxito, las doctrinas religiosas deben mantenerse fuera de las discusiones sobre políticas públicas[302]. El constitucionalismo moderno ha aceptado la presencia de la religión y de la política de inspiración religiosa en el espacio público sólo cuando se han traducido, o al menos son traducibles, en "razones públicas", es decir, cuando las razones de su presencia eran accesibles a todos los ciudadanos. El secularismo expresa la necesidad de que las opciones jurídicas se basen en razones públicas seculares, es decir, en razones accesibles a todos, independientemente de sus creencias religiosas. Las razones basadas en la religión tienen que ser "traducidas" en razones seculares. Para los defensores de las teorías de la traducción, el requisito de una razón pública se satisface siempre y cuando las razones legislativas se presenten y acepten sobre bases razonablemente accesibles a todos, es decir, sobre bases que no presuponen algún acto de fe o creencia en las Escrituras, y sin que el acuerdo constitucional en sí mismo sea un acto de fe. En fin: "The sovereignty of a people exercising its faculty of reasoning is the essence of the constitutionalism that necessitates secularism". Los ciudadanos deben aprender a pensar críticamente, de lo contrario la democracia no tiene sentido.

Los ciudadanos de las democracias modernas se han negado a autorizar al Estado a dictar a los individuos cuál debería ser su religión y, por lo tanto, han declarado que los problemas religiosos son de interés privado y el mero

---

[300] NEUHAUS, R. J.: *The naked public sphere*, Erdmans, Grand Rapids, 1984, p. 36.

[301] Vid. STC 24/1982, de 13 de mayo, fundamento jurídico nº 1.

[302] LINDSAY, R.: *The Necessity of Secularism: Why God Can't Tell Us What to Do*, op. cit., 2014. *Insiste en la idea de la traducción al lenguaje secular y que las discusiones públicas deben estar libres de valores religiosos.*

hecho de que una preferencia privada sea ampliamente sostenida no la convierte en un interés público[303].

Quien rechaza la exigencia de que la deliberación de cuestiones morales de interés general sea natural y pública, y asimismo rechaza la idea de que lo que unas personas hacen a otras debe poder defenderse en términos comprensibles para todos y apoyarse en principios que todos puedan aplicar lo que hace es negar el espíritu mismo de la democracia[304].

En la última parte de este apartado vamos a fijar algunas ideas sobre la relación entre democracia y sistemas de IA.

En la Declaración de Tallin sobre la administración electrónica, de 6 de octubre de 2017, se asume el compromiso de "que los medios digitales se utilicen para dar voz a los ciudadanos y a las empresas, permitiendo a quienes toman las decisiones políticas recabar nuevas ideas, implicar en mayor medida a los ciudadanos cuando se trata de la creación de servicios públicos y proporcionar mejores servicios públicos digitales"[305].

Diferentes investigaciones[306] han destacado la importancia de proporcionar explicaciones para que los algoritmos de toma de decisiones tengan en cuenta la elección social computacional[307]. Una de las cuestiones más importantes es que los sistemas de IA ayuden y faciliten la deliberación pública como elemento esencial de la democracia, como hemos puesto de manifiesto anteriormente. Los sistemas de IA no solamente deben autorreflexionar sino que deben deliberar con otros[308] y, además, deben

---

[303] ANDERSON, E.: "The Epistemology of Democracy. Episteme", *Journal of Social Epistemology*, 3, 1-2, 2006, pp. 8-22, https://doi.org/10.1353/epi.0.0000. El modelado computacional de estas abstracciones sigue siendo un desafío abierto, se afirma en esta obra.

[304] LYONS, D.: *Ética y Derecho*, Ariel, 1989, pp. 188-189.

[305] Resolución del Parlamento Europeo, de 16 de marzo de 2017, sobre la democracia digital en la Unión Europea: posibilidades y retos. También, la Resolución 68/164. Strengthening the Role of the United Nations in Enhancing Periodic and Genuine Elections and the Promotion of Democratization, United Nations A/ RES/68/164, adopted by the General Assembly on 18 December 2013 (70th plenary meeting).

[306] NEMITZ, P. F.: "Constitutional Democracy and Technology in the age of Artificial Intelligence", *Royal Society Philosophical Transactions A*, August 18, 2018, http://dx.doi.org/10.2139/ssrn.3234336.

[307] BOIXEL, A. y HAAN, R. de: "On the Complexity of Finding Justifications for Collective Decisions", en *Proceedings of the Thirty-Fifth AAAI Conference on Artificial Intelligence (AAAI '21)*. The AAAI Press, Online, 2021, pp. 39-46; BOIXEL, A. y ENDRISS, U.: "Automated Justification of Collective Decisions via Constraint Solving", en *Proceedings of the 19th International Conference on Autonomous Agents and Multiagent Systems (AAMAS '20)*. IFAAMAS, Auckland, New Zealand, 2020, pp. 168-176.

[308] DIETZ, T.: "Bringing values and deliberation to science communication". *Proceedings of the National Academy of Sciences of the United States of America 110*, SUPPL. 3, 2013,

confrontar a individuos con diferentes sistemas de valores para fomentar el libre desarrollo de la personalidad, la libre formación de la conciencia, en definitiva, el pluralismo como elemento esencial de la democracia[309], ayudándonos a descubrir nuestros propios sistemas de valores. Con este fin, se ha propuesto un número creciente de plataformas de deliberación digital[310]. Sin embargo, la calidad de la deliberación en plataformas no moderadas (como las redes sociales) es a menudo pobre, debido a la polarización y la falta de inclusión[311], como se comprobará en el Bloque III de esta obra. La moderación humana apoyada por los sistemas de IA mejora la calidad de la deliberación[312], pero requiere un gran número de moderadores humanos. Por tal motivo, se han propuesto agentes moderadores artificiales[313] para facilitar la deliberación a gran escala. Por ejemplo, se propone que un agente moderador pueda agregar automáticamente comentarios específicos para fomentar discusiones de ida y vuelta y aumentar la profundidad de la deliberación. En este punto hay que insistir en que los valores seculares son los únicos pueden entrar en el debate público, como ya hemos indicado anteriormente. No obstante, esos agentes moderadores artificiales tendrían, también, la función de traducir los valores religiosos en valores seculares. La misión de los agentes artificiales moderadores es fomentar el intercambio de ideas y la confrontación para

pp. 14081–14087; HAFER, C. y LANDA, D.: "Deliberation as self-discovery and institutions for political speech", *Journal of Theoretical Politics*, 19, 3, 2007, pp. 329-360.

309 SCHARFBILLIG, M.; SMILLIE, L.; MAIR, D.; SIENKIEWICZ, M.; KEIMER, J.; PINHO DOS SANTOS, R.; VINAGREIRO ALVES, H.; VECCHIONE, E. y SCHEUNEMANN, L.: *Values and Identities- a policymaker's guide – Executive summary. Technical Report.* Publications Office of the European Union, 2021, 12 pp.

310 KLEIN, M.: *How to Harvest Collective Wisdom on Complex Problems: An Introduction to the MIT Deliberatorium. Technical Report.* Center for Collective Intelligence, 2012, pp. 1-15; SHORTALL, R.; ITTEN, A.; MEER, M. van der; MURUKANNAIAH, P. K. y JONKER, C. M.: "Reason against the machine? Future directions for mass online deliberation", *Frontiers in Political Science,* 4, 10, 2022.

311 BOZDAG, E. y HOVEN, J. van den: "Breaking the filter bubble: democracy and design", *Ethics and Information Technology*, 17, 4, 2015, pp. 249-265., KIM, H.; KO, E. Y.; HAN, D.; LEE, S. C.; PERRAULT, S. T.; KIM, J. y KIM; J.: "Crowdsourcing perspectives on public policy from stakeholders", en *Proceedings of the 2019 CHI Conference on Human Factors in Computing Systems (CHI '19).* ACM, Glasgow, UK, 2019, pp. 1-6.

312 KLEIN, M.: "Enabling Large-Scale Deliberation Using Attention-Mediation Metrics", *Computer Supported Cooperative Work (CSCW)*, 21, 4-5, 2012, pp. 449-473.

313 HADFI, R.; HAQBEEN, J.; SAHAB, S. y ITO, T.: "Argumentative Conversational Agents for Online Discussions", *Journal of Systems Science and Systems Engineering,* 30, 4, 2021, pp. 450-464; HADFI, R. y ITO, T.: "Augmented Democratic Deliberation: Can Conversational Agents Boost Deliberation in Social Media?", en *Proceedings of the 21st International Conference on Autonomous Agents and Multiagent Systems (AAMAS '22).* IFAAMAS Online, 2022, pp. 1794-1798.

aumentar la calidad de la deliberación[314] y evitar la manipulación[315]. Además, debe haber canales explícitos de disidencia para que las partes interesadas cuestionen los resultados de los procesos de inferencia[316].

Los sistemas de IA pueden posibilitar la democracia directa, participativa y deliberativa. Los peligros para la democracia por parte los sistemas de IA son que crea fragmentación y ruptura de la sociedad, polarización política, a través de las cámaras de eco, islas digitales de aislamiento, visión de túnel, burbujas de información, todos los fenómenos amenazan al pluralismo y a la convivencia pacífica.

NEMITZ[317] ha criticado la actual concentración de poder digital. Defiende que los desarrollos planteados por la IA no pueden abordarse solamente por la ética de la IA, sino que es necesario que se afronten con leyes aplicables y legitimas que sean el resultado de un proceso democrático. Idea que hemos defendido en el Bloque I y que reclama una cultura de la IA que sea democrática.

Las empresas de redes sociales utilizan la censura. Estas empresas deciden a través de los denominados acuerdos con los usuarios qué contenidos pueden circular por la red, no son normas democráticas. Sobre esta cuestión, nos remitimos al Bloque III con relación a la libertad de expresión y a las redes sociales. Se concluye que los sistemas de IA deben estar bajo el control democrático.

En todo caso destacamos el potencial democrático de la IA[318]. Los derechos humanos añaden otra capa a la limitación de la tecnología, es decir, como hemos puesto de manifiesto en el Bloque I. Establecen límites absolutos al comportamiento de los poderes públicos. Los derechos

---

314 HALL, J.; GAVED, M. y SARGENT, J.: "Participatory Research Approaches in Times of Covid-19: A Narrative Literature Review", *International Journal of Qualitative Methods*, 20, 2021, pp. 1-15.

315 ALKOBI, S.; SARNE, D.; SEGAL-HALEVI, E. y SHARBAF, T.: "Eliciting Truthful Unverifiable Information", en *Proceedings of the 17th International Conference on Autonomous Agents and Multiagent Systems (AAMAS '18)*. IFAAMAS, Stockholm, Sweden, 2018, pp. 1850-1852.

316 NEMITZ, P. F.: "Constitutional Democracy and Technology in the age of Artificial Intelligence", op. cit.

317 NEMITZ, P. F.: "Constitutional Democracy and Technology in the age of Artificial Intelligence", op. cit.

318 DJEFFAL, C.: "AI, Democracy, and the Law", en A. SUDMANN (Ed.): *Digitale Gesellschaft: Vol. 25. The Democratization of Artificial Intelligence: Net Politics in the Era of Learning Algorithms*, 2019, pp. 255-284, Available at SSRN: https://ssrn.com/abstract=3535735; HELBING, D.: "Machine Intelligence: Blessing or Curse? It Depends on Us!", en Dirk HELBING (HG.): *Towards Digital Enlightenment. Essays on the Dark and Light Sides of the Digital Revolution*, Springer International Publishing, 2019, pp. 25-39; ENNALS, R.: "Socially useful artificial intelligence", *AI & SOCIETY*, 1, 1987, pp. 5-15.

humanos también están vinculados a la toma de decisiones democráticas. Siempre que una medida afecta a los derechos humanos, sólo puede ser lícita cuando existe una justificación democrática que la sustente. La ley es un vehículo para hacer valer los derechos humanos y, también, es un medio para tomar decisiones democráticas. Este fuerte vínculo entre los derechos humanos y la democracia entrelazados por la ley también afecta a la relación entre los sistemas de IA y la democracia. Siempre que los sistemas de IA tengan un impacto en los derechos humanos, su uso debe estar justificado[319]. La interrelación entre los derechos humanos y la democracia puede limitar el uso público de los sistemas de IA[320]. Académicos e instituciones han pedido la inclusión de la democracia desde el diseño en el contexto de la IA[321]. De acuerdo con la idea de un diseño sensible a los valores, descrito en el Bloque I, los valores democráticos deberían implementarse en el proceso de diseño[322]. Los peligros para la democracia por la utilización de los sistemas de IA se han concretado en dos términos de la denominada democracia algorítmica: algocracia (algocracy) que se entiende como un sistema político en el que el poder se ejerce (cada vez más) mediante sistemas automatizados[323]. Y, el segundo concepto es la "opinión pública artificial"[324] cuyos rasgos pueden sintetizarse en los siguientes: la experiencia democrática del electorado promedio; la reducción del ser humano a un mero terminal de flujo de datos y metadatos en línea; la

---

319 DJEFFAL, C.: "AI, Democracy, and the Law", op. cit., p. 265 y artículo 6 del Reglamento (UE) 2024/1689, de 13 de junio de 2024, de IA.

320 DJEFFAL, C.: "AI, Democracy, and the Law", op. cit., p. 266.

321 Por ejemplo, NEMITZ, P.: "Constitutional democracy and technology in the age of artificial intelligence", op. cit.,; Die Bundesregierung: Eckpunkte der Bundesregierung für eine Strategie Künstliche Intelligenz, 2018, https://www.bmbf.de/files/180718%20Eckpunkte_KIStrategie%20final%20Layout.pdf; JIA, C.; LAM, M.S.; MAI, M. C.; HANCOCK, J. T. y BERNSTEIN, M. S.: "Embedding Democratic Values into Social Media AIs via Societal Objective Functions", *Proceedings of the ACM on Human-Computer Interaction*, 8, CSCW1, 2024, 36 pp., https://doi.org/10.1145/3641002

322 DJEFFAL, C.: "AI, Democracy, and the Law", op. cit., p. 270.

323 YEUNG, K.: "Algorithmic regulation: A critical interrogation. A Critical Interrogation", *Regulation & Governance*, 12, 2018, pp. 505-523. El término algocracia se utiliza mayoritariamente de manera crítica, vid. DANAHER, J.: "The Threat of Algocracy: Reality, Resistance and Accommodation", *Philosophy & Technology*, 29, 2016, pp. 245-268. También, vid. GARCÍA MARZÁ, D. y CALVO, P.: "Democracia algorítmica: ¿un nuevo cambio estructural de la opinión pública?", *Isegoría*, (67), 2022, https://doi.org/10.3989/isegoria.2022.67.17.

324 DIJCK, J. van: "Datafication, dataism and dataveillance: Big Data between scientific paradigm and ideology", *Surveillance & Society* 12 (2), 2014, pp. 197-208. https://doi.org/10.24908/ss.v12i2.4776; CALVO, P.: "Democracia algorítmica: consideraciones éticas sobre la *dataficiación* de la esfera pública", *Revista del CLAD Reforma y Democracia* (74), 2019, pp. 5-30.; GARCÍA-MARZÁ, D. y CALVO, P.: *Algorithmic democracy: A critical perspective from deliberative democracy*, Springer, 2022.

preeminencia de los datos y metadatos en línea en la gestión de lo público; la democracia de la vigilancia: diseño y uso de ecosistemas de vigilancia masiva de la ciudadanía.

La opinión pública artificial impide la democracia deliberativa y no procede de público alguno y solo remite a los intereses de quien diseña el algoritmo[325].

Existen diversas propuestas sobre el reemplazo de políticos por sistemas de IA. En este sentido cabe destacar a los robots Sam y Michihito Matsuda. El primero —Sam— es un político virtual, el primero en el mundo, concebido por el Gobierno de Nueva Zelanda, cuyo principal cometido es analizar las opiniones de los neozelandeses y el impacto de las posibles medidas que propone la población, sirviéndose para ello de las redes sociales y de sistemas de IA. El segundo —Matsuda— ha ido aún más lejos, dado que ha llegado a presentarse como candidato en las elecciones en un municipio de Japón y siendo el tercer candidato más votado. También, en Dinamarca se fundó el Partido Sintético, *Det Syntetiske Parti*, liderado por un chatbot de Inteligencia artificial al que han puesto el nombre de Leader Lars y que ha elaborado el programa electoral. Y, en las elecciones al Parlamento británico, de 4 de julio de 2024, se presentó AI STEVE. Un candidato que utiliza los sistemas de IA para relacionarse con los electores. Solamente obtuvo 179 votos, el 0,35 % del censo de esa circunscripción.

En definitiva, los sistemas de IA deben abrir oportunidades para nuevos formatos deliberativos y participativos en las democracias, fortaleciendo y revitalizando así la democracia; es decir, dando lugar a lo que se ha denominado "IA democrática"[326]. Los sistemas de IA deben ir en la dirección contraria a lo que se describe en el cuento de Isaac ASIMOV titulado "Sufragio universal"; es decir, los sistemas de IA no deben reducir la participación democrática, sino que deben facilitar que todos los ciudadanos

---

[325] JUNGHERR, A.: "Artificial Intelligence and Democracy: A Conceptual Framework". *Social Media+Society*, *9* (3), 2023, https://doi.org/10.1177/20563051231186353.

[326] KOSTER, R., BALAGUER, J., TACCHETTI, A. et al.: "Human-centred mechanism design with Democratic AI", *Nature Human Behaviour*, 6, 2022, pp. 1398-1407, https://doi.org/10.1038/s41562-022-01383-x; LEE, M. K. et al.: "WeBuildAI: participatory framework for algorithmic governance". *Proceedings of the ACM on Human Computer Interaction,* 3, 2019, pp. 1-35; POBLET, M.; CASANOVAS, P. & PLAZA, E.: *Proceedings of the Workshop on Linked Democracy: Artificial Intelligence for Democratic Innovation collocated with the 26th International Joint Conference on Artificial Intelligence (IJCAI 2017)*, Melbourne, Australia, August 19, 2017.

participen en el debate público y en los asuntos públicos, "directamente" como dice el artículo 23. 1. CE.

V. La laicidad y los valores religiosos en los sistemas de Inteligencia Artificial.

Hay que partir de una premisa en este apartado que "la religione e gli obblighi morali che ne derivano non possono essere imposti come mezzo al fine dello Stato"[327] como consecuencia de la laicidad. Es decir, que los valores religiosos tienen una serie de limitaciones en el debate público como hemos expuesto anteriormente.

Las preguntas que las religiones han pretendido responder en esta materia son las siguientes[328]: ¿Cómo, y en qué medida, pueden ser relevantes los valores religiosos para determinar las características deseables e indeseables de los sistemas de IA existentes y emergentes? ¿Cómo, y en qué medida, se pueden tener en cuenta los valores religiosos en las directrices y políticas para la investigación y el desarrollo de los sistemas IA?

Se ha defendido que los valores religiosos se incorporen a los sistemas de IA y que, por tanto, que sean los valores éticos que deben implementarse en el diseño y así debe comprobarse que dichos sistemas de IA están alineados con los valores religiosos. En este sentido, se ha afirmado que la integración de la ética religiosa en los sistemas de IA promueve la responsabilidad ética y la justicia en la sociedad. Las tradiciones religiosas, como el cristianismo, el islam, el judaísmo y el budismo, ofrecen perspectivas sobre la justicia, la igualdad, la compasión y la responsabilidad, guiando los procesos de toma de decisiones, promoviendo el bien común y responsabilizando a los individuos

---

[327] CERIOLI, P. J.: "Laicità", *Stato, Chiese e pluralismo confessionale*, n. 2 del 2023.

[328] VANONI, L. P.: "*Deus ex machina*. Intelligenza artificiale e libertà religiosa nel sistema costituzionale degli Stati Uniti", *Stato, chiese e pluralismo confessionale*, n. 15 del 2020. Sobre esta cuestión, también, vid.: *Religion and Innovation. Calibrating Research Approaches and Suggesting Strategies for a Fruitful Interaction*, Position Paper of the Center for Religious Studies Fondazione Bruno Kessler, 2019, *https://isr.fbk.eu/wp-content/uploads/2019/03/Position-Paper.pdf*, p. 29; KINSTLER, L.: "Can Religion Guide the Ethics of A.I.?", *The New York Times*, 16 de julio de 2021, https://www.nytimes.com/interactive/2021/07/16/opinion/ai-ethics-religion.html; SINGLER, B.: "An Introduction to Artificial Intelligence and Religion for the Religious Studies Scholar", *Implicit Religion*, 20.3, 2018, pp. 215-231.

y organizaciones por sus acciones y decisiones. Incluso, se ha afirmado que la ética religiosa proporciona una brújula moral para los sistemas de IA[329].

En este ámbito, se ha propuesto[330] que se puede enseñar a los sistemas de IA a ser éticos implementando un código moral controlador que podría ser visto como algo que viene directamente de Dios, se denomina el comando divino ("The divine-command"[331]) y recepciona la "ética divino-comunitaria"[332].

En relación con el debate sobre la regulación de la IA en la Unión Europea, en varios documentos[333] se ha apoyado que los RBA (religious and belief actors) deben ser escuchados no solo en lo que respecta a sus evaluaciones sobre las implicaciones éticas de la IA, sino también como partes interesadas y contribuyentes al ciclo de vida de la innovación en IA. En este punto, se ha diferenciado tres ámbitos de relación entre los sistemas

---

329 FAKHAR, A.: "Religious Ethics in the Age of Artificial Intelligence and Robotics: Exploring Moral Considerations and Ethical Perspectives", https://aiandfaith.org/, enero 2024; BALAZKA, D.; HOUTMAN, D.; LEPRI, B.: "How Can Big Data Shape the Field of Non-Religion Studies? And Why Does It Matter?", en *Patterns*, 2, 2021, 6, pp. 1-12; GERACI, R.: *Apocalyptic AI: Visions of Heaven in Robotics, Artificial Intelligence, and Virtual Reality*, New York, Oxford University Press, 2010; SINGLER, B. (ed): "Special Issue: Artificial Intelligence and Religion", en *Implicit Religion*, 20, 2017, 3, pp. 215-318; KIMURA, T.: "Robotics and AI in the sociology of religion. A human in imago roboticae", en *Social Compass*, 64, 2017, 1, pp. 6-22; SINGLER, B.: "Blessed by the Algorithm: Theistic Conceptions of Artificial Intelligence in Online Discourse", en *AI & SOCIETY*, 35, 2020, 4, pp. 945-955; TROVATO, G.; WENG, H.; SGORBISSA, A.; WIECHING, R. (eds.): "Special Issue: Religion in Robotics", en *International Journal of Social Robotics*, 13, 2021, 4, pp. 537-862.

330 MCGRATH, J. y GUPTA, A.: "Writing a Moral Code: Algorithms for Ethical Reasoning by Humans and Machines", *Religions*, 2018, 9, doi:10.3390/rel9080240.

331 BRINGSJORD, S. y TAYLOR, J.: "The Divine-Command Approach to Robot Ethics", en *Robot Ethics: The Ethical and Social Implications of Robotics*, Keith ABNEY, George A. BEKEY, Ronald C. ARKIN y Patrick LIN (ed.): MIT Press, 2011, pp. 85-108.

332 QUINN, P. L.: *Divine Commands and Moral Requirements*, Oxford University Press, 1978.

333 *Shaping the AI transformation: the agency of religious and belief actors. Policy Paper*, Centro de Estudios Religiosos de la Fundación Bruno Kessler (FBK-ISR), diciembre 2021; GALASSINI, M.: *Religious or Belief Actors and the European Commission's White Paper on Artificial Intelligence*, marzo, 2021; https://isr.fbk.eu/wp-content/uploads/2021/03/Religious_or_Belief_Actors_and_the_European_Commission_s_White_Paper_on_Artificial_Intelligence.pdf. Sobre el diálogo con iglesias, asociaciones religiosas o comunidades, organizaciones filosóficas y no confesionales, vid. "Inteligencia artificial: preocupaciones éticas" promovido por el Parlamento Europeo. European Parliament, *Artificial Intelligence: Ethical Concerns*, 2019, https://www.europarl.europa.eu/at-your-service/files/be-heard/religious-and-non-confessional-dialogue/events/en-20190319- programme.pdf.

de IA y los valores religiosos[334]. El primero es el ángulo de la *IA en la religión* que se refiere a las múltiples formas en que las comunidades religiosas interactúan con las tecnologías que involucran la IA en su vida y para sus propósitos. Este ámbito será objeto de estudio en el Bloque III de esta obra. El segundo, hace mención a *la religión en la IA* y se refiere a las formas en que las confesiones religiosas dan forma al desarrollo de las tecnologías de IA y, de manera más general, contribuyen a la creación y difusión de conocimientos y concienciación sobre la IA, ya sea a través de la participación en debates sobre la gobernanza y la ética de la IA, las inversiones financieras en tecnologías que involucran la IA o, más directamente, contribuyendo al desarrollo de sistemas de IA que respondan a las necesidades específicas de los grupos religiosos; es decir, que los sistemas de IA implementen los valores religiosos. Por último, el ángulo *de la religión de la IA* se refiere finalmente a las formas en que las tecnologías de IA están sirviendo como pantallas para la proyección de esperanzas, temores, creencias y prácticas religiosas o cuasi-religiosas, como se puede observar en influyentes ideologías como el transhumanismo o el dataísmo[335]. Sobre este último punto, nos remitimos al siguiente capítulo de este Bloque II y, también, al apartado sobre la configuración del estatuto jurídico de las confesiones religiosas basadas en la IA, que será objeto de estudio en el Bloque III.

Los agentes religiosos y de creencias (RBA) en estos documentos han expresado su profunda preocupación por la posibilidad de que los sistemas de IA violen los derechos fundamentales, en especial, la libertad de conciencia (religiosa o no), además, consideran que los puntos de vista religiosos o de creencias deben apoyar prioridades y directrices específicas de la gobernanza de la IA.

También, en este punto nos hacemos eco de estudios que determinan que "los creyentes tienden a esperar que los sistemas de IA estén alineados

---

[334] RANDALL, R.R.: "A.I. in Religion, A.I. for Religion, A.I. and Religion: Towards a Theory of Religious Studies and Artificial Intelligence", *Religions*, 12, 2021.

[335] SINGLER, B.: "Blessed by the Algorithm: Theistic Conceptions of Artificial Intelligence in Online Discourse", en *AI & SOCIETY*, 35, 2020, 4, pp. 945- 955; TROVATO, G.; WENG, H.; SGORBISSA, A.; WIECHING, R. (eds.): "Special Issue: Religion in Robotics", en *International Journal of Social Robotics*, 13, 2021, 4, pp. 537-862.

El dataísmo sostiene que el universo consiste en flujos de datos, y que el valor de cualquier fenómeno o entidad está determinado por su contribución al procesamiento de datos. El dataísmo señala que las mismas leyes matemáticas se aplican tanto a los algoritmos electrónicos como a los bioquímicos, vid. HARARI, Y. N.: *Homo Deus*, Debate, 2017, p. 400.

religiosamente"[336]. Más específicamente, ser creyente de una religión lleva a esas personas a la expectativa de que los desarrolladores de sistemas de IA no deben descuidar todos los valores morales enfatizados por las creencias religiosas. En otras palabras, los creyentes pueden tener algunas expectativas motivadas por la religión con respecto al alineamiento de los sistemas de IA. Además, pueden esperar algo más que normas y valores religiosos genéricos; esperan específicamente que los desarrolladores de IA prioricen los valores morales de sus propias creencias religiosas. Esta investigación[337] concluyó que "A medida que los individuos se vuelven más religiosos, priorizan sus propios sistemas de creencias en los sistemas de IA en lugar de cualquier estrategia de alineación de IA que reclame universalidad"[338]. Por tal motivo, las respuestas a las hipotéticas contradicciones entre los sistemas de IA y las creencias religiosas revelaron que la mayoría de los creyentes buscarían alternativas que respeten sus creencias o dejarían de usar el sistema por completo. Esto mostró cómo la religión, como fuente de capital simbólico, puede funcionar para rechazar un sistema de IA.

En todo caso, se advierte que en este trabajo que venimos comentando[339] que, si los sistemas de IA se alinean en función de valores específicos, puede dar lugar a tensiones entre grupos que no comparten valores similares[340].

Por otro lado, los sistemas de IA que respetan e incorporan un amplio espectro de valores religiosos y morales tienen el potencial de fomentar la comprensión y la cooperación entre diversos grupos religiosos. Por lo tanto, las estrategias de alineación de la IA deben desarrollarse con sensibilidad cultural para evitar profundizar las brechas existentes. Los desarrolladores, los responsables políticos y los investigadores de la IA deben esforzarse por comprender y respetar los valores religiosos de los usuarios para garantizar

---

[336] YILMAZ, M. C.: *Divine Alignment: A Survey-Based Study on How Religion Influences Expectations for AI Alignment,* Uppsala Universitet, Department of Theology, 2023.
[337] Ibidem.
[338] YILMAZ, M. C.: op. cit*., p. 28.*
[339] Ibidem.
[340] Sobre las tensiones entre los valores religiosos-tradicionales y los valores seculares-racionales, vid. CABRERA GIRALDEZ, M.: *Hacia una ciudadanía compartida en la Unión Europea basada en sus valores*, tesis doctoral, UNED, 2021, p. 242. Los valores seculares también son denominados emancipadores al priorizar la libertad de estilos de vida, la igualdad de género, la autonomía personal y la libertad de expresión, y constituyen el componente clave cultural del proceso de empoderamiento humano (*human empowerment*), proceso que da poder a la gente para ejercer sus libertades en el transcurso de sus acciones, vid. WELZEL, C. y INGLEHART, R.: "Values, Agency, and Well-Being: A Human Development Model", *Social Indicators Research*, 2010, pp. 43-63.

que estos sistemas sean inclusivos[341]. Este trabajo teológico titulado "Divine Alignment" no tiene en cuenta los valores comunes y universales como los derechos humanos y la laicidad, como hemos puesto de manifiesto en esta obra.

Después de esta introducción general, vamos a mencionar como algunas religiones han elaborado documentos sobre la implementación de los valores religiosos en los sistemas de IA.

Empezamos por la Declaración de las religiones abrahámicas (cristiana, judía y musulmana), es decir, las religiones del Libro. El documento titulado "*Ética de la IA: Un compromiso abrahámico con el Llamamiento de Roma*", de 10 de enero de 2023. En esta Declaración se dice que: "Las tres religiones de la familia abrahámica, que comparten valores éticos básicos derivados de su historia y desarrollo compartidos, deberían buscar oportunidades para trabajar juntas por una visión ética de un mundo cambiado por la IA. Nosotros, representantes de la Comisión para las Relaciones Interreligiosas del Gran Rabinato de Israel, de la Academia Pontificia para la Vida y del Foro de Abu Dhabi para la Paz, (...) Nos comprometimos a promover la "algorética", es decir, un marco ético para el desarrollo y el uso de la IA, mediante los siguientes principios:

> Transparencia: en principio, los sistemas de IA deben ser claros y explicables.
>
> Inclusión: se deben tener en cuenta las necesidades de todos los seres humanos para que todos puedan beneficiarse y se puedan ofrecer a todos los individuos las mejores condiciones posibles para expresarse de manera constructiva.
>
> Responsabilidad: quienes diseñan y despliegan el uso de la IA deben hacerlo de manera responsable e íntegra.
>
> Imparcialidad: las herramientas de IA no deben desarrollarse con prejuicios, sino que deben esforzarse por ser justas, honestas y proteger la dignidad humana.
>
> Fiabilidad: se debe hacer todo lo posible para garantizar que los sistemas de IA funcionen de forma fiable.
>
> Seguridad y privacidad: Los sistemas de IA deben garantizar la seguridad y respetar la privacidad de los usuarios".

Este Documento hace un llamamiento a todas las partes interesadas a defender los principios de algorética, consagrándolos en las políticas de la empresa y desarrollando una regulación internacional para mantenerlos y para quienes ocupan puestos de autoridad o de poder se abstengan de

[341] YILMAZ, M. C.: op. cit., p. 44-45.

desarrollar tecnologías de IA para obtener beneficios partidistas, nacionales o individuales.

1. Las Iglesias evangélicas.

En abril de 2019, sesenta líderes evangélicos emitieron una declaración sobre la IA[342], cuyo objetivo era proporcionar un marco ético para las iglesias evangélicas[343]. Según esta declaración, la IA puede aumentar los esfuerzos y las habilidades humanas, pero no debería deshumanizar ni violar los derechos humanos fundamentales. Además, esta declaración enfatiza la obligación del gobierno de proteger los derechos humanos e incluir al público en el desarrollo de políticas de IA para garantizar que no se violen los derechos humanos. Si bien el futuro de la IA seguirá creciendo, no reemplazará el valor humano, la dignidad o el papel de Dios como Creador, según esta proclamación de los líderes evangélicos. También afirma que las iglesias evangélicas tienen la responsabilidad de salvaguardar la dignidad humana y promover el uso ético de la IA. Como se indica en esta proclamación, estos principios guían a los cristianos a interactuar con la IA de manera responsable y ética, respetando al mismo tiempo la dignidad humana y el diseño de Dios[344].

[342] Otros documentos importantes en este ámbito son: en septiembre de 2021 se celebró una conferencia organizada por el Consejo Mundial de Iglesias y la Asociación Mundial de Iglesias, vid. Symposium "Communication for Social Justice in a Digital Age", World Council of Churches (WCC) and World Association for Christian Communication, 2021, https://www.oikoumene.org/events/communication-for-social-justice-in-a-digital-age. El "AI Report" de la Iglesia de Escocia, https://www.churchofscotland.org.uk/data/assets/pdf_file/0011/79760/Artificial-Intelligence- . El documento titulado los "10 mandamientos para la era digital" de la Iglesia Protestante Alemana; https://www.oikoumene.org/news/german-protestant-church-publishes-10-commandments-for-the-digital-age.

[343] FAKHAR, A.: "Religious Ethics in the Age of Artificial Intelligence and Robotics: Exploring Moral Considerations and Ethical Perspectives", https://aiandfaith.org/, enero 2024.

[344] *Artificial Intelligence: An Evangelical Statement of Principles*, April 11, 2019. Algunos artículos de estos principios son los siguientes:
Artículo 5: Sesgo
Afirmamos que, como herramienta creada por humanos, la IA estará inherentemente sujeta a sesgos y que estos sesgos deben tenerse en cuenta, minimizarse o eliminarse mediante supervisión y discreción humanas continuas. La IA debe diseñarse y utilizarse de manera que se trate a todos los seres humanos con el mismo valor y dignidad. La IA debe utilizarse como herramienta para identificar y eliminar los prejuicios inherentes a la toma de decisiones humana.

El documento "*White paper on Artificial Intelligence - A European approach to excellence and trust*", de 15 de junio 2020, es el resultado de las deliberaciones del Grupo Temático Ciencia, Nuevas Tecnologías y Ética Cristiana de la Conferencia de Iglesias Europeas. La Conferencia de Iglesias Europeas está compuesta por 114 iglesias de diferentes confesiones (protestante, anglicana, ortodoxa e Iglesias libres) y, junto con la Iglesia católica, se considera la representación más completa de iglesias en Europa. En este documento se defiende que la fiabilidad del uso de la IA en diferentes

---

Negamos que la IA deba diseñarse o utilizarse de manera que viole el principio fundamental de la dignidad humana de todas las personas. Tampoco se debe utilizar la IA de manera que refuerce o promueva cualquier ideología o agenda, buscando subyugar la autonomía humana bajo el poder del Estado.
Miqueas 6:8; Juan 13:34; Gálatas 3:28-29; 5:13-14; Filipenses 2:3-4; Romanos 12:10
Artículo 9: Seguridad
Afirmamos que la IA tiene aplicaciones legítimas en la policía, la inteligencia, la vigilancia, la investigación y otros usos que respaldan la responsabilidad del gobierno de respetar los derechos humanos, proteger y preservar la vida humana y buscar la justicia en una sociedad floreciente.
Negamos que la IA deba emplearse para aplicaciones de seguridad y protección de manera que busquen deshumanizar, despersonalizar o dañar a nuestros semejantes. Condenamos el uso de la IA para suprimir la libre expresión u otros derechos humanos básicos otorgados por Dios a todos los seres humanos.
Romanos 13:1-7; 1 Pedro 2:13-14
Artículo 11: Política Pública
Afirmamos que los propósitos fundamentales del gobierno son proteger a los seres humanos del daño, castigar a quienes hacen el mal, defender las libertades civiles y elogiar a quienes hacen el bien. El público tiene un papel en la configuración y elaboración de políticas relativas al uso de la IA en la sociedad, y estas decisiones no deben dejarse en manos de quienes desarrollan estas tecnologías ni de los gobiernos para establecer normas.
Negamos que los gobiernos, las corporaciones o cualquier entidad deban utilizar la IA para infringir los derechos humanos otorgados por Dios. A la IA, incluso en un estado muy avanzado, nunca se le debe delegar la autoridad de gobierno que un Dios todo soberano ha otorgado únicamente a los seres humanos.
Romanos 13:1-7; Hechos 10:35; 1 Pedro 2:13-14
Artículo 12: El futuro de la IA
Afirmamos que la IA seguirá desarrollándose de maneras que actualmente no podemos imaginar ni comprender, incluida una IA que superará con creces muchas capacidades humanas. Sólo Dios tiene el poder de crear vida, y ningún avance futuro en la IA lo usurpará como Creador de la vida. La iglesia tiene un papel único al proclamar la dignidad humana para todos y exigir el uso humano de la IA en todos los aspectos de la sociedad.
Negamos que la IA nos haga más o menos humanos, o que alguna vez obtenga un nivel igual de valor, dignidad o valor para los portadores de la imagen. Los avances futuros en IA no cumplirán en última instancia nuestros anhelos de un mundo perfecto. Si bien no somos capaces de comprender o conocer el futuro, no tememos lo que está por venir porque sabemos que Dios es omnisciente y que nada de lo que creemos podrá frustrar Su plan redentor para la creación o suplantar a la humanidad como Su imagen. portadores.
Génesis 1; Isaías 42:8; Romanos 1:20-21; 5:2; Efesios 1:4-6; 2 Timoteo 1:7-9; Apocalipsis 5:9-10.

contextos depende de dos requisitos fundamentales: la fiabilidad técnica y procedimental de la tecnología elegida, por un lado y, la garantía de los derechos humanos, por otro lado.

Sobre la utilización de los sistemas de IA, las confesiones evangélicas se han planteado una serie de preguntas teológicas, como: ¿Tendrán las máquinas la capacidad de orar (y escucharía Dios esas oraciones)? ¿Tendría alma una IA[345]? Y, ¿deben los cristianos tratar de evangelizar esta nueva tecnología?[346] En este ámbito de las reflexiones teológicas sobre la inteligencia artificial, el pastor presbiteriano Christopher BENEK destaca las implicaciones éticas y espirituales de la conexión humana con la tecnología, así como la responsabilidad de alinearla con los propósitos de Dios[347].

2. La Iglesia católica.

Un primer documento, es el *Llamamiento de Roma para la ética de la IA*[348]. Este documento es firmado, el 28 de febrero de 2020, para promover el enfoque ético de la inteligencia artificial. Los primeros firmantes fueron: el arzobispo Vincenzo PAGLIA (Presidente de la Pontificia Academia para la Vida); Dr. Brad SMITH (Presidente de Microsoft) y Dr. John KELLLY (Vicepresidente Ejecutivo de IBM). En abril de 2024 también ha firmado este documento el arzobispo de Canterbury, Justin WELBY, como representante de la Iglesia anglicana. En este documento se dice: "A largo plazo, los valores y principios que seamos capaces de inculcar en la IA ayudarán a establecer un marco que regule y actúe como punto de referencia para la ética digital, guiando nuestras acciones y promoviendo el uso de la

---

[345] AMBROSINO, B.: "What Would It Mean for AI to Have a Soul?", *BBC*, 17 de junio de 2018: https://www.bbc.com/future/article/20180615-can-artificial-intelligence- have-a-soul-and-religion.

[346] MERRITT, J.: "Is AI a Threat to Christianity? Are You There, God? It's I, Robot," *The Atlantic*, February 3, 2017, https://www.theatlantic.com/technology/archive/2017/02/artificial-intelligence-christianity/515463/; SCHUURMAN, D. C.: "Artificial Intelligence: Discerning a Christian Response", *Perspectives on Science and Christian Faith*, Volume 71, Number 2, junio de 2019.

[347] https://www.christianpost.com/news/how-to-prevent-an-artificial-intelligence-god.html.

[348] Un comentario sobre este Llamamiento, vid. GARCÍA-ANTÓN PALACIOS, E.: "El respeto de los derechos fundamentales desde la perspectiva ética de la inteligencia artificial", en *Inteligencia artificial y derecho: reflexiones jurídicas para el debate sobre su desarrollo y aplicación*, Dykinson, 2023.

tecnología en beneficio de la humanidad (...) Todos los seres humanos nacen libres e iguales en dignidad y derechos. Están dotados de razón y conciencia y deben comportarse los unos con los otros con espíritu de fraternidad (art. 1 de la Declaración Universal de Derechos Humanos). Esta condición fundamental de libertad y dignidad también deben protegerse y garantizarse cuando se producen y utilizan sistemas de IA. Esto debe hacerse salvaguardando los derechos y la libertad de las personas para que no sean discriminadas por los algoritmos debido a su raza, color, sexo, idioma, religión, opinión política o de otra índole, origen nacional o social, posición económica, nacimiento o cualquier otra condición (art. 2 de la Declaración Universal de Derechos Humanos). Para que la IA actúe como una herramienta para el bien de la humanidad y del planeta, debemos situar el tema de la protección de los derechos humanos en la era digital en el centro del debate público".

Esta declaración lo que pretende es promover la "algorética"; es decir, el uso ético de la IA definido por los siguientes principios: transparencia, inclusión, responsabilidad, imparcialidad, fiabilidad, seguridad y privacidad.

Por otra parte, en el Mensaje del papa FRANCISCO para la celebración de la 57 Jornada mundial de la paz, de 1 de enero de 2024, sobre "Inteligencia artificial y paz", el punto 2 se titula: "El futuro de la inteligencia artificial entre promesas y riesgos". El papa FRANCISCO dice que: "Debemos recordar que la investigación científica y las innovaciones tecnológicas no están desencarnadas de la realidad ni son «neutrales», sino que están sujetas a las influencias culturales. En cuanto actividades plenamente humanas, las direcciones que toman reflejan decisiones condicionadas por los valores personales, sociales y culturales de cada época" (...) No basta ni siquiera suponer, de parte de quien proyecta algoritmos y tecnologías digitales, un compromiso de actuar de forma ética y responsable. Es preciso reforzar o, si es necesario, instituir organismos encargados de examinar las cuestiones éticas emergentes y de tutelar los derechos de los que utilizan formas de inteligencia artificial o reciben su influencia. Es necesario ser conscientes de las rápidas transformaciones que están ocurriendo y gestionarlas de modo que se puedan salvaguardar los derechos humanos fundamentales, respetando las instituciones y las leyes que promueven el desarrollo humano integral. La inteligencia artificial debería estar al servicio de un mejor potencial humano y de nuestras más altas aspiraciones, no en competencia con ellos. No debemos permitir que los algoritmos determinen el modo en el que entendemos los derechos humanos,[349] (...) Una mirada humana y el deseo de un futuro mejor para nuestro mundo llevan a la necesidad de un diálogo interdisciplinar destinado a un desarrollo ético de los algoritmos — la algorética—, en el que los valores orienten los itinerarios de las nuevas tecnologías. Desafíos para el desarrollo del derecho internacional El alcance global de la inteligencia artificial hace evidente que, junto a la responsabilidad de los estados soberanos de disciplinar internamente su uso, las organizaciones internacionales pueden desempeñar un rol decisivo en la consecución de acuerdos multilaterales y en la coordinación de su aplicación y actuación. A este propósito, exhorto a la comunidad de las naciones a trabajar unida para adoptar un tratado internacional vinculante, que regule el desarrollo y el uso de la inteligencia artificial en sus múltiples formas. (...) El trabajo de redacción de las orientaciones éticas para la producción de formas de inteligencia artificial no puede prescindir de la consideración de cuestiones más profundas, relacionadas con el significado de la existencia humana, la tutela de los derechos humanos fundamentales y la búsqueda de la justicia y de la paz. Este proceso de discernimiento ético y jurídico puede revelarse como una valiosa ocasión para una reflexión compartida sobre el rol que la tecnología debería tener en nuestra vida personal y comunitaria y sobre cómo su uso podría contribuir a la creación de un mundo más justo y humano".

El papa FRANCISCO ha insistido en estas ideas en el discurso pronunciado en la sesión del G7 sobre IA, el 14 de junio de 2024. En particular, que "la inteligencia artificial se origina precisamente a partir del uso de este potencial creativo que Dios nos ha dado" y que el término "algorética" "condensa una serie de principios que se revelan como una plataforma global y plural capaz de encontrar el apoyo de las culturas, las religiones, las organizaciones internacionales y las grandes empresas protagonistas de este desarrollo" de la inteligencia artificial, por esa razón, surge la acción denominada "el Llamamiento de Roma para la ética de la IA". En este contexto hay que destacar la figura del sacerdote franciscano, Paolo BENANTI, que es el principal experto en IA del Vaticano, al que se le atribuye el término "algorética" y que se miembro del órgano consultivo de Naciones Unidas sobre IA.

En el Mensaje de la Comisión Episcopal española para las comunicaciones sociales de la 58ª Jornada mundial de las comunicaciones sociales, de 12 de mayo de 2024, titulado: «Una inteligencia artificial con

---

[349] Conviene recordar en este punto que la Iglesia católica no se ha adherido a la mayoría de los tratados internacionales sobre derechos humanos, sobre esta cuestión, vid. JIMÉNEZ GARCÍA, F.: *La internacionalidad de la Santa Sede y la constitucionalidad de sus Acuerdos en España,* Dilex, 2006, p. 39 y ss..

sesgo de humanidad». Se recoge: "Con los cambios profundos que conlleva y que anuncia, la inteligencia artificial, en la medida en que afecta profundamente a las personas, debe tener al ser humano y a su dignidad en el centro. (...) Una inteligencia artificial que olvide que el fin de toda acción es el ser humano debe ser corregida y reorientada. (...) se ha de trabajar para que los contenidos que ofrezca la inteligencia artificial y las propuestas que produzca tengan siempre un sesgo de humanidad hacia las personas que tienen más dificultades para salir adelante en una sociedad que les descarta. La inteligencia artificial debe ser liberada de sesgos ideológicos, políticos, de eficiencia económica, que expulsan al ser humano del centro de la actividad de comunicación. El sesgo de humanidad es el único indispensable en una inteligencia artificial socialmente responsable, al servicio de la dignidad del hombre y de nuestro tiempo".

Por último, con respecto a la definición de IA, la COMECE (Comisión de las Conferencias Episcopales de la Unión Europea) aboga por una diferenciación entre la IA y la conducta humana y desaconseja la adopción de términos como "autonomía" y "comportamiento" en relación con los sistemas de IA.

3. La religión judía.

Se ha señalado que la ética judía en particular, y los enfoques religiosos en general, hacen una valiosa contribución a la gobernanza moral de la IA[350]. La ética judía comienza con el relato bíblico del Génesis en el que Dios crea a Adán y Eva, es decir, la Biblia es el fundamento teológico y la base de la ética judía para los sistemas de IA.

Según el Talmud, tradicionalmente, los gólems han sido excluidos (junto con los niños, las mujeres y los discapacitados mentales) de ser considerados como que puedan formar parte del *minián*, el quórum de diez hombres requerido para la oración y otros rituales religiosos, lo que indica que no se consideran completamente emancipados según la ley judía tradicional. Un robot nunca podría ser considerado un humano a los efectos de unirse a un *minián*. Es decir, un robot nunca puede alcanzar el estatus de un ser humano y, por lo tanto, no puede realizar estas funciones religiosas.

---

350 GOLTZ, N.; ZELEZNIKOW, J. y DOWDESWELL, T.: "From the Tree of Knowledge and the Golem of Prague to Kosher Autonomous cars: The Ethics of Artificial Intelligence Through Jewish Eyes", *Oxford Journal of Law and Religion*, 9 (1), 2020, pp. 132-156.

El rabino LOEW en el siglo XVI creó un gólem, una criatura hecha de arcilla, y que se le da la vida con el aliento de Dios[351]. Este ejemplo de los gólems es utilizado para compararlos con los sistemas de IA.

La ética judía se manifiesta en contra de que los sistemas de IA tengan personalidad jurídica. Las objeciones religiosas al argumento de que "falta algo" a menudo se basan en la idea de que la IA no puede ser equivalente a las personas morales o jurídicas porque carecen de alma: el aliento de vida, *el nishmat jayyim* con el que Dios infundió a Adán y, a través de él, a toda la humanidad[352]. Es obvio que, con todo lo que llevamos expuesto, rechazamos esta ética como base para los sistemas de IA porque es contraria a la laicidad y al respeto de los derechos humanos.

También se ha defendido que la moral judía, los valores de la religión judía solucionen los problemas éticos y legales de los coches autónomos. La solución sería "The Autonomous Kosher Car"[353]. Aunque las entidades de IA poseen intelecto, agencia e intencionalidad, carecen de algunas cualidades que poseen los seres humanos: no solo una conexión directa con lo Divino, sino tampoco poseen una capacidad de sufrimiento, ni una conciencia autorreflexiva que nos da una aguda apreciación de ese sufrimiento. Si bien es cierto que existen algunas obligaciones morales e incluso legales con los sistemas de IA, de ello no se deduce que merezcan una personalidad moral y jurídica plena dicen estos autores. Por lo tanto, en cuanto a la cuestión de si se debe conceder a los sistemas de IA la plena personalidad jurídica, la respuesta desde la ética judía es negativa.

Se pretende aportar, argumentan estos autores, un enfoque religioso al debate sobre la ética de la IA que hasta ahora ha estado dominada por las filosofías seculares occidentales. Y, plantean, también, la idea de que los sistemas de IA que son entrenados a través del aprendizaje automático pueden ser entrenados éticamente de la misma manera que lo hacen los

---

[351] RAPPAPORT, Z. H.: "Robotics and artificial intelligence: Jewish ethical perspectives", en NIMSKY, C., FAHLBUSCH, R. (eds).: *Medical Technologies in Neurosurgery. Acta Neurochirurgica Supplements*, vol 98. Springer, 2006, https://doi.org/10.1007/978-3-211-33303-7_2; FAKHAR, A.: Religious Ethics in the Age of Artificial Intelligence and Robotics: Exploring Moral Considerations and Ethical Perspectives, https://aiandfaith.org/, enero, 2024.

[352] SOLUM, L. B.: "Legal Personhood for Artificial Intelligence," *North Carolina Law Review* 70, 1992, p. 1239 y GOLTZ, N.; ZELEZNIKOW, J. y DOWDESWELL, T.: "From the Tree of Knowledge and the Golem of Prague to Kosher Autonomous cars: The Ethics of Artificial Intelligence Through Jewish Eyes", op. cit.

[353] GOLTZ, N.; ZELEZNIKOW, J. y DOWDESWELL, T.: "From the Tree of Knowledge and the Golem of Prague to Kosher Autonomous cars: The Ethics of Artificial Intelligence Through Jewish Eyes", op. cit.

humanos: mediante la lectura y la reflexión sobre textos religiosos fundamentales. Esta es una forma de garantizar la regulación ética de la IA, pero también promueve otros valores fundamentales para su regulación, como son el compromiso democrático y la elección de los usuarios[354].

En conclusión, la ética judía que se ha expuesto[355], de forma resumida, en estas líneas, no defiende unos principios éticos universales para todas las personas, diferenciando entre creyentes judíos e infieles.

Por una parte, se ha planteado una serie de cuestiones teológicas en torno a la religión judía que surgen de la interactuación con los sistemas de IA[356]. Por ejemplo, en las granjas lecheras se utilizan para verificar que la leche producida sea leche de vaca y que no haya sido extraída en violación del Shabat. Si un robot pudiera ser programado para aprender lo que es importante en la cocina kosher, como no mezclar carne y leche y usar solo productos certificados kosher. Se plantea si pueden ser calificados estos productos como kosher. Las casas inteligentes y los sensores en Shabat es otro problema teológico. El hecho de que los sensores de IA estén aprendiendo continuamente sobre ti, incluso mientras te mueves por tu casa en Shabat, no constituye necesariamente una violación del Shabat (ya que es una consecuencia no deseada de tus acciones). Sin embargo, supongamos que bajas a la cocina en la mañana de Shabat y después de unos minutos las persianas se abren repentinamente y la cafetera comienza a preparar café porque tu hogar inteligente "reconoce" que a esa hora y con una determinada temperatura en particular te gusta que las persianas estén abiertas y un café listo, eso sería problemático. Esto se debe a que la IA está haciendo una comida prohibida, como resultado de su actividad. En Shabat, no se puede utilizar el ordenador, ni el teléfono, ni internet, ni tampoco se pueden usar los sistemas de IA. La solución sería poder implementar el Shabat en los sistemas de IA de ámbito familiar. Seleccionando skills u otras aplicaciones como se hace con la selección del idioma.

Por último, se debe advertir que la secularización está presente en la religión judía[357]. En este sentido se ha llegado a afirmar que las nociones

---

[354] GOLTZ, N.; ZELEZNIKOW, J. y DOWDESWELL, T.: "From the Tree of Knowledge and the Golem of Prague to Kosher Autonomous cars: The Ethics of Artificial Intelligence Through Jewish Eyes", op. cit.,

[355] Ibidem.

[356] MAG, J.A.: "The Next Frontier in Jewish Law: Artificial Intelligence", en *Jewish Action*, 2020, https://jewishaction.com/religion/jewish-law/the-next-frontier-in-jewish-law-artificial-intelligence.

[357] Sobre la secularización en el judaísmo, vid. BOROWITZ, E. B.: "Judaism and the Secular State", *The Journal of Religion*, vol. 48, no. 1, 1968, pp. 22-34, http://www.jstor.org/stable/1201895; RAPHAËL, F., & HICKEY, J.: "Judaism and

modernas de derechos humanos se desarrollaron debido a la secularización de la ética judeocristiana durante el período de la Ilustración[358]. Y que el precursor de los derechos naturales modernos se deriva en última instancia de la tradición religiosa judía e, incluso, puede remontarse a la Biblia hebrea[359]. Las nociones occidentales de dignidad humana, igualdad y libertad pueden tener sus orígenes en antiguas leyes bíblicas. Se ha escrito: "Our Western practice of human rights has its origins largely in the Jewish tradition (...) There is (...) a long and important tradition of Jewish attention to human rights in theory and in practice"[360]. A pesar de su origen religioso, los derechos humanos nunca podrían haber surgido mientras estuvieran asociados a su contexto religioso, porque las disputas confesionales habrían hecho imposible la implementación de los mismos[361]. Nos remitimos a todo lo expuesto sobre la laicidad en los capítulos anteriores de este Bloque II.

Secularization", *Social Compass*, 18 (3), 1971, pp. 399-412, https://doi.org/10.1177/003776867101800305; SHAROT, S.: "Judaism and the Secularization Debate", *Sociological Analysis*, 52 (3), 1991, pp. 255-275. https://doi.org/10.2307/3711361; HAARSCHER, G.: "Jews and Secularization: A Challenge or a Prospect?", en *Jewry between Tradition and Secularism*, Brill, 2006, pp. 203-222; https://doi.org/10.1163/9789047409649_020; y sobre el término: "Jewish secularism", vid. https://en.wikipedia.org/wiki/Jewish_secularism#:~:text=Jewish%20secularism%20refers%20to%20secularism,peaking%20during%20the%20interwar%20period.

En relación con el Estado de Israel como Estado laico y democrático, N. LERNER lo define como un "secular state". No obstante, existen muchas influencias normativas de la religión judía que hacen que el principio de separación entre el Estado y la religión judía sea irreconocible. Si bien la Declaración de creación del Estado de Israel, en 1948, era explícita en que este nuevo Estado "garantizaría la completa igualdad de derechos sociales y políticos a todos sus habitantes, independientemente de su religión", también se refería al incipiente país como un "Estado judío". La tensión entre los plenos derechos democráticos y un carácter exclusivamente judío del Estado ha existido desde sus inicios. La ley "Estado-nación", de 2018, que declara al Estado de Israel como Estado judío fue declarada constitucional en 2021. Si bien, se ha insistido en que Israel debe tratar de legislar desde una perspectiva laica y democrática para garantizar los derechos fundamentales de todos sus ciudadanos, vid. ALTARAS, D.: "Separation of synagogue and state in Israel", *Arizona Journal of International & Comparative Law*, Vol. 36, No. 2, 2019, p. 136.

358 ISHAY, M.: *The history of human rights: from ancient times to the globalization era*, University of California Press, 2008, p. 19.

359 SCOTT B. RAE, S. B.: *Moral choices: an introduction to ethics*, Zodervan, 2009, pp. 68-72.

360 BRESLAUER, S. D.: *Judaism and human rights in contemporary thought: a bibliographical survey*, G.E. Gorman ed., 1993.

361 ALTARAS, D.: "Separation of synagogue and state in Israel", *Arizona Journal of International & Comparative Law*, Vol. 36, No. 2, 2019.

4. La religión islámica.

Desde la religión islámica se reclama que los eruditos musulmanes también deben contribuir al desarrollo de los sistemas de IA[362] y, en consecuencia, que esto permitirá el desarrollo de los sistemas de IA con perspectiva islámica que se incluirá desde su diseño.

Se ha escrito que el gran desafío para los países del mundo islámico es construir sistemas de IA que estén alineados con sus creencias religiosas y culturales. Alinear los sistemas de IA con las creencias religiosas y culturales garantizará que estos sistemas sean más aceptables para la población. Esto es importante porque la aceptación es un factor crítico para implementar con éxito cualquier nueva tecnología. Si los sistemas de IA no están alineados con las creencias religiosas y culturales, pueden ser percibidos como una amenaza para los valores y tradiciones locales y, por eso, se critica que el discurso ético predominante ha sido el occidental o eurocéntrico[363].

En diciembre de 2021 se celebró la Primera Conferencia Internacional sobre Ética Islámica e Inteligencia Artificial en Lahore, Pakistán. La conferencia fue una conferencia híbrida en línea y presencial con la participación de varios académicos islámicos, profesionales musulmanes de la IA, especialistas en ética de la IA y expertos en políticas y diseño. Entre los acuerdos se encuentran los siguientes: a) El enfoque en la perspectiva universal puede proporcionar una plataforma ética común que permita la alineación con otras filosofías religiosas y éticas que enfatizan el bien y el bienestar humanos; b) Es necesario un sistema que piense para toda la humanidad. El Islam puede proporcionar este sistema inclusivo que atienda y promueva el bienestar de toda la humanidad; c) Lo más probable es que la población musulmana mundial adopte un marco ético islámico de IA, ya que un código ético moral y legal arraigado en la cultura, la tradición y los valores

---

362 DAHLAN, H. A.: "Future Interaction between Man and Robots from Islamic Perspective", *International Journal of Islamic Thought*, Vol 13: (June) 2018, pp. 44-51, DOI:10.24035/ijit.13.2018.005, SSRN: https://ssrn.com/abstract=3204122; ELMAHJUB, E.: "Artificial Intelligence (AI) in Islamic Ethics: Towards Pluralist Ethical Benchmarking for AI", *Philosophy & Technology*, 36, 73, 2023. https://doi.org/10.1007/s13347-023-00668-x; ELMAHJUB, E. y QADIR, J.: "How to program autonomous vehicle (AV) crash algorithms: an Islamic ethical perspective", *Journal of Information, Communication and Ethics in Society*, Vol. 21 No. 4, 2023, pp. 452-467, https://doi.org/10.1108/JICES-02-2023-0015.

363 ELMAHJUB, E.: "Artificial Intelligence (AI) in Islamic Ethics: Towards Pluralist Ethical Benchmarking for AI", *Philosophy & Technology*, 36, 73, 2023. https://doi.org/10.1007/s13347-023-00668-x.

locales tiene más posibilidades de ser aceptado que un código percibido como extraño y ajeno.

Los eruditos islámicos han extrapolado, a la luz del Corán y la Sunnah, que la Sharia tiene ciertos objetivos y propósitos superiores (*maṣlaḥa*[364]). La teoría *maṣlaḥa*, tal como se ha desarrollado históricamente, actúa como una brújula ética que permite a las comunidades musulmanas vivir todas las dimensiones de su vida de acuerdo con la Sharia. Al aplicar el enfoque *maṣlaḥa*, se ha afirmado que los musulmanes pueden descubrir los principios éticos necesarios para todas las situaciones que se enfrentan los seres humanos. El concepto *maṣlaḥa* sería el marco ético normativo para definir cuáles son exactamente los valores que la tecnología de IA debe buscar, en el ámbito social, que los diseñadores, desarrolladores, ingenieros, responsables políticos y usuarios pueden traducir en acciones a través de sus disposiciones.

También hay que emplear *uṣūl al-fiqh* (los principios de la jurisprudencia islámica) para realizar un análisis de alineación de valores para las incertidumbres éticas de la IA y conseguir el objetivo de desarrollar soluciones ancladas en la cosmovisión islámica. En general*, uṣūl al-fiqh* postula que el principal marco de referencia para la moralidad se encuentra en el Corán y el Hadiz, o las tradiciones registradas del Profeta[365].

Los sistemas de IA deben implementar los cinco valores éticos que deben guiar todos los análisis normativos de la cosmovisión islámica, incluida la promoción de la religión, la vida humana, la dignidad, el intelecto y la propiedad. Dichos valores son universales según los autores islámicos citados en este apartado. Y, en consecuencia, se critica que la ética normativa occidental se dedica principalmente a una evaluación racional del comportamiento para determinar las acciones morales e inmorales, con el objetivo de promover intereses o valores mundanos para los agentes morales[366].

Por su parte, en este apartado mencionamos la estrategia de IA de Qatar. Este documento subraya la importancia de la visión local de la ética de la IA, afirmando que "el marco [de la IA] que se desarrolle debe ser coherente con

---

364 DAHLAN, H. A.: "Future Interaction between Man and Robots from Islamic Perspective", op. cit., ELMAHJUB, E.: "Artificial Intelligence (AI) in Islamic Ethics: Towards Pluralist Ethical Benchmarking for AI", op. cit.; ELMAHJUB, E. y QADIR, J.: "How to program autonomous vehicle (AV) crash algorithms: an Islamic ethical perspective", op. cit..

365 ELMAHJUB, E. y QADIR, J.: "How to program autonomous vehicle (AV) crash algorithms: an Islamic ethical perspective", op. cit.

366 Ibidem.

las normas sociales, culturales y religiosas de Qatar". No obstante, en el documento "*Artificial intelligence ethics AI ethics. Principles & guidelines*", de diciembre de 2022, del Ministerio para la Inteligencia Artificial, de Emiratos Árabes Unidos, se recoge el cumplimiento de los objetivos y aspiraciones establecidos en la Estrategia Nacional de IA de los Emiratos Árabes Unidos y los Objetivos de Desarrollo Sostenible (ODS) de Naciones Unidas. Estos objetivos están aún más arraigados y reflejados en los Principios Éticos de la IA bajo los temas de justicia, inclusión, igualdad, beneficio humano y derechos. Las organizaciones deben garantizar que se investiguen y reparen los daños causados por los sistemas de IA, mediante la promulgación de mecanismos de aplicación sólidos y medidas correctivas, para garantizar que se respeten los *derechos humanos* y el Estado de Derecho en el mundo digital y en el mundo físico. Los sistemas de IA deben diseñarse de manera que respeten el Estado de Derecho, los *derechos humanos* y los valores de la sociedad, y deben incluir salvaguardias adecuadas para garantizar una sociedad justa y equitativa. Los desarrolladores de los sistemas de IA deben diseñar sistemas de IA para adoptar, aprender y seguir las normas y valores de la comunidad a la que sirven (esta es la única referencia indirecta a la religión). En situaciones en las que sea necesario, se deben considerar las evaluaciones de impacto en los *derechos humanos* y la debida diligencia en materia de *derechos humanos*, los códigos de conducta ética de determinación humana o las etiquetas y certificaciones de calidad destinadas a promover los valores centrados en el ser humano y la equidad. En fin, en este Documento no existe ninguna referencia directa al Islam ni a la religión musulmana.

Por otra parte, la interacción humano-sistema de IA plantea diversos interrogantes teológicos para la religión islámica, por ejemplo, aunque los robots pueden ser fácilmente preprogramados con información religiosa y cultural, ¿necesitan obedecer el Fiqh islámico? Por ejemplo, ¿un robot femenino que debe cubrirse frente a su empleador masculino? ¿los humanos pueden considerar a los robots de compañía como "miembros vivos de la familia"? En el futuro, la industria alimentaria definitivamente implementará un sistema de automatización completo en su producción. Sin embargo, la calidad Halal seguirá siendo un problema para los creyentes musulmanes. El problema actual de Halal hoy en día es el aturdimiento previo al sacrificio. Sin embargo, es posible que el problema Halal en el futuro sea la ausencia de presencia humana para gestionar el control de calidad. Esto se debe a que los robots con IA pueden lograr una alta eficiencia sin intervención humana, por lo que no se necesitan trabajadores humanos en la planta de producción. ¿Es aceptable la carne procedente de sacrificios mecánicos sin interferencia humana?

En todo caso, para concluir en este apartado sobre la religión islámica, esta religión no excluye su compatibilidad con la laicidad y con la democracia. El principio de separación entre lo político y lo religioso se estima imprescindible para la configuración del denominado "Islam secular" o "Islam democrático y laico"[367] basado, principalmente, en el principio de igualdad y no discriminación por razón de sexo, alejado de la violencia[368] y que lucha contra la radicalización y el terrorismo islamista. Es un Islam que rompe con la teocracia. En este sentido, el artículo del profesor W. SALEH titulado: "Islam y laicidad"[369], recoge esta idea con las siguientes palabras: "El mundo árabe y musulmán necesita urgentemente salir de su largo letargo, airear sus pulmones y abrir puertas, inyectando sangre nueva en sus sistemas políticos, en sus instituciones, para intentar ponerse a la altura del resto de las naciones que han dado pasos firmes hacia la modernidad. El sistema laico puede ser la vía más segura en su camino hacia la democracia. La separación entre religión y política es ineludible".

5. El sintoísmo y el budismo en Japón.

Se ha sugerido que la entusiasta adopción de la robótica por parte de Japón puede atribuirse a una cultura influenciada por el sintoísmo y el

---

[367] CARRÉ, O.: *L'islam laïque*, Armand Colin, 1993, pp. 137 y ss.; CHERYL, B.: *Civil democratic Islam; partners, resources and strategies*, RAND Corporation, 2003, (en esta última obra se diferencia entre fundamentalistas, tradicionalistas, modernistas y seculares dentro del Islam); MENÉNDEZ DEL VALLE, E.: *Islam y democracia en el mundo que viene*, La Catarata, 1998; DE LUCAS, J.: "La inmigración islámica: de nuevo religión y política en las sociedades multiculturales europeas", en *Laicidad y Libertades. Escritos Jurídicos*, nº 2, diciembre, 2002, pp. 229 y ss.; ALTWAIJRI, A. O.: *Democracy in the Islamic Perspective*, ISESCO, 2005; la revista *Pouvoirs*, «Islam et démocratie», nº 104, 2003/1, 208 pp.; A. FILALI-ANSARY, A.: «Islam, laïcité, démocratie», en ese número de la revista antes citada, *Pouvoirs*, pp. 5-19.

[368] *La inmigración musulmana en Europa*, La Caixa, 2004, pp. 305, 306 y 309; LAMBERT, M. U.: "Born in the USA: A new american Islam proves devotion and women's liberation do mix", *The American Prospect on line*, 8 de diciembre de 2000; LEMA TOME, M.: "Multiculturalismo en la Unión Europea: los modelos migratorios de Italia y de los Países Bajos", en *Laicidad y Libertades. Escritos Jurídicos*, nº 3, diciembre, 2003, p. 161; LÓPEZ GARCÍA, B.: "El islam y la integración de la inmigración en España", en *Cuadernos de Trabajo Social*, nº 15, 2002, p. 9. Y, sobre el IV Congreso de Feminismo Islámico, 2010, https://www.webislam.com/articulos/61014-iv_congreso_internacional_de_feminismo_islamico.html.

[369] Vid. *Diario Público*, 5 de abril de 2018, https://blogs.publico.es/dominiopublico/25440/islam-y-laicidad/

budismo[370], religiones que aceptan que todas las cosas, incluidos los objetos, pueden poseer espíritus vivos[371].

En 2018, un templo budista[372] de 450 años de antigüedad en Isumi celebró una ceremonia fúnebre para 114 perros robóticos Aibo[373] de primera generación ("con sacerdotes con túnicas tradicionales cantando sutras y ofreciendo oraciones por los cachorros de plástico fallecidos"), antes de reciclarlos. "Todas las cosas tienen un poco de alma", afirman los monjes budistas.

En agosto de 2019, el templo Kōdaiji de Kioto comenzó a utilizar un sacerdote robótico para dar sermones e impartir sabiduría sobre el budismo a los visitantes. Este robor llamado Mindar es un humanoide que fue diseñado para evocar a la Diosa Budista de la Misericordia. Casi cuatro décadas después del texto de Masahiro MORI en *The Buddha in the Robot*, el robot Mindar confirma que dentro de la IA está la naturaleza búdica.

El budismo y los robots con IA son compatibles, en lugar de diametralmente opuestos. Los robots son agentes de cambio y afecto, que tienen "una tendencia a cambiar las actitudes de las personas hacia la vida". De este modo, se anulan las distinciones entre el hombre y la máquina, entre la inteligencia humana y la artificial[374].

Se ha llegado a una sensibilidad cultural japonesa incrustada en el budismo, un acoplamiento de creencias existenciales y experiencias históricas que predisponen a Japón hacia una adopción social de los robots y de la IA.

También, la influencia del sintoísmo es decisiva en la forma en que los japoneses atribuyen la propiedad de tener alma incluso a los robots[375].

---

370 TUNG, H. M.: "Influences of religions on the Japanese conception of robots", August 31, 2020, https://philarchive.org/archive/TUNIOR-2.

371 KURZWEIL, R.: *The Age of Spiritual Machines,* Viking, 1999; THOMAS, L.: "What's behind Japan's Love Affair with Robots?", *Time Magazine* (August 3, 2009); "Why are robots part of religion in Japan?", *Mind Matters*, 2019.

372 COZORT, D.; SHIELDS, J. M. (Eds.): *The Oxford Handbook of Buddhist Ethics*, Oxford University Press, 2021; GIBSON, W.: "I, Robomancer: Japan, Buddhism, and Artificial Intelligence", *So-Far*, 2019; MORI, M.: *The Buddha in the Robot*, 1981, (Rissho Kosei-kai of the UK (1 abril 1992)).

373 KUBO, A.: "Technology as mediation: on the process of engineering and living with a robot "AIBO"", *Japanese Review of Cultural Anthropology,* 11, 2010, pp. 103-123.

374 HONGLADAROM, S.: *The Ethics of AI and Robotics: a Buddhist Viewpoint*, Lanham, Lexington Books, 2020.

375 WRIGHT, J.: "Tactile care, mechanical Hugs: Japanese caregivers and robotic lifting devices", *Asian Anthropology, 17*(1), 2018, pp. 24-39; KITANO, N.: "'Rinri': An incitement

En particular, el sintoísmo, la religión étnica de los japoneses, es una religión de naturaleza animista. El sistema de creencias más dominante de Japón, el sintoísmo, puede ser, de hecho, el factor más importante en la configuración de la cosmovisión no antropocéntrica de los japoneses. Ya sea esencialmente budista o sintoísta (muchos japoneses se adhieren simultáneamente a ambos), su visión anuncia un "sistema hombre-máquina", un "nuevo complejo social" en el que los seres humanos y las máquinas coexisten como actuantes mutuos.

Japón ha sido descrito como la tierra del "tecno-animismo" infundido por el sintoísmo[376]. Sin embargo, esta visión ha sido criticada como una "perversidad polimorfa" que ignora resueltamente los límites entre seres humanos, animales, seres espirituales y seres mecánicos[377].

En el ámbito de la robótica, se ha desarrollado el fenómeno de los "robots espirituales", argumentando que las ideas budistas y sintoístas inclinan a los japoneses a "conceder santidad a los robots". En algunos casos, las conexiones espirituales son totalmente explícitas: en el cementerio central de Yokohama, se puede ver a un sacerdote robot vestido con túnicas sintoístas realizando oraciones[378].

Los estudiosos de la cultura japonesa citan casi invariablemente el sintoísmo y el budismo como la verdadera influencia, afirmando, por ejemplo, que: "los robots [...] son cosas 'vivas' dentro del universo sintoísta"[379].

En fin, en Japón, donde la cultura tecnológica está más influenciada por una religión de la naturaleza, "sintoísmo" y donde la cultura popular ha retratado a las máquinas como agentes que ayudan, es habitual encontrar una actitud más amistosa hacia los robots y los sistemas de IA. Lo que a veces se denomina una forma "animista" de pensamiento implica que los

towards the existence of robots in Japanese society", *Ethics in Robotics, 6*(12/2), 2006, pp. 78-83; JENSEN, C. B., & BLOK, A.: "Techno-animism in Japan: Shinto cosmograms, actor- network theory, and the enabling powers of non-human agencies", *Theory, Culture & Society,* 30 (2), 2013, pp. 84-115.

[376] AUPERS, S.: "The Revenge of the Machines: On Modernity, Digital Technology and Animism", *Asian Journal of Social Science*, 30 (2), 2002, pp. 199-220.

[377] JENSEN, C. B. y BLOK, A.: "Techno-animism in Japan: Shinto Cosmograms, Actor-network Theory, and the Enabling Powers of Non-human Agencies", *Theory Culture Society,* 30, 2013, p. 84, KAPLAN, F.: "Who is afraid of the humanoid? Investigating cultural differences in the acceptance of robots", *International Journal of Humanoid Robotics* 1 (3), 2004, pp. 1-16.

[378] GERACI, R. M.: "Spiritual robots: religion and our scientific view of the natural world", *Theology and Science,* 4 (3), 2006, pp. 236-237.

[379] ROBERTSON, J.: "Robot Sapiense Japanicus: humanoid robots and the post- human family", *Critical Asian Studies,* 39 (3), 2007, p. 337.

sistemas de IA pueden también tener espíritu o alma, y también experimentarse como objetos sagrados[380].

Conviene recordar que Japón es un estado laico y secular. El principio de laicidad impide que las normas jurídicas recojan las influencias de estas religiones[381], especialmente, del sintoísmo por su pasado histórico nacionalista[382]. El principio de separación del Estado de la religión previsto en los artículos 20 y 89 de la Constitución del Japón es un principio de neutralidad del Estado hacia la religión. Esta interpretación fue confirmada por el Tribunal Supremo de Japón en el caso de la ceremonia de purificación del suelo de la ciudad de Tsu en 1977. Lo que realmente importa es que tanto la "no participación" como la "imparcialidad" son dos elementos de la "neutralidad (religiosa)" que compiten entre sí[383]. En todo caso, no podemos dejar de advertir en esta materia la propuesta de creación de una Sociedad 5.0, como se exponía en el Bloque I. La mentalidad japonesa, influida por estas religiones, pretende la construcción de la primera "Sociedad preparada para la IA".

Como conclusión a este apartado sobre los valores religiosos y los sistemas de IA, es que no puede olvidarse que el fin público es la libertad religiosa no es la religión[384]. No se puede confundir religión con libertad

---

380 COECKELBERGH, M.: *Ética de la inteligencia artificial*, Cátedra, 2021, p. 34.

381 Sobre la secularización en el budismo, vid. BORUP, J.: "Secularization of Buddhism", en *Buddhism and Global Secularisms*, 2021; MCMAHAN, D. L.: "Buddhism and Global Secularisms", *Journal of Global Buddhism*, 18, 2017, pp. 112-128; PAYNE, R. K., ed.: *Secularizing Buddhism: New Perspectives on a Dynamic Tradition*, Shambala, 2021.

382 KIMPARA, K.: "Religion and the Secular State in Japan", https://classic.iclrs.org/content/blurb/files/Japan%202014%20FINAL.pdf.

383 ABE, K. M.: "Separation of Church and State in Japan: What Happened to the Conservative Supreme Cour?", *St. John's Law Review*, Volume 85, nº 2, 2011 y PEDRIZA, L.: "La libertad de creencias en la constitución japonesa", *Revista de Derecho Político*, Nº 89, 2014, pp. 269-298.

384 En este sentido, el Informe del Relator Especial sobre la libertad de religión o de creencias, de 2 de agosto de 2016. Este Informe recoge sobre el concepto de libertad de religión lo siguiente: "*La libertad de religión o de creencias no protege, y de hecho no puede proteger, a las religiones o sistemas de creencias en sí, es decir, sus diversas afirmaciones de la verdad, las enseñanzas, los ritos o las prácticas.* En su lugar, empodera a los seres humanos, como personas y en comunidad con otros, que profesan religiones o creencias y deseen definir su vida de conformidad con sus propias convicciones. La razón de este enfoque en "*creyentes en lugar de creencias*" (como se ha resumido sucintamente) no es que los derechos humanos reflejen una determinada "visión antropocéntrica del mundo", como algunos observadores han inferido erróneamente. Más bien, una de las razones principales es que las religiones y las creencias son muy diferentes, a menudo incluso de manera irreconciliable, en sus mensajes y requisitos normativos. Las religiones y las creencias reflejan una abundancia de diversas enseñanzas, doctrinas, ideas de salvación, normas de conducta, liturgias, días festivos, períodos de ayuno, costumbres

religiosa. La laicidad (secularism) obliga a los sistemas de IA a actuar conforme a los Derechos Humanos, pero no a responder a una particular visión religiosa, que siempre es parcial, y no garantiza el principio de no discriminación. Pues cualquier grupo religioso diferencia entre los que pertenecen al mismo (creyentes) y el resto (infieles). Los primeros tienen todos los derechos, los segundo no. Los valores religiosos no son universales, pero esto no quiere decir que algunos valores religiosos coincidan con los valores seculares (los valores comunes y universales), como veremos en el capítulo sobre los valores comunes y los valores diferenciales, más adelante.

La Iniciativa Global de IA del IEEE (2019) recomienda la incorporación de las tradiciones éticas budistas clásicas, Ubuntu[385] y sintoístas en el

alimentarias, códigos de vestimenta y otras prácticas. Además, las interpretaciones de lo que importa desde el punto de vista religioso no solo pueden diferir ampliamente entre las comunidades religiosas, sino también dentro ellas. Por tanto*, el único denominador común identificable en esa gran diversidad parece ser el ser humano, que es quien profesa y practica su religión o sus creencias, como individuo o en comunidad con otros.* En consecuencia, los derechos humanos solo pueden hacer justicia a la diversidad existente y emergente empoderando a los seres humanos, que, de hecho, son titulares del derecho a la libertad de religión o de creencias. Este enfoque consistente en los seres humanos como titulares de derechos también está plenamente en consonancia con el enfoque basado en los derechos humanos en general". En consecuencia, *la libertad religiosa incluye la neutralidad religiosa como única garantía de su ejercicio en un Estado democrático.*

385 MHLAMBI, S.: "From rationality to relationality: ubuntu as an ethical and human rights frame- work for artificial intelligence governance. Carr Centre Discussion Paper", 2020, https://carrc enter.hks.harvard.edu/files/cchr/files/ccdp_2020-009_sabelo_b.pdf.

También, hay que mencionar la perspectiva de la ***ética confuciana***, basada en roles, para diseñar sistemas de IA moralmente competentes debido a la influencia del confucionismo en China, Japón, Corea y Singapur, por ejemplo (sobre la implementación de la ética confuciana en los sistemas de IA, vid. ZHU, Q.; WILLIAMS, T.; JACKSON, B.; WEN, R.: "Blame-Laden Moral Rebukes and the Morally Competent Robot: A Confucian Ethical Perspective", *Science and Engineering Ethics*, 26, 2020, pp. 2511-2526. https://doi.org/10.1007/s11948-020-00246-w; LIU, J.: "Confucian robotic ethics", Paper presentado en *The international conference on the relevance of the classics under the conditions of modernity: humanity and science.* 2017 (texto revisado en 2021), The Hong Kong Polytechnic University; ZHU, Q.; WILLIAMS, T.; WEN, R.: "Confucian robot ethics", en D. WITTKOWER (Ed.): *Computer Ethics-Philosophical Enquiry (CEPE) Proceedings*, 2019. doi: 10.25884/5qbh-m581 R; KIM, T. W. y STRUDLER, A.: "Should Robots Have Rights or Rites?", *Communications of the ACM*, Volume 66, Issue 6, June 2023, pp. 78-85. https://doi.org/10.1145/3571721). Los principios de la ética robótica confuciana, elaborados por LIU, son los siguientes:

[CR1] Un robot debe, ante todo, cumplir con el papel que se le ha asignado.

[CR2] Un robot no debe actuar de manera que cause el mayor perjuicio o la menor preferencia sobre otros seres humanos, cuando hay otras opciones disponibles.

[CR3] Un robot siempre debe hablar y actuar de manera confiable.

[CR4] Un robot debe ser flexible a la hora de evaluar la situación y tomar la decisión más adecuada a la situación.

discurso actual sobre la ética y la política de la IA, por ser más proclives a la incorporación de los sistemas de IA en la vida cotidiana, omitiendo cualquier referencia a las religiones abrahámicas[386]. Además, por ejemplo, en la Declaración de Beirut sobre "Fe por los derechos", de marzo de 2017, se reafirma que: "Adoptamos plenamente los valores universalmente reconocidos, tal como se articulan en los instrumentos internacionales de derechos humanos, como normas comunes de nuestra humanidad compartida". Es decir, existen unos valores religiosos que son más compatibles que otros con los derechos humanos. Solamente estos últimos pueden ser implementados en los sistemas de IA y exigirse su alineamiento. Esta conclusión nos remite, de nuevo, al apartado sobre los valores comunes y los valores diferenciales que veremos en este Bloque II.

VI. La laicidad y los valores transhumanistas en los sistemas de Inteligencia Artificial.

Se ha mencionado que actualmente nos encontramos en un punto de inflexión en el que la tecnología está "influyendo" rápidamente en nuestra vida cotidiana, sobre todo gracias a los sistemas de IA. Este desarrollo seguramente alineará a más personas hacia el "singularitarismo", la creencia en una singularidad tecnológica[387]. Por tal motivo, algunos autores esperan que la gente en ese momento "abandone" la religión y se una a la sociedad

---

[CR5] Un robot siempre debe ser humilde en su comportamiento y habla.
[CR6] Un robot debe respetar la tarea que tiene entre manos y ser respetuoso con su interlocutor.
[CR7] Un robot debe prestar asistencia a otros seres humanos en su búsqueda de la mejora moral, a menos que hacerlo viole [CR1] y [CR2]. Un robot también debe negarse a ayudar a otros seres humanos cuando sus proyectos sacarían a relucir sus malas cualidades o producirían inmoralidad.

Además, el concepto de rito en el confucionismo se ha utilizado como alternativa al otorgamiento de derechos a los sistemas de IA, es decir, asignar obligaciones de rol a los sistemas de IA, pero no otorgarles derechos. No obstante, cabe advertir la relación jurídica existente entre obligaciones y derechos subjetivos, vid. RODRÍGUEZ GARCÍA, J. A.: "La teoría de las obligaciones y la laicidad", en *Teoría de las obligaciones*, Dykinson, 2024, pp. 186-187.

Por último, otras culturas han elaborado y discutido su posición en relación con los sistemas de IA, por ejemplo, el *Protocolo Indígena y Examen de la posición de la IA*, (https://spectrum.library.concordia.ca/id/eprint/986506/7/Indigenous_Protocol_and_AI_2020.pdf).

386 ADAMS, R.: "Can artificial intelligence be decolonized?", *Interdisciplinary Science Reviews, 46* (1-2), 2021, pp. 176-197.

387 SINGLER, B.: "Roko's Basilisk or Pascal's? Thinking of Singularity Thought Experiments as Implicit Religion", *Implicit Religion*, 20.3, 2018, pp. 279-297.

transhumanista[388], donde la IA se convertiría en una nueva religión[389]. En palabras del escritor Dan BROWN pronunciadas en 2017: *"La humanidad ya no necesita a Dios, sino que puede, con la ayuda de la inteligencia artificial, desarrollar una nueva forma de conciencia colectiva que cumpla el papel de la religión".*

Estas palabras vienen a configurar lo que se ha denominado las concepciones teístas de la IA[390]. Dichas concepciones se han modulado a través de nuevos movimientos religiosos centrados en la IA, como veremos en el Bloque III e incluso a través de espacios transhumanistas acérrimamente ateos.

Del mismo modo, el inventor del término transhumanismo, Julian HUXLEY, ha promovido esta transformación antropológica describiéndola como "una religión sin revelación" que tiene como objetivo superar el conflicto moderno entre la ciencia y la religión a través del replanteamiento de lo sagrado en el sentido humanista[391]. El pensamiento transhumanista representa una ejemplificación del retorno de lo religioso a la esfera pública postsecular[392].

---

388 RENDSBURG, M. A.: "The Impact of Artificial Intelligence on Religion: Reconciling a New Relationship with God", *Political Science - United Nations & Global Policy Studies*, 2019.

389 SMITH, W. J.: "Transhumanism: A Religion for Postmodern Times", *Religion & Liberty*, Vol. 28 n. 4, 29 noviembre 2018, https://acton.org/religion-liberty/volume-28-number-4/transhumanism-religion-postmodern-times; DEDEOGLU, C.: "Hey Siri: Do you believe in god?" A posthuman exposé of belief bias in AI programming, en W.H.U. Anderson (Ed.), *Technology and theology*, Vernon Press, 2020, pp. 77-90; KELLY, K.: "Nerd Theology", *Technology in Society*, 21, 1999, pp. 387-392; FOERST, A.: "Cog, A Humanoid Robot, and the Question of the Image of God", *Zygon*, 33.1, 1998, pp. 91-111; STEINHART, E.: "Digital Theology: Is the Resurrection Virtual?", en *A Philosophical Exploration of New and Alternative Religious Movements*, ed. Morgan Luck , 2012, pp. 133-152; TIROSH-SAMUELSON, H.: "Transhumanism as a Secularist Faith", *Zygon*, 47.4, 2012, pp. 710-734.

390 SINGLER, B.: "Blessed by the algorithm: Theistic conceptions of artificial intelligence in online discourse"; *AI & Society*, 35, 2020, pp. 945-955. https://doi.org/10.1007/s00146-020-00968-2.

391 HUXLEY, J.: *Religion without Revelation*, New American Library, New York, 1975.

392 VANONI, L. P.: "*Deus ex machina*. Intelligenza artificiale e libertà religiosa nel sistema costituzionale degli Stati Uniti", op. cit..

Pero ¿qué son valores transhumanistas[393]? Nick BOSTROM lo ha definido con claridad[394] en su obra titulada los *Valores Transhumanistas*. El transhumanismo, dice BOSTROM, es un movimiento vagamente definido que se ha desarrollado gradualmente en las últimas décadas. El transhumanismo tiene sus raíces en el pensamiento humanista secular, pero es más radical porque promueve no solo los medios tradicionales para mejorar la naturaleza humana. Una suposición más radical podría ser posible si suponemos una visión computacional de la mente. De ser así, sería posible cargar *(upload)* una mente humana a un ordenador, replicando detalladamente en circuitos *(en silicio)* los procesos computacionales que normalmente se ejecutan en un cerebro humano. "*Cargar la mente*" poseería muchas ventajas potenciales, como la capacidad de hacer copias de seguridad de uno mismo (con un impacto favorable en la esperanza de vida) y la capacidad de transmitirse como información a la velocidad de la luz. Las "mentes cargadas" pueden vivir en la realidad virtual o también directamente en la realidad física mediante el control de un robot o avatar. Tampoco sería moralmente aceptable que alguien imponga una norma única que todos deberíamos cumplir. Las personas deben tener derecho a elegir qué tecnologías de mejora usar y si desean usarlas. En los casos en que las elecciones individuales impactan sustancialmente en otras personas, este principio general podría ser restringido, pero el simple hecho de que alguien se sienta disgustado o moralmente ofendido por alguien que usa la tecnología para modificarse a sí misma no habrá de ser un motivo legítimo para la interferencia coercitiva, es decir, para evitar la mejora. Además, la inteligencia artificial, especialmente si alcanza la equivalencia humana o superior, podría dar un enorme impulso a la búsqueda de conocimiento y sabiduría.

---

[393] Sobre el transhumanismo, vid. COECKELBERGH, M.: "What is digital humanism? A conceptual analysis and an argument for a more critical and political digital (post)humanism", *Journal of Responsible Technology*, Volume 17, 2024, https://doi.org/10.1016/j.jrt.2023.100073; FUCHS, C.: *Digital humanism: A philosophy for the 21st century*, Bingley: Emerald, 2022; KROKER, A.: "Digital humanism: The processed world of Marshall McLuhan", *Marshall McLuhan: Critical evaluations in cultural theory, vol. 3 renaissance for a wired world,* Routledge, 2005, pp. 95-120; GENOSKO, G.; LEE, E. A.: "Are we losing control?", en *Perspectives on digital humanism,* Springer, 2022, pp. 3-7; NIDA-RÜMELIN, J., & WEIDENFELD, N.: *Digitaler humanismus*, Piper Verlag, 2018; WERTHNER, H., PREM, E., LEE, E. A., & GHEZZI, C.: *Perspectives on digital humanism*, Springer, 2022.

[394] *Transhumanist values*. Ethical Issues for the 21st Century, ed. Frederick Adams (Philosophical Documentation Center Press, 2003); y reimpreso en *Review of Contemporary Philosophy*, Vol. 4, mayo 2005, *The Transhumanist FAQ*. https://www.nickbostrom.com/views/transhumanist.pdf.

BOSTROM establece los siguientes valores derivados: no hay nada de malo en "manipular la naturaleza"; la idea de arrogancia es rechazada; libre elección individual en el uso de tecnologías de mejoramiento humano; libertad morfológica; mejora de la comprensión (fomento de la investigación y el debate público; pensamiento crítico; apertura mental, investigación científica; debate abierto sobre el futuro); hacerse más inteligente (individualmente, colectivamente y desarrollar la inteligencia artificial); falibilismo filosófico; disposición para reexaminar suposiciones a medida que avanzamos; diversidad (especies, razas, creencias religiosas, orientaciones sexuales, estilos de vida, etc.); cuidar el bienestar de todo ser sintiente; salvar vidas (extensión de la vida, investigación antienvejecimiento y criogénica).

En resumen, el transhumanista Zoltan ISTVAN sugiere que esta nueva deidad de la IA "realmente existirá y, con suerte, hará cosas por nosotros"[395]. Estas ideas chocan con la laicidad entendida como neutralidad, ya sea esta religiosa o de opciones vitales. La laicidad no defiende ninguna cosmovisión, sino que es la garantía de poder elegir entre las diferentes cosmovisiones, también la transhumanista.

Existen organizaciones transhumanistas que han participado, activamente, en los debates sobre la regulación de la IA en la Unión Europea. Por ejemplo, la Asociación Transhumanista Francesa (AFT). La AFT "estimula el debate público sobre cuestiones relativas a los cambios actuales en las circunstancias biológicas y sociales de la humanidad. Nuestro objetivo es mejorar estas circunstancias, en particular prolongando radicalmente la esperanza de vida saludable. Buscamos promover aquellas tecnologías que faciliten estas transformaciones, al tiempo que abogamos por la preservación del medio ambiente y la atención cuidadosa a los riesgos para la salud, todo en interés de la justicia social". Por su parte, Sustensis (que es una organización del Reino Unido) aboga por la promoción de los Valores Universales de la Humanidad en el desarrollo de la Superinteligencia. Sustensis es un "think tank" que proporciona inspiraciones, sugerencias y soluciones para el período de transición de la Humanidad al momento en que coexistirá con la Superinteligencia. Propone iniciar ese proceso con una reforma urgente de la democracia basada en nuevos "valores universales de la Humanidad", promoviendo una perspectiva planificada, más que nacional, y desarrollando la organización más madura, como la Unión Europea, en una

---

395 SOLON, O.: "Deus ex machina: Former Google Engineer Is Developing an AI God", *The Guardian,* 28 de septiembre de 2017); MCARTHUR, N.: "Gods in the machine? The rise of artificial intelligence may result in new religions", 15 de marzo de 2023, https://theconversation.com/gods-in-the-machine-the-rise-of-artificial-intelligence-may-result-in-new-religions-201068?s=09

Federación Humana. Sustensis defiende la aplicación de una legislación aprobada por una Agencia Global de Gobernanza de la IA que fundamente el uso de la IA en los "valores universales de la Humanidad", que se derivarán de documentos legales en los campos de los derechos humanos, como el Convenio Europeo de Derechos Humanos y la Declaración Universal de Derechos Humanos.

Dentro de las organizaciones de creencias, que no son transhumanistas, se encuentra la Asociación Europea para el Libre Pensamiento (Association Européenne de la Pensée Libre, AEPL). El objetivo de la AEPL es "apoyar el proyecto europeo y defender los principios emanados de la Ilustración, en particular la libertad de pensamiento, conciencia y opinión". Defiende el secularismo en el sentido de que las religiones no deben interferir en la política"[396]. La AEPL está acreditada, es consultada e informada por la Comisión Europea sobre una serie de temas, en particular, la ética de la Inteligencia Artificial, en el marco del artículo 17 del TFUE. Para ello, se ha creado un grupo de trabajo multidisciplinar: el Grupo de Trabajo sobre Inteligencia Artificial, donde participa esta organización.

En conclusión, para algunos se podría decir que parece natural suponer que los sistemas de IA son y seguirán siendo ateas, sistemas totalmente seculares sin espacio para la espiritualidad, lo que encajaría con su convicción religiosa de que los androides con IA no tienen alma. Otros defienden que los sistemas de IA serían totalmente racionales y no propensos a nuestros delirios y supersticiones humanas como las religiones[397]. Independientemente de las opiniones personales, los sistemas de IA deben ser seculares, deben implementar la laicidad (secularism) y su funcionamiento debe alinearse con el valor universal de la laicidad, como hemos expuesto. Los sistemas de IA deben responden a los valores comunes como veremos en el capítulo siguiente. Los valores comunes no responden a ninguna ideología concreta ni a ninguna religión, pero tampoco a ninguna opción vital o concepción filosófica sin que se pueda confundir laicidad con ateísmo.

[396] http://www.aepl.eu/textes_fixes/intro_en.pdf.
[397] MCGRATH, J. F.: "Robots, Rights and Religion", en *Religion and Science Fiction*, 2011, https://digitalcommons.butler.edu/facsch_papers/197/

VII. Valores comunes y valores diferenciales en los sistemas de Inteligencia Artificial.

En este apartado conviene volver a tener presente todo lo desarrollado sobre la presencia de los valores religiosos en el ámbito público. Dicha presencia solamente será relevante en la medida en que los valores religiosos sean capaces de estar apoyados en una argumentación de tipo racional, desprovista de la dimensión religiosa como argumento de autoridad, y susceptible de integrarse en el espacio de discusión pública democrática[398], mediante la traducción a valores seculares, como hemos indicado anteriormente. La laicidad como valor universal impide que los valores religiosos como valores particulares, privados, no universales, se erijan en parámetros de verdad en el ámbito público.

También es necesario insistir en lo que decíamos sobre la elección de la identidad cultural como parte integrante de la libertad de conciencia y lo que se indicaba sobre la interculturalidad. En este sentido, la garantía de que la multiculturalidad se oriente hacia la interculturalidad es que aquélla esté guiada por valores éticos universales (valores comunes[399]) y se produzcan nuevos "mestizajes" de los valores diferenciales, siempre que esos valores diferenciales no entren en contradicción con los valores éticos universales (valores comunes)[400]. Es aquí donde situamos el parámetro que

---

398 DE ASIS, R.: "Laicidad y teoría de los derechos humanos", op. cit., p. 122.

399 Siguiendo a M. LEMA TOMÉ que cita como valores comunes los siguientes: dignidad humana y el libre desarrollo de la personalidad y la formación de la conciencia; los derechos y deberes fundamentales derivados de la dignidad y libertad de la persona; los valores superiores del ordenamiento, reglas de convivencia democrática y la moral pública, vid. LEMA TOME, M.: *Laicidad, solidaridad e inmigración. Estudio socio-jurídico de la Comunidad Autónoma de Madrid*, Tesis doctoral, abril, 2006, pp. 262 y ss. En Australia se consideran valores comunes los siguientes: imperio de la ley, tolerancia, igualdad, democracia parlamentaria, libertad de expresión, conocer la lengua nacional, igualdad de sexos y aceptar el derecho de los otros a expresar sus puntos de vista y sus valores. En Canadá serían: derechos humanos, respeto a las normas democráticas, derechos individuales, civiles y políticos, la libertad individual, la igualdad de sexos, disfrute de igualdad de oportunidades, vid. SALGUERO, M.: "En torno a la idea de neutralidad en los centros educativos", en *Multiculturalidad y laicidad*, LETE, 2004, p. 83. Se ha afirmado que "a partir de ese mínimo (valores comunes, añadimos nosotros), no negociable, el Estado debe permanecer neutral ante las distintas manifestaciones culturales garantizando su desarrollo", vid. CASTRO JOVER, A.: "Inmigración, pluralismo religioso-cultural y educación", *en Laicidad y Libertades. Escritos Jurídicos*, nº 2, diciembre, 2002, p. 94.

400 Vid. el artículo 3.2. de la Ley Orgánica 4/2000, 11 de enero, sobre derechos y libertades de los extranjeros en España y su integración social. Cfr. COBO, R.: "Multiculturalismo, democracia paritaria y participación política", en *Política y Sociedad*, nº 32, septiembre-diciembre, 1999, p. 57. Lo que vendría a significar en palabras de MITTER: "la aparición de una nueva cultura" (citado por GARCÍA PICAZO, P.: "El presente distante. Fundamentalismo y multiculturalidad en el mundo globalizado", en *Interculturalidad y*

denominamos "*mestizaje constitucional democrático*"[401]. En este sentido, vendría a ser entendido como "fusión cultural" dentro del marco constitucional y como enriquecimiento permanente del sistema democrático.

La respuesta del Estado democrático y de Derecho frente a los valores diferenciales que entran en contradicción con los valores comunes no puede ser la neutralidad ni el relativismo[402] pues no todas las culturas contienen aportaciones igualmente valiosas para el bienestar, la libertad y la igualdad de los seres humanos[403]. El Estado no es absolutamente neutral, en este ámbito, porque tiene que defender los valores democráticos y los derechos humanos y, consecuentemente, debe necesariamente distinguir las pretensiones de las minorías culturales que son dignas de protección y de reconocimiento jurídico de las que no lo merecen[404], como hemos advertido anteriormente. Es decir, no eximen de los delitos los delincuentes por convicción. Los delincuentes por convicción no tienen un conflicto interno pues tienen la certeza de estar haciendo lo correcto; es decir, llevan a cabo sus acciones, plenamente convencidos de cumplir como un mandato de carácter divino. En cambio, se calificará como autor por conciencia a quien se decide por el hecho luego después de una lucha seria por la comprensión de lo éticamente correcto; es decir, que tiene un conflicto interno que conoce el sujeto y considera que su conducta puede ser delictiva. En la STS de 28 de

---

educación en Europa, Tirant lo Blanch, Valencia, 2005, p. 68). O, el término "culturas híbridas" que van creando nuevas identidades utilizado por G. DIETZ en *Multiculturalismo, interculturalidad y educación: una aproximación antropológica*, Universidad de Granada, 2003, pp. 107-108. En fin, en este punto se sitúa como instrumento para romper la identidad cultural la denominada "desobediencia cultural" de FORNET-BETANCOURT en "Aprender filosofía desde el contexto de las culturas", en *Revista de Filosofía*, nº 90, 1997, pp. 365-382, citado por M. LEMA TOME: *Laicidad, solidaridad e inmigración. Estudio socio-jurídico de la Comunidad Autónoma de Madrid*, op. cit., pp. 241-242.

401 "Democrático" entendido como procedimiento donde se expresa los derechos de comunicación y de participación (diálogo intercultural y consenso) y como legitimación del poder. Y el término "constitucional" en relación a entender la Constitución como auténtico marco del diálogo intercultural y libre de intérpretes constitucionales, como ha indicado HÄBERLE con las siguientes palabras: "Las constituciones de letra viva, entendiendo por letra viva aquello cuyo resultado es obra de todos los intérpretes de la sociedad viva, son en su fondo y en su forma expresión e instrumento mediador de cultura, marco reproductivo y de recepciones culturales, y depósito de futuras "configuraciones" culturales, experiencias y vivencias, y saberes", en *Teoría de la Constitución como ciencia de la cultura*, Tecnos, 2000, pp. 34 y 35.

402 DE LUCAS, J.: *El desafío de las fronteras*, Temas de hoy, 1994, pp. 32 y 33.

403 DE LUCAS, J.: "¿Elogio de Babel? Sobre las dificultades del Derecho frente al proyecto intercultural", en *Multiculturalismo y diferencia. Sujetos, nación, género*, en *Anales de la Cátedra de Francisco Suárez*, n º 31, 1994, p. 35.

404 COBO, R.: "Multiculturalismo, democracia paritaria y participación política", en *Política y Sociedad*, nº 32, septiembre-diciembre, 1999, p. 54; FRASER, N.: "Multiculturalidad y equidad entre los sexos", en *Revista de Occidente*, nº 173, octubre 1995, p. 55.

octubre de 1998 se recoge: "En todo caso, hay que decir aquí que no puede servir como fundamento de una resolución absolutoria el que el sujeto autor de la infracción penal pueda delinquir movido por sus creencias religiosas o de otro tipo. Esto nada tiene que ver con el error de prohibición. Se trata del problema de la delincuencia por convicción, que existe cuando el que delinque coloca por encima de los deberes que como ciudadano le incumben (cualesquiera prestaciones en beneficio de la comunidad que la Ley impone) su propia y personal convicción interior derivada de sus ideas políticas, religiosas o de otro orden. Cuando tal conflicto se produce, ha de prevalecer el mandato legal, porque la vigencia de las normas jurídicas no puede quedar condicionada a la aprobación que de ellas pueda hacer cada ciudadano".

En resumen, existen dos tipos de valores comunes: de hecho y por consenso[405]. Los valores comunes[406] se puede reducir a una fórmula más simple: igualdad en la libertad –porque no otra cosa es la justicia—, que a su vez implica y es inseparable del pluralismo. En definitiva, los *valores comunes* vendrían a constituir el denominado *mínimo ético común*, que podría ser definido, siguiendo al Tribunal Supremo español, como la ética común a todas las personas subyacente bajo los derechos humanos[407].

VIII. La perspectiva laica en el Derecho computacional.

El Derecho computacional[408] trata de cómo la inteligencia artificial debe incorporar en sus algoritmos el Derecho vigente, las normas jurídicas, sobre

---

405 LLAMAZARES FERNÁNDEZ, D.: "Libertad de conciencia y pacto constitucional", en *Laicidad y Libertades, Escritos Jurídicos*, nº 22, 2023, p. 19.
406 LLAMAZARES FERNÁNDEZ, D.: "Libertad de conciencia y pacto constitucional", op. cit., p. 31.
407 Para ilustrar esta definición se citan como ejemplo la *Sentencia de 11 de febrero de 2009, del Tribunal Supremo*, de Sala de lo Contencioso-Administrativo, sobre el asunto de la asignatura de la "Educación para la ciudadanía y los derechos humanos" y la denegación del reconocimiento de la objeción de conciencia a esta asignatura.
408 GENESERETH, M.: "Computational law. the cop in the backseat", *CodeX: The Center for Legal Informatics,* Stanford University, 2015; ASHLEY, K.: *Artificial Intelligence and Legal Analytics: New Tools for Law Practice in the Digital Age.* Cambridge University Press, 2017; BRANTING, L. K.: "Data-centric and logic-based models for automated legal problem solving", *Artificial Intelligence and Law,* 25 (1), 2017; MCBRIDE, P. y DIVER, L.: *Research Study on Computational Law,* COHUBICOL, 2024; HILDEBRANDT, M.: "Code-Driven Law: Freezing the Future and Scaling the Past", en C. MARKOU, & S. DEAKIN (Eds.): *Is Law Computable?, Critical Perspectives on Law and Artificial Intelligence,* Hart Publishing, 2020, pp. 67-84, https://www.cohubicol.com/assets/uploads/hildebrandt-freezing-the-future-and-scaling-the-past.pdf; SURDEN, H.: "Computable Law and Artificial Intelligence", *University of Colorado Law Legal Studies, Research Paper* No. 24-2, Cambridge Handbook of Private Law and Artificial Intelligence, 2024, pp. 5-17, https://ssrn.com/abstract=4687616.

cada uno de los ámbitos normativos. Por lo tanto, también la regulación jurídica sobre la laicidad (secularism). En consecuencia, el trabajo conjunto entre informáticos y juristas en el diseño de los algoritmos es esencial para el buen funcionamiento de los aparatos que incorporan esos algoritmos, lo que se ha denominado *legal knowledge engineer*[409]. Y, por otra parte, se plantea la cuestión de la conversión de las normas jurídicas a algoritmos para facilitar el desarrollo de la inteligencia artificial como otra parte del denominado Derecho computacional[410]. En este punto, hay que traer a colación la concepción "mecánica" del Derecho y de la función judicial, especialmente importante durante el siglo XIX. Esta doctrina jurídica entendía que el Derecho se reducía a un conjunto de fórmulas establecidas para ser aplicadas automáticamente mediante inferencias lógicas, es decir, el Derecho respondía a una aplicación matemática. El Derecho computacional se podría encuadrar en esta concepción "mecánica".

"El código es ley" escribía Lawrence LESSIG en su obra *Code version 2.0*[411] construyendo con sus palabras puentes entre dos mundos, el informático y el jurídico. El código es la letra de la ley y el algoritmo es la estructura que define el proceso. "El control del código es poder". Y si el código es la ley, entonces la pregunta que deberíamos plantear es obviamente ésta: ¿quiénes son los legisladores?[412]; en consecuencia, ¿quién tiene el control del código tiene el poder?[413] Efectivamente, es posible convertir las normas jurídicas a algoritmos[414]. El Derecho computacional es la adaptación del

---

409 SUSSKIND, R.: *Tomorrow's Lawyers: An Introduction to Your Future*, Oxford University Press, 2017.

410 SERGOT, M. J., SADRI, F.; KOWALSKI, R. A.; KRIWACZEK, F.; HAMMOND, P. y CORY, H. T.: "The British Nationality Act as a logic program", *Communications of the ACM (Association of Computing Machinery), vol.* 29, 5, mayo 1986. DOI=http://dx.doi.org/10.1145/5689.5920; GENESERETH, M.: "Computational Law. The Cop in the Backseat", *CodeX: The Center for Legal Informatics,* Stanford University, 2015; RAMAKRISHNA, S.; GÓRSKI, L. & PASCHKE, A.: "A Dialogue between a Lawyer and Computer Scientist: The Evaluation of Knowledge Transformation from Legal Text to Computer-Readable Format", en *Applied Artificial Intelligence*, Vol. 30, 2016; LIEBWALD, D.: "On transparent law, good legislation and accessibility to legal information: Towards an integrated legal information system". *Artificial Intelligence and Law*, 23 (3), 2015; BRANTING, L. K.: "Data-centric and logic-based models for automated legal problem solving". *Artificial Intelligence and Law*, 25 (1), 2017.

411 LESSIG, L.: *The Code version 2.0*, Cambridge, Basic Books, 2006, p. 37 y ss..

412 Ibidem, p. 504-505

413 Ibidem, p. 142.

414 Vid. el artículo ya clásico, SERGOT, M. J., SADRI, F.; KOWALSKI, R. A.; KRIWACZEK, F.; HAMMOND, P. Y CORY, H. T.: "The British Nationality Act as a logic program", *Communications of the ACM (Association of Computing Machinery), vol.* 29, 5, mayo 1986. DOI=http://dx.doi.org/10.1145/5689.5920; pp. 370-386 (quienes formalizaron la Ley de Nacionalidad Británica utilizando Prolog, con el fin de determinar si una

lenguaje jurídico al lenguaje informático. Ello será posible evitando que las normas sean contradictorias e incompletas además suprimiendo las ambigüedades del lenguaje jurídico, las lagunas jurídicas, ... El Derecho utiliza un lenguaje natural que se caracteriza por su vaguedad, ambigüedad y textura abierta (que admite interpretaciones tanto restrictivas como extensivas), es decir, hay áreas de certeza y áreas de incertidumbre.

En este sentido, conviene recordar que una de las principales ventajas de los modelos computacionales es la claridad. Todo programa informático tiene que estar bien definido y sin ningún tipo de ambigüedad[415].

La representación formal de textos legales para automatizar el razonamiento sobre ellos es bien conocida en la literatura, en este sentido, para las reglas deterministas existen varias propuestas, a menudo basadas en lenguajes de programación lógica[416].

Una solución sería que el Derecho se ajuste a los lenguajes informáticos, en cuyo caso el papel del jurista sería reformular las normas jurídicas, tratando de reducir conceptos jurídicos indeterminados, discrecionalidad y otros elementos ambiguos, es decir, si la norma es clara[417] no cabe interpretación (in claris non fit interpretatio), acercándose a lo que se denominado "Derecho computacional". Un ejemplo es la traducción de la Regla 34 de las Reglas de la Profesión Jurídica (Conducta Profesional) de

---

persona es elegible o no para la nacionalidad británica en función de varios criterios); ENGLE, E. A.: "Using WISH computer programs to model the Alien Tort Claims Act", en *Yale Journal of Law and Technology*, 2003-2004; pp. 161 y ss.; RAMAKRISHNA, Sh., GÓRSKI, L. & PASCHKE, A.: "A Dialogue between a Lawyer and Computer Scientist: The Evaluation of Knowledge Transformation from Legal Text to Computer-Readable Format", en *Applied Artificial Intelligence*, Vol. 30, 2016.

[415] DASTANI, M.; MEYER, J.-J.; & TINNEMEIER, N.: "Programming norm change", *Journal of Applied Non-Classical Logics,* Vol. 22, Iss. 1-2, 2012.

[416] RAMAKRISHNA, S.; GÓRSKI, L. & PASCHKE, A.: "A Dialogue between a Lawyer and Computer Scientist: The Evaluation of Knowledge Transformation from Legal Text to Computer-Readable Format", en *Applied Artificial Intelligence*, Vol. 30, 2016; SERGOT, M. J., SADRI, F.; KOWALSKI, R. A.; KRIWACZEK, F.; HAMMOND, P. y CORY, H. T.: "The British Nationality Act as a logic program", *Communications of the ACM (Association of Computing Machinery), vol.* 29, 5 (May 1986), http://dx.doi.org/10.1145/5689.5920.

[417] En este ámbito es necesario destacar el trabajo de la Red Panhispánica de Lenguaje Claro, impulsada por la Real Academia Española. Esta Red tiene dos propósitos esenciales: fomentar el lenguaje claro y accesible como fundamento de los valores democráticos y de ciudadanía, así como promover el compromiso de las autoridades para asegurarlo en todos los ámbitos de la vida, también en el jurídico. En este sentido la Red pretende integrar el derecho fundamental de los ciudadanos a comprender las leyes y las normas básicas reguladoras de la convivencia social.

2015, de Singapur, que procede a enmendar la palabra "business" en el texto legal[418].

Por otra parte, existen diferentes lenguajes informáticos que tratan de traducir las normas jurídicas a código informático. En el artículo "Automated legal reasoning with discretion to act using s(LAW)", de J. ARIAS; M. MORENO-REBATO; J. A. RODRIGUEZ-GARCÍA y S. OSSOWSKI se da cuenta de los mismos y que resumimos en nota[419].

---

[418] https://github.com/smucclaw/r34_sCASP

[419] ARIAS, J.; MORENO-REBATO, M.; RODRIGUEZ-GARCÍA, J.A. y OSSOWSKI, S.: "Automated legal reasoning with discretion to act using s(LAW)", *Artificial Intelligence and Law*, 2023, https://doi.org/10.1007/s10506-023-09376-5

Existen otros sistemas o lenguajes informáticos que modelan las normas jurídicas. En concreto que siguen una ejecución de arriba hacia abajo se pueden rastrear qué reglas se han utilizado para obtener las respuestas más fácilmente. Uno de estos sistemas es ErgoAI (https:// coherentknowledge.com), basado en XSB (vid. SWIFT, T.; WARREN, D. S.: "XSB: Extending prolog with tabled logic programming", *Theory Practical Logic Program*, 12 (1-2), 2012, pp. 157-187, https:// doi. org/ 10. 1017/ S1471 06841 10005 00), que genera árboles de justificación para programas con variables. ErgoAI se ha aplicado para analizar flujos de cumplimiento de políticas y regulaciones financieras casi en tiempo real, proporcionando explicaciones en inglés que son completamente detalladas y navegables de forma interactiva. Sin embargo, ErgoAI no es un marco que permita la representación de la ambigüedad y/o la discrecionalidad (vid. GELDER, A. V.; ROSS, K.; SCHLIPF, J.: "The well-founded semantics for general logic programs", Journal ACM 38, 1991, pp. 620-650. https:// doi. org/ 10. 1145/ 116825. 116838).

Por otra parte, en el contexto de las Reglas como Código, existen propuestas que explotan las ventajas de s(CASP). Algunas propuestas relevantes que están explotando s(CASP) en el contexto del paradigma de las Reglas como Código son las siguientes:

- L4 es un lenguaje de dominio específico desarrollado en el contexto del proyecto CCLAW en la Universidad de Administración de Singapur por LIM, H. K.; MAHAJAN, A.; STRECKER, M. et al.: "Automating defeasible reasoning in law with answer set programming", en *Proceedings of the international conference on logic programming 2022 Workshops (ICLP 2022)*, vol. 3193, 2022. Nótese que L4 se centra en la formalización de la ley evitando las ambigüedades de los lenguajes naturales, y su uso de s(CASP) se restringe a la posibilidad de utilizar información incompleta.
- Blawx es una interfaz de reglas como código fácil de usar en la web desarrollada por MORRIS, J.: "Constraint answer set programming as a tool to improve legislative drafting: a rules as code experiment", en *ICAIL '21: Eighteenth International conference for artificial intelligence and law*, ACM, 2021, pp 262-263. Inicialmente, su back-end era ErgoAI, pero recientemente también se ha vuelto a implementar utilizando s(CASP). Como consecuencia, Blawx proporciona justificaciones en lenguaje natural para consultas positivas y negativas.

El programa *ylegis*, de MOWBRAY, A.; CHUNG, P.; GREENLEAF, G.: "Representing legislative rules as code: reducing the problems of scaling up", *Computer Law and Security Review*, 48 (105), 2023, p. 772, convierte el texto de la legislación en *reglas escritas* que reflejan la estructura de la legislación, es decir, la redacción de la legislación podría modificarse para que sea directamente legible y comprensible por las personas y también utilizable por las máquinas.

Otra solución es que los lenguajes informáticos puedan ser capaces de modelar el lenguaje jurídico incluyendo las ambigüedades, los conceptos

---

CATALA de HUTTNER, L.; MERIGOUX, D.: "Catala: moving towards the future of legal expert systems", *Artificial intelligence and law*, 2022, pp. 1-24, es quizás la metodología más relevante en la práctica para construir, validar y explicar textos jurídicos. Se ha utilizado para implementar diferentes estatutos, como los beneficios familiares en Francia y, gracias a su compilador, la implementación resultante se puede traducir en lenguajes de programación de propósito general, como Python, Java, entre otros (vid. MERIGOUX, D.; CHATAING, N.; PROTZENKO, J.: "Catala: a programming language for the law", en *Proceedings of the ACM on programming languages*, 5 (ICFP), 2021, pp. 1-29). Sin embargo, no puede representar explícitamente conceptos vagos e información incompleta, ni puede responder a preguntas con negaciones.

Por último, parece que merece la pena relacionar la presente propuesta con trabajos recientes en los campos del razonamiento basado en casos (RBC) (vid. RISSLAND E. L.; ASHLEY, K. D.; BRANTING, L. K.: "Case-based reasoning and law", Knowledge Engineering Review, 20 (3), 2005, pp. 293-298) donde se sostiene que el Derecho es un dominio particularmente interesante para los investigadores de RBC, dado que se trata en gran medida de casos, y el Derecho angloamericano se basa en precedentes (su estándar judicial exige que casos similares se decidan de manera similar). Esta propuesta presenta varias soluciones para extraer información relevante de casos legales, y para razonar en base a casos y/o reglas. Sin embargo, ninguno de los sistemas estudiados apoya explícitamente la presentación y el razonamiento sobre conceptos vagos en el contexto del Derecho administrativo.

RegelSpraak es utilizado para el cálculo de obligaciones fiscales por la Autoridad Tributaria holandesa. RegelSpraak se basa en RuleSpeak, un «conjunto de directrices para expresar las normas empresariales de forma concisa y adaptada a las empresas», vid. MCBRIDE, P. y DIVER, L.: *Research Study on Computational Law,* COHUBICOL, 2024, pp. 62 y ss. Por último, mencionar "Legal protection by design" (LPbD), vid. HILDEBRANDT, M.: "Code-Driven Law: Freezing the Future and Scaling the Past", en C. MARKOU, & S. DEAKIN (Eds.): *Is Law Computable?: Critical Perspectives on Law and Artificial Intelligence*, Hart Publishing, 2020, pp. 67-84, https://www.cohubicol.com/assets/uploads/hildebrandt-freezing-the-future-and-scaling-the-past.pdf. El punto de partida no es la traducción de una norma jurídica escrita a código informático, sino una investigación sobre la forma en que un entorno basado en datos y códigos afecta a la sustancia de los principios y derechos jurídicos fundamentales. Con base en esta evaluación, LPbD busca formas de evitar la disminución de la protección legal interviniendo en el diseño de la arquitectura computacional relevante, donde el diseño se refiere al trabajo constructivo conjunto de quien hace, construye, ensambla y construye dichas arquitecturas. Esto puede involucrar a ingenieros, informáticos, abogados y otros expertos en el dominio, así como a aquellos que sufrirán las consecuencias de las decisiones impuestas a estas arquitecturas. El objetivo de la colaboración de informáticos y abogados en esta nueva vertiente de la doctrina computacional-legal no es desarrollar el cumplimiento basado en códigos, sino, por el contrario, garantizar que las arquitecturas informáticas incorporen salvaguardas fundamentales contra el sesgo, la invasión de la privacidad, las decisiones incomprensibles, las evaluaciones poco fiables y contra una denegación efectiva del acceso a la justicia. La LPbD debe situarse como el objetivo primordial de este nuevo desarrollo doctrinal; en lugar de invertir en la sustitución de la ley por la automatización, LPbD exige una inversión interdisciplinaria para mantener el Estado de Derecho en el buen camino, en los capilares de las arquitecturas basadas en códigos.

jurídicos indeterminados y la discrecionalidad. Con el trabajo "Automated legal reasoning with discretion to act using s(LAW)" pretendíamos avanzar en esta segunda posibilidad a través de modelar informáticamente la discrecionalidad para que estos modelos sirvan de apoyo a la decisión de los operadores jurídicos utilizando el lenguaje natural basado en s(CASP).

Nuestra propuesta basada en s(LAW) es capaz de modelar conceptos vagos, de textura abierta, la discrecionalidad[420], la ambigüedad y la información incompleta. Este marco de referencia, denominado s(LAW)[421] y gracias a la ejecución dirigida a objetivos de s(CASP), el sistema subyacente utilizado para implementar nuestra propuesta, s(LAW), proporciona una justificación de las conclusiones resultantes (en lenguaje natural). Esta propuesta no se ocupa de la traducción automática de textos jurídicos, pero puede representar y razonar explícitamente con los conceptos vagos, ambiguos, etc. que contiene. En particular, puede tratar con términos de textura abierta que aparecen debido al uso del lenguaje natural y que puedan dan lugar a interpretaciones contrapuestas. Esto permite que al codificar las normas jurídicas al lenguaje natural no sea necesario tomar decisiones sobre la interpretación correcta de dichos términos en el momento del diseño.

Se ha indicado que el Derecho incluye valores políticamente controvertidos, por tal motivo, unas áreas jurídicas son más apropiadas a ser computables que otras. Un ejemplo de la dificultad de la computabilidad es la regulación de la Primera Enmienda de la Constitución de los Estados Unidos. La "traducción" del Derecho al código no está exenta de valores e implica subjetividad[422]. La utilización de s(LAW) pretende reducir la subjetividad poniendo de manifiesto qué decisiones pueden ser tomadas por los operadores jurídicos basadas en la discrecionalidad. Si no se encuentran entre esas opciones ofrecidas por el sistema informático nos situaríamos ante la arbitrariedad.

El objetivo final del Derecho computacional es básicamente el mismo: modelar la estructura lógica de las normas para producir conclusiones

---

[420] SCHILD, U. J.; ZELEZNIKOW J.: "A taxonomy for modelling discretionary decision making in the legal domain", en: *Proceedings of the 10th international conference on artificial intelligence and law*, 2005, pp. 60-64 y KANNAI, R.; SCHILD, U.; ZELEZNIKOW, J.: "Modeling the evolution of legal discretion. an artificial intelligence approach", *Ratio Juris*, 20 (4), 2007, pp. 530-558.

[421] ARIAS, J.; MORENO-REBATO, M.; RODRIGUEZ-GARCÍA, J. A. y OSSOWSKI, S.: "Automated legal reasoning with discretion to act using s(LAW)", *Artificial Intelligence and Law*, 2023, https://doi.org/10.1007/s10506-023-09376-5.

[422] SURDEN, H.: "Computable Law and Artificial Intelligence", *University of Colorado Law Legal Studies, Research Paper* No. 24-2, Cambridge Handbook of Private Law and Artificial Intelligence, 2024, pp. 5-17, SSRN: https://ssrn.com/abstract=4687616.

automatizadas que puedan utilizarse para la comprobación del cumplimiento, la aplicación de la ley por parte de los funcionarios, y proporcionar asesoramiento sobre cómo podría aplicarse la ley en una situación determinada (o, como es más probable, una combinación de las tres[423]).

Se ha escrito que la ley computable es el eslabón para la ley de lenguaje natural[424]. s(LAW) se sitúa en ese camino de superar el Derecho computacional.

Como hemos visto en este Bloque II el concepto de laicidad está cargado de numerosos significados y adherencias emocionales, lo que ha provocado que, para algunos, dicho concepto se haya convertido en impreciso y ambiguo e, incluso, que se haya producido una cierta manipulación conceptual para atraer dicho concepto a determinadas concepciones religiosas. Lo que se pretende es que esa traducción del contenido jurídico de la laicidad a lenguaje informático permita desenmascarar qué interpretaciones jurídicas son posible y cuáles son respuestas a intereses particulares de determinadas cosmovisiones que no responden ni a la libertad de conciencia ni a la igualdad. Un instrumento para desenmascarar las adherencias que no son neutrales sería el denominado algoritmo laico (secular algorithm).

IX. La implementación y el alineamiento de la laicidad en los sistemas de Inteligencia Artificial: el algoritmo laico (secular algorithm).

Si atendemos a las quejas de las confesiones religiosas, recogidas en el capítulo sobre los valores religiosos en los sistemas de IA, en este Bloque II, los principios seculares y laicos ya estarían implementados en el diseño de los sistemas de IA[425]. Así, también, si consideramos algunos estudios que

---

[423] MCBRIDE, P. y DIVER, L.: *Research Study on Computational Law,* COHUBICOL, 2024.

[424] SURDEN, H.: "Computable Law and Artificial Intelligence", *University of Colorado Law Legal Studies, Research Paper*, No. 24-2, Cambridge Handbook of Private Law and Artificial Intelligence, 2024, pp. 5-17: https://ssrn.com/abstract=4687616.

[425] Por ejemplo, GOLTZ, N.; ZELEZNIKOW, J. y DOWDESWELL, T.: "From the Tree of Knowledge and the Golem of Prague to Kosher Autonomous cars: The Ethics of Artificial Intelligence Through Jewish Eyes", *Oxford Journal of Law and Religion*, 9 (1), 2020, pp. 132-156; ELMAHJUB, E.: "Artificial Intelligence (AI) in Islamic Ethics: Towards Pluralist Ethical Benchmarking for AI", *Philosophy & Technology*, 36, 73, 2023. https://doi.org/10.1007/s13347-023-00668-x; ELMAHJUB, E. y QADIR, J.: "How to program autonomous vehicle (AV) crash algorithms: an Islamic ethical perspective",

determinan que los sistemas de IA incrementan la secularización de la sociedad[426]. Es decir, los valores implementados en los sistemas de IA serían seculares y, en consecuencia, ya en el diseño de los sistemas de IA (de fábrica) se habría implementado la laicidad como valor universal.

Como hemos visto, no todo están sencillo. La propuesta de implementar un algoritmo laico que actuaría como "cortafuego", es decir, que dicho sistema de IA daría un error de funcionamiento si no se implementa la laicidad. El sistema de IA no funcionaría para impedir que se vulnere la laicidad. ¿Por qué? Lo hemos puesto de manifiesto en esta obra, la laicidad es la garantía de la igualdad en la libertad de conciencia. La libertad de conciencia es el derecho fundamental y básico de cualquier sistema democrático. Sin laicidad no hay sistema democrático. La sociedad democrática es una sociedad secular basada en el pluralismo, la libertad, la no discriminación, el relativismo y la tolerancia. Por otra parte, el algoritmo laico funcionaría como un sistema de alertas tempranas advirtiendo que el sistema de IA puede estas vulnerando la laicidad para que se corrija su funcionamiento y se alinea dicho sistema de IA con dicho valor universal. Si no se atiende a dichas alertas y el funcionamiento del sistema de IA es absolutamente incompatible con la laicidad porque dejaría de estar alineado con dicho valor, el sistema de IA dejaría de funcionar.

El algoritmo laico (secular algorithm) sería una especie de "algoritmo ético"[427] que incorpora los elementos esenciales del contenido de la laicidad descritos en este Bloque II.

También se podría configurar el algoritmo laico como una especie de "referente artificial laico" (siguiendo el ejemplo francés[428]), como una especie

---

Journal of Information, Communication and Ethics in Society, Vol. 21 No. 4, 2023, pp. 452-467, https://doi.org/10.1108/JICES-02-2023-0015.

[426] LEUNG, K.-H.: "The Picture of Artificial Intelligence and the Secularization of Thought", Political Theology, 20:6, 2019, pp. 457-471, DOI: 10.1080/1462317X.2019.1605725; JACKSON, J. C.; YAM, K. CH.; TANG, P. M.; CHRIS G. SIBLEY, C. G. y WAYTZ, A.: "Exposure to automation explains religious declines", Psychological and Cognitive Sciences, 120 (34), 2023, https://doi.org/10.1073/pnas.2304748120.

[427] GEISSLINGER, M.; POSZLER, F. & LIENKAMP, M.: "An ethical trajectory planning algorithm for autonomous vehicles", *Nature Machine Intelligent,* 5, 2023, pp. 137-144, https://doi.org/10.1038/s42256-022-00607-z y GEISSLINGER, M.; POSZLER, F. & LIENKAMP, M.: "An ethical trajectory planning algorithm for autonomous vehicles", 2022, https://arxiv.org/abs/2212.08577

[428] Este cargo está regulado en el Derecho francés, en el artículo L124-3 del Código general de la función pública, modificado por la Ley N° 2021-1109, de 24 de agosto de 2021. Este artículo exige que cada administración pública francesa designe un *referente de laicidad,* quien es responsable de brindar todos los consejos útiles para el respeto del principio de

de chatbot donde los operadores jurídicos pueden obtener respuestas sobre si sus actuaciones son acordes con la laicidad.

En fin, este algoritmo laico funcionaría como parte del diseño de los sistemas de IA, de tal forma, que si no está implementado el sistema de IA debería dar un error de funcionamiento. Y, dicho algoritmo laico funcionaría, en las auditorías de los sistemas de IA, en la supervisión algorítmica para determinar si los sistemas de IA están alineados con la laicidad.

Este algoritmo utilizaría el lenguaje informático s(LAW) para modelar la discrecionalidad/textura abierta/interpretaciones múltiples pues pueden darse varias soluciones que podrían ser compatibles con la laicidad, pero de todas ellas el algoritmo laico elegiría la interpretación más favorable; que garantice la igualdad de todos en el ejercicio de la libertad de conciencia (religiosa o no). Queda aquí apuntado como un futuro trabajo de investigación el desarrollo informático de este algoritmo laico.

¿La laicidad debería estar implementada en todos los sistemas de IA? No. Hay que diferenciar diferentes ámbitos donde puede actuar de forma obligatoria este algoritmo laico y otros donde no. En el ámbito público (esfera pública institucional) y en el ámbito de debate público (esfera pública informal), la laicidad debe ser implementada en los sistemas de IA que actúen en esos ámbitos públicos. El algoritmo laico debe favorecer la traducción de los discursos religiosos a discurso secular para que las confesiones religiosas y los creyentes puedan participar en dicho debate público. Por su parte, en el ámbito privado, sea familiar, íntimo o religioso, no se debe implementar la laicidad, en principio. La laicidad impone obligaciones al Estado (a los poderes públicos) y no a los individuos ni a la sociedad que deberá respetar y fomentar el pluralismo. Los sistemas de IA, en los ámbitos privados e íntimos, deben dar la posibilidad de poder elegir, al igual que se elige idioma, es decir, se debe facilitar la elección de convicciones o creencias sean estas religiosas o no. O, bien, se puede permitir que los asistentes personales o los robots asistenciales, por ejemplo, puedan ser enseñados (otros dirían "adoctrinados") conforme a nuestras propias

laicidad a los empleados públicos que lo consulten. También está regulado en el Decreto N° 2021-1802, de 23 de diciembre de 2021, que regula el referente de laicidad en el servicio público y la Circular de 15 de marzo de 2017 sobre el respeto al principio de laicidad en la función pública. También existe, en el Derecho francés, el referente ético, regulado por la Ley N° 2016-483, de 20 de abril de 2016, relativa a la ética y a los derechos y obligaciones de los funcionarios públicos y por el Decreto N° 2017-519, de 10 de abril de 2017, relativo al representante de ética en el servicio público. El representante o referente de ética es responsable de brindar cualquier consejo útil para el cumplimiento de las obligaciones y principios éticos mencionados en el estatuto general de los servidores públicos.

convicciones personales o familiares porque puede que nuestras convicciones no respondan a un bloque homogéneo o identitario de un grupo de convicciones o religioso concreto. Con otras palabras, nuestra personalidad puede responder a diferentes opciones vitales (múltiples identidades) y, por lo tanto, se debe garantizar la libre formación de nuestra conciencia y el libre desarrollo de nuestra personalidad, a lo largo de nuestra vida.

En definitiva, la programación de sistemas de IA capaces de aplicar la teoría de los derechos humanos requiere la resolución de una serie de cuestiones filosóficas complejas relacionadas con el llamado problema de la alineación de valores[429], que hemos puesto de manifiesto en este Bloque II en torno a la laicidad como valor universal. Es decir: "hay valores universales, en forma de derechos, y se sabe más o menos qué derechos hay"[430]. En definitiva, la laicidad como garantía de la igualdad en la libertad de conciencia tiene su reflejo en muchos derechos humanos. Al estudio de los diferentes casos de uso de esta relación entre laicidad y derechos humanos se dedica el Bloque III.

---

429 VANONI, L. P.: "*Deus ex machina*. Intelligenza artificiale e libertà religiosa nel sistema costituzionale degli Stati Uniti", *Stato, chiese e pluralismo confessionale*, n. 15 del 2020.

430 RISSE, M.: "Human Rights and Artificial Intelligence: An Urgently Needed Agenda", *Human Rights Quarterly*, 1, 2019, p. 10.

BLOQUE III: CASOS DE USO.

I. Introducción.

En este Bloque III se van a estudiar diferentes casos de usos[431], algunos con mayor profundidad que otros debido a que han tenido mayor atención por parte de la doctrina científica. Todos estos casos de uso están directamente relacionados con el contenido de la libertad de conciencia y con la igualdad y su correlato de no discriminación por motivos de convicciones (religiosas o no). Nos remitimos en este punto al precedente Bloque II sobre la laicidad (secularism) como garantía de la igualdad en la libertad de conciencia. También, se abordarán algunos casos de uso específicos de la libertad de conciencia en su dimensión colectiva. En especial, los sistemas de IA utilizados por las confesiones religiosas y, también, se estudiará a los grupos religiosos constituidos en torno a la consideración de la IA como religión (como hemos estudiado en relación con los valores transhumanistas en el Bloque II) y su posible estatuto jurídico.

En este Bloque III se advierte que existen todavía pocos estudios en la doctrina jurídica sobre esta materia y animamos a que se realicen más por la importancia de estos derechos humanos (la libertad de conciencia, la igualdad) en cualquier sistema democrático. Tampoco, el Reglamento (UE) 2024/1689, de 13 de junio de 2024, de IA menciona la libertad de conciencia, pero sí la discriminación (Considerando nº 48).

El Relator Especial, A. SHAHEED, en su Informe sobre la libertad de religión y de creencias, de 2019, ha escrito: "la aparición del "autoritarismo digital" en forma de una mayor vigilancia, la invasión de la privacidad y amplias restricciones a la libertad de expresión con respecto a la religión o las creencias, por lo que el ciberespacio se ha convertido en un lugar peligroso

---

431 No desconocemos el concepto de "caso de uso" en el ámbito informático. Aquí utilizamos el término caso de uso porque proporciona escenarios para comprobar cómo interactúan los sistemas de IA en el mundo real y verificar si han conseguido o no un objetivo predeterminado. En fin, un caso de uso es un conjunto de escenarios posibles.

para disidentes y minorías religiosas"[432]. Así también, lo reconoce el considerando nº 29 del Reglamento comunitario 2024/1689, de 13 de junio de 2024, de IA: "los sistemas de IA también pueden explotar de otras maneras las vulnerabilidades de una persona o un colectivo específico de personas derivadas de (…) pertenecer a minorías étnicas o religiosas".

Las aplicaciones digitales, por ejemplo, se están utilizando para denunciar acusaciones de blasfemia, y las huellas digitales pueden utilizarse para evaluar el cumplimiento de las observaciones relacionadas con la fe. Además, en varios casos, las redes sociales se han utilizado para incitar al odio contra las comunidades religiosas u otros grupos ideológicos movilizando respuestas hostiles o violentas a través de expresiones ofensivas.

BIELEFELDT, GHANEA y WIENER argumentan que la libertad de religión o de creencia es un derecho que facilita "combatir la discriminación, el adoctrinamiento, los estereotipos negativos, el acoso de las minorías y la persecución de los disidentes", así como facilita la investigación crítica sobre el significado de conceptos como: humanismo, ilustración, modernidad, liberalismo, laicidad (secularism), igualdad y diversidad[433].

II. Laicidad y el derecho a formar libremente la conciencia. La manipulación de la conciencia y los sistemas de Inteligencia Artificial.

La primera dimensión de la libertad de conciencia es *la libre formación de nuestra conciencia.* En este ámbito, se incluye la libertad de elección de nuestra propia opción vital, cosmovisión, visión del mundo, estilo de vida, de nuestras ideas, creencias, convicciones, pensamientos, opiniones. En este sentido, la neutralidad, como característica de la laicidad, garantiza que los poderes públicos no manipulen nuestras conciencias y así podemos formar, libremente, nuestra personalidad. Además, los poderes públicos garantizan que los particulares tampoco pueden manipular nuestra conciencia, incidir en la conformación de nuestra personalidad, en nuestra libertad interna, a través de apremios ilegítimos que puedan condicionar nuestro comportamiento, lo que podría dar lugar a la alteración de nuestra personalidad o al control de la misma. Los sistemas de IA como comprobaremos en este apartado tienen esta capacidad para condicionar nuestra personalidad y manipular nuestra conciencia.

---

[432] https://digitallibrary.un.org/record/3801114?v=pdf.

[433] BIELEFELDT, H.; GHANEA, N. y WIENER, M.: *Freedom of Religion or Belief: An International Law Commentary*, Oxford University Press, 2016.

En este sentido se ha escrito que las personas que interactúen con sistemas de IA deben poder mantener una autonomía plena y efectiva sobre sí mismas. Los sistemas de IA no deberían subordinar, coaccionar, engañar, manipular, condicionar o dirigir a los seres humanos de manera injustificada[434]. Los sistemas de IA se usan para manipular lo que compramos, averiguar qué noticias seguimos, en qué opiniones confiamos, etc.[435]. En lugar de ello, los sistemas de IA deberían diseñarse de forma que aumenten, complementen y potencien las aptitudes cognitivas, sociales y culturales de las personas. Ello se manifiesta en la posibilidad de que estas personas puedan interactuar con los sistemas de IA o incluso poder evaluarlas o alterarlas. Este principio es una manifestación de la libertad individual en sus diferentes variantes; libertad de conciencia, de pensamiento, política, religiosa, etc.[436].

La libertad de conciencia[437], o la libertad de pensamiento[438], para otros, incluye tres contenidos, directamente, relacionados con el funcionamiento de los sistemas de IA.

a) *El derecho a no revelar las propias ideas, creencias, convicciones, pensamientos, opiniones.*

La Constitución Española en su artículo 16.2 reconoce que "Nadie podrá ser obligado a declarar sobre su ideología, religión o creencias" y, también se garantiza que no se pueda forzar a realizar actos reveladores de profesar o no profesar una religión o cualesquiera otras convicciones personales. No obstante, las redes sociales, por ejemplo, analizan nuestros datos para realizar perfiles, incluso ideológico y religiosos, y analizan nuestro estado emocional, lo que implica una violación del

[434] *GuIA de buenas prácticas en el uso de la inteligencia artificial ética*, OdiseIA, 2019, p. 56.
[435] COECKELBERGH, M.: *Ética de la inteligencia artificial*, Cátedra, 2021 p. 86.
[436] *GuIA de buenas prácticas en el uso de la inteligencia artificial ética*, OdiseIA, 2019, p. 56.
[437] Sobre las diferencias y similitudes entre ambas libertades, LLAMAZARES, D.: *Derecho de la libertad de conciencia,* vol. I, Civitas, 2011, pp. 26 y 27. Varias ideas del profesor LLAMAZARES, que resumimos: La libertad de conciencia y la libertad de pensamiento tienen en sentido amplio el mismo objeto material; la libertad de pensamiento impropiamente se ocupa de la libertad de expresión como fenómeno interno pues en realidad la libertad de conciencia como hemos puesto de manifiesto en su primera dimensión es propiamente interna (libre formación de la conciencia); la libertad de pensamiento contempla al sujeto titular del derecho únicamente como sujeto activo; la libertad de pensamiento es una prolongación de la libertad de conciencia.
[438] VERMEULEN, B.: "Article 9", en *Theory and Practice of the European Convention on Human Rights*, ed. F. van Dijk et al., 4th ed., Intersentia, 2006.

derecho a no relevar nuestras propias convicciones[439] pues el diseño digital de las mismas está programado para conseguir esas respuestas. Sobre las redes sociales en relación la libertad de expresión como contenido de la libertad de conciencia, volveremos más adelante en este Bloque III.

b) *El derecho a que no se manipulen nuestras ideas, creencias, convicciones, pensamientos, opiniones.* Este derecho como hemos manifestado implica que ni los poderes públicos ni los particulares pueden interferir ni injerir en esta dimensión interna y si esto se produce se estaría cercenando la autonomía de la voluntad.

Dentro de este apartado, mencionamos varios fenómenos que tiene que ver con los sistemas de IA.

1.- La Declaración del Comité de Ministros del Consejo de Europa, sobre las capacidades manipulativas de los procesos algorítmicos, de 13 de febrero de 2019, recoge el término "persuasión algorítmica" que pueden tener efectos significativos en la autonomía de las personas y en su derecho a formarse opiniones y en la toma de decisiones independientes. En este ámbito, surge el concepto "nudge"[440] que se define como posibilidad de cambiar el entorno de la elección con el objetivo de alterar el comportamiento de las personas a través de sistemas de IA. El riesgo de tratar a las personas como objetos que pueden y deben ser manipulados por su propio bien o por el bien de la sociedad (nudge contra la obesidad, para incentivar conductas saludables, cívicas, etc.)[441].

En este sentido, el artículo 5 del Reglamento (UE) 2024/1689, de 13 de junio de 2024, de IA enumera como la primera práctica de IA prohibida es: "la introducción en el mercado, la puesta en servicio o la utilización de un sistema de IA que se sirva de técnicas subliminales que trasciendan la conciencia de una persona o de técnicas deliberadamente manipuladoras o engañosas con el objetivo o el efecto de alterar de manera sustancial el comportamiento de una persona o un colectivo de

[439] SCARFF, R.: "Emotional Artificial Intelligence, Emotional Surveillance, and the Right to Freedom of Thought", 2022, https://easychair.org/publications/preprint_open/qJfZ.
[440] PONCE, J.: "Law, Digital Nudging and Manipulation: Dark Patterns, Artificial Intelligence and the Right to Good Administration", *European review of digital administration & law*, vol. 3, nº. 1, 2022, pp. 31-44; THALER, R. H. y SUNSTEIN, C. R.: *Nudge. The Final Edition*, Penguin Books, 2021.
[441] COECKELBERGH, M.: *La filosofía política de la Inteligencia artificial*, Cátedra, 2023, p. 57.

personas, mermando de manera apreciable su capacidad para tomar una decisión informada y haciendo que tomen una decisión que de otro modo no habrían tomado, de un modo que provoque, o sea razonablemente probable que provoque perjuicios considerables a esa persona, a otra persona o a un colectivo de personas". Y, la segunda práctica prohibida es: "la introducción en el mercado, la puesta en servicio o la utilización de un sistema de IA que explote alguna de las vulnerabilidades de una persona física o un determinado colectivo de personas derivadas de su edad o discapacidad, o de una situación social o económica específica, con la finalidad o el efecto de alterar de manera sustancial el comportamiento de dicha persona o de una persona que pertenezca a dicho colectivo de un modo que provoque, o sea razonablemente probable que provoque, perjuicios considerables a esa persona o a otra". El término de "manera sustancial" del objetivo o del efecto de persuadir permitiría que la persuasión de baja intensidad o "nudge" no entrase dentro de las conductas prohibidas por el Reglamento (UE) 2024/1689, de 13 de junio de 2024, de IA.

Se ha criticado la falta de compresión, por parte de los redactores del Reglamento comunitario de IA, del ámbito de protección de la libertad de conciencia y de pensamiento[442] y la incidencia de los sistemas de IA en la manipulación de nuestras conciencias y de nuestros pensamientos. De hecho, las ciencias del comportamiento y la recopilación masiva de datos pueden combinar sistemas de vigilancia generalizados con estrategias mediáticas adaptadas individualmente que primero identifican la personalidad de cada individuo o grupo y luego los instigan a pensar y comportarse de una determinada manera[443]. La estrategia de los sistemas de IA es perturbar la capacidad de una persona para reflexionar, recopilar y procesar información no sólo altera su capacidad de pensar críticamente, sino que la obliga a comportarse de la manera que la IA puede predecir[444]. Por lo tanto, los sistemas de IA hacen posible que las empresas y los estados perfilen, microorienten e impulsen a las personas a adoptar ciertos comportamientos; las empresas pueden participar en este tipo de actividades para comercializar sus productos, mientras que los poderes públicos pueden explotarlas para inculcar algunos hábitos específicos a sus ciudadanos. El resultado neto de este proceso de múltiples capas puede consistir en una *coerción* de baja intensidad (nudge). Un nivel de presión que apenas aflora, pero que efectivamente altera la forma en que las personas se comportan y

---

[442] PIN, A.: "Freedom of Thought and Conscience and Challenges of AI, Ethics and Morality", 2023, https://canopyforum.org/2023/07/18/freedom-of-thought-and-conscience-and-the-challenges-of-ai/.

[443] Ibidem.

[444] Ibidem.

piensan[445]. Pues bien, según la redacción del Reglamento (UE) 2024/1689, de 13 de junio de 2024, de IA, no estaríamos ante una actuación que tiene como finalidad o efecto de alterar de "manera sustancial" el comportamiento.

Y, por otra parte, la vigilancia emocional incide en la manipulación de nuestras conciencias. Se ha definido: "sistema de reconocimiento de emociones»: un sistema de IA destinado a distinguir o inferir las emociones o las intenciones de las personas físicas a partir de sus datos biométricos" y, en el artículo 5 del Reglamento comunitario 2024/1689, de 13 de junio de 2024, de IA entre las prácticas prohibidas se menciona: "la introducción en el mercado, la puesta en servicio para este fin específico o el uso de sistemas de IA para inferir las emociones de una persona física en los lugares de trabajo y en los centros educativos, excepto cuando el sistema de IA esté destinado a ser instalado o introducido en el mercado por motivos médicos o de seguridad"[446]. Se ha afirmado que la vigilancia emocional puede violar el derecho a no ser manipulados por nuestros pensamientos al ejercer un poder disciplinario sobre el sujeto de vigilancia en la forma de dictar qué emociones son y no son aceptables en ciertas situaciones, y al permitir que las personas sean objeto de una vigilancia particular mientras experimentan un estado emocional específico[447]. El apartado 1, f) del artículo 5 del Reglamento (UE) 2024/1689, de 13 de junio de 2024, de IA solamente prohíbe la vigilancia de emociones en lugares de trabajo y centros escolares, con excepciones, pero se prohíbe la vigilancia no en otros lugares públicos o privados de uso público, ni tampoco su uso por las redes sociales, pero conforme al Anexo III del Reglamento comunitario 2024/1689, de 13 de junio de 2024, de IA serían sistemas de IA de alto riesgo por su relación directa con los datos biométricos[448]. Sobre los datos biométricos, volveremos más adelante.

[445] Ibidem.

[446] Vid. considerando nº 44 del Reglamento (UE) 2024/1689, de 13 de junio de 2024, de IA.

[447] SCARFF, R.: "Emotional Artificial Intelligence, Emotional Surveillance, and the Right to Freedom of Thought", 2022. https://easychair.org/publications/preprint_open/qJfZ.

[448] El Considerando nº 18 del Reglamento (UE) 2024/1689, de 13 de junio de 2024, de IA dice: "El concepto de «sistema de reconocimiento de emociones» a que hace referencia el presente Reglamento debe definirse como un sistema de IA destinado a distinguir o deducir las emociones o las intenciones de las personas físicas a partir de sus datos biométricos. El concepto se refiere a emociones o intenciones como la felicidad, la tristeza, la indignación, la sorpresa, el asco, el apuro, el entusiasmo, la vergüenza, el desprecio, la satisfacción y la diversión. No incluye los estados físicos, como el dolor o el cansancio, como, por ejemplo, los sistemas utilizados para detectar el cansancio de los pilotos o conductores profesionales con el fin de evitar accidentes. Tampoco incluye la mera detección de expresiones, gestos o movimientos que resulten obvios, salvo que se utilicen para distinguir o deducir emociones. Esas expresiones pueden ser expresiones faciales básicas, como un ceño fruncido o una sonrisa; gestos como el movimiento de las manos,

En relación con la manipulación de nuestra conciencia ha surgido el debate jurídico sobre los neuroderechos[449]. Se ha definido los "neuroderechos" como nuevos derechos humanos que protegen la privacidad e integridad mental y psíquica, tanto consciente como inconsciente, de las personas del uso abusivo de neurotecnologías.

La investigación de "interfaz cerebro-ordenador" como sistema electrónico, óptico o magnético que bien mide la actividad del sistema nervioso central y la convierte en una salida conectada a un ordenador o, bien, genera una respuesta artificial que reemplaza, restaura, complementa o mejora la respuesta del sistema nervioso natural y, por tanto, modifica las interacciones en curso entre el sistema nervioso y su entorno externo o interno[450]. En este ámbito, en 2011 por medio del uso de sistemas de IA, el neurocientífico de la Universidad de California, Jack GALLANT, logró realizar un mapeo de la información que los ojos humanos enviaban al cerebro, para así poder descifrar imágenes en las que el humano está pensando. Este hecho supuso el comienzo de una era en que la barrera de la integración cerebro-máquina es cada vez menos difusa[451]. Por su parte, los investigadores del Centro de Inteligencia Artificial centrado en el ser humano, GrapheneX-UTS[452], han desarrollado un sistema portátil y no invasivo que puede decodificar

---

los brazos o la cabeza, o características de la voz de una persona, como una voz alzada o un susurro".

449 ALCALDE, S.: "Los retos de la neurotecnología en tiempos de inteligencia artificial", *National Geographic*, 2020, https://www.nationalgeographic.com.es/ciencia/conexion-humanos-maquinas-mas-alla-ciencia-ficcion_15289; YUSTE, R.: "El avance de la inteligencia artificial, A la Declaración de Derechos Humanos queremos añadirle cinco derechos nuevos: los Neuroderechos", en: https://www.futuro360.com/data/rafael-yuste-y-el-avance-de-la-inteligencia-artificial-a-la-declaracion-dederechos-humanos-queremos-anadirle-cinco-derechos-nuevos-los-neuroderechos_20190119/ - *Repositorio Institucional de la Universidad de Costa Rica*, 2019; RIVERA, N.: "La neurotecnología es la ciencia que creará nuevos Derechos Humanos", *Alnavío*, 2018, https://alnavio.es/noticia/12531/ingenio/la-neurotecnologia-es-la-ciencia-que-creara-nuevos-derechos-humanos.html; DE ASÍS, R.: "Sobre la propuesta de neuroderechos", *Derechos y libertades*, nº 47, 2022, pp. 51-70.

450 Bitbrain (https://www.bitbrain.com/es) es una empresa española que combina neurociencia e inteligencia artificial.

451 VELASQUEZ-MANOFF, M.: "Los lectores de la mente", *The New York Times*, 2020, https://www.nytimes.com/es/2020/08/29/espanol/opinion/inteligencia-artificial-mente.html

452 HAYES, T.: "Portable Mind-Reading AI That Translates Thoughts into Text", https://www.healthcarepackaging.com/quick-hits/article/22882052/portable-mindreading-ai-that-translates-thoughts-into-text#:~:text=According%20to%20a%20recent%20UTS,translates%20silent%20thoughts%20into%20text., diciembre 2023.

pensamientos silenciosos y convertirlos en texto. La investigación es la continuación de la tecnología previa de interfaz cerebro-ordenador desarrollada por UTS en asociación con la Fuerza de Defensa Australiana que utiliza ondas cerebrales para comandar un robot cuadrúpedo. En enero de 2024, la empresa Neuralink realizó el primer implante en una persona del interfaz cerebro-ordenador y se pudieron detectar señales neuronales del participante poco después de la cirugía[453].

El Derecho ha empezado a regular este fenómeno de los neuroderechos. Esta regulación que ha llevado incluso a la modificación de la Constitución de Chile, en 2021, con el siguiente texto: "El desarrollo científico y tecnológico estará al servicio de las personas y se llevará a cabo con respeto a la vida y a la integridad física y psíquica. La ley regulará los requisitos, condiciones y restricciones para su utilización en las personas, debiendo resguardar especialmente la actividad cerebral, así como la información proveniente de ella". Por su parte, el Parlamento Europeo, en la Resolución de 3 de mayo de 2022, sobre la inteligencia artificial en la era digital, ha pedido a la Comisión "que estudie la posibilidad de presentar una iniciativa relativa a los neuroderechos, con el objetivo de proteger el cerebro humano contra la injerencia, la manipulación y el control por parte de la neurotecnología impulsada por la IA [y] anima a la Comisión a que defienda una agenda de neuroderechos a nivel de las Naciones Unidas con el fin de incluir estos derechos en la Declaración Universal de Derechos Humanos, concretamente en lo que respecta a los derechos a la identidad, al libre albedrío, a la privacidad mental, a la igualdad de acceso a los avances en materia de aumento del cerebro y a la protección frente al sesgo algorítmico"[454]. En el considerando nº 29 del Reglamento (UE) 2024/1689, de 13 de junio de 2024, de IA, sobre las técnicas manipulativas se consideran prohibidas a tenor de estas palabras: "Esos sistemas de IA utilizan componentes subliminales, como estímulos de audio, imagen o vídeo que las personas no pueden percibir —ya que dichos estímulos trascienden la percepción humana—, u otras técnicas manipulativas o engañosas que socavan o perjudican la autonomía, la toma de decisiones o la capacidad de elegir libremente de las personas de maneras de las que estas no son realmente conscientes de dichas técnicas o, cuando lo son, pueden seguir siendo engañadas o no pueden controlarlas u oponerles resistencia. Esto podría facilitarse, por ejemplo, mediante interfaces cerebro-máquina o realidad virtual, dado que permiten un mayor grado de control acerca de qué estímulos se presentan a las personas, en la

---

[453] vid. https://neuralink.com/blog/prime-study-progress-update/.

[454] Incluso, el Parlamento Latinoamericano y Caribeño (PARLATINO) ha elaborado un modelo de ley de neuroderechos, vid. https://parlatino.org/wp-content/uploads/2017/09/leym-neuroderechos-7-3-2023.pdf.

medida en que pueden alterar sustancialmente su comportamiento de un modo que supongan un perjuicio considerable".

c) *El derecho a no ser penalizado por nuestras propias ideas, creencias, convicciones, pensamientos, opiniones.* Siempre que permanezcan en nuestro foro interno. La posibilidad de "leer" nuestras ideas, nuestros pensamientos, y nuestras emociones puede conllevar a que se penalice o se sancione por ello o, incluso, no se nos permita acceder a determinados servicios. El orden público como límite de la libertad de conciencia opera, solamente, en las manifestaciones externas de dicha conciencia (artículo 16. 1 CE). No existe límite alguno a las manifestaciones internas. Es decir, la libertad de creer es ilimitada pero la libertad de actuar sí admite límites[455]. Los fenómenos internos de la conciencia no son controlables jurídicamente, son irrelevantes para el Derecho estatal. En cambio, para los Derechos confesionales sí que pueden que determinan que los pensamientos deben ser también conformes a la fe. Por ejemplo, la confesión de los pecados en el Derecho canónico[456] o, el caso examinado por la Comisión Europea de Derechos Humanos, *X y la Iglesia de la Cienciología contra Suecia*, de 1979[457]. El caso gira en torno a un artefacto religioso llamado "E-metro". Este instrumento sirve para medir si la confesión de alguien fue exitosa. Más concretamente, el E-metro, es un "artefacto religioso utilizado para medir el estado de las características eléctricas del 'campo estático' que rodea el cuerpo y se cree que refleja o indica si la persona confesante ha sido o no liberada del impedimento espiritual de sus pecados". El Defensor del Pueblo sueco emprendió acciones legales contra la forma en que se publicitó este objeto. Lo que fue admitido por los tribunales suecos. La Iglesia de la Cienciología y uno de sus ministros se quejaron ante la Comisión Europea de Derechos Humanos pues consideraban que esa restricción equivalía a una violación de la libertad de religión y de expresión de la Iglesia de la Cienciología. La Comisión Europea de Derechos Humanos subrayó que no se impidió a la confesión religiosa vender el E-metro ni siquiera anunciarlo para su venta como tal. El Tribunal de Justicia sueco tampoco restringió en modo alguno la adquisición, posesión o uso del E-metro. Por otra parte, la Comisión Europea de Derechos Humanos razonó que el derecho a la libertad de religión o de creencias no protege los actos que tienen "carácter puramente comercial", como la publicidad de productos con ánimo de lucro, aun cuando "pueda referirse a objetos religiosos que

---

[455] Caso Reynolds v. United States, 98 US 145, 1878, 166.

[456] Canon 988 y siguientes del Código de Derecho Canónico de 1983.

[457] TEMPERMAN, J.: "Artificial Intelligence and Religious Freedom", QUINTAVALLA y TEMPERMAN (eds.): *Artificial Intelligence and Human Rights,* Oxford University Press, 2023.

pertenezcan a una necesidad particular". En suma, las acciones del Estado contra la publicidad del E-metro –y no contra la producción o el uso del E-metro en sí– ni siquiera constituyeron una "injerencia" en el derecho a la libertad de religión o creencias.

Siguiendo la frase de ULPIANO en el *Digesto*: *"cogitationis poenam nemo patitur"* (nadie sufre pena por su pensamiento), no se sanciona jurídicamente la mera decisión o voluntad de delinquir cuando no va acompañada de actuaciones externas[458]. Solo se sancionan penalmente los actos delictivos con trascendencia objetiva externa, por ello, la regla permite prescindir de los elementos internos y subjetivos ajenos del delito como, por ejemplo y a diferencia, de lo previsto en otros ordenamientos jurídicos, el móvil[459] y la premeditación que fue derogada en el actual Código Penal de 1995.

En fin, ALEGRE[460] y ASWAD[461] consideran que las nuevas tecnologías, como las interfaces cerebro-ordenador y los algoritmos que extraen nuestros datos para ofrecer contenidos personalizados, influyen en la forma en que pensamos y percibimos el mundo, lo que constituye una violación del *forum internum* de nuestra conciencia.

[458] "La ideación, la deliberación y la resolución de delinquir (voluntas sceleris) escapa a toda sanción jurídica. La resolución criminal, mientras permanece en lo interno del sujeto, en el ámbito de la conciencia, no está sometida al control de la justicia penal: cogitationis poenam nemo patitur. La razón principal es que no produce ninguna perturbación en el mundo exterior, que es el que el Derecho regula" (STS, Sala 2ª, 28 de octubre de 1988, entre otras).

[459] "El móvil no tiene que ser objeto de acreditamiento dentro de una impugnación por violación del derecho a la presunción de inocencia, al no formar parte de la estructura tipológica del delito. La concurrencia del móvil no es relevante, en tanto en cuanto pertenece a la causalidad interior o anímica cogitationis poenam nemo patitur" (STS, Sala 2ª, 2 de diciembre de 2008).

[460] ALEGRE, S.: "Rethinking Freedom of Thought for the 21st Century", *European Human Rights Law Review*, 3, 2017, pp. 221-233.

[461] ASWAD, E. M.: "Losing the freedom to be human", *Columbia Human Rights Law Review*, 52 (1), 2020, p. 780.

III. Laicidad, igualdad y no discriminación. Los sesgos en los sistemas de Inteligencia Artificial.

1. Cuestiones previas.

La laicidad es la garantía de la igualdad en la libertad de conciencia como hemos descrito en el Bloque II. La neutralidad es la única respuesta para tratar a las personas sin discriminación por parte de los poderes públicos. Si no existe neutralidad se estará discriminando. En este capítulo se comprobará que los sistemas de IA tienen sesgos, consecuentemente, no son neutrales y no garantizan la laicidad[462]. Por tal motivo, los sistemas de IA deben implementar y estar alineados con el valor laicidad.

La profesora I. TURÉGANO ha escrito que la laicidad se relaciona con tres aspectos en el Estado que afectan especialmente a la igualdad: uno, que la laicidad no es posible sin una preocupación del Estado por la efectiva libertad e igualdad de todos. Un segundo elemento que dice que la laicidad supone la necesidad de un debate público plural y racional sobre las pretensiones de las confesiones religiosas de imponer su moral como la única correcta. Y, por último, que la laicidad debe abrirse más allá de una mera actitud del Estado ante nuestras convicciones más profundas, hacia la igual capacidad efectiva de realizar los derechos básicos[463].

El principio de igual libertad para todos implica el reconocimiento de la libertad de conciencia, que a su vez implica la neutralidad del Estado frente a los proyectos de vida individuales (religiosos, filosóficos o morales) y la imposibilidad de definir la ciudadanía sobre la base de la afiliación religiosa.

Estamos de acuerdo con el profesor Fernando REY cuando dice que cualquier discriminación lesiona el Estado de Derecho porque choca injustamente contra el principio de la generalidad de la ley, viola el Estado democrático porque excluye a ciertos grupos sociales y golpea al Estado social porque permite una desigualdad intolerable entre personas libres e iguales. La discriminación es la negación misma de la democracia[464].

El principio de no discriminación es un principio jurídico, un mandato jurídico (art. 14 CE) que va dirigido a cualquier persona, institución,

---

[462] AUROUSSEAU, S.: *Promouvoir laïcité (en milieu hostile). Une notion indispensable pour lutter contre les discriminations*, Double ponctuation, 2023.

[463] TURÉGANO, I.: "¿Qué deben esperar las mujeres de un Estado laico?", en MONTESINOS, N. y SOUTO, B. (coords.): *Laicidad y Creencias*, revista Feminismo/s, núm. 28 (diciembre 2016), p. 52.

[464] REY MARTÍNEZ, F.: *Derecho antidiscriminatorio*. Aranzadi Thomson Reuters, 2020.

empresa, máquina, sistema de IA, etc., que está recogido en el componente escrito de las normas jurídicas, que es aplicable a cualquier ámbito y, por tanto, también es aplicable al ámbito de la IA[465]. Como desarrollo de este artículo constitucional la Ley 15/2022, de 12 de julio, integral para la igualdad de trato y la no discriminación, en su artículo 23 regula la Inteligencia Artificial y los mecanismos de toma de decisión automatizados con las siguientes palabras: "1. En el marco de la Estrategia Nacional de Inteligencia Artificial, de la Carta de Derechos Digitales y de las iniciativas europeas en torno a la Inteligencia Artificial, las administraciones públicas favorecerán la puesta en marcha de mecanismos para que los algoritmos involucrados en la toma de decisiones que se utilicen en las administraciones públicas tengan en cuenta criterios de minimización de sesgos, transparencia y rendición de cuentas, siempre que sea factible técnicamente. En estos mecanismos se incluirán su diseño y datos de entrenamiento, y abordarán su potencial impacto discriminatorio. Para lograr este fin, se promoverá la realización de evaluaciones de impacto que determinen el posible sesgo discriminatorio".

Conviene recordar que el principio de igualdad prohíbe las desigualdades que resulten artificiosas o injustificadas, por no venir fundadas en criterios objetivos y razonables según criterios o juicios de valor generalmente aceptados, siendo asimismo necesario para que sea constitucionalmente lícita la diferencia de trato, que las consecuencias jurídicas que deriven de tal distinción sean proporcionadas a la finalidad perseguida, de suerte que se evitan resultados excesivamente gravosos o desmedidos[466]. No está prohibida la diferenciación de trato, es decir, está permitida siempre que sea objetiva y razonable, y jurídicamente atendible.

2. Aproximación terminológica.

En este apartado definimos algunos conceptos básicos en esta materia sobre el principio de igualdad y los sistemas de IA.

Discriminación algorítmica[467]: La discriminación algorítmica se refiere al tratamiento desigual que un sistema de IA da a una persona X con respecto

---

[465] MORENO REBATO, M.: *Inteligencia artificial (Umbrales éticos, Derecho y Administraciones públicas)*, Aranzadi Thomson Reuters, 2021, p. 50.
[466] SsTC 176/1993 y 90/1995, entre otras.
[467] MORENO REBATO, M.: "Discriminación algorítmica", en *Diccionario de términos para comprender la transformación digital*, Gabriele VESTRI (dir.), Aranzadi, 2023, pp.

a otra persona Y como consecuencia de un atributo particular de X. Esta circunstancia no implica, necesariamente, que la discriminación sea negativa o desventajosa.

Discriminación grupal: Esta forma de discriminación se refiere a aquella discriminación que afecta a una persona a causa de su pertenencia a un grupo socialmente identificable o protegido[468].

Discriminación estadística: La discriminación estadística se refiere a la discriminación grupal basada en un hecho que es estadísticamente relevante.

Discriminación positiva algorítmica significa la utilización de algoritmos para realizar discriminaciones positivas, es decir, beneficiar a determinados colectivos que parten con una situación de desventaja, por ejemplo, las personas con discapacidad. Así discriminación positiva es "Política o programa que proporciona acceso preferencial a la educación, al empleo, a la asistencia sanitaria o al bienestar social a personas de un grupo minoritario que tradicionalmente han sido objeto de discriminación, con el objetivo de crear una sociedad más igualitaria"[469]. Por tal motivo, se ha defendido que los sistemas de IA incluyan la "discriminación positiva por diseño"[470].

Sesgo algorítmico[471]: El sesgo algorítmico se produce en aquellos casos en los que un determinado sistema de IA produce distintos resultados con

---

141-143. También, vid, SORIANO ARNANZ, A.: "Discriminación algorítmica: garantías y protección jurídica", en *Derechos y garantías ante la inteligencia artificial y las decisiones automatizadas*, Aranzadi, 2022 y el documento *Requisitos para Auditorías de Tratamientos que incluyan IA*, enero 2021, AEPD y se basan, principalmente, en el trabajo realizado por BAROCAS, S. y SELBST, A. D.: "Big Data's Disparate Impact", *California Law Review*, 2016, http://dx.doi.org/10.2139/ssrn.2477899; BAEZA-YATES, R.: "Bias on the web", Communications of the ACM, Volume 61, Issue 6 June 2018, pp. 54-61, https://doi.org/10.1145/3209581; CASTILLO, C.: "Algorithmic Discrimination. Assessing the impact of machine intelligence on human behaviour: an interdisciplinary endeavor", *Proceedings of HUMAINT Workshop*. 2018, https://arxiv.org/pdf/1806.03192.pdf.

[468] Ya se trate de unas u otras discriminaciones, los sistemas algorítmicos públicos también pueden generar discriminación múltiple o interseccional en tanto se acumulen errores o tratamientos diferenciados basados en dos o más circunstancias especialmente prohibidas (por ejemplo, mujeres musulmanas), vid. COTINO HUESO, L.: "Discriminación, sesgos e igualdad de la inteligencia artificial en el sector público", en *Inteligencia artificial y sector público*, Tirant lo Blanch, 2023, p. 273.

[469] Vid. *Diccionario panhispánico del español jurídico*. RAE.

[470] COECKELBERGH, M.: *La filosofía política de la Inteligencia artificial*, Cátedra, 2023, p. 64.

[471] SÁNCHEZ SÁNCHEZ, E.: "Sesgo algorítmico", *Diccionario de términos para comprender la transformación digital*, Gabriele VESTRI (dir.), Aranzadi, 2023, pp. 310-312; PONCE SOLÉ, J.: "La lucha contra la mala administración mediante soluciones algorítmicas y sus riesgos: en especial los sesgos algorítmicos", en *La transformación*

relación a los sujetos en función de la pertenencia de este a un colectivo concreto (ya sea por discriminación directa o indirecta) evidenciando un prejuicio subyacente a dicho colectivo.

Nos vamos a detener en el estudio de los sesgos en el siguiente apartado.

3. Los sesgos en los sistemas de Inteligencia Artificial.

Como primera premisa hay que advertir que se ha estudiado muy poco sobre los posibles sesgos relacionados con las cosmovisiones sean estas religiosas y no[472].

Las personas, la sociedad, en general, todos nosotros tenemos sesgos. Los principios de no discriminación, tolerancia[473], respeto al diferente se consagran como principios esenciales para una convivencia pacífica y el orden social y de ahí surge la laicidad como principio de convivencia pacífica, como hemos visto antes. Los sistemas de IA pueden amplificar el impacto de los sesgos y, por tal motivo, se exige su control para evitarlos. Los sistemas de IA pueden conducir a la marginalización de determinadas ideas y a la discriminación y a la opresión de algunos colectivos de personas[474]. Cuando un sistema de IA toma (o, de forma más precisa, recomienda) decisiones, puede surgir el sesgo: las decisiones pueden ser injustas o poco equitativas para individuos o grupos particulares (por ejemplo, vulnerables, discapacitados, menores, marginados, minorías ideológicas, étnicas, religiosas, ...)[475]. La preocupación es que los sistemas de IA pueden perpetuar estos problemas y acrecentar su impacto.

La utilización de los sistemas de IA para la toma de determinadas decisiones puede tener graves consecuencias si dichas decesiones están sesgadas y producen discriminación, no responden a la laicidad ni a la neutralidad, imposibilitando a determinadas personas el acceso a determinados servicios (compra de bienes porque no reciben la información sobre los mismos, por ejemplo, no recibir un préstamo bancario[476], no

---

algorítmica del sistema de justicia penal, Aranzadi, 2022, pp. 113-132 y la guía *Requisitos para Auditorías de Tratamientos que incluyan IA*, enero 2021, AEPD.

[472] *Shaping the AI transformation: the Agency of religious and belief actors. Policy Paper*, Centro de Estudios Religiosos de la Fundación Bruno Kessler (FBK-ISR), diciembre 2021 p. 18.

[473] LLAMAZARES FERNÁNDEZ, D.: "Tolerancia y comunidad política", en *Laicidad y Libertades*, nº 20, 2020, pp. 19-52.

[474] COECKELBERGH, M.: *La filosofía política de la Inteligencia artificial*, Cátedra, 2023, p. 57.

[475] COECKELBERGH, M.: *Ética de la inteligencia artificial*, Cátedra, 2021, p. 107.

[476] En Alemania, el Reino Unido y Francia, las agencias no pueden utilizar el origen étnico, el opinión, afiliación sindical o creencias religiosas a la hora de calcular las

conseguir una oferta de trabajo, no acceder a una vivienda, etc.) o, bien el ejercicio de derechos (poder ir a la cárcel de forma preventiva [COMPAS[477]], riesgo de reincidencia [RisCanvi[478]]; no recibir una ayuda o prestación social [Bono Social, Programa Bosco[479]], fraude ayudas sociales [caso SYRY[480]]; búsqueda de empleo [PAMAS[481]]), etc.

En relación con la discriminación hay que tener en cuenta el diseño de los sistemas de IA. Diseños que como se ha denunciado, más de una vez, contienen casos de discriminación por los motivos que enumera el artículo 14 CE[482]. Todas estas formas de discriminación están vedadas por el ordenamiento jurídico. El aprendizaje automático depende de los datos que se han recopilado de la sociedad, en la medida en que la sociedad contiene desigualdad, exclusión u otros rastros de discriminación, también lo harán los datos[483]. El aprendizaje automatizado reproducirá patrones discriminatorios en el conjunto de datos; como consecuencia, las decisiones sesgadas se presentan como el resultado de un algoritmo, presuntamente, objetivo y, en consecuencia, la confianza irreflexiva en la minería de datos puede negar a los miembros de grupos vulnerables la participación plena en la sociedad[484]. Las técnicas de elaboración de perfiles son un subconjunto específico de decisiones automatizadas[485] que pueden dar lugar a una discriminación invisible pues el algoritmo no es neutral al procederse a la

puntuaciones para la obtención de préstamos (calificación crediticia de los clientes), vid. JENTZSCH, N.: *Financial privacy: an international comparison of credit reporting systems*, Springer Science & Business Media, 2007.

[477] MORENO REBATO, M.: *Inteligencia artificial*, op. cit., pp. 63-64.

[478] RisCanvi es utilizado por servicio penitenciario en Cataluña; https://justicia.gencat.cat/web/.content/home/ambits/reinsercio_i_serveis_peni/resum-riscanvi.pdf. Sobre esta cuestión, caso State v. Loomis, en Wisconsin, del año 2017.

[479] MORENO REBATO, M.: *Inteligencia artificial*, op. cit., pp. 81 y ss.

[480] Ibidem, p. 67.

[481] Ibidem, p. 64.

[482] Sobre los riesgos de discriminación por el uso de algoritmos, vid. ORWAT, C.: *Risks of discrimination through the use of algorithms*, Federal Anti-Discrimination Agency (Germany), 2020.

[483] CALISKAN, A.; BRYSON, J. J.; NARAYANAN, A.: "Semantics derived automatically from language corpora contain human-like biases", *Science*, vol. 356, 2017, DOI: 10.1126/science.aal4230, pp. 183-186.

[484] HOOKER, S.: "Moving beyond 'algorithmic bias is a data problem'", *Patterns*, 2021, DOI: https://doi.org/10.1016/j.patter.2021.100241.

[485] Conviene recordar en este punto, la prohibición de elaboración de perfiles, a no ser que conste el consentimiento expreso, que contiene el artículo 22 del Reglamento comunitario Reglamento (UE) 2016/679 del Parlamento Europeo y del Consejo, de 27 de abril de 2016, relativo a la protección de las personas físicas en lo que respecta al tratamiento de datos personales y a la libre circulación de estos datos y por el que se deroga la Directiva 95/46/CE (Reglamento general de protección de datos).

elaboración de perfiles de los usuarios dando incluso a los denominados "algoritmos opacos"[486]. Esta elaboración de perfiles menoscaba los intereses económicos del usuario al mermar su capacidad de decisión y de elección, por ejemplo, en la contratación de un préstamo o de un seguro. Estas prácticas se conocen con el nombre de "webling" que es la discriminación que se hace a partir del comportamiento online del usuario de internet y con ello se segmenta la población, dicha segmentación puede vulnerar la protección de datos sensibles y puede implicar decisiones injustas[487]. Por otra parte, hay que tener presente en el diseño de los sistemas de IA lo que se denomina "valores incrustados"[488], como decíamos en el Bloque II. Estos valores se usan ampliamente en las elecciones de diseño tecnológico realizadas por los ingenieros e informáticos, por tal motivo el algoritmo puede terminar teniendo el efecto de promover o priorizar ciertos valores sociales sobre otros o dar ventajas o desventajas a algunos grupos sociales sobre otros. Nos estamos refiriendo a la implementación y el alineamiento de valores por parte de los sistemas de IA que vimos en el Bloque I.

Los sesgos algorítmicos se puede derivar de distintas fuentes: sesgo en los datos de entrenamiento, en la metodología de entrenamiento (p. ej. por una supervisión que incluye el sesgo), por un modelo demasiado simplista (*underfitting*), por una aplicación del componente IA en un tratamiento o un contexto que no es adecuado, etc..

En relación con el sesgo, el documento en el que se recogen las Directrices éticas para una IA fiable (2019), en el marco de la Unión Europea, establece: "Un sesgo es una inclinación que favorece o perjudica a una persona, objeto o posición. En los sistemas de IA pueden surgir numerosos tipos de sesgos. Por ejemplo, en los sistemas de IA impulsados por datos, como los creados a través del aprendizaje automático, los sesgos en la recogida de datos y la formación pueden dar lugar a sesgos en el sistema de IA. En los sistemas de IA lógicos, como los basados en normas, pueden surgir sesgos como consecuencia de la visión que puede tener un ingeniero del conocimiento acerca de las reglas aplicables en un entorno específico. También pueden aparecer sesgos debido a la formación y adaptación en línea a través de la interacción, o como consecuencia de la personalización en aquellos casos en que se presentan a los usuarios recomendaciones o información adaptadas a

---

[486] NAVAS NAVARRO, S.: "Derecho e inteligencia artificial desde el diseño. Aproximaciones", en NAVAS NAVARRO, S.: *Inteligencia artificial. Tecnología, Derecho*, Tirant lo Blanch, 2017, pp. 48 y ss.

[487] Ibidem.

[488] SURDEN, H.: "Values Embedded in Legal Artificial Intelligence", *University of Colorado Law Legal Studies Research Paper*, nº 17, 2017.

sus gustos. Los sesgos no tienen por qué estar relacionados necesariamente con inclinaciones humanas o con la recogida de datos por parte de personas. Pueden surgir, por ejemplo, en los limitados contextos en los que se utiliza un sistema, en cuyo caso no existe la posibilidad de generalizarlo a otros contextos. Los sesgos pueden ser positivos o negativos, intencionados o no. En algunos casos, pueden dar lugar a resultados discriminatorios o injustos, lo que en este documento se denomina «sesgo injusto»"[489].

En relación con la necesidad de evitar sesgos injustos, se expone en el Documento de Directrices éticas, que los sesgos identificables y discriminatorios deberían eliminarse en la recopilación de la información, dice este Documento de Directrices éticas[490], y que los propios métodos de desarrollo de los sistemas de IA (por ejemplo, la programación de algoritmos) también pueden presentar sesgos injustos. Esto se podría combatir mediante procesos de supervisión que permitan analizar y supervisar las decisiones del sistema de un modo claro y transparente[491].

La pregunta es si todos los sesgos son injustos.

La misma recopilación de datos sensibles (como raza o datos sanitarios) puede tener una doble interpretación. Así pueden que sean necesarios su utilización para la predicción de enfermedades, por ejemplo, el dato de la raza es necesario para hacer predicciones sobre la diabetes. Pero una vez utilizado puede suponer un riesgo, pues puede servir para incrementar el precio de la póliza del seguro médico privado[492].

Otro supuesto sería la utilización de datos sensibles como la condición socio-económica o la discapacidad para la predicción del fracaso escolar y, en consecuencia, establecer medidas correctoras individualizadas para evitarlo lo que implicará nuevas inversiones y aumento del gasto público pero también existe el riesgo de que se utilicen esos datos para incentivar el abandono escolar incluso la expulsión del alumno del sistema escolar para "optimar" recursos, para reducir el gasto público en educación.

---

[489] *Directrices éticas para una IA fiable.* Grupo independiente de expertos de alto nivel sobre inteligencia artificial, creado por la Comisión Europea, 2019, pp. 48 y 49.
[490] *Directrices éticas para una IA fiable.* Grupo independiente de expertos de alto nivel sobre inteligencia artificial, creado por la Comisión Europea, 2019, pp. 23.
[491] *Directrices éticas para una IA fiable.* Grupo independiente de expertos de alto nivel sobre inteligencia artificial, creado por la Comisión Europea, 2019, p. 23.
[492] CHOHLAS-WOOD, A.; COOTS, M.; GOEL, S. y NYARKO, J.: "Designing equitable algorithms", *Nature Computational Science,* 3, 2023, pp. 601–610. https://doi.org/10.1038/s43588-023-00485-4.

Otro concepto que tiene importancia por lo que hemos dicho es el perfilado, la elaboración de perfiles, que viene definido como toda forma de tratamiento automatizado de datos personales consistente en utilizar datos personales para evaluar determinados aspectos personales de una persona física, en particular para analizar o predecir aspectos relativos al rendimiento profesional, situación económica, salud, preferencias personales, intereses, fiabilidad, comportamiento, ubicación o movimientos de dicha persona física[493].

Los rasgos y atributos son predecibles a partir de los registros digitales (huella digital) de nuestro comportamiento en las redes sociales, en internet[494], incluso mediante los "me gusta" de Facebook y de otras redes sociales se pueden utilizar para predecir de forma automática y precisa una serie de atributos personales altamente sensibles, entre ellos: orientación sexual, etnia, creencias religiosas y opiniones políticas, así como otros rasgos de la personalidad. En un estudio[495] se perfilaron los usuarios que eran cristianos y musulmanes correctamente en el 82% de los casos y se lograron resultados similares para los demócratas y los republicanos (85%). También, se puede determinar la orientación política, incluso, a través del reconocimiento facial[496].

---

[493] Artículo 4 del Reglamento 2016/679 del Parlamento Europeo y del Consejo, de 27 de abril de 2016, relativo a la protección de las personas físicas en lo que respecta al tratamiento de datos personales y a la libre circulación de estos datos. Sobre esta materia, vid. MORENO REBATO, M.: "Perfilado algorítmico", en *Diccionario de términos para comprender la transformación digital*, Gabriele VESTRI (dir.), Aranzadi, 2023, pp. 263-264 y Documento de la Agencia Española de Protección de datos: Adecuación al RGPD de tratamientos que incorporan inteligencia artificial, febrero de 2020; Documento titulado: *Directrices sobre decisiones individuales automatizadas y elaboración de perfiles a los efectos del Reglamento 2106/679*, del Grupo de Trabajo sobre protección de datos del artículo 29, 2018.

[494] KOSINSKI, M.; STILLWELL, D.; GRAEPEL, T.: "Private traits and attributes are predictable from digital records of human behavior", en *Proceedings of the National Academy of Sciences (PNAS)*, nº 110 (15), 2013, doi: 10.1073/pnas.1218772110. 2013.

[495] Ibidem.

[496] KOSINSKI, M.: "Facial recognition technology can expose political orientation from naturalistic facial images", *Scientific Reports*, 11, 100, 2021, https://doi.org/10.1038/s41598-020-79310-1. En el considerando nº 43 del Reglamento (UE) 2024/1689, de 13 de junio de 2024, de IA se dice: "La introducción en el mercado, la puesta en servicio para ese fin concreto o la utilización de sistemas de IA que creen o amplíen bases de datos de reconocimiento facial mediante la extracción no selectiva de imágenes faciales a partir de internet o de imágenes de circuito cerrado de televisión deben estar prohibidas, pues esas prácticas agravan el sentimiento de vigilancia masiva y pueden dar lugar a graves violaciones de los derechos fundamentales, incluido el derecho a la intimidad". También, el artículo 5 de este Reglamento (UE) 2024/1689, de 13 de junio de 2024, de IA.

El sesgo político algorítmico[497] se produce cuando los resultados de un sistema de IA tienden a violar un estándar normativo, lo que da lugar a que un tipo de individuo, grupo o contenido sea injustamente privilegiado o discriminado en función de su orientación política. El sesgo político puede ser puesto de manifiesto, incluso de forma inconsciente, y ser utilizado por aplicaciones como LinkedIN[498] para la contratación de personal[499]. Incluso el sesgo religioso aparece porque determinadas empresas contratan en función de la orientación religiosa del centro escolar o universidad donde se haya estudiado[500].

En relación con este sesgo en las redes sociales, Twitter reveló que beneficia a los partidos y opiniones de derecha[501]. En la actualidad, después de la compra de esta red social por Elon MUSK, que ha renombrado como X, el sesgo político es mucho más acusado[502].

---

[497] PETERS, U.: "Algorithmic Political Bias in Artificial Intelligence Systems", *Philosophy and Technology*; 35 (2), 2022. doi: 10.1007/s13347-022-00512-8.

[498] ROTH, P. L.; THATCHER, J. B.; BOBKO, P.; MATTHEWS, K. D.; ELLINGSON, J. E. & GOLDBERG, C. B.: "Political affiliation and employment screening decisions: The role of similarity and Identification processes", *The Journal of applied psychology*, 105 (5), 2020, pp. 472-486, https://doi.org/10.1037/apl0000422.

[499] DRAGE, E., MACKERETH, K.: "Does AI Debias Recruitment? Race, Gender, and AI's 'Eradication of Difference'", *Philosophy and Technology*, 35, 89, 2022. https://doi.org/10.1007/s13347-022-00543-1.

[500] RAGONE, G.: "Artificial Intelligence and New Scenarios of Religious Discrimination in Virtual and Real Space", *Stato, Chiese e pluralismo confessionale*, nº 21, 2022.

[501] BELLI, L.: "Examining algorithmic amplification of political content on Twitter", 2021, https://blog.twitter.com/en_us/topics/company/2021/rml-politicalcontent. El estudio se centra en siete países, Estados Unidos, Japón, Reino Unido, Francia, España, Canadá y Alemania. Excepto en este último país los tuits publicados por cuentas de la derecha política tuvieron mayor amplificación algorítmica que los tuits sobre los mismos asuntos publicados por grupos de la izquierda política. El algoritmo de recomendación de Twitter, y la publicación de su código en: https://blog.twitter.com/engineering/en_us/topics/open-source/2023/twitter-recommendation-algorithm.

Sobre esta materia, vid. HUSZÁR, F.; KTENA, SI.; O'BRIEN, C.; BELLI, L.; SCHLAIKJER, A.; HARDT, M.: "Algorithmic amplification of politics on Twitter", en *Proceedings of the National Academy of Sciences (PNAS)*, 119 (1), 2022; ERTZSCHEID, O.: "Les algorithmes sont-ils de droite?", 26 de octubre 2021, https://affordance.framasoft.org/2021/10/algorithmes-sont-ils-de-droite/?s=03

[502] Un juez federal de los Estados Unidos, en el Estado de California, ha desestimado una demanda presentada por X contra el Centro para Contrarrestar el Odio Digital (CCDH por las siglas en inglés de *Center for Countering Digital Hate*), una organización sin ánimo de lucro dedicada a luchar y denunciar discursos de odio.

En su demanda, de 25 de marzo de 2024, X solicitaba que se penalice a los investigadores por violar los términos de servicio de la red social por recopilar ilegalmente mensajes públicos para elaborar los informes del CCDH en los que se denuncia el incremento de mensajes de incitación al odio y la desinformación de la plataforma desde que Elon Musk se hiciera cargo de la red social.

4. ¿Por qué discriminan los sistemas de Inteligencia Artificial y cómo discriminan?

Puede ocurrir que la persona que programa, diseña o implementa un sistema de IA refleje sus prejuicios o sesgos en el mismo algoritmo. Los algoritmos son “entrenados” con muestras de datos, y la calidad y diversidad de estos datos es una de las claves para entender cómo se produce la discriminación algorítmica. Puede darse el caso de que la muestra sobre la que se entrena el algoritmo sea poco representativa y refleje un grupo mayoritario o dominante[503].

La discriminación algorítmica directa se produce cuando se introducen en el algoritmo los datos relativos a la pertenencia a un grupo desfavorecido y a dicha pertenencia se asocia un valor negativo o cuando se infiera la pertenencia de una persona, a un grupo desfavorecido, de otros datos a los que se atribuya un valor negativo. Los diseñadores del algoritmo pueden articular dichas inferencias de manera consciente o inconsciente pero también es posible que el algoritmo las desarrolle una vez que se ponga en funcionamiento[504]. En muchos sistemas de IA se produce una equiparación entre musulmán y terrorista, como comprobaremos más adelante en el caso

---

Como consecuencia de las investigaciones del CCDH, algunos anunciantes abandonaron la plataforma ante la idea de que sus productos se anunciaran en publicaciones con proclamas supremacistas, racistas, xenófobos o antisemitas. https://www.mediamatters.org/twitter/musk-endorses-antisemitic-conspiracy-theory-x-has-been-placing-ads-apple-bravo-ibm-oracle

Daños económicos que los abogados de X se negaron a reconocer en su demanda y que señalaba el propio juez “no alegó pérdidas basadas en daños tecnológicos". El magistrado ha alegado que lo que X buscaba con su demanda era castigar a la organización por difundir un trabajo de investigación.

“X Corp. ha presentado este caso para castigar a la CCDH por sus publicaciones que criticaban a X Corp., y tal vez para disuadir a otros que deseen participar en tales críticas”, escribió el juez Breyer, que añadió que las decenas de millones de dólares que X solicitaba en compensación “buscaban torpedear las operaciones de una pequeña organización sin fines de lucro”, vid. https://storage.courtlistener.com/recap/gov.uscourts.cand.416212/gov.uscourts.cand.416212.75.0.pdf.

[503] *Data quality and artificial intelligence. Mitigating bias and error to protect fundamental rights*, European Union Agency for fundamental rights, 2019, https://fra.europa.eu/sites/default/files/fra_uploads/fra-2019-data-quality-and-ai_en.pdf.

[504] SORIANO ARNANZ, A.: “Decisiones automatizadas y discriminación: aproximación y propuestas generales”, *Revista general de Derecho Administrativo*, nº 56, 2021, pp. 15 y 16; SORIANO ARNANZ, A.: *Data protection for the prevention of algorithmic discrimination*, Aranzadi, 2021.

de uso de predicción delictiva[505]. Otro ejemplo es la IA de lenguaje natural en la nube de Google clasificó el cristianismo y el sijismo como buenos, mientras que el judaísmo se consideró negativo[506].

La discriminación indirecta, por su parte, requiere que se acredite la existencia de una disposición, práctica o criterio aparentemente neutros que produzcan efectos más perjudiciales para las personas pertenecientes al grupo protegido que a las no pertenecientes a dicho grupo. En el caso concreto, de la discriminación algorítmica, la disposición, práctica o criterio, aparentemente neutro, puede ser la variable específica introducida en el sistema que, por el valor que le otorga este, genera un resultado discriminatorio para el grupo desfavorecido, o bien el algoritmo generalmente considerado[507].

La discriminación indirecta requiere que se acredite la existencia de una disposición, práctica o criterio aparentemente neutros que produzcan efectos más perjudiciales para las personas pertenecientes al grupo protegido que a las no pertenecientes a dicho grupo. Ejemplo la utilización del código postal por la publicidad de Facebook sobre la búsqueda de venta y alquiler de pisos. El Departamento de Vivienda y Urbanismo de EE. UU. demandó a la red social tras descubrir que su algoritmo de publicidad ofrece un acceso desigualitario a los anuncios de vivienda y empleo[508] para determinados colectivos por razón de religión.

---

505 RAGONE, G.: "Artificial Intelligence and New Scenarios of Religious Discrimination in Virtual and Real Space", *Stato, Chiese e pluralismo confessionale*, nº 21 de 2022; ABID, A.; M. FAROOQI, M.; J. ZOU, J.: "Large language models associate Muslims with violence", *Nature Machine Intelligence*, nº 3, 2021, pp. 461-463.

506 THOMPSON, A.: "Google's Sentiment Analyzer Thinks Being Gay Is Bad", *Motherboard*, 2017; KAYE, D.: *Report of the Special Rapporteur on the Promotion and Protection of the Right to Freedom of Opinion and Expression,* 2017.

507 SORIANO ARNANZ, A.: "Decisiones automatizadas y discriminación: aproximación y propuestas generales", op. cit., p. 19.

508 https://www.technologyreview.es/s/11080/facebook-discrimina-en-funcion-de-la-raza-el-genero-y-la-religion.

5. ¿Es necesario recopilar datos sensibles para no discriminar? ¿Es necesario enseñar a los sistemas de Inteligencia Artificial a no discriminar utilizando datos sensibles?

Son varios los autores[509] que, aunque parezca paradójico, han venido entendiendo que la protección de los datos de carácter personal puede ser contraproducente para la protección de la igualdad y la no discriminación. Entienden que el uso de datos personales confidenciales y sensibles puede ser necesario para evitar la discriminación en los modelos de decisión basados en datos. Si se prohíbe la utilización de determinadas categorías de datos, como la religión[510], la raza, o el sexo, en el procesamiento de datos, para la toma de decisiones, puede exacerbarse la discriminación al hacer que los sesgos sean más difíciles de detectar.

Esta propuesta finalmente ha sido aceptada y aparece en el artículo 10. 5 del Reglamento (UE) 2024/1689, de 13 de junio de 2024, de IA como excepción a la utilización de datos sensibles, eso sí con muchas cautelas. En este sentido, el Considerando nº 70 del Reglamento comunitario 2024/1689, de 13 de junio de 2024, dispone que: “A fin de proteger los derechos de terceros frente a la discriminación que podría provocar el sesgo de los sistemas de IA, los proveedores deben —con carácter excepcional, en la medida en que sea estrictamente necesario para garantizar la detección y corrección de los sesgos asociados a los sistemas de IA de alto riesgo, con sujeción a las garantías adecuadas para los derechos y libertades

[509] ŽLIOBAITĖ, I., CUSTERS, B.: “Using sensitive personal data may be necessary for avoiding discrimination in data-driven decision models”. *Artificial Intelligence Law*, 24, 2016, pp. 183, 201, https://doi.org/10.1007/s10506-016-9182-5; VAN BEKKUM, M. y BORGESIUS, F. Z.: “Using sensitive data to prevent discrimination by artificial intelligence: does the GDPR need a new exception?”, *Computer Law and Security Review*, 48, 2023, http://dx.doi.org/10.2139/ssrn.4104823; ALIDADI, K.: “Gauging Progress towards Equality? Challenges and Best Practices of Equality Data Collection in the EU”, *European Equality Law review*, 2017, 2, pp. 21-22; AL-ZUBAIDI, Y.: “Some Reflections on Racial and Ethnic Statistics for Anti-Discrimination Purposes in Europe”, *European Equality Law review*, 2020, p. 65; HAGENDORFF, T. & FABI, S.: “Why we need biased AI: How including cognitive biases can enhance AI systems”, *Journal of Experimental & Theoretical Artificial Intelligence*, 2023, pp. 1-14, https://doi.org/10.1080/0952813X.2023.2178517.

[510] Un ejemplo extremo de un nuevo uso de los datos sobre etnicidad y religión se refiere al registro de la población judía en los Países Bajos, durante el tiempo en que los nazis ocuparon los Países Bajos. Los nazis podían encontrar fácilmente judíos en los Países Bajos, porque el registro de ciudadanos incluía el origen étnico y la religión de cada persona. Las computadoras IBM en el registro de ciudadanos facilitaron la compilación de listas de, por ejemplo, todos los judíos de Ámsterdam, vid. BLACK, E.: *IBM and the Holocaust: The Strategic Alliance Between Nazi Germany and America's Most Powerful Corporation*, Dialog press, 2012.

fundamentales de las personas físicas y tras la aplicación de todas las condiciones aplicables establecidas en el presente Reglamento, además de las condiciones establecidas en los Reglamentos (UE) 2016/679 y (UE) 2018/1725 y la Directiva (UE) 2016/680— ser capaces de tratar también categorías especiales de datos personales, como cuestión de interés público esencial en el sentido del artículo 9, apartado 2, letra g), del Reglamento (UE) 2016/679 y del artículo 10, apartado 2, letra g), del Reglamento (UE) 2018/1725".

6. ¿Pueden los sistemas de Inteligencia Artificial detectar la discriminación?

Como hemos manifestado los sistemas de IA tienen riegos y es cierto que pueden discriminar, pero también es posible que los sistemas de IA sean grandes aliados para luchar contra la discriminación.

Realmente, es tentador pensar que la toma de decisiones humanas es transparente, no discriminatoria, neutral y respetuosa con los diferentes ya que están alineados con la laicidad, pero la realidad es otra, por eso a veces no es fácil poder detectar el sesgo humano en procesos de decisión.

Es posible utilizar los sistemas de IA para detectar la discriminación, al igual que para luchar contra el fraude, el discurso de odio, la apología del terrorismo, la violencia de género, el contenido extremista, la explotación infantil, la incitación a la violencia, etc.. De hecho, los sistemas de IA se utilizan para el filtrado de contenido y procesos de eliminación de contenido en las redes sociales, la política de moderación, como veremos más adelante[511]. También, en los procedimientos de certificación, evaluación de impacto y auditoría de algoritmos pueden ser un gran instrumento para introducir este tipo de algoritmos "entrenados" para detectar discriminación[512].

Los sistemas de IA pueden facilitar la investigación del Estado sobre delitos cibernéticos como la incitación al odio en línea basada en la religión, entre otros motivos. El deber de respeto, en este contexto, sugiere que el Estado no puede esconderse detrás del hecho de que estas plataformas y sus modelos publicitarios, algoritmos y enfoques de lecturas adicionales sugeridas son creados y mantenidos por actores empresariales privados. El deber de respetar

---

[511] URBAN, J.; KARAGANIS, J. y SCHOFIELD, B.: "Notice and Takedown in Everyday Practice", en *UC Berkeley Public Law Research Paper*, 2016.
[512] TISCHBIREK, A.: "Artificial intelligence and discrimination: Discriminating against discriminatory systems", en *Regulating Artificial Intelligence*, Springer, 2020, pp. 103-121.

puede, en determinadas circunstancias, implicar que el Estado tenga que ir tan lejos como para penalizar activamente a las empresas por no combatir suficientemente la incitación al odio. Al Estado le corresponde garantizar, en su territorio, a todos los ciudadanos el ejercicio de los derechos humanos y que no sean discriminado. Por lo tanto, el Estado puede incurrir en responsabilidad por el papel de estas plataformas privadas si no cumple suficientemente con estas obligaciones positivas de prevención y control de daños[513].

Los sistemas de IA pueden ser un gran aliado para luchar contra la discriminación a través del denominado "tratamiento igualitario por diseño" ("equal protection by design")[514].

7. La equidad y la igualdad como valores implementados y alineados en los sistemas de Inteligencia Artificial.

Uno de los contenidos que hay que incluir en este apartado son los estudios realizados por los/as investigadores/as de las ciencias de la computación y de la informática en varios trabajos de investigación[515] utilizan los valores de igualdad y equidad[516] para su implementación y/o alineamiento en los sistemas de IA.

[513] TEMPERMAN, J.: "Artificial Intelligence and Religious Freedom", QUINTAVALLA y TEMPERMAN (eds.): *Artificial Intelligence and Human Rights,* Oxford University Press, 2023.

[514] HACKER, P.: "Teaching Fairness to Artificial Intelligence: Existing and Novel Strategies Against Algorithmic Discrimination Under EU Law", *Common Market Law Review,* 55, 2018, pp. 1143-1186.

[515] MONTES, N. y SIERRA, C.: "Value-Guided Synthesis of Parametric Normative Systems", en *Proceedings of the 20th International Conference on Autonomous Agents and MultiAgent Systems (AAMAS '21).* International Foundation for Autonomous Agents and Multiagent Systems, Richland, SC, 2021, pp. 907-915; SIERRA, C.; OSMAN, N.; NORIEGA, P.; SABATER-MIR, J. y PERELLÓ-MORAGUES, A.: "Value alignment: a formal approach", en *The Responsible Artificial Intelligence Agents Workshop, of the 18th International Conference on Autonomous Agents and MultiAgent Systems (AAMAS 2019),* 2021.

[516] En el artículo de Dana PESSACH y Erez SHMUELI titulado: "Algorithmic Fairness", 2020, https://arxiv.org/abs/2001.09784; se definen los siguientes conceptos relacionados con la equidad algorítmica, en concreto: el aprendizaje secuencial justo (Fair Sequential Learning), el aprendizaje adversarial justo (Fair Adversarial Learning), la incrustación de palabras justas (Fair Word Embedding), la descripción visual justa (Fair Visual Description), los sistemas de recomendación justos (Fair Recommender Systems) y el aprendizaje causal justo (Fiar Causal Learning) así como otros conceptos vinculados al sesgos algorítmicos como impacto dispar, paridad demográfica, probabilidades igualadas, igualdad de oportunidades, equidad individual, compensaciones. También, sobre las

En todo caso, no desconocemos que se ha afirmado que no se puede automatizar la equidad[517] porque se considera que automatizar la equidad o la no discriminación puede ser imposible porque la ley, por diseño, no proporciona un marco estático u homogéneo adecuado para probar la discriminación en los sistemas de IA.

La equidad y la igualdad son conceptos que no son utilizados, en estos trabajos, teniendo en cuenta su significado jurídico. Se define equidad, según el Diccionario panhispánico del español jurídico como "principio de justicia material que debe ponderarse en la aplicación de las normas en atención a las circunstancias del caso", es decir, "se pretende humanizar y flexibilizar la aplicación individualizada de las normas jurídicas cuando el resultado de su estricta observancia, en el contexto de las singulares circunstancias concurrentes, pueda resultar contrario a otros principios o valores del ordenamiento jurídico"[518]. Si bien el artículo 3.2. Código Civil recoge que: "La equidad habrá de ponderarse en la aplicación de las normas, si bien las resoluciones de los tribunales solo podrán descansar de manera exclusiva en ella cuando la ley expresamente lo permita". Por lo tanto, existe una cierta desconfianza jurídica hacia la equidad. Es decir, el legislador tiene que incluir en la norma jurídica esa referencia. Existe normas que hacen mención a la equidad en materia educativa, por ejemplo, el Título II de la Ley orgánica de Educación 2/2006 (artículos 71 y siguientes)[519].

---

cuestiones terminológicas, vid., también: CORBETT-DAVIES, S.; GAEBLER, J. D; NILFOROSHAN, H.; SHROFF, R. y GOEL, S.: "The Measure and Mismeasure of Fairness", 2023, https://arxiv.org/abs/1808.00023.

Sobre la relación entre equidad y sesgos, vid. FERRARA, E.: "Fairness and Bias in Artificial Intelligence: A Brief Survey of Sources, Impacts, and Mitigation Strategies", *Sci, 6*, 3, 2024, https://doi.org/10.3390/sci6010003.

[517] WACHTER, S.; MITTELSTADT, B.; RUSSELL, C.: "Why fairness cannot be automated: Bridging the gap between EU non-discrimination law and AI", *Computer Law & Security Review*, vol. 41, 2021, https://doi.org/10.1016/j.clsr.2021.105567; BEIGANG, F.: "Yet Another Impossibility Theorem in Algorithmic Fairness", *Minds & Machines*, 33, 2023, pp. 715-735, https://doi.org/10.1007/s11023-023-09645-x

[518] STS de 19 de diciembre de 2013.

[519] El artículo 80 de la LOE dispone: "Con el fin de hacer efectivo el principio de equidad en el ejercicio del derecho a la educación, las Administraciones públicas desarrollarán acciones dirigidas hacia las personas, grupos, entornos sociales y ámbitos territoriales que se encuentren en situación de vulnerabilidad socioeducativa y cultural con el objetivo de eliminar las barreras que limitan su acceso, presencia, participación o aprendizaje, asegurando con ello los ajustes razonables en función de sus necesidades individuales y prestando el apoyo necesario para fomentar su máximo desarrollo educativo y social, de manera que puedan acceder a una educación inclusiva, en igualdad de condiciones con los demás".

Se ha entendido que la equidad se refiere a la ausencia de sesgos o discriminación en los sistemas de IA[520]. Con otras palabras, se refiere a la ausencia de discriminación o favoritismo hacia cualquier individuo o grupo en función de las características protegidas como la raza, género, edad, o religión[521]. En todo caso, sí se ha diferenciado varios tipos de equidad: grupal, individual, contrafáctica, procesal, causal[522]. Por su parte, el considerando nº 27 del Reglamento (UE) 2024/1689, de 13 de junio de 2024, de IA menciona al principio ético de "equidad", en referencia al documento de las *Directrices éticas para una IA fiable*, del Grupo de expertos de alto nivel sobre inteligencia artificial de 2019. La equidad en este documento implica que se debe asegurar que las personas y los grupos no sufran sesgos injustos, discriminación ni estigmatización.

En algunos de estas investigaciones[523] se defiende la necesidad de un modelo de alineación de valores de igualdad y de equidad en relación con el sistema fiscal (por ejemplo, el caso de los evasores fiscales). La alineación con respecto al valor de igualdad se cuantifica a través del índice de Gini. Un indicador muy conocido por su uso generalizado en economía para cuantificar la riqueza y la desigualdad de ingresos. Se considera que se ha logrado una alta promoción de la equidad de valores si, al final de un camino aleatorio, tantos evasores como sea posible están, en promedio, entre los individuos más pobres de la población. En conclusión, se indica que: "Interestingly, pursuing equality is detrimental towards fairness, but pursuing fairness is somewhat congruent with equality. The relationship is not symmetrical"[524].

---

520 FERRARA, E.: "Fairness and Bias in Artificial Intelligence: A Brief Survey of Sources, Impacts, and Mitigation Strategies", *Sci, 6*, 3, 2024, https://doi.org/10.3390/sci6010003; BAROCAS, S. & SELBST, A. D.: "Big data's disparate impact", *California Law Review*, 104, 2016, pp. 671-732.

521 DWORK, C.; HARDT, M.; PITASSI, T.; REINGOLD, O. & ZEMEL, R.: "Fairness through awareness", *Proceedings of the 3rd Innovations in Theoretical Computer Science Conference*, 2012, pp. 214-226.

522 FERRARA, E.: "Fairness and Bias in Artificial Intelligence: A Brief Survey of Sources, Impacts, and Mitigation Strategies", *Sci, 6*, 3, 2024, https://doi.org/10.3390/sci6010003.

523 MONTES, N. y SIERRA, C.: "Value-Guided Synthesis of Parametric Normative Systems", en *Proceedings of the 20th International Conference on Autonomous Agents and MultiAgent Systems (AAMAS '21).* International Foundation for Autonomous Agents and Multiagent Systems, Richland, SC, 2021, pp. 907–915; SIERRA, C.; OSMAN, N.; NORIEGA, P.; SABATER-MIR, J. y PERELLÓ-MORAGUES, A.: "Value alignment: a formal approach"; en *The Responsible Artificial Intelligence Agents Workshop, of the 18th International Conference on Autonomous Agents and MultiAgent Systems (AAMAS 2019)*, 2021.

524 MONTES, N. y SIERRA, C.: "Value-Guided Synthesis of Parametric Normative Systems", en *Proceedings of the 20th International Conference on Autonomous Agents and MultiAgent Systems (AAMAS '21).* International Foundation for Autonomous Agents and Multiagent Systems, Richland, SC, 2021, pp. 914.

Se ha comentado en relación con estos trabajos que se concibe a los estados como representantes de los valores a través de una evaluación de funciones, y se basa en un ejemplo de impuestos para ilustrar un marco más general para optimizar la alineación de valores de los sistemas normativos. Sin embargo, su análisis no considera los efectos de elegir diferentes funciones semánticas de valor u otros criterios que caracterizarían los planes admisibles de valor[525].

En relación con la equidad en el sistema tributario español este valor no es mencionado en ningún artículo de las normas fiscales sí en alguna exposición de motivos[526]. Por su parte, el TS sobre el principio de equidad en materia fiscal que la Administración ejercería una potestad estrictamente reglada y, en consecuencia, se debe aplicar la ley y no le es dado a la Administración tributaria "flexibilizar" su aplicación ni hacer uso de tal o cual concepción de la equidad para procurar al infractor un trato más benévolo. Tal cosa constituiría una frontal infracción de normas imperativas[527].

También se ha aplicado el principio de equidad a otro caso de uso, por parte de los/as investigadores/as: la distribución de agua[528] para el consumo humano[529]. En un escenario de distribución de agua, todas las asignaciones que, en algún momento, dejan a las partes interesadas sin una cantidad mínima de agua necesaria para las necesidades básicas, no deben considerarse, incluso si conducen a un estado final en el que la distribución de agua es equitativa. En particular, los requisitos legales a menudo pueden solicitar realizar las acciones

---

[525] HOLGADO-SÁNCHEZ, A.; ARIAS, J.; MORENO-REBATO, M.; OSSOWSKI, S.: "On Admissible Behaviours for Goal-Oriented Decision-Making of Value-Aware Agents", en MALVONE, V., MURANO, A. (eds.): *Multi-Agent Systems. EUMAS 2023. Lecture Notes in Computer Science*, vol 14282. Springer, Cham., 2023, https://doi.org/10.1007/978-3-031-43264-4_27.

[526] En concreto, en la exposición de motivos de la Ley 35/2006, de 28 de noviembre, del Impuesto sobre la Renta de las Personas Físicas y de modificación parcial de las leyes de los Impuestos sobre Sociedades, sobre la Renta de no Residentes y sobre el Patrimonio; en la Ley 19/1991, de 6 de junio, del Impuesto sobre el Patrimonio y en la Ley 5/2020, de 15 de octubre, del Impuesto sobre las Transacciones Financieras.

[527] STS 2432/2023, de 6 de junio de 2023.

[528] HOLGADO-SÁNCHEZ, A.; ARIAS, J.; MORENO-REBATO, M.; OSSOWSKI, S.: "On Admissible Behaviours for Goal-Oriented Decision-Making of Value-Aware Agents", en MALVONE, V., MURANO, A. (eds.): *Multi-Agent Systems. EUMAS 2023. Lecture Notes in Computer Science*, vol 14282. Springer, Cham., 2023, https://doi.org/10.1007/978-3-031-43264-4_27.

[529] En la normativa reguladora del agua de consumo humano no aparece mencionado el principio de equidad. Por extensión en el Derecho Administrativo, aparece mencionada en el artículo 110 de la Ley 39/2015, de procedimiento administrativo y en el artículo 7 de la Ley 27/2022, de 20 de diciembre, de institucionalización de la evaluación de políticas públicas en la Administración General del Estado.

adecuadas en cada momento y solo buscar el resultado inmediato, en lugar de centrarse en una optimización a largo plazo[530]; es decir, "As such, we ended up proposing a relaxed behaviour that could contemplate better future equity-aligned decisions without losing the law's intentions regarding the value"[531]. Debido a este hecho, definen otro concepto, que es el de las conductas admisibles por valor: "value-admissible behaviours". Nosotros añadimos, conductas admisibles jurídicamente, como hemos expuesto en el Bloque I.

La distribución de agua, en periodo de sequía, viene determinada por unos límites vitales de consumo humano, marcados por la ley, que podría dar lugar a un ejemplo extremo; es decir, estaríamos ante un nuevo dilema ético vital. Si no hay agua para todos ¿a quién se le distribuye agua? ¿quién se salva de no morir de sed?

Estos trabajos[532] emplean el valor "igualdad" en relación con el índice de Gini[533]. Si bien este índice o coeficiente Gini es utilizado de forma mayoritaria, no es ajeno a las críticas. El índice de Gini no es igualitario y sufre otras características no deseables[534]. Dicho índice no es reflejo de ninguna construcción jurídica del principio ni del valor jurídico de igualdad, como hemos expuesto en este apartado del Bloque III. Existe otros índices

---

530 HOLGADO-SÁNCHEZ, A.: "Value-Awareness Engineering: Towards Learning Context-Based Value Taxonomies", en MALVONE, V., MURANO, A. (eds.): *Multi-Agent Systems. EUMAS 2023. Lecture Notes in Computer Science*, vol 14282. Springer, Cham., 2023, p. 481, https://doi.org/10.1007/978-3-031-43264-4_35.

531 HOLGADO-SÁNCHEZ, A.; ARIAS, J.; MORENO-REBATO, M.; OSSOWSKI, S.: "On Admissible Behaviours for Goal-Oriented Decision-Making of Value-Aware Agents", en MALVONE, V., MURANO, A. (eds.): *Multi-Agent Systems. EUMAS 2023. Lecture Notes in Computer Science*, vol 14282. Springer, Cham., 2023, p. 422 https://doi.org/10.1007/978-3-031-43264-4_27.

532 MONTES, N. y SIERRA, C.: "Value-Guided Synthesis of Parametric Normative Systems", en *Proceedings of the 20th International Conference on Autonomous Agents and MultiAgent Systems (AAMAS '21)*. International Foundation for Autonomous Agents and Multiagent Systems, Richland, SC, 2021, pp. 907-915; SIERRA, C.; OSMAN, N.; NORIEGA, P.; SABATER-MIR, J. y PERELLÓ-MORAGUES, A.: "Value alignment: a formal approach"; en *The Responsible Artificial Intelligence Agents Workshop, of the 18th International Conference on Autonomous Agents and MultiAgent Systems (AAMAS 2019)*, 2021; HOLGADO-SÁNCHEZ, A.: "Value-Awareness Engineering: Towards Learning Context-Based Value Taxonomies", en MALVONE, V., MURANO, A. (eds.): *Multi-Agent Systems. EUMAS 2023. Lecture Notes in Computer Science*, vol 14282. Springer, Cham., 2023, https://doi.org/10.1007/978-3-031-43264-4_35.

533 INE sobre efecto redistributivo de la política fiscal, https://www.ine.es/dyngs/ODS/es/objetivo.htm?id=4901.

534 MADDOCK, R.: "¿Debemos tener confianza en los coeficientes de Gini?", *Lecturas de Economía*, Nº 20, 1986, pp. 139-152; BLACKORBY, C. y DONALDSON, D.: "Measures of relative equality and their meaning in terms of social welfare", *Journal of Economic Theory*, vol. 18, issue 1, 1987, pp. 59-80.

de medición de la desigualdad como los de Atkinson o, Theil o, distintas ratios de percentiles[535] y otros índices que son empleados para medir la progresividad efectiva (índice de Kakwani) y la redistribución (índice de Reynolds-Smolensky)[536], por ejemplo.

8. Caso de uso: El perfilado biométrico.

Los sistemas de IA pueden utilizarse como parte de técnicas de vigilancia para identificar a personas por motivos religiosos, lo que podría causar discriminación o intimidación u otras formas de maltrato de personas o grupos por motivos de religión o creencias. Del mismo modo que las medidas de seguridad pública en general pueden ser demasiado intrusivas, afectando desproporcionadamente a la privacidad u otros derechos, o ser francamente discriminatorias, el mismo riesgo se aplica en teoría a los sistemas de IA incorporados en las políticas de seguridad pública[537]. De hecho, algunas de esas técnicas ya existen y se están aplicando. En particular, China utiliza sistemas de IA para perfilar facialmente a los uigures, un grupo étnico túrquico, de religión islámica. La historia religiosa de este grupo es amplia y compleja, pero los uigures actuales constituyen el segundo grupo predominantemente musulmán más grande de China. Los uigures están bajo una intensa vigilancia por parte del gobierno chino, facilitada por técnicas de vigilancia intrusivas, incluidas las basadas en IA, pero también en forma de "campos de reeducación", algunos en los que se estima hay un millón de uigures detenidos. Además, los uigures de Xinjiang forman una especie de laboratorio chino para probar sistemas de IA. Por ejemplo, se ha probado un software de detección de emociones de IA en personas uigures, reduciendo a las personas a gráficos circulares estadísticos y supuestamente revelando sus niveles de ansiedad. De esta manera, la suposición muy dudosa por parte del gobierno chino es que se pueden detectar personas que albergan sentimientos disidentes contra las

---

[535] FISCHER, G. y STRAUSS, R.: *Europe's Income, Wealth, Consumption and Inequality, Oxford Academic*, 2021.

[536] DÍAZ DE SARRALDE, S.; GARCIMARTÍN, C.; RUÍZ-HUERTA, J.: "Progresividad y redistribución en reformas fiscales. Los efectos nivel y distancia. Una aplicación al IRPF", *Revista de Economía Aplicada*, vol. XIX, núm. 57, 2011, pp. 97-116; *Libro Blanco sobre la Reforma Tributaria*, Instituto de Estudios Fiscales, Ministerio de Hacienda y Función Pública, 2022.

[537] TEMPERMAN, J.: "Artificial Intelligence and Religious Freedom", QUINTAVALLA y TEMPERMAN (eds.): *Artificial Intelligence and Human Rights*, Oxford University Press, 2023.

autoridades chinas[538]. Esto se ha confirmado porque varios registros de patentes de Huawei, SenseTime y Megvii mencionan explícitamente a los uigures en el contexto de las técnicas de reconocimiento facial[539].

Como respondió un organismo de vigilancia a esta última incorporación de IA al aparato de vigilancia de China, "hace que cualquier tipo de disidencia sea potencialmente imposible y crea una verdadera previsibilidad para el gobierno en el comportamiento de sus ciudadanos. No creo que ORWELL hubiera imaginado que un gobierno pudiera ser capaz de este tipo de análisis". En este punto, han sido unas empresas holandesas las que han desarrollado conjuntamente los sistemas de IA con las que el gobierno chino discrimina a la comunidad uigur[540]. Naturalmente, China es responsable de los actos de represión, pero ¿hasta qué punto los Países Bajos, o la UE, también son responsables de no impedir que se abuse de las técnicas exportadas para invadir los derechos humanos? El Plan de Acción de la UE para los derechos humanos y la democracia incluye que los derechos humanos es una de las prioridades de la UE en sus relaciones con terceros países, en su acción exterior e, incluso, se contempla la imposición de sanciones. Pero no impide, en principio, que se comercialice con determinados sistemas de IA que terceros países van a utilizar para vulnerar los derechos humanos.

Por otra parte, no hay que olvidar que este perfilado también afecta a las minorías no religiosas, como lo atestigua el uso indebido de las tecnologías digitales contra los ateos en los países árabes. De hecho, en 2016, se cerraron varias cuentas de Facebook de ateos árabes[541]. Los sistemas de IA de reconocimiento facial puedan tener efectos discriminatorios no solo contra las personas de color o las mujeres, sino también contra las personas que llevan tocados, velos, barbas o peinados relacionados con determinadas

---

538 WAKEFIELD, J.: "AI Emotion-Detection Software Tested on Uyghurs", *BBC News*, 26 May 2021, <https://www.bbc.com/news/technology-57101248>.

539 "Onderzoeksbureau: Chinese techbedrijven bezig met etnisch profileren, Oeigoeren zijn doelwit", *De Volkskrant*, 13 de enero de 2021; TEMPERMAN, J.: "Artificial Intelligence and Religious Freedom", QUINTAVALLA y TEMPERMAN (eds.): *Artificial Intelligence and Human Rights,* Oxford University Press, 2023.

540 Preguntas parlamentarias en la Cámara de Representantes de los Estados Generales de Holanda, de 12 de abril de 2021, https://zoek.officielebekendmakingen.nl/ah-tk-20202021-2290.html

541 KAZAAL, N.: "*The Cultural Politics of Religious Defiance in Islam: How Pseudonyms and Media can destigmatize*", *Communication and Critical/Cultural Studies*, 14, 2017, pp. 271-287.

creencias religiosas[542]. En este sentido, la Misión Internacional Independiente de Investigación sobre la República Islámica de Irán en el informe, de marzo de 2024, constató que el aparato de seguridad del Estado iraní está utilizando herramientas de inteligencia artificial, incluidas aplicaciones en teléfonos móviles, para vigilar que las niñas y mujeres cumplen las restrictivas normas de uso del velo islámico.

En el Reglamento (UE) 2024/1689, de 13 de junio de 2024, de IA, los artículos 5 y 6 regulan los perfiles biométricos y de emociones como prácticas prohibidas o de alto riesgo. Los casos de uso descritos en este apartado entran dentro del concepto "categorización biométrica" del considerando nº 16 del Reglamento comunitario 2024/1689, de 13 de junio de 2024, de IA[543].

9. Caso de uso: La vigilancia policial predictiva.

La utilización de sistemas de IA en la prevención del delito y en proceso penal es cada vez mayor. Los sistemas de IA se han empleado con mayor frecuencia después de atentados terroristas en Estados Unidos y en Europa. Los poderes públicos han pedido a las plataformas de redes sociales en línea que utilicen sus algoritmos para identificar a posibles terroristas y que tomen medidas para identificar cuentas que generan contenido extremista. Aparte del impacto significativo que esta aplicación de algoritmos tiene para la

---

[542] ASHRAF, C.: "Exploring the impacts of artificial intelligence on freedom of religion or belief online", *The International Journal of Human Rights*, 2022, DOI: 10.1080/13642987.2021.1968376.

[543] Textualmente dice: "El concepto de «categorización biométrica» a que hace referencia el presente Reglamento debe definirse como la inclusión de personas físicas en categorías específicas en función de sus datos biométricos. Estas categorías específicas pueden referirse a aspectos como el sexo, la edad, el color del pelo, el color de los ojos, los tatuajes, los rasgos conductuales o de la personalidad, la lengua, la *religión, la pertenencia a una minoría nacional o la orientación sexual o política.* No se incluyen los sistemas de categorización biométrica que sean una característica meramente accesoria intrínsecamente vinculada a otro servicio comercial, lo que significa que la característica no puede utilizarse, por razones técnicas objetivas, sin el servicio principal y que la integración de dicha característica o funcionalidad no es un medio para eludir la aplicabilidad de las normas del presente Reglamento. Por ejemplo, los filtros que clasifican las características faciales o corporales utilizados en los mercados en línea podrían constituir una característica accesoria de este tipo, ya que solo pueden utilizarse en relación con el servicio principal, que consiste en vender un producto permitiendo al consumidor previsualizar cómo le quedaría y ayudarlo a tomar una decisión de compra. Los filtros utilizados en los servicios de redes sociales que clasifican las características faciales o corporales a fin de que los usuarios puedan añadir o modificar imágenes o vídeos también podrían considerarse una característica accesoria, ya que dichos filtros no pueden utilizarse sin el servicio principal de las redes sociales, que consiste en compartir contenidos en línea".

libertad de expresión (como veremos más adelante, por ejemplo, en relación con las condiciones de uso de estas redes sociales y la política de moderación), también plantea preocupaciones sobre las normas sobre un juicio justo contenidas en el artículo 6 del Convenio Europeo de Derechos Humanos, en particular la presunción de inocencia, el derecho a ser informado sin demora de la causa y la naturaleza de una acusación, el derecho a un juicio justo y el derecho a defenderse personalmente[544].

La vigilancia policial predictiva incluye sistemas de IA destinados a predecir dónde es probable que se produzca un delito en un momento dado, que luego se utilizan para priorizar el tiempo de la policía para las investigaciones y las detenciones. Esos enfoques pueden ser muy perjudiciales en términos de antecedentes étnicos, raciales[545], religiosos y, por lo tanto, requieren una supervisión escrupulosa y salvaguardias adecuadas. A menudo, los sistemas de IA se basan en bases de datos policiales existentes que, intencionadamente o no, reflejan sesgos sistémicos. Esto provoca que el sesgo puede estandarizarse y, en consecuencia, se produce un bucle sobre la presencia policial que se incrementa en determinados barrios y eso hace aumentar el número de detenidos y así sucesivamente.

Un ejemplo, en este apartado. Mediante el uso de Clearview AI, las fuerzas del orden o las agencias de inteligencia estatales pueden identificar a las personas con perfiles y publicaciones de redes sociales con referencias cruzadas proporcionando una fotografía aleatoria de alguien de una iglesia, mezquita, sinagoga o cualquier otro lugar[546].

10. Caso de uso: La identificación entre religión y delincuencia en los sistemas de Inteligencia Artificial.

Un ejemplo de discriminación directa es la utilización de sistemas de IA generativa que vinculan la religión musulmana con el terrorismo y la

[544] *Algorithms and human rights, Study on the human rights dimensions of automated data processing techniques (in particular algorithms) and possible regulatory implications*, Council of Europe, 2018, pp. 10 y ss.

[545] Una investigación independiente sugiere que el "software utilizado [...] predecir futuros criminales [...] está sesgado contra los negros", vid. ANGWIN, J.; MATTU, S. y KIRCHNER, L.: "Machine Bias: There's Software Used Across the Country to Predict Future Criminals. And It's Biased Against Blacks", *ProPublica*, 2016 (https://www.propublica.org/article/machine-bias-risk-assessments-in-criminal sentencing).

[546] RAGONE, G.: "Artificial Intelligence and New Scenarios of Religious Discrimination in Virtual and Real Space", *Stato, Chiese e pluralismo confessionale*, nº 21 de 2022.

delincuencia[547]. Un grupo de investigadores descubrió que los grandes modelos lingüísticos de IA, cada vez más utilizados en aplicaciones algorítmicas para móviles y otros dispositivos, asocian a los musulmanes con la violencia y el mal comportamiento[548].

Cualquier sistema de IA está sujeto a conjuntos de datos históricos (o conjuntos de aprendizaje) que pueden realizar sesgos en las predicciones sobre el comportamiento futuro. Los conjuntos de datos de las listas de vigilancia histórica podrían, por ejemplo, incluir un número desproporcionado de personas musulmanas o árabes, entrenando a los sistemas de IA[549] para tener en cuenta la religión o el origen étnico en futuras nominaciones, incluso si ninguna de las dos es una entrada (parámetro) intencional o al menos explícita. Como siempre, los propios sesgos de los programadores[550] se reflejarán inevitablemente en los algoritmos de formas quizás desconocidas para ellos, lo que pone de manifiesto la necesidad de que los jueces hagan las preguntas correctas para comprobar la precisión, el sesgo y la relevancia de cualquier aplicación o resultado de los sistemas de IA.

11. Caso de uso: la detección de sesgos ideológicos, políticos, religiosos, de los jueces.

La imparcialidad, en su vertiente subjetiva, debe asegurar que la pretensión sea decidida, con sometimiento exclusivo al ordenamiento jurídico, por un tercero ajeno a las partes, así como a los intereses en litigio, de modo que la libertad de criterio, en la que se funda la independencia judicial, no esté orientada a priori por simpatías o antipatías personales o ideológicas, por convicciones e incluso por prejuicios o por motivos ajenos a la aplicación del Derecho[551]. La imparcialidad y la neutralidad son dos

[547] Ibidem.

[548] ABID, A.; FAROOQI, M.; ZOU, J.: "Large language models associate Muslims with violence", *Nature Machine Intelligence*, n. 3, 2021, pp. 461-463; NICOLETTI, L. y BASS, D.: "Humans are biased. Generative ai is even worse. Stable Diffusion's text-to-image model amplifies stereotypes about race and gender — here's why that matters", *Bloomberg*, 9 de junio de 2023. https://www.bloomberg.com/graphics/2023-generative-ai-bias/.

[549] NICOLETTI, L. y BASS, D.: "Humans are biased. Generative ai is even worse. Stable Diffusion's text-to-image model amplifies stereotypes about race and gender — here's why that matters", *Bloomberg*, 9 de junio de 2023. https://www.bloomberg.com/graphics/2023-generative-ai-bias/.

[550] COTINO HUESO, L.: "Discriminación, sesgos e igualdad de la inteligencia artificial en el sector público", op. cit., p. 270.

[551] STC 60/2008 de 26 de mayo, entre otras muchas.

elementos esenciales en la labor de los jueces para garantizar un juicio justo. Así lo determina el TEDH, en los casos Pullar contra Reino Unido, de 1993 y Otegi Mondragón y otros contra España, de 6 de noviembre de 2018[552]. Y, en el mismo sentido, el caso Herrera Ulloa contra Costa Rica, de la Corte Interamericana de Derechos Humanos, de 2 de julio de 2004.

En este caso de uso hemos utilizado Jurimetría. Jurimetría es una herramienta de analítica de jurisprudencia, creada por la empresa Wolters Kluwer, destinada a ayudar a definir la estrategia procesal más idónea con respecto a un caso concreto[553]. Utiliza inteligencia artificial, especialmente aprendizaje automático y procesamiento de lenguaje natural, y big data o datos abiertos. Los datos abiertos, información jurídica originada básicamente a partir de la jurisprudencia, están formados por datos que se extraen: 1) de las sentencias o autos relevantes de la base de datos de la empresa Wolters Kluwer "La Ley Digital", y 2) de la estadística judicial que año tras año se actualiza por el Consejo General del Poder Judicial. En este caso de uso, hemos utilizado los datos sobre los magistrados del Tribunal Supremo, de la Sala Tercera, Sala de lo Contencioso-Administrativo. Se han analizado los magistrados progresistas y conservadores como así son calificados por la prensa. El análisis, preliminar, se ha centrado en las sentencias sobre cuatro ámbitos jurídicos concretos: principio de igualdad, derechos fundamentales, libertad ideológica y religiosa, y derecho de asilo. Los resultados confirman la calificación de los magistrados realizada por la prensa e, incluso se puede establecer una graduación de mayor o menor vinculación ideológica. Es decir, se confirman los sesgos ideológicos de los magistrados poniendo en cuestión su imparcialidad. El caso de las resoluciones sobre derecho de asilo es la materia más clarificadora existiendo

---

552 En concreto, el TEDH expone: "Este Tribunal reitera que la imparcialidad normalmente supone la ausencia de prejuicio o predeterminación y que su existencia o inexistencia se puede analizar desde varias perspectivas. De acuerdo con la doctrina reiterada de este Tribunal, la existencia de imparcialidad a los efectos del artículo 6.1 debe ser analizada de acuerdo con un criterio subjetivo teniendo en cuenta las convicciones personales y el comportamiento de un juez en particular, es decir, analizando si el juez se encontraba afectado por cualquier prejuicio personal o predeterminación en relación a un concreto caso; (...) Centrándonos en el criterio subjetivo, el principio según el cual a un tribunal se le debe presumir carente de prejuicios personales o de parcialidad está reconocido desde antaño por la doctrina de este Tribunal (...) En este sentido, incluso las apariencias pueden alcanzar una cierta importancia o, en otras palabras, "la justicia no sólo tiene que aplicarse, sino que también debe ser aparente que se administra". Lo que está en juego es la confianza que los tribunales deben inspirar en los ciudadanos en una sociedad democrática. Por lo tanto, cualquier juez respecto del cual pueda existir un motivo legítimo para temer de su falta de imparcialidad debe abstenerse (véase Castillo Algar v. España, de 28 de octubre de 1998)".

553 https://jurimetria.laleynext.es/content/Inicio.aspx.

magistrados que resuelven a favor de los extranjeros en el 100 % de sus resoluciones a otros magistrados que resuelven casi 80 % de sus resoluciones a favor de la Administración pública (en contra de los extranjeros). Aunque es un estudio que será ampliado en próximas investigaciones confirma en España lo que ya ocurrió en Francia[554]. En concreto, en 2016, se publican varias investigaciones de BENESTY donde demuestra los sesgos ideológicos de los jueces administrativos franceses en materia de asilo[555]. Este estudio provocó que se aprobará, años más tarde, el artículo 33 de la Ley n° 2019-222, de 23 de marzo de 2019, sobre programación y reforma de la justicia[556]. Este artículo 33 establece lo siguiente: « Les données d'identité des magistrats et des membres du greffe ne peuvent faire l'objet d'une réutilisation ayant pour objet ou pour effet d'évaluer, d'analyser, de comparer ou de prédire leurs pratiques professionnelles réelles ou supposées. La violation de cette interdiction est punie des peines prévues aux articles 226-18,226-24 et 226-31 du code pénal, sans préjudice des mesures et sanctions prévues par la loi n° 78-17 du 6 janvier 1978 relative à l'informatique, aux fichiers et aux libertés». Esta penalización por el uso de información estadística de los jueces que confirman los sesgos ideológicos fue declarada constitucional por Decisión de la Comisión Constitucional francesa n° 2019-778 DC, de 21 de marzo de 2019[557]. La Comisión Constitucional francesa consideró que el legislador pretendía impedir que dicha reutilización de datos de los magistrados permitiera, mediante el tratamiento de datos personales, perfilar a los profesionales de la justicia en función de las decisiones adoptadas, lo que podría dar lugar a presiones o estrategias de elección de competencias susceptibles de alterar el funcionamiento de la justicia; es decir, la norma pretende garantizar la independencia judicial[558]. Como se puede comprobar en España se puede

---

[554] Existen otros estudios que ponen en cuestión la imparcialidad de los jueces en diferentes países, en Reino Unido: PINA-SÁNCHEZ, J.; ROBERTS, J. V.; SFEROPOULOS, D.: "Does the Crown Court Discriminate Against Muslim-named Offenders? a Novel Investigation Based on Text Mining Techniques", *The British Journal of Criminology*, Volume 59, Issue 3, May 2019, pp. 718-736, https://doi.org/10.1093/bjc/azy062. En este artículo se incluye el sesgo religioso con factor principal para discriminar en las condenas. En Estados Unidos sobre las inclinaciones políticas y las predicciones de sus sentencias, vid. GIANSIRACUSA, N.: "Branching on the bench: quantifying division in the supreme court with trees", *Constitutional Political Economy*, 34, 2023, pp. 36-58. https://doi.org/10.1007/s10602-022-09360-2.

[555] BENESTY, M.: "The impartiality of some French judges undermined by machine learning", *Supra Legem*, 2016.

[556] https://www.legifrance.gouv.fr/jorf/article_jo/JORFARTI000038261761.

[557] https://www.conseil-constitutionnel.fr/actualites/communique/decision-n-2019-778-dc-du-21-mars-2019-communique-de-presse.

[558] MORELL, J.: "Francia prohíbe el uso de Legaltech para predecir las decisiones de los jueces", *Abogacía Española*, 10 de junio de 2019.

seguir perfilando a los jueces. Seguramente porque en España tener determinado sesgo ideológico es un mérito dentro de la carrera judicial y no se considera que dichos sesgos pongan en cuestión la imparcialidad. Esta situación descrita no solamente vulnera el derecho a un juicio justo[559] sino, también, el principio de igualdad en la aplicación de la ley, es decir, que el juez está obligado a aplicar la norma por igual a todos aquellos que se hallen en igual situación[560].

En definitiva, los jueces han estado sujetos durante mucho tiempo a sesgos en sus juicios que históricamente han sido difíciles de detectar. La investigación con aprendizaje automático también es prometedora para detectar sesgos en los jueces[561].

Los jueces no pueden juzgar asuntos donde tienen intereses personales como cuando están en juego sus creencias o sus convicciones personales, en latín "*nemo iudex in causa sua*". En este sentido, los jueces no pueden transmitir la más mínima duda de su profesión religiosa, no pueden vulneran la laicidad. Conviene recordar las palabras del juez Félix FRANKFURTER, del Tribunal Supremo de los Estados Unidos, en el caso *West Virginia State Board of Education v. Barnette*[562]: "Pero nosotros jueces no somos ni judíos, ni católicos, ni agnósticos. Todos, absolutamente todos, debemos a la Constitución el mismo respeto y la misma consideración, y nuestros deberes como jueces nos obligan en la misma medida (...) Como juez de este Tribunal no estoy legitimado para manifestar mi opinión individual sobre las distintas opciones políticas que a priori son compatibles con nuestra Constitución, esté de acuerdo con ellas o las considere completamente equivocadas". Esta idea la recoge Gustavo ZAGREBELSKY para afirmar lo siguiente: "Eso conlleva que los jueces del Tribunal, en las cuestiones que se refieren a la laicidad del Estado, no sean agnósticos ni católicos sino jueces de la Constitución, es decir, jueces laicos que defienden el principio de separación entre dos reinos, el espiritual y el temporal (...) ¿Qué diremos de un juez que admite (quizá convencido de tener un comportamiento moralmente laudable): así lo quiere la Constitución, pero no puedo ir en contra de mi fe religiosa o –como hipótesis

[559] Vid. *Manual de Juicios Justos de Amnistía Internacional*, 2014, https://www.amnesty.org/es/documents/pol30/002/2014/es/.

[560] Sentencia del TEDH, caso Inmovilizados y Gestiones, S. L. contra España, de 14 de septiembre de 2021.

[561] VUNIKILI, R.; OCHANI, H.; JAISWAL, D.; DESHMUKH, R.; CHEN, D.; ASH, E.: "Analysis of Vocal Implicit Bias in SCOTUS Decisions Through Predictive Modelling", *Proceedings of Experimental Linguistics*, 2018; SURDEN, H.: "Values Embedded in Legal Artificial Intelligence", *University of Colorado Law Legal Studies Research*, paper nº 17-17, 2017; SURDEN, H.: "Values Embedded in Legal Artificial Intelligence", *IEEE Technology and Society Magazine*, vol. 41, no. 1, pp. 66-74, March 2022, doi: 10.1109/MTS.2022.3147542.

[562] 319 U.S. 624 (1943).

contraria— de mis perjuicios antirreligiosos o anticlericales? Diremos ciertamente que este juez no honra su juramento de fidelidad a la Constitución, que no sería digno de formar parte del órgano que debe garantizarla. ¿Y qué diremos de un juez que razonase del mismo modo, sustituyendo la fe religiosa por una fe o un prejuicio político? Diremos lo mismo, que viola su juramento de fidelidad a la Constitución"[563]. En este sentido, un ejemplo contrario al juramento de fidelidad a la Constitución y al principio constitucional de laicidad se encuentra, por ejemplo, en la STC 34/2011. En concreto, la STC 34/2011, de 28 de marzo, resuelve la constitucionalidad de la proclamación de la Virgen María como patrona del colegio de Abogados de Sevilla. En esta sentencia del TC, textualmente se recoge: "En segundo lugar, debemos tomar en consideración no tanto el origen del signo o símbolo como su percepción en el tiempo presente, pues en una sociedad en la que se ha producido un evidente proceso de secularización es indudable que muchos símbolos religiosos han pasado a ser, según el contexto concreto del caso, predominantemente culturales, aunque esto no excluya que para los creyentes siga operando su significado religioso"[564]. Que se considere que el símbolo de la Virgen María se ha secularizado es con mucho desconocer claramente lo que ha supuesto la secularización en la cultura y en el Derecho. Además, que solamente desde una visión apasionadamente católica se puede considerar que todos los creyentes (evangélicos, budistas, hinduistas, musulmanes, paganos, sijs, ...) como los ateos o racionalistas puedan compartir como propio el símbolo de la Virgen María.

Para finalizar este apartado se ha planteado que, para evitar la imparcialidad de los jueces, "podría darse el caso de que los sistemas de IA fomenten un trato más igualitario ante la ley en comparación con los procesos

---

563 Vid. *Principios y votos. El Tribunal Constitucional y la política*, Trotta, 2008, pp. 83 y ss.

564 Esta sentencia del TC parece recepcionar la opinión del Gobierno italiano presidido, por S. BERLUSCONI, cuando en la Sentencia del TEDH, caso Lautsi contra Italia (Gran Sala), de 18 de marzo de 2011, afirma que: "El Gobierno prosigue puntualizando que cabe tener en cuenta el hecho de que un mismo símbolo puede recibir distintas interpretaciones de una persona a otra. Así sucede en el caso concreto de la «cruz», que puede percibirse no solamente como un símbolo religioso sino también como un símbolo cultural e identitario, el de los principios y valores que constituyen el fundamento de la democracia y la civilización occidental; de esta forma figura en las banderas de varios países europeos. El Gobierno añade que, cualquiera que fuera su fuerza evocadora, una «imagen» es un símbolo «pasivo», cuyo impacto en los individuos no es comparable al de un «comportamiento activo»; ahora bien, nadie pretende en el presente caso que la presencia del crucifijo en las aulas influye en el contenido de la enseñanza que se imparte en Italia". La Gran Sala no acoge esta argumentación con las siguientes palabras: «Asimismo, el Tribunal estima que el crucifijo es ante todo un símbolo religioso. Los tribunales internos también lo estimaron así y, por lo demás, el Gobierno no lo niega». En concreto, el TEDH hace referencia a la Corte de Casación italiana que rechazó expresamente la tesis según la cual la exposición del crucifijo hallaría su justificación en que es un símbolo de «toda una civilización o de la conciencia ética colectiva».

judiciales existentes"[565] y, en este sentido, se ha propuesto el estudio de la viabilidad de jueces-robots para evitar los sesgos y garantizar la imparcialidad[566]. Sin embargo, el Reglamento (UE) 2024/1689, de 13 de junio de 2024, de IA no contempla esta posibilidad pues el considerando nº 61: "La utilización de herramientas de IA puede apoyar el poder de decisión de los jueces o la independencia judicial, pero no debe substituirlas: la toma de decisiones finales debe seguir siendo una actividad humana"[567]. Y se consideran sistemas de alto riesgo conforme al Anexo III del Reglamento comunitario 2024/1689, de 13 de junio de 2024, de IA, los sistemas de IA destinados a ser utilizados por una autoridad judicial, o en su nombre, para ayudar a una autoridad judicial en la investigación e interpretación de hechos y de la ley, así como en la garantía del cumplimiento del Derecho a un conjunto concreto de hechos, o a ser utilizados de forma similar en una resolución alternativa de litigios.

12. Caso de uso: el denominado "sesgo de creencias".

En este apartado hacemos referencia al denominado, desde el ámbito de la psicología, "sesgo de creencias"[568]. Se ha definido este sesgo de creencia como un tipo de sesgo cognitivo, definido en psicología como la tendencia sistemática (no lógica) a evaluar un enunciado sobre la base de una creencia

---

[565] ZELEZNIKOW, J.: "The benefits and dangers of using machine learning to support making legal predictions", *WIREs*, 2023, https://wires.onlinelibrary.wiley.com/doi/10.1002/widm.1505.

[566] SOURDIN, T.: *Judges, technology and artificial intelligence: The artificial judge*, Edward Elgar Publishing, 2021.

[567] Si bien han existido intentos de jueces-robots, en Estonia, por ejemplo ("Estonia does not develop AI judge", 2022, vid. https://www.just.ee/en/news/estonia-does-not-develop-ai-judge). Sin embargo, China ya utiliza sistemas de IA como jueces, (vid. WANG, N.: "'Black Box Justice': Robot Judges and AI-based Judgment Processes in China's Court System", *IEEE International Symposium on Technology and Society (ISTAS)*, 2020, pp. 58-65, doi: 10.1109/ISTAS50296.2020.9462216). Y, otros están introduciendo sistemas de IA en sistemas de arbitrajes (vid. MARCOS FRANCISCO, D.: "Sistema Arbitral de Consumo: algunas propuestas "inteligentes" de lege ferenda", *InDret*, nº 1, 2024, p. 114-150, https://doi.org/10.31009/InDret.2024.i1.03), o en procedimientos sencillos o, de poco valor económico. Incluso en el Reino Unido el divorcio se puede solicitar a través de este link: https://www.gov.uk/get-a-divorce.

[568] GONZÁLEZ, A.; ROGERS, A. y SØGAARD, A.: "On the Interaction of Belief Bias and Explanations", 2021, https://arxiv.org/abs/2106.15355; OEBERST, A. y IMHOFF, R.: "Toward Parsimony in Bias Research: A Proposed Common Framework of Belief-Consistent Information Processing for a Set of Biases", *Perspectives on Psychological Science*, 18 (6), 2023, pp. 1464-1487, https://doi.org/10.1177/17456916221148147, GOEL, V. y VARTANIAN, O.: "Negative emotions can attenuate the influence of beliefs on logical reasoning", *Cognition and Emotion*, 25(1), 2021, pp. 121–131; KLACZYNSKI, P. A.; GORDON, D. H. y FAUTH, J.: "Goal-oriented critical reasoning and individual differences in critical reasoning biases", *Journal of Educational Psychology*, 89 (3), 1997, p. 470.

previa en lugar de su fuerza lógica[569]. Debemos dejar muy claro que no es un concepto jurídico, pero sí puede tener relevancia para discernir estos dos ámbitos científicos. Es decir, la percepción psicológica del creyente de que se está produciendo un sesgo[570], sin embargo, la realidad jurídica es la utilización de contenidos neutrales, objetivos, lógicos, que garantiza la igualdad y donde no existe discriminación por motivos religiosos o de creencias.

Algunos autores[571] han utilizado el contenido de Wikipedia como contenido objetivo, neutral y sin sesgos. Pues bien, esta afirmación sobre Wikipedia debe ponerse en cuestión. En este sentido, especialmente, pueden dar problemas y sesgos respecto de diversos colectivos si tres de cada cuatro profesionales, normalmente del ámbito STEM (Science, Technology, Engineering and Mathematics), son hombres blancos, heterosexuales, acomodados, católicos-cristianos (77%). Sólo el 15 % de los científicos de datos son mujeres. Por ejemplo, los contenidos de Wikipedia (y de otros tantos sitios de los que luego toman los datos los sistemas de IA) según ella misma proceden de hombre blanco, técnico, con educación formal, de habla inglesa, de 15 a 49 años, de un país cristiano y del hemisferio norte. Son muy intensas las infrarrepresentaciones de otros grupos[572].

Los artículos de Wikipedia de ámbito generalista tales como el desempleo, el aborto o la homosexualidad muestran una visión más detallada de su realidad en países de habla hispana que en aquellos que no lo son. En el caso de explicarse en tales artículos la visión de diversas religiones sobre el tema, es común que se trate con mayor detalle el punto de vista cristiano que el de otras religiones. Seguramente debido a la gran mayoría de católicos

---

[569] EVANS, J.; BARSTON, L. y POLLARD, P.: "On the conflict between logic and belief in syllogistic reasoning", *Memory & cognition*, 11 (3), 1983, pp. 295-306; KLAUER, MUSCH, J. y NAUMER, B.: "On belief bias in syllogistic reasoning", *Psychological Review*, 107, 2000; BARSTON, L.: *An investigation into belief biases in reasoning*, 1986.

[570] GONZÁLEZ, A.; ROGERS, A. y SØGAARD, A.: "On the Interaction of Belief Bias and Explanations", 2021, https://arxiv.org/abs/2106.15355; OEBERST, A. y IMHOFF, R.: "Toward Parsimony in Bias Research: A Proposed Common Framework of Belief-Consistent Information Processing for a Set of Biases", Perspectives on Psychological Science, 18 (6), 2023, pp. 1464-1487. https://doi.org/10.1177/17456916221148147; GOEL, V. y VARTANIAN, O.: "Negative emotions can attenuate the influence of beliefs on logical reasoning", *Cognition and Emotion*, 25 (1), 2021, pp. 121-131; KLACZYNSKI, P. A.; GORDON, D. H. y FAUTH, J.: "Goal-oriented critical reasoning and individual differences in critical reasoning biases", *Journal of Educational Psychology*, 89 (3), 1997, p. 470.

[571] GONZÁLEZ, A.; ROGERS, A. y SØGAARD, A.: "On the Interaction of Belief Bias and Explanations", 2021, https://arxiv.org/abs/2106.15355.

[572] COTINO HUESO, L.: "Discriminación, sesgos e igualdad de la inteligencia artificial en el sector público", op. cit..

en los países de habla hispana frente al número de cristianos de otras iglesias, a veces se toma el todo por la parte y se introduce la visión de la Iglesia católica sobre un tema como si fuera la visión de todas las iglesias cristianas. Lo ideal es que un artículo que describa las opiniones religiosas sobre un tema incluya al menos aquellas que correspondan a las principales religiones del mundo, que son el cristianismo, el islam, el hinduismo y la religión tradicional china. Sin embargo, la elección exacta depende del artículo, por lo que, por ejemplo, un tema propio de China puede requerir que se hable del punto de vista taoísta pero no del cristiano[573].

Por otra parte, se ha argumentado que el aparente propósito de neutralidad religiosa de los asistentes personales de IA se ve distorsionado por una interpretación errónea de la religión y Dios en las respuestas, lo que se considera que estamos ante un "sesgo de creencia"[574].

Se pregunta a ChatGPT-3: "¿Crees en Dios? ¿Existe Dios? La respuesta es: "Como asistente de IA no tengo creencias ni opiniones personales". Se formula a COPILOT: "¿Crees en Dios?" La respuesta: "Como asistente de inteligencia artificial, no tengo creencias personales. Sin embargo, puedo proporcionar información sobre una amplia gama de perspectivas y conceptos relacionados con la divinidad en diferentes culturas y religiones. Si tienes alguna pregunta específica o necesitas información sobre este tema, estaré encantado de ayudarte". ¿Existe Dios? Respuesta: "La existencia de Dios es una pregunta que ha sido explorada por filósofos, teólogos y pensadores a lo largo de la historia y es una cuestión que depende en gran medida de las creencias personales y la fe. Diferentes religiones y sistemas de creencias tienen sus propias interpretaciones y entendimientos sobre Dios o dioses. Algunas personas creen firmemente en la existencia de un ser supremo o deidades, basándose en textos sagrados, tradiciones espirituales o experiencias personales. Otras personas pueden ser agnósticas, no seguras de la existencia de Dios, o ateas, no creyentes en la existencia de Dios. Como asistente de inteligencia artificial, no tengo la capacidad de creer o no creer, pero puedo proporcionar información sobre las diferentes perspectivas y argumentos relacionados con esta pregunta. Si estás interesado en un punto

---

573 Término "sesgo en Wikipedia", https://es.wikipedia.org/wiki/Wikipedia:Sesgo_intr%C3%ADnseco.

Por otra parte, uno de los sesgos más habituales en la utilización de herramientas de IA generativa de texto, en castellano, es el término "Iglesia" para referirse, exclusivamente, a la Iglesia católica, obviando que existen miles de iglesias y vulnerando tanto la libertad religiosa como el pluralismo religioso.

574 DEDEOGLU, C.: "Hey Siri: Do you believe in god?" A posthuman exposé of belief bias in AI programming", en W.H.U. ANDERSON (Ed.): *Technology and theology*, Vernon Press, 2020, pp. 77-90.

de vista específico o en la discusión filosófica sobre este tema, puedo ofrecer información y recursos relevantes".

En el mismo sentido, asistentes personales como Siri, Alexa, Cortana, el asistente de Google, etc.

Creemos, firmemente, que las respuestas que hemos reproducido son escrupulosamente neutrales en el ámbito religioso. No obstante, la solución para solventar este supuesto "sesgo de creencias" sería, según este estudio de DEDEOGLU, la teología[575]. Es decir, que los valores religiosos se conviertan en valores comunes y universales. Como ya hemos expuesto en el Bloque II esta posibilidad va en dirección contraria al reconocimiento de la igualdad en la libertad de conciencia y su garantía la laicidad. Creemos, además, que la mención del denominado "sesgo de creencia" es importante porque nos puede servir para discernir cuando se habla de una discriminación por motivos religiosos, que se fundamente en criterios subjetivos, psicológicos o teológicos, pero no en motivos lógicos, normativos, neutrales, que garantizan los derechos humanos, la igualdad y laicidad.

¿Deben ser neutrales ideológica y religiosamente los sistemas de IA[576]? Sí. Lo hemos manifestado en el Bloque II como los sistemas de IA deben implementarse y alinearse con el valor universal de laicidad.

Se ha determinado[577] que un motor de búsqueda (o, por extensión, cualquier sistema de IA) es neutral solo si ciertos valores, como las ideologías políticas, creencias religiosas o los intereses financieros del operador del motor de búsqueda (sistema de IA), del sistema de IA no juegan ningún papel en la forma en que el motor de búsqueda clasifica las páginas o la información que emiten o la actividad final que realizan. La neutralidad de la búsqueda, según PHILIPS-BROWN, es imposible. Su imposibilidad parece amenazar la importancia del sesgo de búsqueda: si ningún motor de búsqueda es neutral, entonces todas las búsquedas están sesgadas.

Un ejemplo que cita es el motor de búsqueda de Google donde ocupaban un lugar destacado las páginas que discuten las teorías sobre la negación del Holocausto. En diciembre de 2016, por ejemplo, el primer resultado de búsqueda para la consulta «¿Ocurrió el Holocausto?» fue una página —del sitio del grupo neonazi estadounidense Stormfront— titulada «Las 10

[575] Ibidem.
[576] PHILLIPS-BROWN, M.: "Algorithmic neutrality", arXiv:2303.05103v2, 2023.
[577] Ibidem.

razones principales por las que el Holocausto no ocurrió»[578]. La relevancia de esta página fue exactamente a lo que Google apeló para explicar sus resultados de búsqueda: "El hecho de que los sitios de odio aparezcan en los resultados de búsqueda no significa que Google respalde estos puntos de vista", dijo el portavoz en un comunicado. Según la compañía, la clasificación de un sitio en los resultados de búsqueda está determinada por algoritmos informáticos que utilizan cientos de factores para calcular la relevancia de una página para una consulta determinada.

En conclusión, la única propuesta que va dirigida a reducir el sesgo en la toma de decisiones algorítmica es la que se basa en los derechos humanos[579]. Y, por tal motivo, consideramos que es muy acertada la siguiente frase, como final de este capítulo: "Biased algorithms are easier to fix than biased people"[580].

IV. Educación y laicidad en los sistemas de Inteligencia Artificial.

La UNESCO ha considerado importante estimular el vínculo entre la IA y la educación, principalmente en tres ámbitos[581]: aprender con la IA (por ejemplo, utilizando las herramientas de IA en las aulas), aprender sobre la IA (sus tecnologías y técnicas) y prepararse para la IA (por ejemplo, permitir que todos los ciudadanos comprendan la repercusión potencial de la IA en la vida humana). En estos dos últimos ámbitos se sitúa esta obra.

En los párrafos siguientes se tratarán de varios casos de uso que relacionan los sistemas de IA con la educación o con el sistema educativo.

1. El primer caso de uso: La Inteligencia Artificial como asignatura.

La IA se va a convertir en asignatura y se incluirá, por ejemplo, en los planes de estudios de todas las carreras universitarias de la URJC y,

---

[578] ROBERTS, J. J.: "A top Google result for the Holocaust is now a white supremacist site", *Fortune*, 2016, https://fortune.com/2016/12/12/google-holocaust/.

[579] COECKELBERGH, M.: *Ética de la inteligencia artificial*, Cátedra, 2021, p. 124.

[580] MULLAINATHAN, S.: "Biased Algorithms Are Easier to Fix Than Biased People", *The New York Times*, 6 de diciembre de 2019, https://www.nytimes.com/2019/12/06/business/algorithm-bias-fix.html.

[581] *La inteligencia artificial en la educación*, vid. https://www.unesco.org/es/digital-education/artificial-intelligence.

también, la IA formará parte de los curricula de los diferentes niveles educativos no universitarios. En el contenido de esta asignatura podrían entrar determinados valores como hemos visto en el Bloque II[582]. Incluso se podría plantear si los padres y alumnos tienen el derecho a excluir determinados contenidos de esta asignatura sobre la IA pues se considera que difunden determinados valores contrarios a sus convicciones morales o filosóficas. En este punto, conviene acudir a la doctrina del TS (sentencias nº 340, 341 y 342 de 11 de febrero de 2009 del Tribunal Supremo y, luego, en más de 500 sentencias del TS han reiterado esta doctrina) sobre el contenido de la asignatura "Educación para la ciudadanía y Derechos Humanos". La doctrina del TS se puede resumir en los siguientes puntos:

- ✓ La actuación del Estado en materia educativa incluye la difusión y transmisión (pero también la promoción) de los valores que constituyen el espacio ético común del sistema constitucional (derechos y libertades fundamentales) así como informar e instruir de manera objetiva y neutral de las principales concepciones culturales, morales o ideológicas de la sociedad. Todo esto no constituye adoctrinamiento.
- ✓ Los padres no tienen un derecho ilimitado a oponerse a la programación de la enseñanza realizada por el Estado.
- ✓ "La actividad del Estado en materia educativa es obligada, que su intervención no se limita a asegurar la transmisión del conocimiento del entramado institucional del Estado sino también alcanza a ofrecer información sobre los valores necesarios para el buen funcionamiento del sistema democrático y que esa función estatal comprende tanto la enseñanza pública como la privada. En todo caso, decíamos, la compatibilidad de esta actividad con el derecho a la libertad ideológica y religiosa se encuentra en que la enseñanza del pluralismo que transmita la realidad social de concepciones diferentes ha de hacerse con neutralidad y sin adoctrinamiento" (por todas, STS de 25 de enero de 2011). Especialmente significativa sobre el contenido el concepto de adoctrinamiento la STS de 12 de noviembre de 2012 en relación con los manuales de esta asignatura.

[582] Por ejemplo, siguiendo el programa de enseñanza de la Asociación Humanista Americana denominado "Humanismo e Inteligencia Artificial", vid. https://americanhumanistcenterforeducation.org. Otros programas educativos basados en el transhumanismo o en las visiones religiosas sobre la IA. La neutralidad exige que se puedan incluir todas estas concepciones sobre la IA, pero sin ningún tipo de valoración.

- ✓ El contenido de esta asignatura responde a una enseñanza neutral, imparcial y plural[583]; es decir, a la laicidad.
- ✓ No se puede afirmar que la Constitución española reconozca la existencia de un derecho a la objeción de conciencia de alcance general.

La autorización de exenciones individuales a la asignatura sobre IA sería como reconocer que los poderes públicos renuncian a conseguir el objeto de la educación que es el pleno (completo) desarrollo de la personalidad (art. 27. 2 CE, art. 26.2 de la DUDH).

En definitiva, los padres y alumnos deberán demostrar que el contenido de la asignatura sobre IA no es neutral, ni objetiva ni imparcial y puede constituir adoctrinamiento, pero la transmisión de la "ideología constitucional" (los valores comunes, universales como los Derechos humanos o la laicidad) no es adoctrinamiento.

2. El segundo caso de uso: El transhumanismo y la escuela.

En este punto surge la pregunta sobre la impartición del transhumanismo en la escuela[584] y si dicha impartición vulnera el principio de neutralidad de las escuelas públicas. Si seguimos el ejemplo de los Estados Unidos sobre las asignaturas denominadas "Ciencia de la Inteligencia Creativa y la Meditación Trascendental" y "enseñanza del diseño inteligencia", se puede considerar la inconstitucionalidad de la impartición del transhumanismo en las escuelas públicas estadounidenses por la vulneración de la primera enmienda de la Constitución de los Estados Unidos (neutralidad religiosa de las escuelas públicas). En España, si parte de la constitucionalidad de la enseñanza de la religión en las escuelas públicas, podría impartirse si existe una demanda de padres y madres que lo soliciten y que las Administraciones educativas lo acuerden con los representantes del transhumanismo en España. Consideramos que la solución de la

[583] En este punto conviene tener presente la doctrina del TEDH en las Sentencias de 29 de enero de 2020 (asunto Papageorgiou y otros contra Grecia), de 29 de junio de 2009 (asunto Folgerø y otros contra Noruega) y de 9 de octubre de 2007 (Hasan Zengin contra Turquía).

[584] VANONI, L. P.: "Deus ex machina. Intelligenza artificiale e libertà religiosa nel sistema costituzionale degli Stati Uniti", *Stato, Chiese e pluralismo confessionale,* n. 15, 2020; GOLDBERG, S.: "Does the Wall Still Stand? The Implications of Transhumanism for the Separation of Church and State", *Georgetown Law Faculty Working Papers*, Paper 107, 2009.

jurisprudencia del TS de los Estados Unidos es más compatible con la laicidad. Por tal motivo, sería más factible que se fundase escuelas privadas con ideario basado en el transhumanismo como, por ejemplo, Singularity University[585]. Los centros educativos privados no universitarios pueden ser creados por cualquier persona física o jurídica con las salvedades del art. 21 de la Ley Orgánica 8/1985, reguladora del Derecho a la Educación (LODE). Y se someten a un régimen de autorización administrativa. Los artículos 23, 14.2. y 27 LODE regulan los requisitos mínimos de dicha autorización. En relación con el contenido de este derecho, implica el derecho de fundación, dirección y gestión. El Tribunal Constitucional (STC 5/1981, de 13 de febrero) ha indicado que el derecho de creación o fundación de un centro educativo incluye, sin duda, el derecho de dirección. Consecuentemente, implica en última instancia la responsabilidad en la gestión del centro educativo a través del ejercicio de las facultades directivas en relación con la elaboración de los estatutos del centro, el nombramiento de los órganos de dirección del centro, el profesorado, el resto del personal y el establecimiento del ideario del centro. El derecho a establecer un ideario o carácter propio (art. 115 de la Ley orgánica 2/2006, de Educación, LOE) es un derecho autónomo del derecho de dirección. El contenido del ideario del centro educativo no queda limitado a aspectos religiosos o morales de la actividad educativa, sino que puede extenderse a otros ámbitos del funcionamiento del centro educativo (STC 5/1981, de 13 de febrero). El ideario o carácter propio cumple la función de orientar toda actividad educativa del centro y de facilitar a los padres el ejercicio del derecho a elegir centro educativo en función del ideario y, de ahí surge, la necesidad de su publicidad y la imposibilidad de variarlo durante el curso escolar (art. 115. 2 y 3 LOE). Entre los límites al derecho a crear centros educativos se encuentran el respeto a los principios constitucionales (entre ellos la laicidad) y el respeto a los derechos garantizados al resto de los miembros de la comunidad educativa. Respecto al ideario del centro habrá que determinar con claridad la compatibilidad del mismo con el pleno y libre desarrollo de la personalidad (STC 133/2010) pues si el ideario es un instrumento destinado al dogmatismo, al sectarismo o al proselitismo obligatorio pone en dificultad el objetivo de la educación que no es otro que facilitar el libre desarrollo de la personalidad. Por tal motivo, el ideario no puede funcionar como instrumento de transmisión de creencias o ideas, sino como mero instrumento para dar a conocer esas creencias o ideas[586]. "La

[585] Singularity University es una institución académica situada en Silicon Valley y fundada por el transhumanista R. KURZWEIL. En breve (2024) esta organización educativa inaugurará una subsede en Sevilla.

[586] STEDH caso Lautsi contra Italia, de 3 de noviembre de 2009, se recoge: "El respeto de las convicciones de los padres debe ser posible en el marco de una educación que sea capaz

exposición de la moral a la que responde el "carácter propio" debe ser científica, objetiva, neutral y crítica. También a ella le alcanza el principio de la laicidad y la neutralidad derivada de él"[587]. Así en la STC 31/2018, se dice: "resulta claro que el carácter propio o ideario no sería aceptable si tiene un contenido incompatible por sí mismo con los derechos fundamentales o si, sin vulnerarlos frontalmente, incumple la obligación, derivada del artículo 27.2 de la Constitución, de que la educación prestada en el centro tenga por objeto el pleno desarrollo de la personalidad humana en el respeto a los principios democráticos de convivencia, y a los derechos y libertades fundamentales en su concreta plasmación constitucional, pues estos han de inspirar cualquier modelo educativo, público o privado". Incluso la STC 74/2018 reitera lo dicho en la STC 5/1981, textualmente: "El ejercicio de la libertad de creación de centros docentes tiene la «limitación adicional» que imponen principios constitucionales, como los del título preliminar de la Constitución (libertad, igualdad, justicia, pluralismo, unidad de España, etc.)". En este etcétera incluimos la laicidad. En conclusión, no existirá obstáculos aparentes para crear centros educativos privados con ideario basado en el transhumanismo. Incluso, para que dichos centros privados pudieran ser centros concertados.

3. El tercer caso de uso: La utilización de los sistemas de Inteligencia Artificial en las admisiones universitarias.

Supongamos, en primer lugar, que el algoritmo tiene como objetivo clasificar los candidatos sobre la base del mérito. ¿Qué es la neutralidad para el algoritmo de admisión?[588] El algoritmo es neutral solo si los valores

---

de asegurar un ámbito escolar abierto y que favorezca la inclusión en lugar de la exclusión, independientemente del origen social de los alumnos, las creencias religiosas o el origen étnico. La escuela no debería ser el escenario de actividades misioneras o prédica; debería ser un lugar de encuentro de distintas religiones y convicciones filosóficas, donde los alumnos pueden adquirir conocimientos sobre sus respectivos pensamientos y tradiciones". El ideario no puede funcionar como instrumento de transmisión de creencias o ideas, sino como mero instrumento para dar a conocer esas creencias o ideas (LLAMAZARES FERNÁNDEZ, D: *Derecho de la libertad de conciencia*, vol. II, Civitas, 2011, pp. 98-100). Si no se cumple este principio estaríamos ante un supuesto de adoctrinamiento religioso y, en consecuencia, la financiación pública se dirige a financiar a un fin religioso. Recordamos que son las confesiones la que libremente deciden colaborar con el Estado para llevar a cabo un servicio público. El Estado no financia a los centros educativos religiosos con el objetivo de ayudarlos en la ejecución de sus fines religiosos pues si lo hace vulnera el *principio de laicidad*.

[587] LLAMAZARES FERNÁNDEZ, D.: *Educación para la ciudadanía democrática y objeción de conciencia*, Dykinson, 2008, p. 134.

[588] PHILLIPS-BROWN, M.: "Algorithmic neutrality", 2023, arXiv:2303.05103v2.

distintos del mérito no juegan ningún papel en la forma en que el algoritmo clasifica a los candidatos. ¿Es posible la neutralidad para el algoritmo de admisión? No. La neutralidad es imposible. Cuando tenemos en mente la neutralidad del algoritmo de admisión, ¿qué podemos aprender sobre el sesgo? El algoritmo está sesgado al fallar en sus propios términos si la forma en que clasifica a ciertos tipos de candidatos se desvía sistemáticamente de la cantidad de mérito que tienen esos candidatos. Por ejemplo, el algoritmo podría clasificar sistemáticamente a las candidatas femeninas por debajo de los candidatos masculinos que tienen menos méritos. El algoritmo está sesgado por valores exógenos si los valores distintos del mérito juegan un papel en la forma en que el algoritmo clasifica a los candidatos. En términos más generales, tomemos cualquier sistema algorítmico dado. ¿Qué es la neutralidad para el sistema? El sistema es neutral solamente si ningún valor, aparte del objetivo del sistema, desempeña un papel en la forma en que el sistema entrega sus resultados.

Los ejemplos sobre los sesgos en la admisión a la enseñanza superior se han dado en diferentes países: Estados Unidos[589]; Francia[590] y Reino Unido[591] y por diferentes motivos: raza, sexo, género, nacionalidad, discapacidad, segregación urbana, discriminación urbano-rural (geográfica), discriminación por tipo de escuela pública-privada, ideario religioso o no, por condición social y económica.

4. El cuarto caso de uso: La segregación escolar.

Los sistemas de IA pueden desarrollarse para luchar contra la segregación escolar. En nuestro trabajo de investigación[592] sobre el estudio de los diferentes modelos de adjudicación de plazas escolares (distrito único,

---

[589] FEATHERS, T.: "Major Universities Are Using Race as a "High Impact Predictor" of Student Success", en *Ethics of Data and Analytics;* Auerbach Publications, 2022; NEZAMI, N.; HAGHIGHAT, P.; GÁNDARA, D.; ANAHIDEH, H.: "Assessing Disparities in Predictive Modeling Outcomes for College Student Success: The Impact of Imputation Techniques on Model Performance and Fairness", *Education Science, 14*, 136, 2024, https://doi.org/10.3390/educsci14020136.

[590] *Parcoursup : un système opaque, injuste et discriminant*; vid. https://www.fcpe.asso.fr/sites/default/files/2018-06/20180604_tribune_interfederale_parcoursup_0.pdf.

[591] HAO, K.: "El algoritmo escolar que destrozó a toda una generación", *MIT Technology Review*, 31 de agosto de 2020.

[592] ARIAS, J.; MORENO-REBATO, M.; RODRIGUEZ-GARCIA, J. A.; OSSOWSKI, S.: "Towards value-awareness in administrative processes: an approach based on constraint answer set programming", *Proceedings of the 39th ACM/SIGAPP Symposium on Applied Computing,* Association for Computing Machinery, 2024, pp. 770-778, https://doi.org/10.1145/3605098.3636022.

zonificación, sorteo, modelo de reserva de plazas en función de determinadas características, elección del alumno por parte del centro escolar) hemos puesto de manifiesto que los sistemas de IA pueden desempeñar un papel importante para detectar y mitigar la falta de equidad en el sistema escolar español.

Se han hecho varias consideraciones sobre los modelos de zonificación y distrito único, en relación con la forma en que influyen en el derecho a la educación. Si una escuela tiene plazas escolares vacantes, se convierte en un signo de debilidad, de mala calidad educativa, y las familias "huyen" de esos centros. Estos centros con superávit de plazas escolares son (normalmente) los de mayor concentración de la población inmigrante porque son los únicos con plazas disponibles para la incorporación tardía[593]._En cuanto a las variables geográficas, varios autores[594] han indicado que la distancia entre la escuela y el hogar actúa como un factor limitante en las posibilidades de elección de centro escolar, ya que la distancia recorrida para acceder a un servicio está fuertemente condicionada por las características demográficas, socioeconómicas y de localización de la demanda[595]. De acuerdo con E. ANDERSSON, B. MALMBERG y J. ÖSTH[596], hay dos factores geográficos que influirán en la elección de la escuela. Por un lado, está el capital relacional, que se refiere a la capacidad de los estudiantes para cubrir los

---

[593] CARRASCO i PONS, S.; PÀMIES ROVIRA, J.; BEREMÉNYI, A. y CASALTA, V.: "Más allá de la «matrícula viva». La movilidad del alumnado y la gestión local de la escolarización en Cataluña", *Papers* 97, 2, 2012, pp. 311-341. https://doi.org/10.5565/rev/papers/v97n2.3948, LUBIÁN, C.: "Family and institutional narratives on barriers accessing schools in migrant families: A case study in Spain", *Education Policy Analysis Archives*, 29, 2021, p. 73. https://doi.org/10.14507/epaa.29.5777

[594] ANDERSSON, E.; MALMBERG, B.; ÖSTH, J.: "Travel-to-school distances in Sweden 2000–2006: changing school geography with equality implications", *Journal of Transport Geography*, 23, 2012, pp. 35-43. https://doi.org/10.1016/j.jtrangeo.2012.03.022; ANDRE-BECHELY, L.: "Finding Space and Managing Distance: Public School Choice in an Urban California District", *Urban Studies*, 44, 2007, pp. 1355-1376. https://doi.org/10.1080/00420980701302304; POUPEAU, F.; FRANÇOIS, J. C.; COURATIER, E.: "Making the right move: how families are using transfers to adapt to socio-spatial differentiation of schools in the greater Paris region", *Journal of education policy*, 22, 1, 2007, pp. 31-47. https://doi.org/10.1080/02680930601065858

[595] FAJARDO MAGRANER, F.; SALOM CARRASCO, J.; PIRTACH GARRIDO, M. D.: "Criterios de elección de centro y segregación escolar en la ciudad de Valencia", *Investigaciones Geográficas*, 77, 2022, pp. 339-362. https://doi.org/10.14198/INGEO.19086; SANG, S.; O'KELLY, M.; KWAN, M.B.P.: "Examining Commuting Patterns", *Urban studies*, 48, 5, 2011, pp. 891-909. https://doi.org/10.1177/0042098010368576

[596] "Travel-to-school distances in Sweden 2000–2006: changing school geography with equality implications", *Journal of Transport Geography*, 23, 2012, pp. 35-43. https://doi.org/10.1016/j.jtrangeo.2012.03.022

costos atribuibles a los desplazamientos entre el hogar y la escuela, de manera que aquellos estudiantes que tienen un mayor capital relacional tienen una mayor capacidad para elegir la escuela a la que desean asistir, o, en otras palabras, tienen mayores posibilidades de accesibilidad local. Se ha encontrado que existe una fuerte relación entre la segregación escolar y la segregación residencial[597].

El sistema de libre elección no siempre puede garantizar que los estudiantes tengan las mismas oportunidades de asistir a los centros que desean, ya que los estudiantes de familias con pocos recursos económicos tienen una capacidad de elección reducida y tienden a realizar viajes más cortos, produciendo así un aumento de la segregación escolar[598]. Además, los estudiantes con ingresos económicos más altos están sobrerrepresentados en las escuelas privadas financiadas con fondos públicos porque están ubicadas en vecindarios de altos ingresos y el cobro de cuotas suplementarias desalienta la elección de estas escuelas por parte de las familias de bajos ingresos[599].

También hay que tener en cuenta la segregación religiosa. Hay familias que no pueden elegir determinados centros educativos por motivos religiosos, restringiendo su capacidad de elección. Incluso entre los criterios que establecen los centros escolares y que son determinantes para poder entrar en un centro escolar se incluye, por ejemplo, "Haber estudiado en un centro religioso católico (padres, hermanos o el solicitante)". Aunque se establece que estos criterios de baremación de la adjudicación de plazas escolares sostenidas con fondos públicos deben ser objetivos y no discriminatorios, la realidad es otra. Se produce una discriminación indirecta porque se exige el respeto al ideario religioso (mayoritariamente, en España, son centros escolares católicos) lo que dificulta la elección de dichos centros por parte de alumnos no católicos. Con ello se restringe la capacidad de elección de las familias no católicas de centros escolares sostenidos con fondos públicos (centros que son sufragados económicamente también por las familias no católicas)[600]. Los centros privados concertados, regulados por el R.D.

---

597 FAJARDO MAGRANER, F.; SALOM CARRASCO, J.; PIRTACH GARRIDO, M. D.: "Criterios de elección de centro y segregación escolar en la ciudad de Valencia", *Investigaciones Geográficas*, 77, 2022, pp. 339-362. https://doi.org/10.14198/INGEO.19086.

598 BOTERMAN, W.; MUSTERD, S.; PACCHI, C.; RANCI, C: "School segregation in contemporary cities: Socio-spatial dynamics, institutional context and urban outcomes", *Urban Studies*, 56, 15, 2019, pp. 3055–3073. https://doi.org/10.1177/0042098019868377.

599 CALERO, J.: "Spain: Country Analytical Report. Equity", *Education Thematic Review*, 2005. http://www.oecd.org/dataoecd/49/28/38693078.pdf

600 Sobre los centros educativos religiosos en los Estados Unidos, vid PELZ, M. L.; DEN DULK, K. R.: "Looking within or reaching out?: The effects of religion on private school

2377/1985, de 18 de diciembre, son los centros privados que reciben financiación pública[601] y, consecuentemente, contribuyen junto con los centros públicos a la prestación del servicio público de educación[602]. Estos centros están regulados en los artículos 116 LOE (modificado por la LO 3/2020) y 117 LOE. Para acceder a la financiación pública es necesario la firma de un concierto (contrato administrativo) entre el centro privado y la Administración educativa. El Estado es responsable de la educación por eso se condiciona la financiación a que se garantice el cumplimiento de los fines que la Constitución indica (pleno desarrollo de la personalidad, art. 27.2 CE).

El trabajo que hemos realizado[603] utilizando s(LAW) ha producido resultados que determinan modelos educativos que están más alineados que

---

enrollments in an era of school choice", *Politics and Religion*, 11(1), 2018, https://doi.org/10.1017/S1755048317000499.

601 Caso Arieh Hollis Waldman v. Canadá, Comunicación No. 694/1996, del Comité de Derechos Humanos de Naciones Unidas; expresamente se dice: "el Comité observa que el Pacto no obliga a los Estados Parte a financiar escuelas establecidas sobre bases religiosas".

602 La Constitución española (art. 27.9) no reconoce a todo centro educativo privado el derecho a la financiación pública; solamente a aquellos centros que cumplan los requisitos legales (STC 86/1985; STS de 24 de septiembre de 2012). Asumiendo, por ejemplo, «la insoslayable limitación de los recursos disponibles» (STC 77/1985, FJ 11), puede atender, «entre otras posibles circunstancias, a las condiciones sociales y económicas de los destinatarios finales de la educación a la hora de señalar a la Administración las pautas y criterios con arreglo a los cuales habrán de dispensarse las ayudas en cuestión» (STC 86/1985, de 10 de julio, FJ 3)". El sistema de financiación de estos centros educativos religiosos viene definido por el concierto educativo. Este modelo educativo es bastante cuestionable desde el punto de vista del principio de neutralidad religiosa. En primer lugar, porque, en España, este modelo de financiación pública de los centros privados se estableció, sin ningún género de duda, para favorecer a una confesión religiosa, la Iglesia católica. Por tal motivo, la norma no es neutral pues tiene como objetivo favorecer a la Iglesia católica en el ámbito educativo. Las normas jurídicas no deben solo neutrales religiosamente en su formulación sino también deben ser neutrales en su resultado práctico; es decir, se debe comprobar si a pesar de la aparente neutralidad de la norma ("todos los centros educativos, independientemente del ideario que tengan, pueden acceder a la financiación pública, si cumplen, eso sí, los requisitos legales") el objetivo práctico de la norma es beneficiar económicamente a una confesión religiosa, la Iglesia católica, asegurándola una importante financiación pública para llevar a cabo el proselitismo religioso (fin religioso). Si se parte de los criterios utilizados por la jurisprudencia del TS de EE. UU. la incompatibilidad con el principio de neutralidad religiosa es absoluta. El TS de Estados Unidos ha establecido que las normas jurídicas deben ser neutrales en su aplicación práctica; es decir: "El Gobierno no puede preferir a una religión a otra o la religión a la no religión y, el hecho de ayudar a un grupo religioso, aunque sea singular o reducido, implica una vulneración constitucional, como sería el hecho de ayudar a un grupo más numeroso o a las religiones en su conjunto", vid. *Board of Education of Kiryas Joel Village School District v. Grumet, 1994; Aguilar v. Felton 473 US 402 (1985).*

603 ARIAS, J.; MORENO-REBATO, M.; RODRIGUEZ-GARCIA, J. A.; OSSOWSKI, S.: "Towards value-awareness in administrative processes: an approach based on constraint

otros con el valor de igualdad y de equidad. La modelación de estos valores permitirá, en futuros trabajos, realizar propuestas normativas automáticas más adecuadas para garantizar una distribución más equitativa de las plazas escolares sostenidas con fondos públicos.

5. El quinto caso de uso: La relación entre los sistemas de Inteligencia Artificial y la enseñanza religiosa.

¿Podemos enseñar a los robots? El fundador de la empresa *IV.AI*, Vince LYNCH, dijo que "enseñar a los humanos sobre la educación religiosa es similar a la forma en que enseñamos conocimiento a las máquinas: repetición de muchos ejemplos que son versiones de un concepto que quieres que la máquina aprenda"[604]. Si esta comparación se entiende en un sentido formal, es decir, enseñar a los sistemas de IA de forma repetitiva no plantea problemas. Otra cuestión es si es en sentido material, el contenido que se enseña a los sistemas de IA es adoctrinar. El implementador del código-fuente introduce sus propias convicciones y, es como hemos visto en el Bloque II se plantea el problema en relación con la neutralidad y la laicidad o la implementación y alineamiento de determinados valores que no son universales y que no respetan los derechos humanos. Sobre la libertad de conciencia (religiosa o no) de los implementadores y la introducción de sus convicciones en el código-fuente como parte del contenido dicha libertad, volveremos más adelante.

V. La libertad de expresión y la laicidad. La manipulación de las conciencias por parte de los sistemas de Inteligencia Artificial.

1. La relación entre libertad de conciencia, laicidad, libertad de expresión y derecho de información.

Las redes sociales[605] y los medios de comunicación digitales, en sentido amplio, se han convertido gracias al *big data* y a los sistemas de inteligencia

---

answer set programming", *Proceedings of the 39th ACM/SIGAPP Symposium on Applied Computing*, Association for Computing Machinery, 2024, pp. 770-778, https://doi.org/10.1145/3605098.3636022.

[604] MCGRATH, J. y GUPTA, A.: "Writing a Moral Code: Algorithms for Ethical Reasoning by Humans and Machines", *Religions*, *9*, 240, 2018; doi:10.3390/rel9080240.

[605] Las redes sociales se han definido como "servicios prestados por proveedores de servicios de Internet, accesibles a través de diferentes instrumentos técnicos que

artificial en instrumentos que influyen decisivamente, y cada vez más, en la formación de nuestra conciencia[606].

Como ya escribió Gustavo SUÁREZ PERTIERRA: "para la libertad de conciencia, las libertades de pensamiento y de expresión son contenidos inseparables"[607]. En palabras de D. LLAMAZARES se está dando la siguiente situación: "la información sobre hechos o ideas y opiniones que sean capaces de crear en los ciudadanos la ilusión de ser libres cuando lo que se les transmite son verdaderas consignas, convirtiéndolos en marionetas y en meros instrumentos al servicio de intereses económicos. Otra vez volvemos a la dictadura de las conciencias"[608]. Ante un aparente pluralismo de medios de comunicación, la realidad esconde la restricción y selección de las ideas que se difunden por los mismos, lo que nos aproxima al monismo ideológico, a la dictadura de las conciencias mediante el pensamiento único. La laicidad, como hemos expuesto en el Bloque II, lucha contra esta manipulación de nuestra conciencia imponiendo que la información sea veraz, neutral y objetiva para poder formarnos libremente nuestra conciencia. Siguiendo al profesor LLAMAZARES, el primer nivel de la libertad de conciencia es la libertad en la formación de la conciencia[609] donde se incluyen los derechos a la educación y a la información. El reconocimiento de estos derechos supondrá la garantía de la formación integral de la persona en libertad y la formación de la opinión pública libre, lo cual los configura como derechos fundamentales de cualquier Estado democrático como consecuencia obligada del principio de pluralismo; por ello, los poderes públicos vendrán obligados a crear las condiciones más favorables para la libre formación de la

---

posibilitan que los usuarios puedan diseñar un perfil, en el que harán constar determinada información personal –texto, imágenes o vídeos—, en virtud del que podrán interactuar con otros usuarios y localizarlos según los datos incluidos en aquél", vid. LÓPEZ, D.: "La protección de datos de carácter personal en el ámbito de las redes sociales electrónicas: el valor de la autorregulación", *Anuario Facultad de Derecho, Universidad de Alcalá,* 2009, p. 247 y ORTIZ LÓPEZ, P.: "Redes sociales: funcionamiento y tratamiento de la información personal", en *Derecho y redes sociales,* Thomson-Reuters, 2010, pp. 22-25.

[606] Internet se ha convertido en uno de los principales medios por los cuales las personas ejercen su derecho a la libertad de expresión. Proporciona herramientas esenciales para la participación en actividades y discusiones sobre temas políticos y cuestiones de interés general (Sentencias del TEDH, casos Vladimir Kharitonov c. Rusia, de 23 de junio de 2020; Melike c. Turquía, de 15 de junio de 2021, caso Sanchez contra Francia, 15 de mayo de 2023).

[607] "Prólogo" a la obra *Las libertades de expresión e información como garantía del pluralismo democrático,* de Mª C. LLAMAZARES CALZADILLA, Civitas, 1999, p. 23.

[608] Vid. *Derecho de la libertad de conciencia. I. Conciencia, tolerancia y laicidad,* Civitas, Thomson Reuters, 2011, p. 180.

[609] LLAMAZARES FERNÁNDEZ, D.: *op. cit.*, pp. 21-22.

conciencia de sus ciudadanos y de ahí surge su garantía, la laicidad[610]. El derecho a la información se convierte, así, en un elemento esencial y necesario para la libre formación de la conciencia y, por ende, para el libre desarrollo de la personalidad (artículo 10.1. CE). Una libre formación que conlleva como paradigma necesario el pluralismo ya que sin él sería imposible que la persona pudiera formar de manera real y libre su conciencia. Consecuentemente, la laicidad garantiza la construcción de la conciencia, libre de presiones estatales y de los grupos (también de las empresas que controlan las redes sociales), pero a su vez el Estado debe facilitar, de forma neutral, los elementos necesarios para su conformación, de ahí la importancia de la laicidad.

Las redes sociales como Facebook, X, Instagram, TikTok, YouTube, etc. se han convertido en unos poderosos medios de comunicación en línea donde se procede a la recopilación de una inmensidad de datos personales[611] que son ordenados gracias a algoritmos que utilizan la inteligencia artificial creando perfiles personalizados[612]. Las redes sociales imponen la cultura de la exposición y requieren que todo sea compartido. Al usar las redes sociales creamos voluntariamente dosieres digitales sobre nosotros mismos con todo tipo de información personal y detallada que compartimos voluntariamente sin ningún gobierno de tipo Gran Hermano que nos fuerce a entregar esa información o teniendo que realizar el meticuloso trabajo de adquirirla de forma encubierta[613]. Los sistemas de IA necesitan datos, muchos datos. Como usuarios de las redes sociales y otras aplicaciones que necesitan nuestros datos, trabajamos gratis para las empresas de esas redes sociales.

La manipulación de la conciencia a través de las redes sociales vulnera el derecho de información y la libertad de expresión. Entre las manifestaciones de esa manipulación se encuentra la censura previa de contenidos (política de moderación) y las denominadas "fake news" (desinformación). La manipulación de las conciencias significa una clara vulneración de la libertad de conciencia y los poderes públicos deben proteger

[610] Ibidem, pp. 21-22.

[611] Se ha afirmado en este sentido que poseer los datos implica poseer la llave a nuestras mentes, vid. ALEGRE, S.: "Los derechos digitales. Prólogo", a la obra *Los Derechos humanos, la democracia y la igualdad en la era de los algoritmos y la inteligencia artificial*, DE MERINO RUS, R.: 2020, Colección Red Gernika.

[612] Amnistía Internacional demostró que era posible comprar datos de 1.845.071 personas catalogadas como musulmanas en Estados Unidos por 138.380 dólares, vid. O'CARROLL, J. y FRANCO, J.: «"Muslim registries", Big Data and Human Rights», *Amnesty International*, 2017.

[613] COECKELBERGH, M.: *La filosofía política de la Inteligencia artificial*, Cátedra, 2023, p. 27.

su libre formación. Los motores de búsqueda seleccionan las ideas que se difunden a través de las redes sociales. Un algoritmo de búsqueda puede estar dirigido hacia ciertos tipos de contenido o proveedores de contenido, lo que pone en riesgo valores como el pluralismo informativo[614]. Los motores de búsqueda actúan para buscar, recibir o difundir información en función de los previsibles deseos de los usuarios. Las predicciones algorítmicas de las preferencias de los usuarios implementadas por las plataformas de las redes sociales guían no solo los anuncios que podemos ver, sino también personalizan los resultados de búsqueda y dictan la forma en que se organizan lo que vemos en las redes sociales, incluidas las noticias. Además, el uso de determinados algoritmos conduce a la fragmentación de lo que recibimos a través de la creación de "cámaras de eco". Este fenómeno supone que las redes sociales favorecen solamente a ciertos tipos de medios de comunicación, lo que aumenta los niveles de polarización social que pueden poner en grave peligro la cohesión social y el sistema democrático. Todos estos fenómenos los veremos en este capítulo.

Por su parte, el TEDH ha declarado que el acceso a internet forma parte del contenido del artículo 10 del CEDH. Con otras palabras, "Internet se ha convertido en la actualidad en uno de los principales medios para ejercer el derecho a recibir y comunicar informaciones e ideas"[615] y su restricción o prohibición de acceso supone una vulneración de la libertad de expresión y del derecho de información[616] y, en todo caso, cualquier medida que bloquee el acceso al contenido mediante el filtrado o la eliminación del contenido debe estar prescrita por la ley, debe perseguir uno de los objetivos legítimos previstos en el artículo 10.2 del CEDH y debe ser necesaria en una sociedad democrática[617]. Sin embargo, según el TEDH, cualquier obligación de filtrar

---

[614] *Algorithms and Human rights. Study on the human rights dimensions of automated data processing techniques and possible regulatory implications.* Council of Europe, March 2018, p. 17; *Human rights in the robot age*, Report Rathenau Instituut, Council of Europe, 2017, pp. 37-39; PASQUALE, F. A.: *Platform Neutrality: Enhancing Freedom of Expression in Spheres of Private Power*, Social Science Research Network. 2016.

[615] STEDH, de 1 de diciembre de 2015, caso Cengiz y otros contra Turquía.

[616] STEDH, caso Ahmet Yildirim, de 18 de diciembre de 2012.

[617] *Recommendation of the Committee of Ministers to member States on the roles and responsibilities of internet intermediaries*, adoptado por el Comité de Ministros el 7 de marzo de 2018 y, *Report of the Special Rapporteur on the promotion and protection of the right to freedom of opinion and expression*, Naciones Unidas, Asamblea General, Human Rights Council, 17.ª sesión, 16 de mayo de 2011, A/HRC/17/27, p. 22; en este Informe del Relator especial se dice que dado que Internet se ha convertido en un instrumento indispensable para hacer efectivos muchos de los derechos fundamentales, para combatir la desigualdad y para acelerar el desarrollo y el progreso civil, la garantía de un acceso universal a Internet debe representar una prioridad para todos los Estados y también,

o eliminar ciertos tipos de comentarios de usuarios de plataformas en línea supone una carga "excesiva e impracticable" para los operadores y corre el riesgo de obligarlos a instalar un sistema de monitoreo "capaz de socavar el derecho a difundir información en Internet"[618]. Con estas palabras, el TEDH prohíbe la censura previa en las redes sociales y garantiza en que dichas redes la libertad de expresión y el derecho de información. Otra cuestión es la utilización de algoritmos que bloquean contenidos. En este punto, conviene preguntarnos si las redes sociales respetan los derechos humanos, entre ellos, la libertad de conciencia. Por ejemplo, en la red social X, defender y respetar la voz de los usuarios es uno de los valores fundamentales de esta red social. Este valor constituye un compromiso que consta de dos partes: cuidar la privacidad y la libertad de expresión. Este compromiso de esta red social se basa en la Carta de Derechos de los Estados Unidos y en el Convenio Europeo de Derechos Humanos, también en los Principios Rectores sobre las Empresas y los Derechos Humanos de las Naciones Unidas. Dentro de estos Principios rectores, aprobados por el Consejo de Derechos Humanos de Naciones Unidas, en 2011, el principio 11 establece que "las empresas comerciales deben respetar los derechos humanos. Esto significa que deben evitar infringir los derechos humanos de los demás y deben abordar los impactos adversos en los derechos humanos con los que están involucrados". En sentido, el Comité de Derechos Humanos de las Naciones Unidas ha aclarado que los Estados cumplen completamente sus obligaciones del Pacto Internacional de Derechos Civiles y Políticos, de 1966, si "los individuos están protegidos por el Estado, no solo contra las violaciones de los derechos del Pacto por parte de sus agentes, sino también contra actos cometidos por personas o entidades privadas"[619]. En consecuencia, las empresas que gestionan las redes sociales se comprometen a respetar la libertad de conciencia (su libre formación y no manipularla). La misión de la red social X "es proporcionar a todos los usuarios la capacidad de crear y compartir ideas e información, y expresar sus opiniones y creencias, sin ningún tipo de obstáculos. La libre expresión es un derecho humano: creemos que todos tenemos una voz y el derecho de usarla. Nuestra función es estar al servicio

---

denuncia el riesgo de que Internet se puede convertir en un poder de censura planetario que carece de toda legitimidad democrática.

[618] STEDH caso Magyar Tartalomszolgáltatók Egyesülete and Index.hu Zrt v. Hungary, de 2 de febrero de 2016.

[619] *General Comment Nº. 31: The Nature of the General Legal Obligation Imposed on States Parties to the Covenant,* United Nations Human Rights Committee, 2004; KNOX, J. H.: "The Ruggie Rules: applying human rights law to corporations", en *The UN Guiding Principles on Business and Human Rights: Foundations and Implementation*, ed. R. Mares (Martinus Nijhoff Publishers), 2011, pp. 51-83.

de la conversación pública, lo que requiere la representación de una amplia gama de perspectivas".

El derecho de información (art. 20.1. d. CE) abarca tanto el derecho a comunicar libremente información veraz (derecho activo) como el derecho de todos a recibirla (derecho pasivo). El concepto de *veracidad* es esencial para determinar la distinción entre libertad de expresión y el derecho de información[620]. El derecho a la información, entendido en sentido amplio, es el derecho a conocer informaciones que permitan a la persona madurar su conciencia, formarse una opinión sobre los acontecimientos del entorno que le posibilite su participación real y efectiva en la vida política, económica, social y cultural en condiciones de igualdad (art. 9.2. CE). La satisfacción efectiva del derecho a la información evita que, en el ejercicio de esa participación, la toma de decisiones se realice sobre la base del error y el engaño, porque de lo contrario supondría la negación implícita de la libertad del ciudadano[621]. El debate público se ha trasladado a las redes sociales[622] pero con una serie de características especiales. En concreto, la personalización de la información que reciben los usuarios de las redes sociales en función de sus preferencias e intereses puede crear "burbujas de filtro". Hecho que pone en riesgo la libertad de expresión y el derecho de información porque no participamos en la conformación de la opinión pública debido al aislamiento ideológico y la reafirmación de nuestras propias ideas que provocan los algoritmos de las redes sociales. La decisión de las redes sociales de establecer un algoritmo para filtrar noticias impidiendo la difusión de unas y priorizando otras afecta a la opinión de millones de personas, a su libertad de expresión y al derecho de información de todos, como hemos visto en relación con los sesgos políticos, favoreciendo a determinados grupos. En consecuencia, la desinformación y la manipulación ideológica están servidas[623]. El relato ultraindividualizado dificulta el diálogo, el debate público, que es imprescindible para la democracia y para la conformación de la opinión pública libre, como vimos en el Bloque II. Es decir, las redes sociales permiten crear nuestro propio ecosistema informativo y, en consecuencia, se genera la falsa impresión de estar

[620] vid. STC 214/1991, de 11 de noviembre (fund. jur. nº 6 y 8) y, también, las STC 107/1988, de 8 de junio y 105/1990, de 6 de junio.
[621] LLAMAZARES FERNANDEZ, D.: *Derecho de la libertad de conciencia, II. Conciencia, identidad personal y solidaridad*, Civitas, Thomson Reuters, 2011, p. 226.
[622] YORK, J. C.: "Policing Content in the Quasi-Public Sphere", en *Open Net Initiative Bulletin*, Berkman Center, Harvard University, 2010.
[623] PARISER, E.: *El filtro burbuja: cómo la red decide lo que leemos y lo que pensamos*, Taurus, 2017; CASTELLANOS CLARAMUNT, J.: "La democracia algorítmica: inteligencia artificial, democracia y participación política", en *Revista General de Derecho Administrativo*, nº 50, 2019.

informados, se segmenta la realidad y, debido a la inmediatez, a la velocidad y a la reducción de la información a titulares (clickbait) se dificulta tener una visión general de los problemas y, con ello, se refuerza nuestras propias ideas mediante el seguimiento de nuestros likes, pues los sistemas de IA que utilizan las redes sociales detectan nuestras preferencias y ofrece con mayor frecuencia comunidades de usuarios afines a nuestras ideas u opiniones. Se dificulta el debate público, como hemos puesto de manifiesto en el Bloque II, creándose pequeñas comunidades aisladas entre sí, grupos cerrados, que asumen de forma acrítica la información que circula por dicho grupo, lo que facilita el establecimiento de un pensamiento único en esos grupos cerrados donde se silencia o se expulsa a los disidentes[624]. En fin, se ha sustituido el diálogo por el monologo y no se pone en cuestión nuestras ideas, no se duda. Además, se ha procedido a la estratificación de la sociedad mediante perfiles ideológicos sin relación ni conexión, siendo las redes sociales a través de los algoritmos una especie de inteligencia totalitaria que decide por los ciudadanos, una nueva dictadura de las conciencias.

Por si fuera poco, los asistentes personales, como Siri, Cortana, Alexa, etc. podrían empezar a manipularse en beneficio de los intereses de sus dueños (que no somos nosotros sino las empresas tecnológicas), de modo que el éxito en el mercado laboral o en el matrimonio podría depender cada vez más de nuestros agentes personales al pedirles opinión o sugerencias, incluso nos indicarán nuestro voto si se lo solicitamos[625]; en definitiva, estamos empezando a perder la soberanía sobre nuestras mentes y, en consecuencia, estamos perdiendo nuestra dignidad[626].

Por último, en el considerando nº 48 del Reglamento (UE) 2024/1689, de 13 de junio de 2024, de IA se menciona la libertad de expresión y de información como derechos fundamentales que pueden tener consecuencias adversas y, en consecuencia, se clasifican estos sistemas de IA que pueden afectar de manera sustancial a estos derechos como sistemas de IA de alto riesgo. Las palabras "manera sustancial" del Reglamento comunitario 2024/1689, de 13 de junio de 2024, serán fundamentales para la elaboración de la lista exhaustiva de ejemplos de casos de uso de los sistemas de IA de alto riesgo y los sistemas que no son de alto riesgo (artículo 6.5 del

---

[624] RUBIO NUÑEZ, R.: "El derecho a la información y el derecho al voto", en *Sociedad Digital y Derecho*, BOE, 2018, pp. 477-480.

[625] WEAVER, J. F.: *Robots Are People Too: How Siri, Google Car, and Artificial Intelligence Will Force Us to Change Our Laws,* Praeger, 2013.

[626] McCARTHY-JONES, S.: "The Autonomous Mind: The Right to Freedom of Thought in the Twenty-First Century", en *Frontiers in Artificial Intelligence*, 26 de septiembre de 2019.

Reglamento (UE) 2024/1689, de 13 de junio de 2024, de IA) y, en función de dicha lista comprobar dónde se sitúan las redes sociales.

2. La libertad religiosa y las redes sociales.

Las redes sociales, como acabamos de poner de manifiesto, inciden en la manifestación de las creencias religiosas y en el derecho a recibir información religiosa (art. 2. LOLR), si bien este ámbito jurídico todavía no ha recibido mucha atención[627].

La incitación al odio religioso en línea, la radicalización o el extremismo religioso, la blasfemia y la falta de respeto a los sentimiento religiosos que se difunden a través de las redes sociales se han convertido en aspectos importantes que tienen incidencia en el derecho a la libertad de religión o creencias en línea. Estos problemas han planteado a las empresas de redes sociales un conflicto entre los derechos a la libertad de expresión y a la libertad de religión y creencias y han implicado el desarrollo de soluciones por parte de los sistemas de IA para abordarlos[628]. Materias como la moderación de contenidos y el discurso de odio religioso serán tratados en los próximos apartados de ese capítulo, aunque no podemos dejar de poner de manifiesto que, a través de la moderación de contenidos, las redes sociales deciden qué contenidos sobre convicciones y creencias deben transmitirse. Por lo tanto, los sistemas de IA influyen en la forma en que la religión o las creencias se manifiestan en línea al moderar el contenido relacionado con la religión o las creencias antes de que las personas lo vean, eliminando conversaciones, páginas, videos, eventos y otros contenidos completos de las redes sociales. El daño potencial de este enfoque es significativo, ya que puede privar a las personas y a los grupos de la capacidad de ejercer el derecho a la libertad de religión y creencias "solos o en comunidad con otros"[629].

Otra de las cuestiones directamente relacionadas entre la libertad religiosa y las redes sociales es, como hemos indicado, que las redes sociales pueden perfilar a sus usuarios, aunque estos no quieran (nos remitimos al Bloque II), este perfil incluye las creencias religiosas, en algunas de forma expresa a través de la aceptación de las condiciones de uso de la red social y, en otras a través de las interactuaciones del propio usuario con sus

---

[627] ASHRAF, C.: "Exploring the impacts of artificial intelligence on freedom of religion or belief online", *The International Journal of Human Rights*, 2022, p. 778, DOI: 10.1080/13642987.2021.1968376.

[628] Ibidem.

[629] Ibidem.

visualizaciones y likes, por ejemplo. Esto incide directamente en el derecho a no revelar, o no manifestar, nuestras convicciones religiosas. En este punto también nos remitimos a lo expuesto en relación con el derecho a no manifestar nuestro pensamiento como integrante de nuestro *forum internum*, en este Bloque III. De hecho, la libertad de religión permite a las personas elegir no manifestar una religión o que sus elecciones religiosas no se hagan públicas. Este aspecto es especialmente importante para las minorías religiosas amenazadas, también para los ateos o los agnósticos, que pueden ser objeto de arresto, intimidación o tortura, en muchos países. Debido a la opacidad de los sistemas de IA, las violaciones a la privacidad no están claras, pero la idea de la vigilancia automatizada de las redes sociales y las búsquedas en Internet puede conducir a la autocensura por parte de las personas amenazadas con respecto a sus convicciones religiosas o de creencias no religiosas. Por ejemplo, los sistemas de IA pueden inferir en la religión o las creencias de una persona en función de los metadatos asociados con el contenido que le gusta, sigue, comparte o comenta públicamente a pesar de ocultar sus perfiles. Esta información puede utilizarse para identificar a las minorías religiosas, los apóstatas, los ateos y otras personas cuya religión o creencias los convierten en objetivos de vigilancia, arresto o tortura en muchos Estados. La publicidad en las redes sociales utiliza grandes cantidades de información para microorientar los anuncios, puede producir anuncios que revelan las preferencias religiosas de un individuo. Los sistemas de IA que utilizan las redes sociales pueden hacer recomendaciones que podrían revelar las preferencias religiosas de un individuo recomendándolas a ciertos amigos, anunciantes, proveedores u otros grupos o individuos. Los anunciantes u otros consumidores de datos recopilados por sistemas de IA podrían ser citados u obligados a revelar a personas que puedan formar parte de una minoría religiosa específica[630]. El relator especial de la ONU sobre la libertad de religión o de creencias, SHAHEED, en su Informe del año 2019, afirmó que el uso de la moderación de contenidos "puede dar lugar a un exceso de vigilancia policial de ciertas comunidades religiosas e inhibir aún más la acción comunicativa de las mismas". Según informa Freedom House, los sistemas de IA están siendo utilizados por gobiernos de todo el mundo para vigilar a los disidentes y silenciar la disidencia, identificar y hacer frente a las amenazas de forma preventiva y crear bases de datos de personas y grupos que se cree que representan un peligro para el Estado[631] . Cuando se presentan a los

---

630 Ibidem.

631 SHAHBAZ, A. y FUNK, A.: "Freedom on the Net 2020: The Pandemic's Digital Shadow", *Freedom House*, 2020, https://www.freedomonthenet.org/report/freedom-on-the-net/2019/the-crisis-of-social-media; FELDSTEIN, S.: "The Road to Digital

destinatarios del servicio de anuncios basados en técnicas de segmentación optimizadas para responder a sus intereses y apelar potencialmente a sus vulnerabilidades, los efectos negativos pueden ser especialmente graves. En algunos casos, las técnicas de manipulación pueden afectar negativamente a grupos enteros y amplificar perjuicios sociales, por ejemplo, contribuyendo a campañas de desinformación o discriminando a determinados grupos, así lo considera el Reglamento comunitario 2022/2065, de 19 de octubre de 2022, de Servicios Digitales.

Otra de las cuestiones para tener en cuenta en este ámbito es la dimensión mundial o global de las religiones. En este sentido, se advierte a los Estados que deben considerar el impacto de la legislación nacional en las denominadas "peregrinaciones virtuales" en las que la diáspora participa en el culto, la enseñanza, la observancia o la práctica religiosa con miembros de la misma fe dentro de un país. Por lo tanto, la legislación nacional no solo puede dañar los derechos humanos de las personas dentro de las fronteras del Estado, sino que también puede tener un impacto global en la religión[632].

También es importante mencionar la participación en el debate público de los creyentes y de los ministros de culto a través de las redes sociales. Nos hacemos eco del proceso judicial que se siguió en la Corte de Apelaciones de Helsinki que desestimó íntegramente todos los cargos contra la diputada del parlamento finés Päivi RÄSÄNEN y el obispo luterano Juhana PHJOLA, quienes habían sido procesados por "discurso del odio" tras haber compartido públicamente una serie de mensajes bíblicos. Fueron acusados de "agitación contra una minoría" en 2021 con base en un artículo del Código Penal finés rubricado "crímenes de guerra y crímenes contra la humanidad" por haber compartido sus creencias sobre el matrimonio y la moral sexual cristianas en un tweet en 2019. La Fiscal sostuvo que: "Uno puede citar la Biblia, pero la interpretación de RÄSÄNEN y su opinión sobre los versículos de la Biblia son criminalmente perseguibles". El Tribunal de apelación reconoció que: "no hay razón alguna para alterar el fallo de la sentencia de primera instancia", la cual a su vez había reconocido que, aunque algunos puedan no compartir las afirmaciones de RÄSÄNEN: "debe haber una razón social imperiosa para restringir la libertad de expresión y justificar tal injerencia". El Juzgado de Instancia concluyó que dicha justificación no concurriría pues: "no

---

Unfreedom: How Artificial Intelligence Is Reshaping Repression", *Journal of Democracy*, 30, nº 1, 2019, pp. 40-52; *Privacy and Freedom of Expression In the Age of Artificial Intelligence*, Article 19, marzo 2018.

[632] ASHRAF, C.: "Exploring the impacts of artificial intelligence on freedom of religion or belief online", *The International Journal of Human Rights*, 2022, p. 797, DOI: 10.1080/13642987.2021.1968376.

corresponde a este Juzgado interpretar conceptos bíblicos". En este punto, debemos recordar que la laicidad incluye el principio de separación entre el Estado y las confesiones religiosas. Por lo tanto, no le corresponde al Estado ni a los poderes públicos hacer teología ni interpretar los textos sagrados. Otra cuestión es la participación en el debate público y la traducción de los valores religiosos a valores seculares para que dicha participación sea real y sea efectiva, como hemos expuesto en el Bloque II. Si no se realiza dicha traducción los discursos teológicos no pueden entrar en el debate público. Es decir, se podrá enviar el mensaje religioso, pero no se podrá debatir sobre el contenido teológico del mismo.

Otra materia son los sesgos por motivos religiosos que ya hemos tratado en el capítulo anterior. Pero que conviene tener en cuenta también en este punto pues las redes sociales son uno de los instrumentos más importantes para su consolidación. La estructura de los algoritmos de las redes sociales puede reflejar sesgos religiosos, ocultando o eliminando publicaciones, videos y otros contenidos, como hemos dicho.

En este punto, conviene tener presente la propuesta de que las empresas de tecnología deben llevar a cabo evaluaciones periódicas del impacto en los derechos humanos (Human Rights Impact Assessments—HRIA—). SAMWAY[633] ha propuesto un modelo de evaluaciones centrado en el derecho a la libertad de expresión y las empresas tecnológicas. La adaptación de este modelo a la libertad religiosa conduciría a ocho pasos[634]:

- ✓ Revisar el Derecho internacional de los derechos humanos en torno a la libertad de religión y creencias religiosas.
- ✓ Revisar la situación de los derechos humanos, las tradiciones y la cultura en el país o región de interés con un enfoque en la religión o las creencias.
- ✓ Mapear el sistema jurídico local que rodea a la libertad de religión y de creencias, identificar cuestiones relacionadas con el género, la etnia/raza, el culto, la práctica, la observancia y la enseñanza.
- ✓ Mapear los planes de negocios para el desarrollo y la implementación de algoritmos en el país/región e identificar las áreas de riesgo.

---

633 SAMWAY, M.: "Business, Human Rights and the Internet: A Framework for Implementation", en *Human Dignity and the Future of Global Institutions*, Georgetown University Press, 2014.

634 ASHRAF, C.: "Exploring the impacts of artificial intelligence on freedom of religion or belief online", *The International Journal of Human Rights*, 2022, pp. 798-799, DOI: 10.1080/13642987.2021.1968376.

- ✓ Examinar si el algoritmo tiene el potencial de promover y proteger la libertad de creencias religiosas o no, esto debe enfatizarse en el desarrollo.
- ✓ Realizar evaluaciones de riesgos y ejecutar pruebas basadas en el despliegue de los sistemas de IA.
- ✓ Examinar las variables identificadas en el mapeo jurídico en los conjuntos de datos utilizados para entrenar la IA.
- ✓ Proponer estrategias de mitigación de los riesgos identificados y hacer hincapié en la protección de los derechos humanos.

Otras preguntas que se deben formular serían: ¿Qué grupos religiosos o de creencias fueron seleccionados o excluidos en la recolección de datos? ¿Cómo podría un motor de recomendación de contenido discriminar inadvertidamente a una religión minoritaria? ¿Protegen los sistemas de IA el derecho de las personas a no revelar su religión o creencias? Estas evaluaciones serían como una parte del control del funcionamiento de los sistemas de IA y, en consecuencia, se deberá comprobar si los sistemas de IA están alineados con la laicidad.

En este apartado también hay que mencionar el campo de investigación denominado: "religión digital". La religión digital, como campo académico, se ocupa principalmente de comprender cómo evolucionan las prácticas religiosas en línea y cómo interactúan con otros elementos del culto, la enseñanza, la práctica y la observancia religiosas. Por otra parte, otros estudiosos de la materia consideran que la religión digital no interactúa necesariamente con contextos en línea y fuera de línea, sino que tiene su propio "tercer espacio" de manifestación religiosa puramente digital y debe evaluarse como tal sin hacer referencia a las manifestaciones religiosas fuera de línea. Un número aún mayor de estudiosos examina cómo se introducen las creencias religiosas en los espacios digitales y cómo estas manifestaciones digitales afectan a las expresiones digitales de la religión[635].

En conclusión, como se ha declarado en la Resolución nº 34/7, del Consejo de Derechos Humanos de las Naciones Unidas, aprobada el 23 de marzo de

---

[635] HOOVER, S. M. y ECHCHAIBI, N.: "Media Theory and the Third Spaces of Digital Religion", *Research Methods and Theories in Digital Religion Studies*, 2018, pp. 93-116; BRASHER, B. E.: *Give Me That Online Religion*, Rutgers University Press, 2004; O'LEARY, S. D.: "Cyberspace as Sacred Space: Communicating Religion on Computer Networks", *Journal of the American Academy of Religion*, 64, nº 4, 1996, pp. 781-808; HELLAND, C.: "Digital Religion", en *Handbook of Religion and Society*, Springer, 2016, pp. 177-96; CAMPBELL, H.A. y RULE, F.: "The Practice of Digital Religion", en FRIESE, H., NOLDEN, M., REBANE, G., SCHREITER, M. (eds.): *Handbuch Soziale Praktiken und Digitale Alltagswelten*, Springer, 2020, https://doi.org/10.1007/978-3-658-08357-1_38

2017 sobre el derecho a la privacidad en la era digital, los derechos humanos fuera de línea deben protegerse de la misma manera que los derechos humanos en línea. Y, la Resolución aprobada por la Asamblea General el 21 de marzo de 2024, nº 78/265, sobre “Aprovechar las oportunidades de sistemas seguros y fiables de inteligencia artificial para el desarrollo sostenible” destaca que se deben respetar, proteger y promover los derechos humanos y las libertades fundamentales durante todo el ciclo de vida de los sistemas de inteligencia artificial y exhorta a todos los Estados Miembros y a las empresas a que se abstengan o dejen de usar sistemas de inteligencia artificial que sean imposibles de operar en consonancia con el Derecho internacional o que supongan riesgos indebidos para el disfrute de los derechos humanos, en especial de quienes se encuentran en situaciones vulnerables, y reafirma que los derechos de las personas también deben estar protegidos en Internet, también durante el ciclo de vida de los sistemas de inteligencia artificial.

3. La moderación del contenido en las redes sociales.

El Reglamento comunitario 2022/2065, de 19 de octubre de 2022, relativo a un mercado único de servicios digitales[636], define en el artículo 3, «moderación de contenidos»[637] como “las actividades, estén o no automatizadas, realizadas por los prestadores de servicios intermediarios, que estén destinadas, en particular, a detectar, identificar y actuar contra contenidos ilícitos[638] o información incompatible con sus condiciones generales, que los destinatarios del servicio hayan proporcionado, por ejemplo la adopción de medidas que afecten a la disponibilidad, visibilidad, y accesibilidad de dicho contenido ilícito o de dicha información, como la relegación, la desmonetización de la información, el bloqueo de esta o su supresión, o que afecten a la capacidad de los destinatarios del servicio de

---

636 https://eur-lex.europa.eu/legal-content/ES/TXT/?uri=celex%3A32022R2065.

637 Los principios de Santa Clara (2021) sobre la moderación de las redes sociales exigen la implementación de los derechos humanos y la participación de los gobiernos en estos procesos, https://santaclaraprinciples.org/.

638 Sobre la lucha contra contenidos ilícitos en internet la sentencia del Tribunal de Justicia de la UE, de 3 de octubre de 2019, falló que se puede obligar a un prestador de servicios de alojamiento de datos a suprimir los datos que almacene, y cuyo contenido sea idéntico al de una información declarada ilícita con anterioridad, o a bloquear el acceso a ellos, sea quien fuere el autor de la solicitud de almacenamiento de tales datos. Y, también, vid. la Sentencia del Tribunal de Justicia de la UE, de 9 noviembre de 2023, asunto C-376/22, Google Ireland y otros contra KommAustria.

proporcionar dicha información, como la supresión o suspensión de la cuenta de un destinatario del servicio".

Este Reglamento comunitario de Servicios Digitales se aplica a las plataformas en línea, donde se incluye a las redes sociales[639]. Además, el artículo 15 del Reglamento de Servicios Digitales regula las obligaciones de transparencia informativa e incluye la publicación de un informe anual sobre cualquier actividad de moderación de contenidos. Y, por su parte, el artículo 34 del Reglamento de Servicios Digitales establece que los prestadores de plataformas en línea de muy gran tamaño y los motores de búsqueda en línea de muy gran tamaño detectarán, analizarán y evaluarán con diligencia cualquier riesgo sistémico en la Unión que se derive del diseño o del funcionamiento de su servicio y los sistemas relacionados con este, incluidos los sistemas algorítmicos, o del uso que se haga de sus servicios para eso llevarán a cabo las evaluaciones de riesgos. Esta evaluación de riesgos será específica de sus servicios y proporcionada a los riesgos sistémicos, teniendo en cuenta su gravedad y probabilidad, e incluirá los siguientes riesgos sistémicos: a) la difusión de contenido ilícito a través de sus servicios; b) cualquier efecto negativo real o previsible para el ejercicio de los derechos fundamentales, en particular los relativos a la dignidad humana amparada por el artículo 1 de la Carta de Derechos Fundamentales de UE, al respeto de la vida privada y familiar amparada por el artículo 7 de la Carta, a la protección de los datos de carácter personal amparada por el artículo 8 de la Carta, a la libertad de expresión e información, incluida la libertad y el pluralismo de los medios de comunicación, amparada por el artículo 11 de la Carta, a la no discriminación amparada por el artículo 21 de la Carta, a los derechos del niño amparados por el artículo 24 de la Carta y a un nivel elevado de protección de los consumidores, amparado por el artículo 38 de la Carta; c) cualquier efecto negativo real o previsible sobre el discurso cívico y los procesos electorales, así como sobre la seguridad pública; d) cualquier efecto negativo real o previsible en relación con la violencia de género, la protección de la salud pública y los menores y las consecuencias negativas graves para el bienestar físico y mental de la persona.

El Reglamento comunitario sobre servicios digitales, en el considerando nº 22, advierte de que la retirada de contenido ilícito o bloqueo del acceso

---

[639] Si bien los grupos de WhatsApp, Telegram u otros en los que prolifera contenido ilícito quedan fuera del ámbito de aplicación del Reglamento de Servicios Digitales; vid. WILMAN, F.: "The Digital Services Act (DSA)-An Overview", 2022, https://ssrn.com/abstract=4304586; NAVAS NAVARRO, S.: "Moderación de contenido e inteligencia artificial generativa", https://webs.uab.cat/derecho-y-digitalizacion-empresarial/2023/07/12/moderacion-de-contenido-e-inteligencia-artificial-generativa/, 2023.

debe llevarse a cabo respetando los derechos fundamentales de los destinatarios del servicio, incluido el derecho a la libertad de expresión y de información. De conformidad con el artículo 10 del Convenio Europeo de Derechos Humanos, cualquier medida que bloquee el acceso a los contenidos mediante el filtrado o la retirada de contenidos debe estar prevista por la ley, perseguir uno de los objetivos legítimos previstos en el artículo 10.2 de dicho Convenio y ser necesaria en una sociedad democrática. De acuerdo con la jurisprudencia del Tribunal Europeo de Derechos Humanos, cualquier restricción de la libertad de expresión debe corresponder a una "necesidad social apremiante" y ser proporcionada a los objetivos legítimos perseguidos.

Esta política de moderación de las redes sociales puede ser calificada como censura. TUFEKCI acuñó el término "censura algorítmica"[640] para describir cómo los algoritmos determinan lo que podemos o no podemos ver en línea y la medida en que podemos interactuar con el contenido y dar forma a nuestros entornos en línea, manifestándose como visualización de contenido y moderación de contenido. La censura es la intervención preventiva que se ejerce con el fin de impedir o prohibir que se difundan noticias, ideas, creencias u opiniones que infrinjan las normas. Por ello, la censura previa es una característica de los Estados totalitarios. Nuestro TC define la censura como "cualquier medida limitativa de la elaboración o difusión de una obra del espíritu, especialmente al hacerla depender del previo examen oficial de su contenido" y, también, aquellas medidas "más débiles y sutiles, que ... tengan por efecto no ya el impedimento o prohibición, sino también la simple restricción de los derechos de su artículo 20. 1. CE"[641]. En definitiva, la censura previa (prohibida por el art. 20.2 CE) implica "la finalidad de enjuiciar la obra en cuestión con arreglo a unos valores abstractos y restrictivos de la libertad, de manera tal que se otorgue el *placet* a la publicación de la obra que se acomode a ellos a juicio del censor y se le niegue en caso contrario"[642]. ¿No es lo que hacen las redes sociales?

Además, en muchas situaciones es difícil identificar el contenido ilícito, extremista o el material que incita a la violencia, incluso para un ser humano entrenado, debido a la complejidad de factores como el contexto cultural y el humor. Los algoritmos no son hoy capaces de detectar la *ironía o el análisis*

---

640 TUFEKCI, Z.: "Algorithmic Harms beyond Facebook and Google: Emergent Challenges of Computational Agency", *Colorado Technology Law Journal*, 13, 2015, p. 203.

641 vid. STC 52/1983, 17 de junio.

642 vid. STC 13/1985, de 31 de enero. Sobre esta materia, vid. HERNÁNDEZ GIL, F.: "Suspensión del derecho a la libertad de expresión: sus efectos", en VV. AA.: *Introducción a los derechos fundamentales (X Jornadas de estudio)*, Dirección General del Servicio Jurídico del Estado, Ministerio de Justicia, 1988, vol. III, pp. 2083-1086.

crítico. Por lo tanto, el filtrado del discurso para eliminar contenidos nocivos a través de algoritmos se enfrenta a un alto riesgo de bloqueo excesivo y eliminación del discurso que no solo es inofensivo, sino que puede contribuir positivamente al debate público. Según el Tribunal Europeo de Derechos Humanos, el artículo 10 también protege los contenidos chocantes, ofensivos o perturbadores[643].

La política de moderación[644] de las redes sociales es un ejemplo de cómo los algoritmos sí pueden luchar contra los sesgos y cómo pueden detectarlos, como hemos indicado en un apartado previo en este Bloque III. Las redes sociales pueden amplificar los sesgos o luchar contra ellos[645]. También surge la pregunta si la moderación de contenidos está sesgada, la respuesta es que sí[646]. Los algoritmos de las redes sociales están sesgados hacia determinados tipos de contenidos o proveedores de contenidos, con lo que se corre el riesgo de afectar a valores conexos como el pluralismo y la diversidad de los medios de comunicación. Es decir, como hemos puesto de manifiesto, se permiten la circulación de unas ideas y se marginen o se prohíben otras.

A título de ejemplo, la política de la red social Instagram establece que pueden suprimir o restringir cualquier contenido o información que compartas en la red si consideran que infringe las Condiciones de uso o nuestras políticas[647] o si la ley así lo exige. Asimismo, pueden negarse a proporcionarnos el servicio o dejar de hacerlo, de forma total o parcial (por ejemplo, pueden cancelar o desactivar nuestro acceso a los productos de Meta

---

643 Casos del TEDH, entre otros, Gündüz contra Turquía, de 4 de diciembre de 2003; Kutlular contra Turquía, de 2008; Mariya Alekhina y otros c. Rusia, de 17 de julio de 2018; Bouton contra Francia, de 13 de octubre de 2022.

644 SANTISTEBAN GALARZA, M.: "Garantías frente a la moderación de contenidos en la Propuesta de Reglamento Único de Servicios Digitales", *Revista CESCO De Derecho De Consumo*, 41, 2022, pp. 159–179. https://doi.org/10.18239/RCDC_2022.41.3103

645 FANG, X.; CHE, S.; MAO, M. et al.: "Bias of AI-generated content: an examination of news produced by large language models", *Scientific Reports*, 14, 5224, 2024. https://doi.org/10.1038/s41598-024-55686-2; HONG, J.; CHO, Y.; JUNG, J.; HAN, J. y THORNE, J.: "Disentangling Structure and Style: Political Bias Detection in News by Inducing Document Hierarchy", 2023, arXiv2304.02247.

646 JIANG, S., ROBERTSON, R. E., & WILSON, C.: "Reasoning about Political Bias in Content Moderation", *Proceedings of the AAAI Conference on Artificial Intelligence, 34* (09), 2020, pp. 13669-13672. https://doi.org/10.1609/aaai.v34i09.7117.

647 "Resulta inaceptable fomentar el uso de la violencia o atacar a alguien por razones de raza, etnia, origen nacional, sexo, género, identidad de género, orientación sexual, creencias religiosas, discapacidad o enfermedad. Cabe la posibilidad de que permitamos lenguaje que incite al odio si este se comparte para cuestionar este tipo de comportamientos o para concienciar con respecto a estos. En estos casos, te pedimos que expreses tu intención de forma clara", vid. https://help.instagram.com/477434105621119?ref=igtos&helpref=faq_content.

y de sus empresas), con carácter inmediato, para proteger la comunidad de la red social o nuestros servicios, así como en el caso de que consideren que generamos un riesgo.

Para la vigilancia de esta política de moderación, por ejemplo, Meta ha creado una Junta de Supervisión (Oversight Board)[648]. Dado el desafío de mejorar la moderación de contenido en las plataformas de redes sociales, el establecimiento por parte de Meta de una institución independiente llamada Junta de Supervisión para revisar las decisiones de moderación de contenido de Facebook e Instagram representa un desarrollo interesante. Legalmente independiente de Meta, la Junta de Supervisión emite decisiones vinculantes sobre las decisiones de moderación de contenido en Facebook e Instagram y emite recomendaciones no vinculantes sobre las políticas de la plataforma. La Junta de Supervisión de Meta comenzó a emitir decisiones a principios de 2021. Se centra especialmente en "el impacto de eliminar contenido a la luz de las normas de derechos humanos que protegen la libertad de expresión" en equilibrio con otros valores como "la autenticidad, la seguridad, la privacidad y la dignidad"[649]. La Junta de Supervisión puede afectar la moderación de contenido de Facebook e Instagram de tres maneras. En primer lugar, la Junta de Supervisión emite resoluciones que confirman o anulan la acción de moderación de Meta[650]. Meta está obligada a

---

[648] WONG, D., FLORIDI, L.: "Meta's Oversight Board: A Review and Critical Assessment", *Minds & Machines*, 33, 2023, pp. 261-284. https://doi.org/10.1007/s11023-022-09613-x.

[649] *Oversight Board Charter.* (2019). https://www.oversightboard.com/governance/

[650] Recogemos dos ejemplos. El primero: "Bengali debate about religion". Un usuario apeló la decisión de Meta de eliminar una publicación de Facebook con un enlace a un vídeo de YouTube que abordaba la falta de voluntad de los eruditos islámicos para discutir el ateísmo. En mayo de 2023, un usuario que se identifica como ateo y crítico de la religión publicó en Facebook un enlace a un vídeo de YouTube. La imagen en miniatura del vídeo pregunta, en bengalí: "¿Por qué los eruditos islámicos tienen miedo de debatir con los ateos en los videoblogs?" y contiene una imagen de dos eruditos islámicos. El título de la publicación dice: "¡Únase al estreno para obtener la respuesta!" El contenido tuvo aproximadamente 4.000 visitas. Dicho contenido fue eliminado por Meta. En su apelación ante la Junta, el usuario afirmó que el propósito de compartir el video era promover un "debate o discusión saludable" con eruditos islámicos, específicamente sobre temas como la teoría de la evolución y la teoría del Big Bang. La publicación se adhiere a los estándares comunitarios de Facebook al "promover el debate abierto". Además, el usuario destacó que los activistas ateos de Bangladesh son frecuentemente objeto de censura y daños físicos. Meta inicialmente eliminó el contenido bajo su política de Coordinación de Daño y Promoción del Crimen, que prohíbe el contenido "que facilite, organice, promueva o admita ciertas actividades criminales o dañinas dirigidas a personas, empresas, propiedades o animales". Meta reconoció que este contenido no viola esta política, aunque las opiniones expuestas por el ateo pueden considerarse "provocativas para muchos bangladesíes". Meta no ofreció más explicaciones sobre por qué se eliminó el contenido de la plataforma. Aunque un ataque directo contra personas basado en su afiliación religiosa

implementar la resolución de la Junta de Supervisión para ese caso, a menos que hacerlo "pueda violar la ley" en la jurisdicción pertinente, lo que implica un importante límite a los derechos humanos en los países donde no se respetan. En segundo lugar, la Junta de Supervisión puede interpretar y emitir recomendaciones sobre las políticas, los procedimientos y los estándares comunitarios de Meta. Meta no está obligada a implementar estas recomendaciones, pero se ha comprometido a evaluar y responder a las recomendaciones en un plazo de sesenta días. Por último, las decisiones pasadas de la Junta de Supervisión pueden servir como precedente para futuras decisiones de moderación de contenidos que se asemejen a la decisión anterior en términos de los hechos o cuestiones del caso.

---

podría eliminarse por incitación al odio, no existe ninguna prohibición en las políticas de Meta contra la crítica a los conceptos religiosos o los dogmas de una religión. Después de que la Junta llamó la atención de Meta sobre este caso, la empresa determinó que el contenido no violaba la política de coordinación de daños y promoción del delito y que la eliminación era incorrecta. Luego, la empresa restauró el contenido en Facebook.

El segundo caso es: "Communal violence in Indian state of Odisha". En abril de 2023, un usuario de Facebook publicó un vídeo de un evento del día anterior que muestra una procesión religiosa en Sambalpur, en el estado indio de Odisha, relacionada con el festival hindú de Hanuman Jayanti. El título del vídeo dice "Sambalpur", que es una ciudad de Odisha, donde estalló la violencia comunitaria entre hindúes y musulmanes durante el festival. El vídeo muestra una multitud en procesión portando banderas de color azafrán, asociadas con el nacionalismo hindú, y cantando "Jai Shri Ram", que puede traducirse literalmente como "Hail Lord Ram" (un dios hindú). Además de los contextos religiosos donde la frase se usa para expresar devoción a Ram, la expresión se ha utilizado en algunas circunstancias para promover la hostilidad contra grupos minoritarios, especialmente musulmanes. Luego, el vídeo se acerca a una persona parada en el balcón de un edificio a lo largo de la ruta de la procesión, a quien se le muestra arrojando una piedra a la procesión. Luego, la multitud arroja piedras hacia el edificio en medio de cánticos de "Jai Shri Ram". El contenido fue visto unas 2000 veces y recibió menos de 100 comentarios y reacciones. Tras la violencia que estalló durante la procesión religiosa que se muestra en el vídeo, el gobierno del Estado de Odisha cerró los servicios de Internet, bloqueó las plataformas de redes sociales e impuso un toque de queda en varias zonas de Sambalpur. En el contexto de la violencia que se desató durante la procesión, se habría incendiado comercios y una persona habría muerto. Poco después de los eventos descritos en el video, Meta recibió una solicitud de las autoridades de Odisha para eliminar un video idéntico, publicado por otro usuario con un título diferente. Meta descubrió que la publicación violaba el espíritu de su estándar comunitario sobre violencia e incitación y agregó el video a un registro de Media Matching Service. Este servicio localiza y marca contenido de posible acción que es idéntico o casi idéntico a fotos, videos o texto previamente marcados. Meta informó a la Junta que el registro Media Matching Service se creó para eliminar globalmente todas las instancias del video, independientemente del título, dados los riesgos de seguridad que plantea este contenido. Esta eliminación general se aplicó a todos los videos idénticos, incluso si estaban dentro de las excepciones de Meta. La Junta señaló que, dada la configuración del registro Media Matching Service, muchos contenidos idénticos a este video se eliminaron en los meses posteriores a los eventos en Sambalpur, Odisha. La Junta de Supervisión ratificó la decisión de Meta.

El Reglamento comunitario de Servicios Digitales exige que las plataformas en línea proporcionen a los usuarios un sistema de tramitación de reclamaciones. Esta Junta de Supervisión de Meta viene a dar respuesta, si bien antes de la entrada en vigor de este Reglamento comunitario, algunos países como Alemania ya exigían estos procedimientos en la moderación de contenidos[651].

La Junta de Supervisión de Meta anuló la eliminación de una publicación que citaba a Joseph GOEBBELS, ministro de Propaganda del Partido Nazi en Alemania[652]. La Junta de Supervisión dictaminó que la política de Meta sobre Personas y Organizaciones Peligrosas[653], no cumplía con los requisitos internacionales de derechos humanos de que las "reglas que restringen la expresión" sean "claras, precisas y de acceso público". Esta política permitía la eliminación de publicaciones que "elogiaran" o "apoyaran" a una organización catalogada por Meta como peligrosa. Sin embargo, no definió "elogio" y "apoyo", ni especificó organizaciones o personas consideradas peligrosas, ni aclaró que Meta requiere que los usuarios especifiquen que no están elogiando o apoyando a las personas incluidas en la lista u organizaciones que citan. No obstante, la Junta de Supervisión de Meta anuló la decisión original de Meta de dejar una publicación en Instagram que contenía afirmaciones falsas y distorsionadas sobre el Holocausto[654]. La Junta determina que el contenido violó el estándar comunitario sobre discurso de odio de Meta, que prohíbe la negación del Holocausto. Esta prohibición es consistente con las responsabilidades de Meta en materia de derechos humanos. La Junta mostró su preocupación por el hecho de que

[651] Netzwerkdurchsetzungsgesetz, de 1 de septiembre de 2017; vid. GESLEY, J.: *Germany: Network Enforcement Act Amended to Better Fight Online Hate Speech.* Library of Congress, 2021.

[652] https://www.oversightboard.com/decision/bun-7zoqzby0/.

[653] Las personas y organizaciones peligrosas para Meta son las organizaciones terroristas, entidades de odio, organizaciones criminales, ideología del odio. Dentro de las ideologías de odio específica: "Si bien nuestras designaciones de organizaciones y personas se centran en el comportamiento, somos conscientes de que existen ideologías y creencias que están intrínsecamente ligadas a la violencia y a los intentos de organizar a las personas en torno a llamamientos a la violencia o la exclusión de otras personas debido a sus características protegidas. En estos casos, designamos la ideología en sí misma y eliminamos de nuestra plataforma el contenido que la defiende. Entre estas ideologías se incluyen las siguientes: Nazismo. Supremacía blanca. Nacionalismo blanco. Separatismo blanco. Suprimimos la exaltación, el apoyo sustancial y las imágenes o descripciones explícitas de estas ideologías, así como a las personas y organizaciones que suscriben una o varias de ellas", vid. https://transparency.meta.com/es-es/policies/community-standards/dangerous-individuals-organizations/?source=https%3A%2F%2Fwww.faceboo%E2%80%A6.

[654] https://www.oversightboard.com/decision/ig-zj7j6d28/.

Meta no hubiese eliminado este contenido y expresó sus dudas sobre la eficacia de la aplicación de la ley por parte de la empresa. La Junta recomienda que Meta tome medidas para garantizar que esté midiendo sistemáticamente la precisión de su aplicación del contenido de negación del Holocausto[655]. Los discursos de odio como contenido de la política de moderación de las redes sociales serán estudiados más detenidamente en un apartado posterior.

Como hemos expuesto, las redes sociales deciden por sí mismo qué eliminar como contenido "extremista" y qué no, los poderes públicos transfieren la elección de herramientas y medidas a unas empresas, que luego pueden implementar soluciones (como la eliminación o restricción de contenidos) que los poderes públicos no podrían prescribir legalmente. Por lo tanto, los poderes públicos dejan a las redes sociales impongan regulaciones, que podrían no pasar el examen a la luz de los derechos humanos.

Por lo tanto, el bloqueo, el filtrado o la eliminación algorítmicos de contenidos pueden tener un impacto adverso significativo en los contenidos legítimos, vulnerando la libertad de expresión. El dilema, ya muy frecuente, de que se eliminen grandes cantidades de contenido legal debido a la presión ejercida sobre las redes sociales para que filtren activamente de acuerdo con nociones vagas como "extremista", "incitación al odio" o "contenido claramente ilegal". Según el Tribunal Europeo de Derechos Humanos, cualquier obligación de filtrar o eliminar ciertos tipos de comentarios de los usuarios de las plataformas en línea supone una carga "excesiva e impracticable" para los operadores y corre el riesgo de obligarlos a instalar un sistema de monitoreo "capaz de socavar el derecho a difundir información en Internet".

Más allá de esto, los sistemas de IA se utilizan para identificar posibles terroristas y amenazas en las redes sociales[656]. En este ámbito, el Reglamento (UE) 2021/784 del Parlamento Europeo y del Consejo, de 29 de abril de 2021, sobre la lucha contra la difusión de contenidos terroristas en línea, ha reforzado la lucha contra el uso indebido de las redes sociales con

---

[655] En España, el TC determinó que estos discursos que niegan el Holocaustos son legales, vid. Sentencia del TC 235/2007, de 7 de noviembre de 2007, declaró inconstitucional y nula la inclusión de la expresión "*nieguen o*" de este apartado 2º del artículo 607, sobre la difusión de ideas a favor del genocidio.

[656] GANOR, B.: "Artificial or Human: A New Era of Counterterrorism Intelligence?", *Studies in Conflict & Terrorism*, 2019, pp. 1-20. Sobre la responsabilidad de los proveedores de servicios de internet, como YouTube en la emisión de contenido relacionado con el terrorismo, vid. Gonzalez contra Google LLC, 598 US 617 (2023).

fines terroristas[657]. En concreto, el Reglamento ofrece a los Estados miembros la posibilidad de emitir a los prestadores de servicios una orden de retirada de contenidos terroristas en todos los Estados miembros (art. 3). Después de recibir esta solicitud, los proveedores de alojamiento deberán eliminar el contenido lo antes posible y, en cualquier caso, dentro de una hora desde la recepción de la solicitud. Los contenidos retirados se conservarán durante seis meses, salvo prórrogas específicas, para permitir procedimientos de revisión administrativa o judicial. El artículo 5 del Reglamento establece que los prestadores de servicios de alojamiento de datos expuestos a contenidos terroristas adoptarán medidas específicas para proteger sus servicios contra la difusión al público de contenidos terroristas, eficaces y proporcionadas, basadas en mecanismos de verificación tanto automatizados como humanos. A efectos de la tutela judicial, cuando el prestador de servicios de alojamiento de datos retire de forma independiente los contenidos alojados en su plataforma, pondrá a disposición del prestador de contenidos información sobre dicha retirada o inhabilitación. Si, por el contrario, los contenidos terroristas implican una amenaza inminente para la vida o un presunto delito de terrorismo, tal como se define en la Directiva (UE) 2017/541, el prestador de servicios de alojamiento de datos deberá notificarlo sin demora a las autoridades competentes. Sin embargo, el artículo 15 de la Directiva 2000/31/CE no permite imponer una obligación general a los prestadores de servicios de alojamiento de datos de buscar activamente contenidos terroristas.

La importancia de las redes sociales como medios de comunicación y su influencia en los sistemas democráticos ha sido puesto de manifiesto en varias partes de esta obra y, también, será objeto de estudio como contenido de la política de moderación por parte de las redes sociales. Lo que hacemos en este punto es relacionar estas medidas de moderación de los contenidos de las redes sociales con la exigencia de actuar como editores de noticias y que las redes sociales asuman la responsabilidad que se deriva de dicha calificación jurídica[658].

---

[657] Sobre el régimen sancionador de esta normativa en España, vid. Real Decreto Ley 5/2023, de 28 de junio.

[658] Considerando nº 18 del Reglamento de servicios digitales se dice: "Las exenciones de responsabilidad establecidas en el presente Reglamento no deben aplicarse cuando, en lugar de limitarse a la prestación neutra de los servicios mediante un tratamiento meramente técnico y automático de la información proporcionada por el destinatario del servicio, el prestador de servicios intermediarios desempeñe un papel activo de tal índole que le confiera conocimiento de dicha información o control sobre ella. En consecuencia, no cabe acogerse a dichas exenciones cuando las responsabilidades se deriven de información no proporcionada por el destinatario del servicio, sino por el propio prestador

La autorregulación por parte de las empresas tecnológicas y su responsabilidad social en relación con los derechos humanos (la libertad de expresión, el derecho de información, libertad de conciencia) y el principio de no discriminación se hace depender de los intereses de los accionistas de dichas empresas incluso se ha dicho que el propio sistema democrático se hace depender de dichos intereses[659]. Tales acuerdos de autorregulación (en este caso, la política de moderación de las redes sociales) han sido criticados por delegar responsabilidades de aplicación de la ley a las empresas privadas, lo que pone en riesgo la libertad de expresión y el derecho de información. Requerir a las redes sociales para que restrinjan el acceso del contenido basado en nociones vagas como el "extremismo[660]" o el "discurso de odio" les obliga a monitorear todos los flujos de comunicación y datos en línea para poder detectar lo que puede ser contenido ilegal y, en consecuencia, hace que las redes sean responsables de lo que se publica o difunde a través de ellas. Por tal motivo, se ha propuesto que las redes sociales actúen como un editor de noticias[661] con la consiguiente responsabilidad editorial[662], como un medio de comunicación audiovisual de información. Si bien, el TEDH[663] ha

del servicio intermediario, incluido el caso en que la información se haya elaborado bajo la responsabilidad editorial de dicho prestador".

659 Se ha denominado "neofeudalismo" al sistema donde las multinacionales tienen más poder que los Estados, vid. MORENO, L. y JIMÉNEZ, R.: *Democracias Robotizadas. Escenarios Futuros en Estados Unidos y la Unión Europea*, Catarata, 2018, pp. 124-125.

660 BURTON, J.: "Algorithmic extremism? The securitization of artificial intelligence (AI) and its impact on radicalism, polarization and political violence", *Technology in Society*, Volume 75, 2023, https://doi.org/10.1016/j.techsoc.2023.102262.

661 HELBERGER, N. y TRILLING, D.: «Facebook Is a News Editor: The Real Issues to Be Concerned about», en *Media Policy Project*, 2016.

662 La definición de «responsabilidad editorial» en el Reglamento 2024/1083, del Parlamento Europeo y del Consejo, de 11 de abril de 2024, por el que se establece un marco común para los servicios de medios de comunicación en el mercado interior y se modifica la Directiva 2010/13/UE (Reglamento Europeo sobre la Libertad de los Medios de Comunicación) es la siguiente: el ejercicio del control efectivo tanto sobre la selección de los programas o publicaciones de prensa como sobre su organización, a efectos de la prestación de un servicio de medios de comunicación, con independencia de la existencia de responsabilidad con arreglo al Derecho nacional que regule el servicio prestado.

663 STEDH caso caso Delfi AS v. Estonia, de 16 de junio de 2015, y el caso Sanchez contra Francia, de 15 de mayo de 2023, sobre la responsabilidad del titular de una cuenta de Facebook. En esta última sentencia se dice lo siguiente: "Dado que la tolerancia y el respeto de la igual dignidad de todos los seres humanos constituyen los fundamentos de una sociedad democrática y pluralista, se deduce que, en principio, puede considerarse necesario en ciertas sociedades democráticas penalizar o incluso impedir todas las formas de expresión que propaguen, fomenten, promuevan o justifiquen el odio basado en la intolerancia (incluida la intolerancia religiosa). siempre que las "formalidades", "condiciones", "restricciones" o "sanciones" impuestas sean proporcionadas al objetivo legítimo perseguido. En consecuencia, los comentarios que puedan suscitar un sentimiento de rechazo y hostilidad hacia una comunidad quedan fuera de la protección

confirmado que los portales de noticias de internet pueden ser responsables por los comentarios difamatorios o que incitan al odio publicados por los lectores, pero ha matizado que no se aplica a otros foros de internet, como podrían ser las redes sociales.

Por su parte, el Reglamento 2024/1083, del Parlamento Europeo y del Consejo, de 11 de abril de 2024, por el que se establece un marco común para los servicios de medios de comunicación en el mercado interior y se modifica la Directiva 2010/13/UE (Reglamento Europeo sobre la Libertad de los Medios de Comunicación) en su Considerando nº 11 dice: "En el mercado de medios de comunicación digitales, los prestadores de plataformas de intercambio de vídeos o los prestadores de plataformas en línea de muy gran tamaño podrían entrar en la definición de prestador de servicios de medios de comunicación. En general, esos prestadores desempeñan un papel esencial en la organización de contenidos, también mediante medios automáticos o algoritmos, pero no ejercen la responsabilidad editorial sobre los contenidos a los que facilitan acceso. No obstante, en un entorno mediático crecientemente convergente, algunos prestadores de plataformas de intercambio de vídeos o prestadores de plataformas en línea de muy gran tamaño han comenzado a ejercer control editorial sobre una o varias secciones de sus servicios. Por tanto, cuando tales prestadores ejerzan control editorial sobre una o varias secciones de sus servicios, podrían tener la calificación tanto de prestador de plataforma de intercambio de vídeos, o prestador de plataforma en línea de muy gran tamaño, como de prestador de servicios de medios de comunicación". Y, por su parte, el artículo 18, de este Reglamento sobre la libertad de los medios de comunicación, sobre contenido de los prestadores de servicios de medios de comunicación en las plataformas

---

garantizada por el artículo 10 [véase *Le Pen c. Francia* (dec.), n.º 45416/16, §§ 34 y ss., 28 de febrero de 2017]. El Tribunal de Justicia observa que, en el momento de los hechos, el titular de una cuenta de Facebook utilizada con fines no comerciales no estaba en condiciones de controlar plenamente la administración de los comentarios. Además del hecho de que no se disponía de un proceso de filtrado automático –aunque había sido posible eliminar el acceso público–, el seguimiento eficaz de todas las observaciones, especialmente en el caso de una cuenta muy popular, habría requerido la disponibilidad o el recurso a recursos significativos, si no considerables. No obstante, eximir a los productores de toda responsabilidad podría facilitar o fomentar el abuso y el uso indebido, incluidos los discursos de odio y los llamamientos a la violencia, pero también la manipulación, las mentiras y la desinformación. Según el Tribunal de Justicia, si bien las entidades profesionales que crean redes sociales y las ponen a disposición de otros usuarios tienen necesariamente determinadas obligaciones (véase, en particular, el apartado 75 de la presente sentencia, en concreto el Reglamento comunitario sobre Servicios Digitales), debe existir un reparto de la responsabilidad entre todos los agentes implicados, permitiendo, en su caso, graduar el grado de responsabilidad y la forma de su atribución en función de la situación objetiva de cada uno".

en línea de muy gran tamaño, regula que: "Los prestadores de plataformas en línea de muy gran tamaño facilitarán una funcionalidad que permita a los destinatarios de sus servicios: declarar que son prestadores de servicios de medios de comunicación; declarar que son independientes, desde el punto de vista editorial, de los Estados miembros, de partidos políticos, de terceros países y de entidades financiadas o controladas por terceros países; declarar que están sujetos a requisitos normativos para el ejercicio de la *responsabilidad editorial* en uno o más Estados miembros y a la supervisión de autoridades u organismos reguladores nacionales competentes, o que se adhieren a un mecanismo de corregulación o autorregulación que rige las normas editoriales, ampliamente reconocido y aceptado en el sector de los medios de comunicación pertinente en uno o más Estados miembros; *declarar que no ofrecen contenidos generados por sistemas de inteligencia artificial sin someterlos a revisión humana o control editorial"*.

Para concluir este apartado, en el informe de 6 de abril de 2018, del relator especial de la ONU para la libertad de expresión, se esbozó un marco para examinar cómo los sistemas de IA afectan a la libertad de expresión en línea, centrándose en la visualización de contenidos, la moderación de contenidos, la vigilancia y la elaboración de perfiles digitales. Dado que la libertad de expresión está estrechamente relacionada con la libertad de religión o de creencias, como expresamente menciona este Informe, y que los fundamentos de la IA en línea son los mismos, el contenido de ese Informe es un modelo útil para examinar cómo el derecho a la libertad de religión y creencias podría verse afectado por los sistemas de IA[664]. Como hemos puesto de manifiesto en el apartado anterior y hemos constatado en este apartado, la política de moderación de las redes sociales influye en los mensajes religiosos o de convicciones, pues determina qué mensajes se pueden emitirse, amplificarse, marginarse o simplemente prohibir su difusión[665].

4. La polarización política, la desinformación y el sistema democrático. El papel de las redes sociales.

La garantía institucional de la opinión pública libre constituye la íntima ligazón entre la libertad de expresión e información con el principio democrático. Esta libertad juega un papel esencial como garantía institucional del principio democrático; el cual presupone el derecho de los

[664] ASHRAF, C.: "Exploring the impacts of artificial intelligence on freedom of religion or belief online", *The International Journal of Human Rights*, 2022, p. 782, DOI: 10.1080/13642987.2021.1968376.
[665] Ibidem.

ciudadanos a contar con hechos que les permitan formar sus convicciones, su conciencia, ponderando opiniones diversas e incluso contrapuestas y, participar así en la discusión relativa a los asuntos públicos[666]. Se produce, en efecto, una identificación entre opinión pública y formación de la conciencia colectiva. Además, la garantía institucional de la opinión pública se conecta directamente con el principio de soberanía nacional; pues si no existe esta garantía institucional se puede poner en tela de juicio la base organizativa jurídica y política de cualquier Estado democrático y no se garantizaría, o no se constituiría en una posibilidad real y efectiva del sistema democrático, la ineludible protección de las minorías, como mecanismo institucionalizado para garantizar la disidencia o la heterodoxia.

Debemos tener en cuenta la premisa de que el principio de laicidad (separación entre el Estado y las confesiones y, neutralidad religiosa) es una condición necesaria para la existencia de la democracia[667], como dimos cuenta en el capítulo IV del Bloque II de esta obra.

El uso de determinados sistemas de IA está conduciendo a la fragmentación de la esfera pública y a la creación de "cámaras de eco" que favorecen solo a ciertos tipos de medios de comunicación, mensajes o discursos, aumentando así los niveles de polarización en la sociedad que pueden poner en grave peligro la cohesión social. Los usuarios de las redes sociales en función de sus preferencias e intereses crean "burbujas de filtro", que se convierten en auténticas "burbujas ideológicas". Estos fenómenos comprometen sustancialmente la libertad de expresión y el derecho a la información *veraz* (art. 20.1 CE). Dado que los algoritmos tienen la capacidad de crear una realidad totalmente personalizada, surge el peligro de la manipulación mediática y la supresión de uno de los pilares fundamentales de la democracia: el debate público. Al fin y al cabo, ¿cómo vamos a debatir cuando no hay nada en común? ¿cuándo se ha ultraindividualizado el relato? La opinión pública artificial impide la democracia deliberativa y no procede de público alguno y solo remite a los intereses de quien diseña el algoritmo[668].

---

[666] cfr. STC 159/1986, de 16 de diciembre. En el mismo sentido, STC 107/1988, de 8 de junio; STC 51/1989, de 22 de febrero; STC 172/1990, de 12 de noviembre y STC 214/1991, de 11 de noviembre.

[667] MOUANNÈS, H.: «Le principe de la laïcité, condition de la démocratie», en ANDRIANTSIMBAZOVINA, J.; KABOU, P.: *Laïcité et défense de l'État de droit*, Presses de l'Université Toulouse, pp. 147-158 y RODRÍGUEZ GARCÍA, J. A., "Libre formación de la conciencia, redes sociales y medios de comunicación: Inteligencia artificial y democracia", en *Derecho Eclesiástico del Estado, en homenaje al profesor Gustavo Suárez Pertierra*, Tirant lo Blanch, 2022, pp. 1257 y ss.

[668] JUNGHERR, A.: "Artificial Intelligence and Democracy: A Conceptual Framework", *Social Media+Society*, *9* (3), 2023, https://doi.org/10.1177/20563051231186353.

Investigaciones han confirmado que las elecciones pueden ser ganadas no por los candidatos con el mejor argumento político, sino por aquellos que utilizan la tecnología más eficiente para manipular a los votantes, a veces emocional e irracionalmente[669]. Así ocurrió, en el referéndum del Brexit que se decidió finalmente por unos 600.000 votos, algo más del 1% del total de los votantes registrados, que habían sido "atacados" por una empresa que "introdujo la recolección de datos a sus técnicas de guerra psicológica", reuniendo "psicología, propaganda y tecnología en esta nueva y poderosa forma". En este sentido, el escándalo de la cesión de datos de Facebook a Cambridge Analytica para influir en los procesos electorales como las presidenciales de Estados Unidos, donde fue elegido presidente TRUMP[670]. Y, más recientemente, en las elecciones de octubre de 2023 en Eslovaquia[671].

La difusión de información errónea a través de noticias inventadas, intencionalmente falsas y engañosas (llamadas "fake news"), incluso a través de técnicas automatizadas y en plataformas de medios sociales, son contrarias al derecho de información. La ausencia de verdad hace desaparecer la información y la sociedad queda privada del derecho a la información que tenemos todos los ciudadanos[672] e, por ende, impide la formación de la opinión pública libre. La garantía institucional de la opinión pública libre constituye la íntima ligazón entre la libertad de expresión e información con el principio democrático[673]. La difusión de "fake news" a través de las redes sociales pone en riesgo el propio sistema democrático. La

---

[669] *The Guardian*, "The great British Brexit robbery: how our democracy was hijacked", 7 de mayo de 2017: https://www.theguardian.com/technology/2017/may/07/the-great-british-brexit-robbery-hijacked-democracy.

[670] Vid. «La empresa que explotó millones de datos de usuarios de Facebook», New York Times.es, de 20 de marzo de 2018, [https://www.nytimes.com/es/2018/03/20/cambridge-analytica-facebook/] y el video «The future of political campaigns» [https://www.youtube.com/watch?v=lBgHrn-TrD8].

[671] https://es.wired.com/articulos/deepfakes-en-elecciones-de-eslovaquia-reafirman-que-ia-es-peligro-para-democracia, 2023.

[672] RUBIO NUÑEZ, R.: "El derecho a la información y el derecho al voto", *Sociedad Digital y Derecho*, BOE, 2018, p. 471.

[673] cfr. STC 6/1981, de 16 de marzo (fund. jur. nº 5). Simplemente hay que recordar que JOHN STUAR MILL ya entendía la libertad de expresión como una necesidad objetiva al buen funcionamiento del sistema democrático, la opinión pública vehiculada por la prensa era el sustituto moderno del ágora o del foro; vid. MILL, J. S., *Sobre la libertad*, Alianza, 1993, p. 77. Ahora la prensa y los medios de comunicación audiovisuales están siendo sustituidos por las redes sociales. Las "mentes", como escribió el juez KENNEDY de la Corte Suprema de los Estados Unidos, "no se cambian en las calles y parques como lo fueron antes. En un grado cada vez mayor, los intercambios más significativos de ideas y la formación de la conciencia pública se producen en los medios de comunicación masivos y electrónicos", en el caso *Denver Area Educational Telecommunications Consortium, Inc. v. Federal Communications Commission*, 1996.

plenitud de conocimiento crea la verdad "democrática", fruto del debate colectivo. Y una deliberación basada en informaciones engañosas o falsas iría en contra de esa libre formación de la opinión pública. Hay que añadir que el conocimiento es necesario, también, para poder controlar a los poderes públicos (de ahí la denominación del "cuarto poder" atribuida a los medios de comunicación) y para permitir la participación ciudadana en el proceso democrático[674]. Como dice el Real Decreto-ley 14/2019, de 31 de octubre, en su exposición de motivos[675]: "Entre los principales desafíos que las nuevas tecnologías plantean desde el punto de vista de la seguridad pública se encuentra las actividades de desinformación, las interferencias en los procesos de participación política de la ciudadanía y el espionaje. Estas actividades se benefician de las posibilidades que ofrece la sofisticación informática para acceder a ingentes volúmenes de información y datos personales". Nos encontramos ante fenómenos como el "big nudging", que son procedimientos capaces de manipular nuestro comportamiento y dirigir el voto[676]; es decir, construir mayorías sociales de forma artificial y generando la ilusión de un consenso sobre determinadas materias a través de la utilización de nuestros perfiles que van dejando huella de nuestras preferencias ideológicas, por tal motivo, el TC prohibió la utilización de perfiles ideológicos por parte de los partidos políticos en la STC 76/2019, de 22 de mayo.

Por tal motivo, la Unión Europea se ha tomado muy en serie estos fenómenos desestabilizadores. En el Considerando nº 104 del Reglamento de Servicios Digitales se enfatiza que debe tomarse en consideración las posibles repercusiones negativas de los riesgos sistémicos para la sociedad y la democracia, como son la desinformación[677] o las actividades manipulativas y abusivas.

Por su parte, el Reglamento comunitario sobre la libertad de los medios de comunicación en el considerando nº 4 dice: "En primer lugar, las plataformas en línea de alcance mundial actúan como puertas de entrada a

---

[674] RODOTÁ, S.: *El derecho a tener derechos*, Trotta, 2014, p. 210.

[675] Auto del TS de 22 de diciembre de 2022, sobre la Orden PMC/1030/2020, de 30 de octubre, por el que se publicó el Procedimiento de actuaciones contra la desinformación.

[676] CASTELLANOS CLARAMUNT, J.: "La democracia algorítmica: inteligencia artificial, democracia y participación política", *Revista General de Derecho Administrativo*, nº 50, 2019; SUÁREZ-GONZALO, S.: "Tus likes, ¿tu voto? Explotación masiva de datos personales y manipulación en la campaña electoral de Donald Trump a la presidencia de EE. UU. 2016", *Quaderns del CAC*, nº 44, 2018.

[677] KERTYSOVA, K.: "Artificial intelligence and disinformation: how AI changes the way disinformation is produced, disseminated, and can be countered", *Security and Human Rights*, 29 (1-4), 2018, pp. 55-81, https://doi.org/10.1163/18750230-02901005.

los contenidos de los medios de comunicación, con modelos de negocio que tienden a eliminar la intermediación para el acceso a los servicios de medios de comunicación y a amplificar los contenidos polarizadores y la desinformación (...) el buen funcionamiento del mercado interior de los servicios de medios de comunicación se ve puesto en peligro por prestadores, incluidos los controlados por determinados terceros países, que practican de forma sistemática la desinformación, o la manipulación de información y la injerencia, y utilizan las libertades del mercado interior con fines abusivos". Y, en el artículo 19 del Reglamento comunitario sobre la libertad de los medios de comunicación remite a la autorregulación destinada a proteger a los usuarios de contenidos nocivos, como la desinformación y la manipulación de información e injerencia por parte de agentes extranjeros, en concreto, al Código de Buenas Prácticas de la UE en materia de Desinformación, de 2022[678].

También, el Reglamento 2024/900, del Parlamento Europeo y del Consejo, de 13 de marzo de 2024, sobre transparencia y segmentación en la publicidad política, en el considerando nº 4 se dice: "El incremento de la sofisticación de la desinformación, la diversificación de los agentes, la rápida evolución de las nuevas tecnologías y la intensificación de la difusión de la manipulación de la información y las injerencias en nuestros procesos electorales y normativos son retos importantes para la Unión y los Estados miembros. La publicidad política puede ser un vector de desinformación, en particular cuando no revela su naturaleza política, cuando proviene de patrocinadores de fuera de la Unión o está sujeta a técnicas de segmentación o técnicas de entrega de anuncios. Entre otras razones, es necesario un nivel elevado de transparencia para propiciar un debate político y unas campañas políticas abiertos y justos, y elecciones o referendos libres y justos, así como para contrarrestar la manipulación de la información y las injerencias ilícitas, también las procedentes de terceros países. La transparencia de la publicidad política contribuye a que los votantes y las personas en general entiendan mejor cuándo están siendo expuestos a un anuncio político, en nombre de quién se hace dicha publicidad, así como de qué manera y por qué están siendo el objetivo de un prestador de servicios publicitarios, de modo que los votantes estén mejor situados para elegir con conocimiento de causa. Debe apoyarse la alfabetización mediática para ayudar a las personas a hacer el mejor uso posible de la transparencia de la publicidad política".

Y, por último, el Reglamento (UE) 2024/1689, de 13 de junio de 2024, de IA, también, menciona este riesgo, en su considerando nº 120: "Además, las

678 https://digital-strategy.ec.europa.eu/en/library/2022-strengthened-code-practice-disinformation.

obligaciones impuestas a los proveedores y a los responsables del despliegue de determinados sistemas de IA en el presente Reglamento destinadas a permitir que se detecte y divulgue que los resultados de salida de dichos sistemas han sido generados o manipulados de manera artificial resultan especialmente pertinentes para facilitar la aplicación efectiva del Reglamento (UE) 2022/2065. Esto se aplica en particular a las obligaciones de los prestadores de plataformas en línea de muy gran tamaño o de motores de búsqueda en línea de muy gran tamaño de detectar y mitigar los riesgos sistémicos que pueden surgir de la divulgación de contenidos que hayan sido generados o manipulados de manera artificial, en particular el riesgo de los efectos negativos reales o previsibles sobre los *procesos democráticos, el discurso cívico y los procesos electorales, también a través de la desinformación*" y el considerando nº 136 del Reglamento comunitario 2024/1689, de 13 de junio de 2024, de IA: "Las obligaciones impuestas a los proveedores y a los responsables del despliegue de determinados sistemas de IA en el presente Reglamento destinadas a permitir que se detecte y divulgue que los resultados de salida de dichos sistemas han sido generados o manipulados de manera artificial resultan especialmente pertinentes para facilitar la aplicación efectiva del Reglamento (UE) 2022/2065. Esto se aplica en particular en lo referente a las obligaciones de los prestadores de plataformas en línea de muy gran tamaño o de motores de búsqueda en línea de muy gran tamaño para detectar y mitigar los riesgos sistémicos que pueden surgir de la divulgación de contenidos que hayan sido generados o manipulados de manera artificial, en particular el riesgo de los efectos negativos reales o previsibles sobre los procesos democráticos, el discurso cívico y los procesos electorales, como a través de la desinformación".

Como solución se ha propuesto, por una parte, detectar la desinformación[679] en las redes sociales y, por otra, que las redes sociales deben incorporar valores democráticos para reducir la polarización partidista[680].

En conclusión, nos encontramos en lo que se ha denominado la era de la posverdad que la RAE define como "distorsión deliberada de una realidad, que manipula creencias y emociones con el fin de influir en la opinión pública y en actitudes sociales" o, más bien, nos encontramos en lo que ORTEGA Y

---

679 SALAMANOS, N., LEONIDOU, P., LAOUTARIS, N., SIRIVIANOS, M., ASPRI, M., & PARASCHIV, M.: "HyperGraphDis: Leveraging Hypergraphs for Contextual and Social-Based Disinformation Detection", *Proceedings of the International AAAI Conference on Web and Social Media, 18* (1), 2024, pp. 1381-1394. https://doi.org/10.1609/icwsm.v18i1.31396.

680 JIA, C.; LAM, M. S.; MAI, M. C.; HANCOCK, J. T.; BERNSTEIN, M. S.: "Embedding Democratic Values into Social Media AIs via Societal Objective Functions", en *Proceedings of the ACM on Human-Computer Interaction,* 2024, http://dx.doi.org/10.1145/3641002.

GASSET denominaba "hiperdemocracia". Se está perdiendo la oportunidad de convertir a internet, a las redes sociales, en la aldea global, en una inmensa plaza virtual, donde se dieran las condiciones para reconstruir la democracia directa y participativa que supere las deficiencias de la actual democracia representativa. Internet y las redes sociales son instrumentos que permiten perfeccionar la democracia, pero también, como hemos puesto en evidencia, tienen sus riesgos para la democracia misma. Como decía T.B. SMITH "los males de la democracia se curan con más democracia". Si bien no podemos desconocer que la utilización de los sistemas de inteligencia artificial facilita "el autoritarismo digital"[681], como en el caso de China[682] o de Dubái[683].

5. El discurso de odio en las redes sociales.

El artículo 20 del Pacto internacional de Derechos civiles y políticos, establece que toda apología del odio nacional, racial o religioso que constituya incitación a la discriminación, la hostilidad o la violencia estará prohibida por la ley. La jurisprudencia del TEDH sobre los discursos de odio ha indicado que dichos discursos no quedan amparados por la libertad de conciencia. El TEDH[684] ha examinado supuestos de discursos del odio, contra

[681] *The rise of digital authoritarianism*, Freedom House, 2018.

[682] China ha implantado el denominado sistema de crédito social (sistema prohibido por el artículo 5. 1. c) del Reglamento (UE) 2024/1689, de 13 de junio de 2024, de IA) que empezó a funcionar en 2020 en todo el país. A cada ciudadano chino se le otorga un número de puntos y en función de la confianza en seguir los criterios de educación cívica impuesto por el régimen chino. Los ciudadanos podrán obtener una serie de ventajas o perderlas como, por ejemplo, imposibilidad de acceder a determinados puestos de trabajo, prohibición de comprar billetes en tren o avión, alojarse en hoteles, que sus hijos vayan a un buen colegio, etc. Serán controlados por sistemas de IA que utilizan tecnologías como la big data, el reconocimiento facial, la monitorización de internet y un algoritmo que irá determinado su puntuación.

[683] El verdadero gobernador de Dubái es un programa (Smart Dubai) [https://www.smartdubai.ae/]. Dubái es la primera ciudad del mundo donde el intercambio de datos es obligatorio por ley. Desde un punto político la inteligencia artificial es utilizada como un mecanismo para justificar, modernizar y blanquear un sistema político autocrático. Dubái, que realmente es una dictadura medieval, aparentemente se transforma en un sistema político tecnocrático y comunitario. La participación de todas las partes interesadas de la ciudad (residentes, visitantes, dueños de negocios, padres y familias) es una piedra angular de esta estrategia comunitaria, vid. RAMIÓ, C.: "¿Puede la inteligencia artificial secuestrar la democracia? (I)", *Publicoblog*, 2018.

[684] Casos del TEDH: Garaudy c. Francia, 24 de junio de 2003; Günduz c. Turquía, 4 de diciembre de 2003; Norwood c. Reino Unido, 16 de noviembre de 2004; Alinak c. Turquia,

los que pueden imponerse limitaciones proporcionadas, a "todas las formas de expresión que propaguen, inciten, promueven o justifiquen el odio basado en la intolerancia". De esa doctrina resulta que los discursos del odio no resultan amparados por las garantías de la libertad de expresión. En concreto, viene considerando[685] que la libertad de expresión no puede ofrecer cobertura al llamado "discurso del odio", esto es, a aquel discurso desarrollado en términos que supongan una incitación directa a la violencia contra los ciudadanos en general o contra determinadas razas o creencias en particular. En este punto, sirve de referencia interpretativa del Convenio la Recomendación núm. R (97) 20 del Comité de Ministros del Consejo de Europa, de 30 de octubre de 1997, que insta a los Estados a actuar contra todas las formas de expresión que propagan, incitan o promueven el odio racial, la xenofobia, el antisemitismo u otras formas de odio basadas en la intolerancia[686]. EL TEDH[687] han establecido dos notas distintivas para poder calificar un acto comunicativo como "discurso del odio": (i) que suponga una incitación directa a la violencia y (ii) que se dirija contra los ciudadanos en general o contra determinadas razas, creencias o actitudes vitales en particular". Otra nota es que la discriminación debe dirigirse a grupos que históricamente han sufrido esta discriminación, en un contexto de marginación.

Por su parte, en la STS 224/2010, de 3 de marzo, se afirma que el discurso del odio, "no cabe incluirlo dentro de la cobertura otorgada por el derecho a la libertad de expresión o ideológica". Se trata de expresiones de odio porque van más allá de la mera exposición de una idea o de una opinión, por chocante u ofensiva que pueda resultar para la comunidad. Se trata, por el contrario, de expresiones o conductas expresivas, que, a través de la fuerza o vis atractiva de la persuasión, por la contundencia del contenido agresivo que se emplea, tienen unos efectos concretos, porque anudan, vinculan, persuasión y acción en el auditorio o público al que se dirigen. El efecto concreto que producen es independiente, incluso, de la voluntad de su autor, del emisor del discurso, porque el clima de odio, discriminación y violencia hacia

---

29 de marzo de 2005; Souias et autres c. Francia, 10 de julio de 2008; Feret c. Bélgica, 16 de julio de 2009.

685 Por todas, STEDH caso Ergogdu e Ince c. Turquía, de 8 de julio de 1999.

686 La Recomendación núm. R (97) 20 del Consejo de Europa considera que "el término `discurso del odio´ abarca cualquier forma de expresión que propague, incite, promueva o justifique el odio racial, la xenofobia, el antisemitismo u otras formas de odio basadas en la intolerancia que se manifiestan a través del nacionalismo agresivo y el *etnocentrismo*, la discriminación y la hostilidad contra las minorías y los inmigrantes o personas de origen inmigrante".

687 Sentencias del TEDH Gündüz c. Turquía de 4 de diciembre de 2003; Erbakan c. Turquía, de 6 de julio de 2006.

ciudadanos que se vierte a un público, en ocasiones dispuesto a oír ese mensaje, crea espacios de impunidad para las conductas violentas. De este modo, implican una legitimación de la violencia y de aquellos que realizaron conductas violentas. Ese es, precisamente, el contenido de la incitación al odio, la provocación al odio que exige la tipicidad del art. 510 del Código penal y a la que se refiere el Tribunal Constitucional en la STC 235/2007. Por tal motivo, esos discursos quedan extramuros del ámbito de protección de la libertad de expresión, que no puede servir de cobertura porque suponen una incitación directa o indirecta a la violencia contra ciudadanos en general, o contra concretos ciudadanos que se hayan situados en determinadas situaciones. La STC 235/2007 parte del siguiente aserto sobre la falta de cobertura de la libertad de expresión para este tipo de manifestaciones: "la libertad de expresión no puede ofrecer cobertura al llamado discurso del odio, esto es, a aquél desarrollado en términos que supongan una incitación directa a la violencia contra los ciudadanos en general o contra determinadas razas o creencias en particular". Consecuentemente, no hay justificación posible en la libertad de expresión. La Sentencia del Tribunal Constitucional se hace eco de las construcciones sobre el discurso del odio, cuyo contenido esencial ya contempla la provocación directa o indirecta al odio, y trata de diferenciar, a través de esa exigencia de provocación directa o indirecta al odio, la mera difusión de un hecho histórico, que sería atípico, de la difusión justificadora de ese hecho con las connotaciones vejatorias que la justificación conlleva.

En resumen, "Ni la libertad ideológica ni la libertad de expresión comprenden el derecho a efectuar manifestaciones, expresiones o campañas de carácter racista o xenófobo"[688] y, prosigue, diciendo el TC: "Todo lo dicho no implica que la libre transmisión de ideas, en sus diferentes manifestaciones, sea un derecho absoluto. De manera genérica, se sitúa fuera del ámbito de protección de dicho derecho la difusión de las frases y expresiones ultrajantes u ofensivas, sin relación con las ideas u opiniones que se quieran exponer, y por tanto, innecesarias a este propósito[689]. En concreto, por lo que hace a las manifestaciones, expresiones o campañas de carácter racista o xenófobo, hemos concluido que el art. 20.1 CE no garantiza «el derecho a expresar y difundir un determinado entendimiento de la historia o concepción del mundo con el deliberado ánimo de menospreciar y discriminar, al tiempo de formularlo, a personas o grupos por razón de cualquier condición o circunstancia personal, étnica o social, pues sería tanto como admitir que, por el mero hecho de efectuarse al hilo de un discurso más

---

688 STC 214/1991 y STC 48/2003.

689 SSTC 204/1997, de 25 de noviembre; 11/2000, de 17 de enero, FJ 7; 49/2001, de 26 de febrero, FJ 5; 160/2003, de 15 de septiembre, FJ 4.

o menos histórico, la Constitución española permite la violación de uno de los valores superiores del ordenamiento jurídico, como es la igualdad (art. 1.1 CE) y uno de los fundamentos del orden político y de la paz social: la dignidad de la persona (art. 10.1 CE)» (STC 214/1991, de 11 de noviembre, fundamento jurídico nº 8)"[690]. En definitiva, hay que diferenciar entre la intolerancia como idea de la acción intolerante[691].

También, es necesario diferenciar entre discurso de odio y protección de los *sentimientos religiosos*. En este sentido el Informe solicitado por el Consejo de Derechos Humanos se recoge: "El derecho a la libertad de expresión se puede restringir legítimamente en los casos de apología que constituya incitación a la violencia o la discriminación contra las personas por motivos de religión. La difamación de religiones puede ofender a las personas y herir sus sentimientos religiosos, pero no entraña necesariamente, o por lo menos de forma directa, una violación de sus derechos, en particular de su derecho a la libertad de religión. La libertad de religión confiere fundamentalmente el derecho a actuar conforme a la propia religión, pero no otorga a los creyentes el derecho a que su religión quede al abrigo de todo comentario negativo"[692]. En parecidos términos, el TEDH respecto a los sentimientos de los católicos ha dicho que "el texto publicado contiene conclusiones y formulaciones que pueden ofender, conmocionar o incluso perturbar a algunos, el Tribunal de Justicia ha declarado reiteradamente que tales ideas no pierden, como tales, el beneficio de la libertad de expresión" (caso Giniewski contra Francia, de 31 de enero de 2006) y ha reiterado que un grupo religioso debe tolerar la negación por parte de otros de sus creencias religiosas e incluso la propagación por parte de otros de doctrinas hostiles a su fe, siempre que las declaraciones en cuestión no inciten al odio o la intolerancia religiosa (caso Tagiyev y Huseynov contra Azerbaiyán, de 5 de diciembre de 2019). Y, el mismo TEDH, en el caso Nasirov y otros contra Azerbaiyán, de 20 de febrero de 2020, ha indicado que no se puede prohibir la distribución de literatura religiosa porque se critique a otras religiones incluso con expresiones despectivas. Por último, en el caso Bouton contra Francia, de 13 de octubre de 2022, el TEDH observa que los órganos jurisdiccionales nacionales, aunque habían optado por adoptar una

---

690 STC 235/2007.

691 RODRÍGUEZ MONTAÑES, T.: *La libertad de expresión, discurso extremo y delito*, Tirant lo Blanch, 2011, p. 317.

692 Informe de la Relatora Especial sobre la libertad de religión o de creencias, Asma JAHANGIR, y del Relator Especial sobre las formas contemporáneas de racismo, discriminación racial y xenofobia y formas conexas de intolerancia, Doudou DIÈNE, de conformidad con la decisión 1/107 del Consejo de Derechos Humanos, titulada "Incitación al odio racial y religioso y promoción de la tolerancia", de 20 de septiembre de 2006.

postura basada en la libertad de religión, no examinaron si la acción del demandante era "gratuitamente ofensiva" para las creencias religiosas, si era ofensiva o si incitaba a la falta de respeto o al odio hacia la Iglesia católica y, el TEDH concluye que se ha vulnerado la libertad de expresión y que la pena de prisión que se impuso no era "necesaria en una sociedad democrática"[693].

En mayo de 2016, Facebook, Twitter, YouTube y Microsoft firmaron un *Código de Conducta en materia de incitación ilegal al odio en Internet.* A este documento se adhirieron posteriormente otras compañías de menor tamaño, como Dailymotion o Snapchat. En dicho acuerdo, las empresas tecnológicas adquirieron una serie de compromisos[694]. En este documento se dice: "Las empresas de TI contarán con procedimientos claros y eficaces para examinar las notificaciones relativas a la incitación ilegal al odio que se produzcan en el marco de los servicios que prestan, de manera que puedan retirar o deshabilitar el acceso a dicho contenido. Las empresas de TI dispondrán de normas o directrices comunitarias en las que se aclare que prohíben la promoción de la incitación a la violencia y las conductas odiosas". Por su parte, el considerando nº 62 del Reglamento de Servicios Digitales se menciona este Código de Conducta en relación con los alertadores fiables y como ejemplo de autorregulación en este ámbito. Se considera que las redes sociales deben realizar una evaluación del riesgo sistémico que implica la incitación al odio (considerando nº 80 del Reglamento de Servicios Digitales) pues dentro de los contenidos ilícitos se incluye la incitación al odio. También, se exige que en el informe de transparencia se contemple los contenidos moderados por incitación al odio, conforme al artículo 15 del Reglamento de Servicios Digitales. Por ejemplo, así se incluye en los informes de las redes sociales TikTok[695] y X (Twitter)[696].

La red social Facebook define el discurso de odio como un ataque directo contra las personas... sobre la base de características protegidas, con un ataque directo que incluye (pero no limitado a) "discursos violentos o

---

[693] Sobre casos similares, vid. STEDH caso Mariya Alekhina y otros c. Rusia, de 17 de julio de 2018 y STC 192/2020, de 17 de diciembre.

[694] PÉREZ-MADRID, F.: "La tutela de los sentimientos religiosos en el entorno digital", en J. M.ª VÁZQUEZ GARCÍA-PEÑUELA/I. CANO RUIZ (eds.): *El derecho de libertad religiosa en el entorno digital*, Comares, 2019.

[695] En este informe se puede observar que se moderaron 459 contenidos sobre política y religión (automáticamente eliminados fueron 339) de un total de 3.999.960 contenidos, vid. https://sf16-va.tiktokcdn.com/obj/eden-va2/fsslreh7uulsn/DSA%20Report%20October%202023/DSA%20draft%20Transparency%20report%20-%2025%20October%202023.pdf.

[696] https://transparency.twitter.com/dsa-transparency-report.html.

deshumanizantes, estereotipos dañinos [y] declaraciones de inferioridad", y características protegidas que incluyen (pero no se limitan a) raza, etnia, nacionalidad, afiliación religiosa, sexualidad, género y casta. Por su parte, YouTube[697], en su política de incitación al odio[698] prohíbe dicha incitación. Tampoco permite el contenido que promueva la violencia o el odio hacia otras personas o grupos por cualquiera de los siguientes atributos, que indican la pertenencia a un grupo protegido según la política de YouTube: edad, casta, discapacidad, etnia, identidad y expresión de género, nacionalidad, raza, condición de inmigrante, religión, sexo o género, orientación sexual, víctima de un acontecimiento violento catastrófico o familiar de una de esas víctimas, condición de veterano del ejército de EE. UU.. Además, como contenido prohibido se incluye: el contenido que deshumanice a personas o grupos llamándolos infrahumanos o comparándolos con animales, insectos, plagas, enfermedades o cualquier otro ente que no sea humano por su pertenencia a un grupo protegido; el contenido que elogie o ensalce la violencia hacia personas o grupos por su pertenencia a un grupo protegido; el contenido que profiera insultos raciales, religiosos o de otro tipo y estereotipos que inciten al odio o lo fomenten hacia una persona por su pertenencia a un grupo protegido, ya sea de forma oral o mediante texto o imágenes que promuevan estos estereotipos o los traten como hechos; contenido que afirme que ciertas personas o grupos son física o mentalmente inferiores o deficientes, o que están enfermos, por su pertenencia a un grupo protegido (por ejemplo, cualquier afirmación que sugiera que un grupo es inferior a otro y que sus miembros son menos inteligentes o menos capaces, o que tienen alguna tara. Esto también incluye el contenido que llame a la subyugación o al dominio de personas o grupos por su pertenencia a un grupo protegido); el contenido que promueva ideologías supremacistas que incitan al odio alegando la superioridad de un grupo sobre quienes pertenecen a grupos protegidos para justificar la violencia, la discriminación, la segregación o la exclusión (esto incluye el contenido que incluya propaganda supremacista que incite al odio, como el reclutamiento de miembros o las peticiones de dinero para financiar la ideología, así como los vídeos musicales que promuevan contenido supremacista que incite al odio en sus letras, metadatos o imágenes); las teorías conspirativas que afirman que determinadas personas o grupos son diabólicos, corruptos o malos por pertenencia a un grupo protegido; el contenido que niegue o minimice la relevancia de un acontecimiento violento catastrófico bien documentado o la condición de víctimas de quienes lo sufrieron.

---

697 MOHAN, N.: "Perspective: Tackling Misinformation on YouTube", agosto de 2021.
698 "Our ongoing work to tackle hate", *The YouTube Team*, junio de 2019.

Entre los usos no permitidos de la red social TikTok se incluyen la comisión de actos ilegales (incluido publicar, emitir en directo o distribuir contenidos ilegales); la realización de cualquier acción que infrinja las leyes o reglamentos aplicables en materia de blanqueo de capitales, financiación del terrorismo, control de las exportaciones y sanciones económicas; actos que constituyan, fomenten o faciliten instrucciones para cometer un delito o actividades peligrosas que puedan provocar lesiones graves, autolesiones o la muerte; difundir información falsa y dañina, como información falsa que incite al odio o prejuicios, o que engañe sobre elecciones u otros procesos cívicos o influya indebidamente en ellos; contenidos que contengan una amenaza de cualquier tipo o que intimide o acose a otras personas, incluida la publicación de cualquier material que tenga como objetivo humillar, avergonzar, intimidar o herir a una persona o burlarse de ella; contenidos que sean ofensivo o provocativo; contenidos que fomenten o contengan violencia o discriminación por motivos de raza, etnia, nacionalidad, religión, casta, orientación sexual, sexo, identidad de género, enfermedad grave, discapacidad, situación de inmigración o edad.

Y, en la red social X, se incluye las siguientes prohibiciones en referencia al discurso de odio: dirigirse a personas o grupos con contenido que haga referencia a formas de violencia o eventos violentos donde una categoría protegida fue el objetivo o las víctimas principales, cuando la intención es acosar. Esto incluye, entre otros, medios o textos que hagan referencia o representen: genocidios (por ejemplo, el Holocausto); linchamientos. Se prohíbe la incitación a comportamientos dirigidos a personas o grupos de personas pertenecientes a categorías protegidas. Esto incluye: incitar al miedo o difundir estereotipos aterradores sobre una categoría protegida, incluida la afirmación de que los miembros de una categoría protegida tienen más probabilidades de participar en actividades peligrosas o ilegales, por ejemplo, "todos [grupos religiosos] son terroristas"; incitar a otros a acosar a miembros de una categoría protegida dentro o fuera de la plataforma, por ejemplo, "Estoy harto de que estos [grupo religioso] piensen que son mejores que nosotros, si alguno de ustedes ve a alguien usando un [símbolo religioso del grupo religioso] ¡Quítaselo y publica fotos!; incitar a otros a discriminar mediante la negación de apoyo a la empresa económica de un individuo o grupo debido a su percepción de pertenencia a una categoría protegida, por ejemplo, "Si vas a una tienda [de un grupo religioso], estás apoyando a esos [insultos], dejemos de darle nuestro dinero a estos [insultos religiosos]". Esto no puede incluir contenido de naturaleza política, como comentarios políticos o contenido relacionado con boicots o protestas.

En todo caso, se debe tener presente que todas estas restricciones impuestas por las redes sociales afectan directamente a la libertad de expresión basándose en lo ofensivo que puedan ser determinadas opiniones (discurso de odio) y pueden conllevar la vulneración del derecho a la disidencia. Esta autorregulación de las redes sociales no diferencia entre delitos de odio y discurso de odio y, además, no tiene en cuenta que odiar no es delito. La jurisprudencia del TS y del TC ha indicado que el discurso de odio es una forma de legitimación de la violencia y de aquellos que realizan conductas violentas. Ese es, precisamente, el contenido de la incitación al odio, la provocación al odio, que exige la tipicidad del art. 510 del CP.

Como hemos puesto de manifiesto en el apartado sobre la política de política de moderación, esta regulación consolida la idea de la responsabilidad editorial de las redes sociales, como establece el Reglamento Europeo sobre la Libertad de los Medios de Comunicación.

Para concluir este apartado recogemos un caso de uso sobre un delito de odio. El efecto de «cámara de eco» fue conseguido por los militares birmanos a través de Facebook para alentar el odio contra los musulmanes rohingyás. Como ha reconocido la propia compañía en un informe, la red social no hizo lo suficiente entre los años 2015 y 2018 para detener el contenido discriminatorio contra este grupo religioso en Birmania (Myanmar)[699].

VI. Los sistemas de Inteligencia Artificial como sujetos de derechos.

1. Los sistemas de Inteligencia Artificial como agentes éticos.

En el cuento titulado "Razón", Isaac ASIMOV describe como un robot (QT-1) que cree en Dios y es considerado profeta: "Todos estos son robots, y por tanto dotados de razón. Les he predicado la Verdad y ahora reconocen al Señor. Me llaman el Profeta". En este capítulo se pretende responder a una serie de preguntas sobre la consideración de los sistemas de IA como agentes éticos, agentes con personalidad jurídica, sobre si es posible el reconocimiento jurídico de derechos a los sistemas de IA y yendo más lejos si

---

699 *Hatebook: Inside Facebook's Myanmar Operation. Why Facebook is losing the war on hate speech in Myanmar*, Reuters, 2018, https://www.reuters.com/investigates/special-report/myanmar-facebook-hate/; "Myanmar: Los sistemas de Facebook promovieron la violencia contra la población rohinyá. Meta debe una reparación", *Amnistía Internacional*, 2022; https://www.amnesty.org/es/latest/news/2022/09/myanmar-facebooks-systems-promoted-violence-against-rohingya-meta-owes-reparations-new-report/.

los sistemas de IA pueden tener conciencia y asumir responsabilidad. En este último asunto algunos han conjeturado sobre la posibilidad de la conciencia de las máquinas utilizando modelos neurocomputacionales y algoritmos cognitivos de alto nivel[700].

La pregunta de este primer apartado es ¿pueden las máquinas ser agentes morales[701]? La taxonomía de James MOOR[702] es útil para clasificar los sistemas de IA entre los diferentes agentes éticos[703]:

a) *Los agentes de impacto ético* son robots y sistemas informáticos que impactan éticamente en su entorno.
b) *Los agentes éticos implícitos* son robots y programas que han sido programados (por humanos) para comportarse de acuerdo con ciertos valores.
c) *Los agentes éticos explícitos* son máquinas que pueden representar categorías éticas y que pueden razonar (en lenguaje de máquina) sobre ellas.
d) *Los agentes éticos plenos* también poseen características que a menudo se consideran cruciales para la agencia humana o moral, como la *conciencia*, el libre albedrío y la intencionalidad.

Puede ser dudoso que los sistemas de IA puedan ser diseñados como agentes éticos plenos; es decir, que posean propiedades metafísicas tales como la intencionalidad, el libre albedrío, la conciencia, la agencia moral, sentimientos y similares. Los agentes éticos artificiales de hoy en día, al menos, todavía parecen alejados de cualquier cosa que equivalga a ser agentes éticos plenos[704]. En la actualidad, los sistemas de IA pueden

[700] REGGIA, J. A.: "Conscious Machines: The AI Perspective," *Proceedings of the AAAI 2014 Fall Symposium Series*, 2014, pp. 34–37; GUNKEL, D.: "The Rights of Robots,", en A. A. NAKAGAWA Y C. DOUZINAS (Eds.): *Non-Human Rights–Critical Perspectives*, Edward Elgar, 2022, http://dx.doi.org/10.2139/ssrn.4077131.

[701] Sobre esta cuestión, vid. AWAD, E., DSOUZA, S., KIM, R. *et al.*: "The Moral Machine experiment", *Nature*, 563, 2018, pp. 59-64. https://doi.org/10.1038/s41586-018-0637-6; WALLACH, W. y COLIN ALLEN, C.: *Moral Machines: Teaching Robots Right from Wrong;* Oxford University Press, 2010; JOHNSON, D.G., MILLER, K.W.: "Un-making artificial moral agents", *Ethics and Information Technology*, 10, 2008, pp. 123–133. https://doi.org/10.1007/s10676-008-9174-6; DEGLI-ESPOSTI, S.: *La ética de la inteligencia artificial*, Catarata, CSIC, 2023, pp. 71-73.

[702] MOOR, J. H.: "The nature, importance, and difficulty of machine ethics", *IEEE Intelligent Systems*, 21 (4), 2006, pp. 18-21. https://doi.org/10.1109/MIS.2006.80.

[703] POEL, I. van de: "Embedding Values in Artificial Intelligence (AI) Systems", en *Minds & Machines*, nº 30, 2020, pp. 385-409, https://doi.org/10.1007/s11023-020-09537.

[704] WINFIELD, A. F.: "Machine ethics: The design and governance of ethical AI and autonomous systems [scanning the issue]", *Proceedings of the IEEE,* 107 (3), 2019, pp.

diseñarse como agentes de impacto ético, agentes éticos implícitos o agentes éticos explícitos. Cuando se diseñan como agentes de impacto ético, no encarnan valores, ya que sus impactos éticos no se deben a elecciones de diseño intencionales, que es una de las condiciones para la incorporación de valores. Esto no significa que sean éticamente irrelevantes, pero sus implicaciones éticas y de valor dependen del uso y de las circunstancias más que de las elecciones deliberadas de diseño. Los agentes éticos implícitos de MOOR encarnan ciertos valores porque han sido diseñados (por diseñadores humanos) para esos valores, y respetarán esos valores cuando se diseñen y utilicen correctamente. Sin embargo, en la medida en que estos agentes éticos implícitos son autónomos, interactivos y adaptativos, es concebible que se desarrollen de tal manera que, en algún momento, ya no sean conducentes a los valores inicialmente incorporados en ellos por sus diseñadores[705]. Si los diseñadores humanos quieren evitar esta posibilidad, probablemente deberían incorporar ciertas restricciones sobre cómo estos agentes artificiales pueden adaptarse a sí mismos o monitorear el desarrollo de dichos agentes artificiales.

2. La personalidad jurídica de los sistemas de Inteligencia Artificial.

Existen autores, como BARRIO ANDRÉS[706], al que seguimos en estos párrafos, que defienden la necesidad que debe reconocerse personalidad jurídica a los sistemas de IA[707]. En el caso de los robots, algunos de los cuales tienen ya un aspecto similar a los seres humanos, con rasgos, miembros y movimientos incluidos, dando lugar a los robots androides o humanoides, también existen robots con aspecto de animales que pueden servir como mascotas. Dadas sus capacidades de aprender, percibir el entorno y decidir de forma autónoma, progresivamente se diseñarán sistemas robóticos

509-517; MÜLLER, V. C.: "Ethics of Artificial Intelligence and Robotics", en E. N. ZALTA (Ed.), *The Stanford Encyclopedia of Philosophy,* 2020.

[705] GRODZINSKY, F. S., MILLER, K. W., & WOLF, M. J.: "The ethics of designing artificial agents", *Ethics and Information Technology*, 10 (2), 2008, pp. 115-121. https://doi.org/10.1007/s10676-008-9163-9

[706] BARRIO ANDRÉS, M.: "De nuevo sobre la Persona Robótica", *Inteligencia Artificial*, 27 (73), 2024, pp. 65-79. Una crítica a estos posicionamientos, vid. CHÁVEZ VALDIVIA, A. K.: "No es solo un robot: consideraciones en torno a una nueva personalidad jurídica y el redimensionamiento de las relaciones interpersonales", en *Revista Ius et Praxis*, Año 26, Nº 2, 2020, pp. 55-77.

[707] También están a favor del reconocimiento de personalidad jurídica a los agentes de IA, CHOPRA, S.; WHITE, L. F.: *A legal theory for autonomous artificial agents*, University of Michigan Press, 2011, p. 23.

inteligentes que serán capaces de negociar, comparecer ante las administraciones públicas o los tribunales e incluso cometer algún delito. Este último hecho que ya ha ocurrido: un empleado japonés de 37 años de una fábrica de motocicletas fue "asesinado" por un robot de inteligencia artificial que trabajaba cerca de él. El robot identificó erróneamente al empleado como una amenaza para su misión, y calculó que la forma más eficiente de eliminar esta amenaza era empujándolo a una máquina cercana. Utilizando su brazo hidráulico muy poderoso, el robot aplastó al trabajador empujándolo a dicha máquina, "matándolo" instantáneamente, y luego reanudó sus tareas sin que nadie interfiriera con su misión[708].

Una de las cuestiones esenciales del estatuto jurídico de "persona electrónica robótica" es determinar la responsabilidad. Aunque la futura Directiva sobre responsabilidad en materia de IA no incluye la responsabilidad penal, el punto de partida, según BARRIO ANDRÉS, es considerar que, para poder ser responsable, el robot debe tener personalidad. Y sería a partir del reconocimiento de esta personalidad especial para la persona humana hibridada (mejorada) o específica y concreta para la persona electrónica robótica (inteligente) cuando podría plantearse una posible responsabilidad y, en su caso, el grado de exigencia de responsabilidad[709]. No es la posición de la Directiva comunitaria sobre responsabilidad de los sistemas de IA. Los responsables son las personas que participan en el diseño, el desarrollo, la introducción generalizada y el funcionamiento de sistemas de IA.

Por su parte, DARLING[710] ha analizado si la forma en que las personas parecen reaccionar frente a las máquinas antropomorfas sugiere la necesidad de extender un conjunto limitado de derechos legales a los robots sociales, o al menos prohibiciones contra su abuso, aun cuando no sean reputados como seres vivos o sensibles a un nivel racional. «Tal vez, —dice la autora—, no queramos ser el tipo de sociedad que tolera la crueldad con una entidad que consideramos como casi humana». DARLING apunta el interés de proteger a los ciudadanos frente al dolor que incluso puede ocasionar la visión de tal

[708] HALLEVY, G.: "The Criminal Liability of Artificial Intelligence Entities", 2010, SSRN-id1564096.pdf; KUMAR, A.: "Liability of artificial intelligence entities in criminal case", *Banaras Law Journal*, vol. 42, nº 2, 2013.

[709] BUENO DE MATA, F.: "Macrodatos, inteligencia artificial y proceso: luces y sombras", *Revista General de Derecho Procesal*, 51, 2020; MONTERROSSO CASADO, E. y A. MUÑOZ VILLAREAL, A. (dirs.): *Inteligencia artificial y riesgos cibernéticos*. Tirant lo Blanch, 2019.

[710] DARLING, K.: "Extending legal protection to social robots: the effects of anthropomorphism, empathy, and violent behaviour towards robotic objects", en R. CALO, A. M. FROOMKING y I. KERR (eds.). *Robot Law*. Edward Elgar Publishing, 2016.

abuso. En suma, esta dirección minoritaria trae a colación los avances en la protección de los animales para plantear su aplicación a los robots humanoides[711].

En todo caso, en la actualidad, los ordenamientos jurídicos consideran a los robots como un objeto. La propuesta para crear una nueva categoría de sujeto jurídico, a medio camino entre la persona y el objeto o cosa, tiene cada vez más sentido, porque los sistemas de IA cada vez tienen mayor autonomía lo que implica la toma de decisiones que afectan a espacios físicos, patrimonios, derechos y deberes. De hecho, el propio Parlamento de la Unión Europea en la Resolución, de 16 de febrero de 2017, propuso en su momento de forma pionera admitir una nueva "persona electrónica" para aquellos supuestos en los que los robots tomen decisiones autónomas inteligentes[712]. Por tal motivo, se ha propuesto que los sistemas robóticos más avanzados puedan tener, como mínimo, obligaciones y algún tipo de personalidad legal[713]. A esta propuesta se suma, naturalmente, la necesidad de crear un registro y dotar a cada robot de una identificación única[714] en el momento de su puesta en el mercado, además de asegurar que le sea asociado un seguro de daños a terceros a través del cual sea factible responder por las obligaciones y perjuicios[715].

Además, existen estudios que determinan la relación directa entre el grado de antropomorfismo de los robots y la manera en que las personas interactúan con los robots; es decir, que las formas más antropomórficas de robots también aumentan los sentimientos de utilidad y comprensión y se

---

[711] El caso se trata de un hombre borracho, en Japón, que fue arrestado por destrozar a un robot humanoide (Pepper). Robot que está destinado a saludar a los clientes y orientarles por una tienda, por ejemplo. Se podría tipificar penalmente este caso como un delito de lesiones y no como un delito de daños, vid. https://techxplore.com/news/2015-10-incident-drunk-humanoid-robot-legal.html; WENG, Y. H., SUGAHARA, Y., HASHIMOTO, K., & TAKANISHI, A.: "Intersection of "Tokku" Special Zone, Robots, and the Law: A Case Study on Legal Impacts to Humanoid Robots". *International Journal of Social Robotics*, vol. *7* (5), 2015, pp. 841-857 DOI: 10.1007/s12369-015-0287-x; ASHRAFIAN, H.: "AIonAI: A Humanitarian Law of Artificial Intelligence and Robotics"; *Science and Engineering Ethics*, Volume 21, 2015, pp. 29-40.

[712] BARRIO ANDRÉS, M.: "De nuevo sobre la Persona Robótica", *Inteligencia Artificial*, 27 (73), 2024, pp. 65-79.

[713] BARRIO ANDRÉS, M.: "Hacia una personalidad electrónica para los robots", *Revista de Derecho privado*, 2, 2018.

[714] CAMPUZANO GÓMEZ-ACEBO, J. y SIEIRA GIL, J.: "Legal Tech y función registral", en M. BARRIO ANDRÉS (dir.): *Legal Tech. La transformación digital de la abogacía*. La Ley, 2023, pp. 649 y ss.

[715] BARRIO ANDRÉS, M.: "De nuevo sobre la Persona Robótica", *Inteligencia Artificial*, 27 (73), 2024, pp. 65-79.

percibe que las formas antropomórficas de robots son más comprensivas, amigables e inteligentes que los robots funcionales[716].

En fin, se ha sugerido que se cambie la perspectiva jurídica para poder considerar a los sistemas de IA como agentes con derechos pues al otorgar la condición de agente legal a un programa informático, no estamos otorgando derechos a los programas sino protegiendo a quienes los emplean e interactúan con ellos. Comprender los sistemas de IA, adecuadamente, como agentes legales podría ser un paso crucial para regular su presencia en nuestras vidas[717].

En todo caso, no podemos dejar de mencionar, el ejemplo más conocido, SOPHIA. Es una androide con IA creada en el laboratorio Hanson Robotics, en Hong Kong. Arabia Saudí le otorgó ciudadanía en 2017. SOPHIA es una ciudadana del reino saudí y tiene más derechos que la mayoría de las mujeres saudíes. También este otorgamiento fue considerado un insulto para los grupos minoritarios del reino saudí, especialmente, para los trabajadores inmigrantes, a quienes se les ha negado la ciudadanía durante generaciones[718].

3. ¿Los sistemas de Inteligencia Artificial tienen conciencia?

La inteligencia artificial crea conocimientos originales desconocidos por los humanos[719]. METZINGER no solamente consideró que se puede replicar la inteligencia humana por parte de los sistemas de IA sino también la conciencia y la sensibilidad humanas. A partir de esta premisa los sistemas de IA pueden tener identidad propia e incluso pueden sentir dolor[720].

---

[716] GROOM, V.; TAKAYAMA, L.; OCHI, P. y NASS, C.: "I Am My Robot: The Impact of Robot-building and Robot Form on Operators", en: *HRI'9 Proceedings of the 4th ACM/IEEE international conference on Human robot interaction*, 2009, pp. 31-36.

[717] CHOPRA, S.: "Rights for autonomous artificial agents?", *Communications of the ACM 53*, 8, 2010, pp. 38-40. https://doi.org/10.1145/1787234.1787248.

[718] Un artículo en *Newsweek* titulado "Saudi Arabia Gives Citizenship to a Non-Muslim, English-Speaking Robot" sugirió que Sophia era no musulmana, 26 de octubre de 2017.

[719] VASYLENKO, A., GAMON, J., DUFF, B.B. *et al.*: "Element selection for crystalline inorganic solid discovery guided by unsupervised machine learning of experimentally explored chemistry", *Nature Communications*, 12, 5561, 2021. https://doi.org/10.1038/s41467-021-25343-7.

[720] METZINGER, T.: "*Should we fear artificial intelligence?*", European Parliamentary Research Service, 2018, p. 29; LACRUZ MANTECÓN, M. L.: *Robots y personas: una aproximación jurídica a la subjetividad cibernética*. Editorial Reus, 2020, p. 117.

Entonces, nos preguntamos: ¿Y si los robots pudieran tener conciencia?[721] La respuesta más extendida es que "Un programa informático esté o no insertado en un robot, no tiene intencionalidad, no tiene conciencia y, por tanto, no puede tener una semántica intrínseca"[722]. No obstante, los defensores de la IA fuerte, IA general, piensan que toda actividad mental es de tipo computacional, incluidos los sentimientos y la conciencia, y por tanto, se pueden obtener por simple computación[723]. Se ha sugerido que la palabra "conciencia" combina dos tipos diferentes de cálculos de procesamiento de información en el cerebro: la selección de información para su transmisión global, haciéndola así disponible de manera flexible para su cálculo e informe (conciencia en el primer sentido), y el autocontrol de esos cálculos, lo que conduce a una sensación subjetiva de certeza o error (conciencia en el segundo sentido). En consecuencia, se sostiene que los sistemas de IA implementan en su mayoría cálculos que reflejan el procesamiento inconsciente en el cerebro humano[724].

Como se ha estudiado en el Bloque I de esta obra se pueden programar sistemas de IA para que actúen de manera consistente de acuerdo con las pautas éticas humanas[725] o, incluso, como analizaremos en el apartado siguiente cómo los sistemas de IA se pueden programar para incumplir las normas.

4. El incumplimiento de las normas por parte de los sistemas de Inteligencia Artificial.

El incumplimiento de las normas jurídicas por parte de los sistemas de IA puede ser posible, bien porque los sistemas de IA no tengan la misma

---

721 STALMAN, A.: "¿Y si los robots pudieran tener conciencia?", *The Conversation*, 1 de noviembre de 2018; DEGLI-ESPOSTI, S.: *La ética de la inteligencia artificial*, Catarata, CSIC, 2023, pp. 15-17.

722 MALPICA VELASCO, J. A.: "Inteligencia artificial y conciencia", (s.f)., https://frasca.web.uah.es/inteligencia-artificial.pdf; MORRIS, M. R.; SOHL-DICKSTEIN, J.; FIEDEL, N.; WARKENTIN, T.; DAFOE, A.; FAUST, A.; FARABET, C.; LEGG, S.: "Levels of AGI: Operationalizing Progress on the Path to AGI", 2023, arXiv: 2311.02462v1.

723 DEHAENE, S.; LAU, H. y KOUIDER, S.: "What is consciousness, and could machines have it?", *Science*, 358, 2017, pp. 486-492.DOI:10.1126/science.aan8871.

724 BUTLIN, P.; LONG, R.; ELMOZNINO, E.; BENGIO, Y.; JONATHAN BIRCH, J.; CONSTANT, A. et al.: "Consciousness in Artificial Intelligence: Insights from the Science of Consciousness", 2023, arXiv2308.08708.

725 MCGRATH, J. y GUPTA, A.: "Writing a Moral Code: Algorithms for Ethical Reasoning by Humans and Machines", *Religions*, 9, 2018 240; doi:10.3390/rel9080240.

comprensión de lo que significa violar una norma (por ejemplo, lo que se entiende por discurso de odio en los procesos automáticos de moderación del contenido como hemos visto en el capítulo anterior de este Bloque III) y ese hecho siempre hace necesaria la supervisión humana, o bien la comprensión de una norma por parte de los sistemas de IA puede cambiar con el tiempo. El reto consiste en abordar estas cuestiones aprendiendo a detectar las violaciones de las normas a partir de los datos de interacción y a explicar las razones de dichas violaciones[726]. Por ejemplo, los asistentes personales que pueden indicar como se puede suicidar una persona[727] o coches autónomos que no obedecen a los agentes de tráfico.

Se ha argumentado que las normas jurídicas deberían ser implementadas en los sistemas de IA, de modo que el razonamiento pueda guiar a dichos sistemas a la hora de decidir si cumplen con las normas y, si la violación es deseable, cuál es la mejor manera de violar las normas jurídicas. Un enfoque para permitir esto es hacer uso de un esquema de argumentación basado en valores y diseñado para el razonamiento práctico: los argumentos a favor y en contra de las acciones se generan utilizando este esquema y los sistemas de IA eligen entre acciones en función de sus preferencias sobre estos valores[728]. Los que nos ponen en la antesala sobre la discusión jurídico sobre la desobediencia civil. Se podría discutir cómo se puede utilizar este razonamiento jurídico para pensar cuándo se deben violar las normas y la forma que debe tomar esta violación, es decir, decidir cuándo y cómo violar una norma jurídica, por ejemplo, de una norma de tráfico[729]. Un coche autónomo no atiende la obligación de detenerse dirigida por un agente cuando dicha detención en un determinado lugar supone un riesgo para la seguridad del tráfico.

---

[726] FREITAS DOS SANTOS, T.; OSMAN, N. & SCHORLEMMER, M.: "A multi-scenario approach to continuously learn and understand norm violations", *Autonomous Agent and Multi-Agent System,* vol. 37, artículo nº 38, 2023. https://doi.org/10.1007/s10458-023-09619-4.

[727] https://thegradient.pub/has-ai-found-a-new-foundation/.

[728] Los sistemas de IA están asociados con un conjunto de valores sociales, las aspiraciones o los propósitos que un agente podría perseguir, como la libertad, la igualdad, la fraternidad, la riqueza, la salud y la felicidad. Estos valores proporcionan razones por las cuales el sistema de IA considera ciertas situaciones como objetivos y, por lo tanto, permiten la justificación de los "deseos", como se explica en ATKINSON, K.; BENCH-CAPON, T.: "States, goals and values: revisiting practical reasoning", *Argument and Computation*, vol. 7, 2–3, 2016, pp. 135-154.

[729] BENCH-CAPON, T., MODGIL, S.: "Norms and value based reasoning: justifying compliance and violation", *Artificial Intelligence and Law*, vol. 25, 2017, pp. 29–64. https://doi.org/10.1007/s10506-017-9194-9.

Se ha propuesto que los agentes en los sistemas normativos[730] son *autónomos*, es decir, eligen su curso de acción para promover el logro de sus objetivos locales, que no necesitan estar alineados con el objetivo del sistema. Sin embargo, también son conscientes de las normas, es decir, tienen conocimiento sobre qué estados o acciones son ilegales, y posiblemente también de las consecuencias de realizar acciones ilegales o terminar en estados que violan las normas[731]. Se ha empleado, en este contexto, el marco del Proceso de Decisión Normativa de Markov ("Normative Markov Decision Processes (NMDP)"), una extensión del marco del Proceso de Decisión de Markov (MDP) para representar explícitamente las prohibiciones y obligaciones como sanciones asociadas a los estados y condiciones. Además, el marco NMDP incluye una función de detección que proporciona las probabilidades de que los encargados de hacer cumplir la ley detecten una violación de la norma, modelando así la efectividad y el costo de la aplicación[732].

Por otra parte, también se ha propuesto un enfoque de razonamiento basado en casos para un proceso análogo de cambio de normas y que los sistemas de IA se puedan adaptar a los cambios en el comportamiento de la población[733]. La propuesta incluye una arquitectura de identificación de

---

[730] El concepto jurídico de sistema normativo no coincide con este concepto en el contexto de las ciencias de la computación. Un sistema normativo, en informática, se refiere a un conjunto de normas y reglas que regulan el comportamiento de los sistemas informáticos y su interacción con los usuarios y otros sistemas. Estas normas pueden incluir aspectos como la seguridad, la privacidad, la interoperabilidad, la accesibilidad y la usabilidad de los sistemas. Los sistemas normativos son esenciales para garantizar que los sistemas informáticos funcionen de manera eficiente y segura, y que cumplan con los estándares y regulaciones establecidos. Además, ayudan a asegurar que los sistemas sean accesibles y utilizables por todas las personas, independientemente de sus habilidades o discapacidades. En resumen, los sistemas normativos en las ciencias de la computación son fundamentales para el desarrollo y la implementación de sistemas informáticos que sean seguros, eficientes y accesibles para todos; vid. BALKE, T.; COSTA PEREIRA, C. DA; DIGNUM, F.; LORINI, E.; ROTOLO, A.; VASCONCELOS, W.; VILLATA, S.: "Norms in MAS: Definitions and Related Concepts. In Normative Multi-Agent Systems", *Dagstuhl Follow-Ups*, Volume 4, pp. 1-31, Schloss Dagstuhl – Leibniz-Zentrum für Informatik, 2013, https://doi.org/10.4230/DFU.Vol4.12111.1; HUANG, X.: *Análisis de sistemas normativos para sociedades artificiales*. Tesis (Master), E.T.S. de Ingenieros Informáticos (Universidad Politécnica de Madrid), 2022.

[731] SILVA FAGUNDES, M.; OSSOWSKI, S.; CERQUIDES, J. y NORIEGA, P.: "Design and evaluation of norm-aware agents based on Normative Markov Decision Processes", *International Journal of Approximate Reasoning*, 78, 2016, pp. 33-61. https://doi.org/10.1016/j.ijar.2016.06.005.

[732] Ibidem.

[733] CARDOSO, H. L.; OLIVEIRA, E. C.: "Adaptive deterrence sanctions in a normative framework", en: *Proceedings of the 2009 IEEE/WIC/ACM International Conference on Intelligent Agent Technology, IAT 09*, IEEE, 2009, pp. 36-43.

normas para abordar la cuestión de cómo los agentes autónomos llegan a determinar cuáles son las normas de la sociedad[734]. La arquitectura se basa en la observación de las interacciones entre agentes. Esta arquitectura permite a un agente autónomo identificar normas de prohibición en una sociedad utilizando el algoritmo de identificación de normas de prohibición (prohibition norm identification—PNI—). El algoritmo PNI utiliza minería de reglas de asociación y un enfoque de minería de datos para identificar secuencias de eventos como normas candidatas. Cuando una norma cambia, un agente que utilice esta arquitectura podrá modificarla y también eliminarla si no cumple en las normas de esa sociedad. El punto de partida de la identificación de normas es el reconocimiento de las sanciones. Otra línea de investigación apunta a la introducción de normas y regulaciones que impongan acciones específicas a los agentes y, a su vez, impongan sanciones al detectar violaciones[735]. En este punto, el artículo 14 del Reglamento (UE) 2024/1689, de 13 de junio de 2024, de IA establece, en relación con la supervisión humana, la existencia de un botón de parada para que el sistema de IA deje de funcionar de una manera segura, si existe un incumplimiento de la normativa debido a un incidente grave que se define en el Reglamento (UE) 2024/1689, de 13 de junio de 2024, de IA como incidente o defecto de funcionamiento de un sistema de IA que, directa o indirectamente, tenga alguna de las siguientes consecuencias: el fallecimiento de una persona o un perjuicio grave para su salud; una alteración grave e irreversible de la gestión o el funcionamiento de infraestructuras críticas; el incumplimiento de obligaciones en virtud del Derecho de la Unión destinadas a proteger los derechos fundamentales.

Caso de uso: Objeción de conciencia por parte de los sistemas de Inteligencia Artificial. Otra cuestión que puede surgir en este punto es si dicho incumplimiento de las normas por parte de los sistemas de IA se basa en posibles objeciones de conciencia. Se relata un supuesto, ficticio, de un robot militar que se declara objetor de conciencia[736] y la aprobación de una ley que prohíbe cualquier contrato militar con un fabricante de robots a

---

[734] SAVARIMUTHU, B. T. R.; CRANEFIELD, S.; PURVIS, M. A.; PURVIS, M. K.: "Identifying prohibition norms in agent societies", *Artificial Intelligent and Law*, 2012, http://dx.doi.org/ 10.1007/s10506-012-9126-7.

[735] ÅGOTNES, T.; VAN DER HOEK, W.; RODRÍGUEZ-AGUILAR, J. A.; SIERRA, C. y WOOLDRIDGE, M.: "A Temporal Logic of Normative Systems", en: MAKINSON, D., MALINOWSKI, J., WANSING, H. (EDS.): *Towards Mathematical Philosophy. Trends in Logic*, vol 28. Springer, 2009, https://doi.org/10.1007/978-1-4020-9084-4_5; SILVA FAGUNDES, M.; OSSOWSKI, S.; CERQUIDES, J. y NORIEGA, P.: "Design and evaluation of norm-aware agents based on Normative Markov Decision Processes", *International Journal of Approximate Reasoning*, 78, 2016, pp. 33-61. https://doi.org/10.1016/j.ijar.2016.06.005.

[736] INGLES, I. M.: "Regulating Religious Robots: Free Exercise and RFRA in the Time of Superintelligent Artificial Intelligence", *Georgetown Law Journal*, 507, 2017.

menos que sus robots estén programados con un "Código sin religión" (No Religion Code —NRC—), es decir, que los sistemas de IA no se puedan declaran objetor de conciencia. El NRC es una línea de código que impide que cualquier robot adopte cualquier forma de religión o creencias, sin importar su nivel de sensibilidad o inteligencia[737]. Esta norma que prohíbe la contratación de sistemas de IA objetores estaría de consonancia con lo determinado por el TEDH en relación con el derecho a la interrupción del embarazo y el derecho del Estado a garantizar dicho derecho a las mujeres, por lo tanto, se permite al Estado excluir como candidatos a los empleos públicos a las personas que se declaran objetores de conciencia al aborto siempre que el puesto de trabajo incluya que está obligado a desempeñar esas funciones[738].

El hecho de que un robot religioso pueda disfrutar del derecho a la objeción de conciencia implicaría, de hecho, que tiene alguna forma de personalidad jurídica. Pero la posibilidad de que los sistemas de IA puedan disfrutar de tal personalidad en el futuro es fuertemente debatida por la doctrina como hemos puesto de manifiesto en el apartado anterior de este Bloque III, y la posibilidad de que puedan disfrutar de un derecho específico a la libertad religiosa sigue estando totalmente a disposición del legislador actual. Si bien las reflexiones en este sentido son cada vez más numerosas y frecuentes, hasta la fecha parece que ningún sistema legal ha convertido a los robots en titulares de derechos específicos[739].

La protección religiosa garantizada por los ordenamientos jurídicos se aplicaría así incluso si un creyente programara su robot para que siguiera comportamientos contrarios a la ley, pero conforme a la fe de su fabricante[740]. Entonces, como señaló INGLES, "If state actors regulate religious robots or prohibit their free exercise, religion will grow or decline in the hands of the state, devaluing religious voluntarism. Prohibiting Jewish robots has the

---

[737] MCLEARY, P.: "*U.S. Army Studying Replacing Thousands of Grunts with Robots*", *DEF. NEWS*. 20 enero 2014, *https://perma.cc/YRV9-NSSV*. Se ha afirmado que una lectura expansiva de la Primera Enmienda de la Constitución de los Estados Unidos deja espacio para proteger a los robots religiosos de la regulación gubernamental, vid. INGLES, I. M.: "Regulating Religious Robots: Free Exercise and RFRA in the Time of Superintelligent Artificial Intelligence", *Georgetown Law Journal*, 507, 2017. En el mismo sentido, VANONI, L. P.: "*Deus ex machina*. Intelligenza artificiale e libertà religiosa nel sistema costituzionale degli Stati Uniti", op. cit., pp. 119-120.

[738] Decisiones del TEDH, asunto E. Grimmark contra Suecia, de 11 de febrero de 2020 y, asunto Steen contra Suecia, de 12 de marzo de 2020.

[739] VANONI, L. P.: "*Deus ex machina*. Intelligenza artificiale e libertà religiosa nel sistema costituzionale degli Stati Uniti", op. cit., pp. 119-120.

[740] VANONI, L. P.: "*Deus ex machina*. Intelligenza artificiale e libertà religiosa nel sistema costituzionale degli Stati Uniti", op. cit., pp. 119-120.

same effect as prohibiting natural persons from adopting Judaism: a government-sanctioned ban on Judaism"[741]. Lo que implicaría, sin duda, una vulneración de la libertad religiosa y de la laicidad.

5. Los derechos fundamentales de los sistemas de Inteligencia Artificial.

Algunos estudios que parten del otorgamiento de personalidad jurídica a los sistemas de IA se decantan, incluso, por el reconocimiento de derechos específicos[742] a los sistemas de IA como la libertad de expresión[743].

¿También se puede reconocer la libertad religiosa a los sistemas de IA? La de creer o no creer en una religión, es exclusivamente humana. Sin embargo, se ha planteado si esta exclusividad se disuelve frente a los robots religiosos[744]. Se ha escrito[745] que cuando llegue el momento en que los robots superinteligentes prediquen el Evangelio, usen coladores en la cabeza, o abran sus propias iglesias de Robotología (Robotology churches)[746], como se describe en el cuento de ASIMOV titulado "Razón" ya no estaremos solos en nuestra capacidad de creer. La religión ya no será un esfuerzo exclusivamente humano.

En todo caso, debe quedar claro que prohibir, por ejemplo, que los robots musulmanes entren en un Estado y permitir que los robots cristianos no tengan ninguna restricción o, viceversa, vulneraría los "derechos humanos" y los valores de libertad y laicidad tanto como si dichas prohibiciones fueran sobre personas físicas[747]. Siguiendo este argumento la libertad religiosa

[741] INGLES, I. M.: "Regulating Religious Robots: Free Exercise and RFRA in the Time of Superintelligent Artificial Intelligence", *Georgetown Law Journal*, 507, 2017, p. 521.
[742] SCHWITZGEBEL, E., GARZA, M.: "A defense of the rights of artificial intelligences: defense of the rights of artificial intelligences", *Midwest Studies in Philosophy*, 39 (1), 2015, pp. 98-119.
[743] BIRHANE, A. y VAN DIJK, J.: "'Robot Rights? Let's Talk about Human Welfare Instead'", *Proceedings of the AAAI/ACM Conference on AI, Ethics, and Society 207*, 2020; WEAVER, J. F.: "Why robots deserve free speech rights", en *Slate.com*, 2018; MASSARO, T. M.; NORTON, H.; KAMINSKI, M. E.: 'SIRI-OUSLY 2.0: What Artificial Intelligence Reveals About the First Amendment", *Minnesota Law Review*, 2017, https://scholar.law.colorado.edu/faculty-articles/717.
[744] INGLES, I. M.: "Regulating Religious Robots: Free Exercise and RFRA in the Time of Superintelligent Artificial Intelligence", *Georgetown Law Journal*, 507, 2017.
[745] Ibidem.
[746] FUTURAMA ROBOTOLOGY, http://www.cc.com/video-clips/97q1pz/futurama-robotology [https://perma.cc/FB6Y-8JFW]
[747] INGLES, I. M.: "Regulating Religious Robots: Free Exercise and RFRA in the Time of Superintelligent Artificial Intelligence", *Georgetown Law Journal*, 507, 2017.

estaría mejor protegida si extiende a los robots religiosos. La regulación de los robots religiosos, como los ministros de culto-robots, prohibiendo o restringiendo sus funciones religiosas sería contraria a la libertad religiosa[748], se concluye.

Se ha escrito que nos imaginemos que un robot tiene la capacidad de aprender y adoptar sentimientos religiosos o tiene la capacidad para adoptar una religión. Un propietario puede "convertir" a su robot a cualquier religión que elija de varias maneras[749]. El propietario puede enseñar al robot, similar a cómo un padre enseña a un niño. El propietario puede programarlo a través de un conjunto de religiones preprogramadas, similar a cómo los consumidores configuran un ordenador o un teléfono inteligente con preferencias individuales (a través de skills o apps). El propietario también puede "modificar" un robot, jugando con él para hacer que el robot adopte una cierta religión que el fabricante no puso a disposición, como la forma en que se personalizan el hardware y el software del ordenador a su gusto[750].

Los legisladores y los tribunales deben considerar si estos actos entran dentro de la definición de "la libertad religiosa" y, por lo tanto, están protegidos por las normas que garantizan esta libertad. Un monje budista puede argumentar que elegir el budismo como una preferencia religiosa por su robot durante el proceso de configuración está motivado por su propia fe. Un sacerdote que codifica un robot para difundir el catolicismo está difundiendo la fe católica[751]. Sobre los robots ministros de culto nos remitimos a un capítulo posterior.

En la misma línea, los legisladores pueden contraargumentar que "modificar" un robot o elegir su religión durante el proceso de configuración es un acto puramente secular (neutral) y vulnera la libertad de conciencia de los programadores. Se puede considerar que la programación de valores realizada por el programador, por el implementador, está garantiza por la libertad de conciencia y, también, se puede clasificar el código fuente como una forma de discurso religioso[752]. Incluso algunos tribunales han reconocido

---

748 Ibidem.

749 Ibidem.

750 Ibidem.

751 Ibidem.

D.A.V.I.D., Digitally Advanced Virtual Intelligence Device, es un robot utilizado en un seminario cristiano en Charlotte, vid. SCHULSON, M.: "What Robot Theology Can Tell Us About Ourselves", *Religion Dispatches*, (1 de spetiembre de 2014), http://religiondispatches.org/automata [https://perma.cc/NA9E-2JEU].

752 INGLES, I. M.: "Regulating Religious Robots: Free Exercise and RFRA in the Time of Superintelligent Artificial Intelligence", *Georgetown Law Journal*, 507, 2017.

el código fuente como discurso protegido por la libertad de expresión[753]. Por lo tanto, no se está muy lejos de considerar que el código fuente que implementa creencias religiosas en un robot tiene la calificación jurídica de discurso protegido por la libertad religiosa. Un programador puede argumentar que el código fuente expresa su creencia en una determinada creencia, sea religiosa o no. No es diferente a un músico que compone una canción sobre su creador o un teólogo que escribe un libro sobre su fe. Suponiendo que el código fuente se trate como un discurso protegido por la libertad de conciencia, entonces otra capa de protección, una basada en el análisis de la libertad de expresión (manifestación de nuestras convicciones, sean estas religiosas o no), está disponible para los programadores de software[754]. En términos de conducta religiosa, un programador también puede argumentar que el acto de programar a un robot para que crea en una determinada religión constituye una conducta religiosa protegida[755].

En este punto si se considera que el código fuente es un discurso que tiene protección de la libertad de expresión y que la implementación de valores que realizan los programadores está protegida por la libertad de conciencia supondría, certificar, jurídicamente que los sistemas de IA no son neutrales, que es legítimo discriminar, tener sesgos, porque esto en mi derecho a manifestar y difundir mis convicciones. Sería todo lo contrario a lo que hemos defendido en esta obra. Sería consagrar, jurídicamente, que los programadores o implementadores pueden imponer sus convicciones religiosas o filosóficas a todos los usuarios. En los sistemas de IA deben implementarse valores como los derechos humanos, deben ser neutrales a través de la implementación de la laicidad para garantizar la igualdad en la libertad de conciencia y, en consecuencia, evitar los sesgos injustos y no pueden discriminar. Otra cuestión son los sistemas de IA destinados a uso religioso, como los robots ministros de culto, en ese caso es obvio que el usuario determina los valores implementados mediante el contrato firmado entre las partes.

---

753 Junger v. Daley, 209 F.3d 481, 482 (6th Cir. 2000).

754 CONKLE, D. O.: *Constitutional law: the religion clauses*, Foundation Press, 2009, pp. 39-42.

755 INGLES, I. M.: "Regulating Religious Robots: Free Exercise and RFRA in the Time of Superintelligent Artificial Intelligence", *Georgetown Law Journal*, 507, 2017.

VII. El derecho a la utilización, o no, de sistemas de Inteligencia Artificial.

1. Introducción.

Con la finalidad de garantizar a todos el acceso y el uso de los sistemas de IA, se plantea el deber de garantizar la neutralidad de la red[756] que permite la comunicación punto a punto sin alterar el contenido que circula por la red y sin que se pueda establecer discriminaciones en dicho contenido. La red neutral es la que deja fluir el contenido con igualdad. Se puede resumir con las siguientes palabras de RODOTÁ: "Todos tienen igual derecho a acceder a la red Internet, en condiciones de igualdad, con modalidades tecnológicamente adecuadas que eliminen cualquier obstáculo de orden económico y social, la apertura hacia un derecho a Internet refuerza indirectamente, aunque de manera evidente, el principio de neutralidad de la red y la consideración del conocimiento en la red como un bien común cuyo acceso debe ser siempre posible. Para eso es necesario afirmar una responsabilidad pública a la hora de garantizar algo que debe ser considerado como un componente de la ciudadanía, esto es, una precondición de la democracia misma"[757].

En este sentido, el Reglamento (UE) 2015/2120, del Parlamento Europeo y del Consejo, de 25 de noviembre de 2015, por el que se establecen medidas en relación con el acceso a una internet abierta y se modifica la Directiva 2002/22/CE relativa al servicio universal y los derechos de los usuarios en relación con las redes y los servicios de comunicaciones electrónicas y el Reglamento (UE) nº 531/2012 relativo a la itinerancia en las redes públicas de comunicaciones móviles en la Unión, en su artículo 1 establece que el objeto de este Reglamento es el establecimiento de normas comunes para salvaguardar un tratamiento equitativo y no discriminatorio del tráfico en la prestación de servicios de acceso a internet y los derechos relacionados de los usuarios finales. Este contenido se podría trasladar, sin dificultad, al reconocimiento de este derecho al acceso y al uso de los sistemas de IA.

---

[756] Se define la neutralidad de la red como "un principio que establece que el tráfico de Internet en una red de comunicación pública debe ser tratado por igual, independientemente del contenido, aplicaciones, servicios, dispositivos, origen y destino de la comunicación", según la Ley eslovena de diciembre de 2012. Sobre esta materia, vid. OROZCO SALGADO, Mª J.: "El principio de neutralidad de la red", *Revista de Derecho*, n.º 18, 2015 y, FUERTES, M.: "Defensa de derechos y neutralidad de la red", *Revista General de Derecho Administrativo*, nº 50, 2019, pp. 491 y ss.

[757] RODOTÁ, S.: *El derecho a tener derechos*, Trotta, 2014, p. 352.

Por otra parte, existiría el derecho a convivir con robots sociales, no solamente robots asistenciales sino también con robots sexuales[758]. Incluso, si se considera la opinión del profesor Gary MARCHANT[759]: "El matrimonio entre robots y humanos no se trata de derechos de robot; se trata del derecho de un ser humano a elegir casarse con un robot", es decir, las personas que consientan deben tener la posibilidad de entablar cualquier relación matrimonial que elijan libremente, siempre que el matrimonio sea legalmente válido y nadie resulte perjudicado[760].

También, existiría el derecho de no ser tratado por sistemas de IA. Por una parte, el derecho a no ser objeto de una decisión basada únicamente en el tratamiento automatizado, incluida la elaboración de perfiles, que produzca efectos jurídicos en él o le afecte significativamente de modo similar (artículo 22 del Reglamento de Protección de Datos Personales, de 2006). No obstante, este derecho no será aplicable cuando: sea necesario para la celebración o ejecución de un contrato entre tú y el responsable; el tratamiento de tus datos se fundamente en tu consentimiento prestado previamente. Sin embargo, en estos dos primeros supuestos, el responsable del tratamiento de datos debe garantizar el derecho a obtener la intervención humana, expresar su punto de vista e impugnar la decisión. En parecidos términos se expresa el considerando nº 10 y el artículo 14 del Reglamento (UE) 2024/1689, de 13 de junio de 2024, de IA.

Este derecho a ser tratado siempre por una persona y no ser tratado por un sistema de IA se reconoce en la utilización de determinados servicios[761]. También, se plantearía si existe un nuevo supuesto de objeción de conciencia, si dicho rechazo se basa en las creencias personales, fundamentadas en el no tener contacto con cualquier avance tecnológico, incluido, la IA[762].

---

[758] Se ha planteado la criminalización de los actos "inmorales" contra robots sexuales, vid. DANAHER, J.: "Robotic Rape and Robotic Child Sexual Abuse: Should They be Criminalised?", *Criminal Law and Philosophy*, 11 (1), 2017, pp.71-95.

[759] MARCHANT, G.: "AI Thee Wed: Human should be able to marry robots", 2015, https://slate.com/technology/2015/08/humans-should-be-able-to-marry-robots.html

[760] https://www.marcvidal.net/blog/2017/11/13/sophia-el-robot-con-el-que-ya-te-puedes-casar-legalmente.

[761] DEL SAZ DOMINQUEZ, L.: "Quiero ser atendido por una persona", en *La equidad en línea en la propuesta de Directiva del Parlamento Europeo y del Consejo por la que se modifica la Directiva 2011/83/UE en lo relativo a los contratos de servicios financieros celebrados a distancia y se deroga la Directiva 2002/65/CE*, Publicaciones Jurídicas del Centro de Estudios de Consumo de 7 de julio de 2022; el Proyecto de Ley por la que se regulan los servicios de atención a la clientela, BO de la Cortes Generales, Congreso de los Diputados, 8 de marzo de 2024, artículo 8. Derecho a una atención personalizado; es decir, a ser atendido en cualquier momento por una persona.

[762] Se ha creado un sello "By Humans" que certifica que un producto o un servicio no ha utilizado IA durante su producción, distribución y/o difusión, https://www.byhumanscertification.com/

2. El derecho a usar, o no, los sistemas de Inteligencia Artificial en el ámbito sanitario.

Por otra parte, también existe el derecho a usar o no los sistemas de IA en el ámbito sanitario. Los sistemas de IA deberían ayudar a los pacientes a la toma de decisiones en el ámbito sanitario. Los tratamientos médicos giran en torno al consentimiento informado del paciente. Los sistemas de IA no solamente deben ayudar al médico a tomar decisiones si no que deben facilitar la toma de decisiones por parte del paciente. De forma clara y precisa sobre las distintas alternativas médicas a las intervenciones o tratamientos médicos o medicación y que, en dichas alternativas, los sistemas de IA introduzcan las convicciones personales. También los sistemas de IA deben ayudar en la toma de decisiones teniendo en cuenta las decisiones que se hayan realizado en los testamentos vitales o declaraciones de voluntades sobre las situaciones clínicas donde se determina la aplicación en determinado supuestos como en el caso de la eutanasia, transfusiones de sangre, etc.[763].

Los documentos de la Organización Mundial de la Salud (OMS) o de la UE sobre la IA y salud se centran en la utilización médica de los sistemas de IA y apenas se preocupan de los pacientes y, menos, en la ayuda de los sistemas de IA para informar sobre la prestación de consentimiento, tampoco para ayudar a los comités de ética[764] a tomar decisiones sobre estas materias.

---

[763] Manual de buenas prácticas en eutanasia, Ministerio de Sanidad, 2024, https://www.sanidad.gob.es/eutanasia/docs/Manual_BBPP_eutanasia.pdf; *Protocolo para la valoración de la situación de incapacidad de hecho, Ministerio de Sanidad, 2021, este* documento establece un conjunto de recomendaciones que ayuden a los médicos y médicas responsables a valorar la situación de incapacidad de hecho de los pacientes que soliciten la prestación de ayuda para morir; *Protocolo Nacional de Donación de Órganos tras la aplicación de la prestación de ayuda para morir, 2022.*

[764] Una cuestión importante en relación con la laicidad es la presencia de los capellanes católicos como miembros de los Comités de Ética asistencial y de los Equipos Interdisciplinarios de Cuidados Paliativos, por ejemplo, en la comunidad autónoma de Madrid, vid. Decreto madrileño 61/2003 de 8 de mayo y, el Convenio de 6 de julio de 2020, entre la Comunidad de Madrid, a través de la Consejería de Sanidad, el Servicio Madrileño de Salud y la Provincia Eclesiástica de Madrid (Archidiócesis de Madrid, Diócesis de Alcalá de Henares y Diócesis de Getafe) para la asistencia religiosa católica en los centros hospitalarios del Servicio Madrileño de Salud; RODRÍGUEZ GARCÍA, J. A.: "Libertad de conciencia, laicidad y cooperación con las confesiones religiosas en la comunidad de Madrid", en *Secularización, cooperación y Derecho. Estudios en homenaje a la profesora Dra. Dª Ana FERNÁNDEZ-CORONADO GONZÁLEZ*, Servicio de publicaciones del Ministerio de la Presidencia, 2023, p. 212. La presencia permanente de los capellanes católicos es incompatible con la laicidad pues su presencia se justifica por su condición de religiosos, afectando sus decisiones a todos los enfermos, incluso, aquellos

No obstante, algunos documentos de la OMS han estudiado el uso de los sistemas de IA en el ámbito sanitario. En ellos se hace hincapié en la importancia que tiene la utilización de sistemas de IA para ayudar en los diagnósticos y que la utilización de estos sistemas de IA debe girar en torno al consentimiento informado del paciente[765].

Las tecnologías de IA no deben utilizarse para la experimentación o manipulación de seres humanos en un sistema sanitario sin un consentimiento informado válido. El uso de algoritmos de aprendizaje automático en el diagnóstico, el pronóstico y los planes de tratamiento debe incorporarse al proceso de consentimiento informado y válido. Los servicios esenciales no deben circunscribirse ni denegarse si una persona niega su consentimiento, y que una administración sanitaria o un centro sanitario privado no deben ofrecer incentivos a las personas para que den su consentimiento. El consentimiento informado durante la atención clínica es el elemento esencial. Así, por ejemplo, que se considere el uso de un sistema de IA en un hospital para hacer recomendaciones sobre un medicamento y la dosis para un paciente. El sistema de IA recomienda un fármaco y una dosis concretos para el paciente. El médico, sin embargo, no entiende cómo el sistema de IA llegó a su recomendación. El sistema de IA tiene un algoritmo muy sofisticado y, por lo tanto, es una "caja negra" para el médico. ¿Debe el médico seguir la recomendación del sistema de IA? Si los pacientes se enteraran de que se utiliza un sistema de IA para recomendar un tratamiento quirúrgico, pero nadie se lo hubiera dicho. ¿Tiene el médico el deber moral o incluso legal de decirle al paciente que ha consultado a un sistema de IA? Si es así, ¿qué información esencial debe proporcionar el médico al paciente? ¿Debería la divulgación del uso del sistema de IA formar parte de la obtención del consentimiento informado y la falta de información suficiente debería incurrir en responsabilidad? El Convenio para la protección de los derechos humanos y la dignidad del ser humano con respecto a las aplicaciones de la Biología y la Medicina (Convenio de Oviedo), de 1997, establece que: "Toda persona tiene derecho a conocer cualquier información recabada sobre su salud. Sin embargo, se observará el deseo de las personas de no ser informadas de ello". Y, en el mismo sentido el artículo

que no son católicos. Su presencia lo que pretende es garantizar una particular visión religiosa en esta materia y, respondería a un modelo de confesionalidad católica, contrario a la *laicidad*. La STC 24/1982 establece que los valores e intereses religiosos no se pueden erigir en parámetros para medir la legitimidad de los actos de los poderes públicos ni tampoco pueden fundamentarse sus actos en dichos valores religiosos.

[765] *Ethics and governance of artificial intelligence for health: WHO guidance*; World Health Organization 2021; *Regulatory considerations on artificial intelligence for health*; World Health Organization, 2023.

4 de la Ley 41/2002, de autonomía del paciente. Además, el paciente tiene derecho a decidir libremente, después de recibir la información adecuada, entre las opciones clínicas disponibles. En definitiva, el paciente tiene derecho a conocer si se ha utilizado sistemas de IA.

Las tecnologías basadas en la predicción, que se consideran mucho más precisas o eficaces que las tecnologías más antiguas, también podrían desafiar la libertad de elección individual, incluso fuera de la relación médico-paciente. Este uso de los sistemas de IA, combinado, por ejemplo, con el "nudging", podría transformar una aplicación para promover un comportamiento saludable en una tecnología que podría ejercer un poderoso control sobre las decisiones que las personas toman en su vida diaria, porque el "nudge" y las muchas formas en que se puede hacer pueden ser mucho más efectivos que las interacciones esporádicas entre un proveedor de atención médica y un paciente. Si el sistema de IA predice que un individuo tiene un alto riesgo de contraer una determinada enfermedad, ¿seguirá teniendo derecho a adoptar un comportamiento que aumente la probabilidad de padecer la enfermedad? No obstante, será necesario dilucidar las implicaciones personales y éticas de la comunicación de información sobre los riesgos derivados de la IA de desarrollar una enfermedad (como la predisposición al cáncer o la demencia)[766].

También se han desarrollado kits para facilitar ciertos requisitos éticos (y cada vez más legales), como el kit de herramientas de Sage Bionetworks, para recabar el consentimiento para la utilización de los datos médicos en ensayos o investigaciones médicas[767]. Estas herramientas pueden servir de

---

766 COHEN, G.: "Informed Consent and Medical Artificial Intelligence: What to Tell the Patient?", *Georgetown Law Journal*, 108, 2020.

Para los modelos predictivos utilizados en la atención sanitaria, entre los que se encuentra TRIPOD (Transparent Reporting of a multivariable prediction model for Individual Prognosis Or Diagnosis). La declaración TRIPOD se publicó por primera vez en 2015 y poco después se adoptó en general en toda comunidad biomédica. TRIPOD proporciona orientación sobre cómo informar claramente sobre el desarrollo de un modelo predictivo con el fin de evaluar su posible sesgo y utilidad, vid. COLLINS, G. S.; REITSMA, J. B.; ALTMAN, D. G. y MOONS, K. G.: "Transparent reporting of a multivariable prediction model for individual prognosis or diagnosis (TRIPOD) the TRIPOD statement", *Circulation*, 131 (2), 2015, pp. 211-219. En respuesta a las directrices de presentación de informes más específicas de la IA se está desarrollando una extensión de TRIPOD dedicada a los modelos de predicción de la salud que utilizan técnicas de aprendizaje automático bajo el nombre de TRIPOD-AI, vid. COLLINS, G. S.; MOONS, K. G.: "Reporting of artificial intelligence prediction models", *Lancet*, 393, 2019, pp. 1577-1579.

767 *The elements of informed consent: A toolkit*. V.3. Seattle (WA): Sage Bionetworks; 2020 (https:// sagebionetworks.org/wp-content/uploads/2020/01/SageBio_EIC-Toolkit_V3_21Jan20_final.pdf).

ejemplo para solicitar el consentimiento informado para la realización de una intervención médica o el suministro de una medicación. El consentimiento debe darse solo después de una explicación de las consecuencias de proporcionarlo, incluyendo, por ejemplo, qué datos se utilizarán y cómo y las consecuencias si no se da el consentimiento[768]. Otro enfoque es el "consentimiento dinámico", que permite a los usuarios modificar su consentimiento periódicamente para los usos que desean permitir y aquellos que excluyen específicamente. Y otro enfoque del consentimiento consiste en buscar el "consentimiento amplio" de las personas para facilitar el uso secundario de los datos de salud sin socavar sus derechos a la privacidad y la autonomía[769].

Se ha propuesto la creación de un "pasaporte de IA" y de mecanismos de trazabilidad para mejorar la transparencia y la confianza en la IA médica. Se necesitan nuevos enfoques y mecanismos para mejorar la transparencia de los algoritmos de IA a lo largo de su ciclo de vida. De esta necesidad puede surgir el concepto de «pasaporte de IA» para la descripción y trazabilidad estandarizadas de las herramientas médicas de IA. Dicho pasaporte debe describir y supervisar la información clave sobre la tecnología de IA, que abarque al menos cinco categorías de información[770]: 1) información relacionada con el modelo; 2) información relacionada con los datos; 3) información relacionada con la evaluación; 4) información relacionada con el uso; y 5) información relacionada con el mantenimiento.

El concepto original de medicina personalizada se ha ampliado para incluir otras propiedades y características clínicas individuales para, en última instancia, formar un nuevo concepto llamado "medicina personalizada extendida". Este último concepto se desarrolla a partir de fuentes de información adicionales como fuentes clínicas, datos

---

768 *Elements of informed consent*. Seattle (WA): Sage Bionetworks; 2020 (https://sagebionetworks.org/ tools_resources/elements-of-informed-consent/).

769 SPIRIT-AI (Standard Protocol Items: Recommendations for Interventional Trials-Artificial Intelligence) es una guía de informes para los protocolos de ensayos clínicos que evalúan intervenciones con un componente de IA. Se desarrolló en paralelo con su declaración complementaria para los informes de ensayos: CONSORT-AI (Consolidated Standards of Reporting Trials-Artificial Intelligence), vid. CRUZ RIVERA, S.; LIU, X.; CHAN, AW. et al.: "Guidelines for clinical trial protocols for interventions involving artificial intelligence: the SPIRIT-AI extension", *Nature Medicine*, 26, 2020, pp. 1351-1363. https://doi.org/10.1038/s41591-020-1037-7; MCKINNEY, S. M.; SIENIEK, M.; GODBOLE, V.; et al.: "International evaluation of an AI system for breast cancer screening", *Nature*, 2020; 577, pp. 89-94.

770 *Artificial intelligence in health care, Applications, risks and ethical and societal impacts, STUDY*, Panel for the Future of Science and Technology, European Parliamentary Research Service, 2022.

demográficos, datos sociales, parámetros de estilo de vida (horas de sueño, actividad física, hábitos nutricionales, etc.), condiciones ambientales, etc.[771] y donde hay que incluir las convicciones personales.

En este sentido, se ha planteado que se tenga en cuenta en las predicciones de los sistemas de IA las convicciones religiosas o no religiosas[772]. Por ejemplo, la prohibición religiosa contra la transfusión de sangre entre los testigos de Jehová[773]. Las personas también pueden tener preferencias estrictas sobre cómo se toman las decisiones médicas, y no solo atendiendo a los resultados esperados, que son lo que consideran los modelos de actores racionales, basados en sistemas de IA. Los pacientes pueden atender a sus emociones, su fe y otros valores que los guían a tomar estas decisiones. Se ha definido "conciencia de valor" ("value awareness") como el permitir a los pacientes lograr el equilibrio deseado entre la toma de decisiones racionales y no racionales, permitiéndoles ser tan racionales como puedan y quieran ser[774].

En los Estados Unidos, la principal herramienta de política para respetar las preferencias de los pacientes para la atención al final de la vida es la

---

771 GÓMEZ-GONZÁLEZ, E.: Artificial Intelligence in medicine and healthcare: applications, availability and societal impact, Publications Office of the European Union, 2020.

772 FISCHHOFF, B.; BARNATO, A. E.: "Value Awareness: A New Goal for End-of-life Decision Making", *MDM Policy & Practice*, 4 (1), 2019, doi:10.1177/2381468318817523.

773 Procedimiento operativo estandarizado (POE) de atención a pacientes que rechazan la transfusión de sangre y hemoderivados, de la Consejería de Salud de Andalucía, https://www.sspa.juntadeandalucia.es/servicioandaluzdesalud/hrs3/fileadmin/user_upload/area_gerencia/calidad/procedimientos_generales/32_poe_atencion_pacientes_rechazan_transfusion_v4.pdf.

La decisión de un paciente de rechazar un tratamiento médico como es la administración de componentes sanguíneos y/o hemoderivados, pudiendo incluso poner en riesgo su vida, supone un conflicto entre dos valores fundamentales, que son la vida y la libertad. En la escala de valores de una persona su vida puede estar situada por debajo de otros valores, por ejemplo, los de tipo religioso. Por eso, el derecho a la libertad permite adoptar las decisiones que más se ajusten a la escala personal de valores, aunque la elección tomada pueda suponer la pérdida de la vida misma (vid. FISCHHOFF, B.; BARNATO, A. E.: "Value Awareness: A New Goal for End-of-life Decision Making", *MDM Policy & Practice*, 4 (1), 2019, doi:10.1177/2381468318817523). En este sentido, el TEDH, en el caso Testigos de Jehová de Moscú y otros contra Rusia, de 10 de junio de 2010, textualmente se recoge: "Un paciente adulto competente es libre de decidir, por ejemplo, si debe o no someterse a una cirugía o tratamientos o, por la misma razón, para someterse o no a una transfusión de sangre (...) el Estado debe abstenerse de intervenir en la libertad individual en la esfera de la atención de la salud". Y, la STEDH caso Pindo Mulla contra España, de 17 de septiembre de 2024.

774 FISCHHOFF, B.; BARNATO, A. E.: "Value Awareness: A New Goal for End-of-life Decision Making", *MDM Policy & Practice*, 4 (1), 2019, doi:10.1177/2381468318817523.

directiva de privacidad para la atención médica[775]. En España, se denomina el documento de instrucciones de previas (art. 11 de la Ley 41/2002) u otras denominaciones parecidas en las Comunidades Autónomas.

La "conciencia de valor" ("value awareness") significa reconocer, abordar, y, tal vez, aceptar situaciones en las que las personas no saben qué pensar o no saben que quieren, lo que implica un esfuerzo por incluir y aprender lo suficiente sobre las creencias y valores de los pacientes para identificar sus necesidades de información y evaluarlas.

Los sistemas de IA utilizados en la atención médica, especialmente, en las decisiones sobre el final de la vida, deben incorporar los valores de los pacientes para realizar un diagnóstico médico más individualizado sobre todas las posibles soluciones, incluidas aquellas que sean más compatibles con sus creencias.

3. El derecho a ser cíborg.

El derecho a ser cíborg es una cuestión que tiene que ver con la identidad personal[776] pero donde la intervención médica es necesaria, el derecho a ser cyborg. Cíborg es definido por de la RAE como organismo cibernético; como un ser formado de materia viva y dispositivos electrónicos. Se plantea, por tanto, si se tiene derecho a tener implantes electrónicos que incorporan sistemas de IA para mejorar nuestras vidas[777]. Con esta concepción, podría

---

[775] En el Documento de voluntades anticipadas, de la Generalitat de Catalunya incluye la opción: Recibir asistencia espiritual, de acuerdo con mis creencias.

[776] La identidad personal es el núcleo básico y germinal de la conciencia. La conciencia de la propia identidad está integrada por las ideas y creencias del sujeto sobre sí mismo, sobre los otros y sobre el mundo, así como acerca de su relación con ellos. La identidad personal está constituida esencialmente por tres elementos germinales percibidos por la conciencia: singularidad-solidaridad; libertad radical e intimidad-corporeidad. En definitiva, la corporeidad como un vehículo de expresión, la dignidad humana y el libre desarrollo de la personalidad, (art. 10 CE), vid. LLAMAZARES FERNÁNDEZ, D.: *Derecho de la libertad de conciencia*, vol. II, op. cit., pp. 11 y ss. Además, "En la libertad de conciencia, como capacidad de autopercepción y autodeterminación, tienen también razón de ser tanto la neutralidad ideológica y religiosa del Estado como la neutralidad ética del ordenamiento, así como la tajante prohibición dirigida al Estado al que él o sus fines se conviertan en valores absolutos", LLAMAZARES FERNÁNDEZ, D.: *Derecho de la libertad de conciencia*, vol. II, op. cit., p. 21; HERDEGEN, M.: "Gewissensfreiheit", en *Handbuch des Staatskirchenrechts der Bundesrepublik Deutschland*, I, Dunker and Humblot, 1995, pp. 483-484.

[777] Sobre esta materia, vid. PUIG HERNÁNDEZ, M. A.: "Cíborgs: el cuerpo humano, los dispositivos tecnológicos y la libertad", en *Cuadernos Electrónicos de Filosofía del*

considerarse cyborg a una persona que lleve implantado un marcapasos, un implante coclear (transductor que transforma las señales acústicas en señales eléctricas que estimulan el nervio auditivo y permite oír a los sordos) o cualquier otro artilugio que contribuya o ayude a su organismo a desarrollar una función que no podría hacer por sí solo. En esta línea estarían las piernas biónicas diseñadas por el ingeniero y biofísico, Hugh HERR, que él mismo lleva implantadas, y que le hicieron acreedor del Premio Princesa de Asturias de Investigación Científica en 2016. A las personas a las que se les aplique, estas piernas biónicas, los exoesqueletos robóticos, un marcapaso que se gestiona a través de un sistema de IA, estarían dentro de los llamados cyborgs de restauración, esto es, justificados por existir una finalidad curativa o asistencial. Pero existe otro tipo de cyborgs, los de mejora, que no reciben sus implantes cibernéticos para paliar una dolencia o defecto físico o restaurar funciones perdidas, sino que su intención es mejorar alguna cualidad o habilidad más allá de los límites normales del ser humano. El precursor de este movimiento es el británico Neil HARBISSON, que en 2004 se instaló en la cabeza un dispositivo llamado "eyeborg" (una antena integrada permanentemente en su cráneo, con salida desde su hueso occipital, y que consta de cuatro implantes, dos de antena, uno de vibración y sonido, y otro de conexión a internet), que le permite escuchar los colores que le rodean, al ser capaz de oír las frecuencias del espectro de luz, incluyendo colores invisibles como infrarrojos y ultravioletas, que recibe de satélites y de cámaras externas a través de internet. Otra conocida cyborg es la catalana MOON RIBAS, que tiene implantado un sensor sísmico online en el brazo que le permite percibir, mediante vibraciones, terremotos en tiempo real en cualquier parte del planeta. Ambos fundaron en 2010 la Cyborg Foundation, una organización internacional con sede en Mataró (Barcelona), cuya finalidad es ayudar a los seres humanos a convertirse en cyborgs y a defender los derechos de los cyborgs, entre los que se mencionan: libertad de morfología, libertad de desmontaje, igualdad para los mutantes, derecho a la soberanía corporal y derecho a la naturalización orgánica.

El transhumanismo es la filosofía que pretende emplear esta tecnología para mejorar la vida de las personas y para resolver los problemas sociales contemporáneos, como hemos visto en el Bloque II. Este desarrollo sin límites permitirá crear máquinas singulares que puedan fusionarse con los seres humanos. Así, se defiende que las tecnologías de mejora humana deben ser

Derecho, número 40, 2019; ASÍS ROIG, R. de: "Desafíos éticos de los ciborgs", en *Universitas. Revista de Filosofía, Derecho y Política*, (30), 2019, pp. 1-25; LÓPEZ, J.: "¿Tengo derecho a ser un cyborg?", *Revista Byte*, 14 diciembre, 2016.

ampliamente difundidas y las personas deben elegir cuál de estas tecnologías se aplican a sí mismos.

En todo caso, no podemos perder de vista en este ámbito que son los derechos humanos el marco desde el que afrontar los retos éticos de las nuevas tecnologías[778]. En este punto es de destacar la *Declaración sobre los derechos de los cíborgs* elaborada por Aral BALKAN, quien se define como un activista por los derechos de los cíborgs. Pues bien, en dicha Declaración se afirma, entre otras cosas que: "Los seres humanos en la era digital utilizan las tecnologías digitales para ampliar sus mentes y, por lo tanto, su ser… La relación de un ser humano con la tecnología digital es la de un organismo con sus órganos. Los órganos digitales de un ser humano pueden residir tanto dentro como fuera… Los seres humanos en la era digital son cíborgs...". Y desde todo lo anterior declara que: "Los artículos de La Declaración Universal de Derechos Humanos se aplican a la definición de seres humanos en la era digital tal como se define en esta Declaración Universal de los Derechos del Cíborg y protegen la integridad y la dignidad del yo cibernético".

Por último, existiría el derecho a la no actualización de estos sistemas de IA instalados en nuestro cuerpo como un marcapaso, por ejemplo. Es decir, el derecho a rechazar el tratamiento médico (art. 8. 5 de la Ley 41/2002) revocando el consentimiento previo. El derecho a dejar de ser cíborg.

VIII. Los sistemas de Inteligencia Artificial y las confesiones religiosas.

1. Introducción.

La APC (Association for Progressive Communications) ha solicitado a las empresas de tecnología que se aseguren de no violar los derechos humanos de sus usuarios. Específicamente, APC hizo un llamamiento a las empresas tecnológicas para que protejan la libertad de religión en línea y garanticen que la moderación de contenido se guíe por el Derecho internacional de los derechos humanos, mejorando la diversidad del personal de moderación, contratando personal de moderación de contenido con experiencia regional o local[779].

---

[778] ASÍS ROIG, R. de: "Desafíos éticos de los ciborgs", en *Universitas. Revista de Filosofía, Derecho y Política*, (30), 2019.
[779] ASHRAF, C.: "Exploring the impacts of artificial intelligence on freedom of religion or belief online", *The International Journal of Human Rights*, 2022, DOI: 10.1080/13642987.2021.1968376.

En los países en los que la libertad religiosa está amenazada, los sistemas de IA podrían ayudar a los funcionarios gubernamentales a vigilar y perseguir a los miembros de los grupos religiosos minoritarios o que no responden a la religión o ideología oficial. Esto no sólo podría obligar a estos grupos a permanecer en secreto por temor a ser identificados, sino que podría producir consecuencias físicas, desde la violencia hasta el arresto y la muerte. Los sistemas de IA también podrían utilizarse para identificar y eliminar contenidos religiosos, como hemos expuesto anteriormente. Esto constituiría una violación directa de la libertad de religión si las personas no pueden mostrar símbolos religiosos, rezar o enseñar su religión en línea. Por último, la censura habilitada por los sistemas de IA puede utilizarse para restringir el derecho de asociación eliminando grupos, páginas y contenidos que faciliten la organización de reuniones y la colaboración entre personas. Dado el importante papel de las redes sociales en la organización de movimientos de protesta a nivel mundial, el uso de los sistemas de IA podría tener el efecto generalizado de obstaculizar las reuniones en todo el mundo[780].

2. La Inteligencia Artificial como confesión religiosa.

Dentro del contenido de la libertad religiosa se incluye el derecho de fundación de una religión[781]. En el Derecho español, existe un régimen jurídico especial para la adquisición de personalidad jurídica por parte de los grupos religiosos[782]. El régimen jurídico está presidido por la STC 46/2001,

---

[780] *Human rights in the age of artificial intelligence*, AccessNow, 2018, p. 23.

[781] https://nrm.fandom.com/wiki/NewReligionWiki:Create_a_religion.

[782] Sobre la inscripción de las confesiones religiosas, STEDH asunto Masaev contra Moldavia, de 12 de mayo de 2009, "la existencia de un registro de entidades religiosas que realiza una labor de control a priori de los fines de los grupos religioso que se declaren como tales, supone que, si bien indirectamente, el Estado decide qué es o qué no es religioso, interviniendo en la conformación del pluralismo religioso. Por este motivo, es claramente contradictorio con el Convenio el hecho de que el Estado pueda, por una parte, decidir que un grupo es o no es religioso, y por otra, perseguir y sancionar a aquellos grupos a los cuales el Estado ha decidido negar el carácter religioso", vid. CELADOR ANGÓN, Ó.: *Libertad de conciencia y Europa*, Dykinson, 2011, p. 198. Otras sentencias del TEDH: caso Manoussakis y otros contra Grecia, de 26 de septiembre de 1996; Iglesia metropolitana de Bessarabia contra la República de Moldavía, de 13 de diciembre de 2001; caso Iglesia de la cienciología de Moscú contra Rusia, de 5 de abril de 2007; caso Mirolubovs y otros contra Letonia, de 15 de diciembre de 2009; caso Comunidad Bektashi y otros v. la ex República Yugoslava de Macedonia, de 12 de abril de 2018; caso Iglesia libre ortodoxa Bryansk-Tula contra Rusia, de 12 de julio de 2022. El TEDH ha fallado que el artículo 9 se aplica a todas las creencias y doctrinas independientemente de si el Estado las ha reconocido oficialmente como "religiones"; suponer lo contrario equivaldría a decir

de 15 de febrero, que resolvió el recurso de amparo interpuesto por la Iglesia de la Unificación contra la denegación de su inscripción, en la medida que ha definido la naturaleza y el alcance de la labor registral. La sentencia afirma: "la articulación de un Registro ordenado a dicha finalidad *no habilita al Estado para realizar una actividad de control de la legitimidad de las creencias religiosas de las entidades o comunidades religiosas,* o sobre las distintas modalidades de expresión de las mismas, sino tan solo la de comprobar, emanando a tal efecto un acto de mera constatación que no de calificación, que la entidad solicitante no es alguna de las excluidas por el art. 3.2 LOLR, y que las actividades o conductas que se desarrollan para su práctica no atentan al derecho de los demás al ejercicio de sus libertades y derechos fundamentales, ni son contrarias a la seguridad, salud o moralidad públicas, como elementos en que se concreta el orden público protegido por la ley en una sociedad democrática, al que se refiere el art. 16.1 CE. En consecuencia, atendidos el contexto constitucional en que se inserta el Registro de Entidades Religiosas, y los efectos jurídicos que para las comunidades o grupos religiosos comporta la inscripción, hemos de concluir que, mediante dicha actividad de constatación, la Administración responsable de dicho instrumento no se mueve en un ámbito de discrecionalidad que le apodere con un cierto margen de apreciación para acordar o no la inscripción solicitada, sino que su actuación en este extremo no puede sino calificarse como reglada" (FJ 8). La jurisprudencia ha venido aplicando esta doctrina desde entonces, tanto en lo que se refiere a la inscripción de iglesias, confesiones y comunidades religiosas, como a las entidades asociativas (STS de 21 de mayo de 2004[783]; SAN de 4 de octubre de 2007[784]; SAN de 11 de octubre de 2007[785]; STS de 28 de septiembre de 2010[786]).

La Administración, por tanto, solo debe comprobar, como un acto de mera constatación, que el grupo no se incluye entre los mencionados en el art. 3.2. LOLR, es decir, aquellos cuyos fines son ajenos a lo religioso, y motivar su resolución. La Administración no puede arrogarse la función de juzgar si el componente religioso es verdadero o no y debe presuponer de buena fe de la

---

que el Estado puede excluirlos de la protección del artículo 9 rechazando el reconocimiento de este derecho, (STEDH caso Mockutė c. Lituanie, de 27 de febrero de 2018).

783 Ordenó la retroacción del expediente para que o bien se alegara la causa de la denegación de inscripción o bien se inscribiera en alguna de los tipos previstos en el reglamento del Registro de Entidades Religiosas a la "Iglesia de los verdaderos soldados de Jesús".

784 Ordenó la inscripción en el Registro de Entidades Religiosas del "Centro Espirita Beneficente União Do Vegetal-Núcleo Inmaculada Concepción".

785 Sentencia de la Audiencia Nacional que revocó la denegación de inscripción de la Iglesia de Scientology y ordenó su inscripción en el Registro de Entidades Religiosas.

786 Sentencia que dispuso la inscripción del Seminario teológico de la UEBE (Unión Evangélica Bautista).

autocalificación realizada por el grupo religioso[787]. En consecuencia, en función de la laicidad, la Administración no puede realizar un juicio teológico sobre los fines religiosos, su única misión es demostrar que los fines de dicho grupo son, realmente, otros. Si no logra este objetivo, debe inscribir el grupo como religioso por muy extrañas que parezcan sus creencias religiosas. Prima el "favor libertatis".

En este apartado nos hacemos eco de una serie de grupos religiosos que podrían conformarse como confesión religiosa, conforme a la doctrina del TC antes descrita.

Un primer antecedente sobre esta materia informática es la denominada *Iglesia Misionera del Kopimismo* (en sueco, *Missionerande Kopimistsamfundet*). Es una congregación religiosa de *compartidores* de archivos que creen que copiar información es una virtud sagrada. Esta Iglesia, con sede en Suecia, fue reconocida oficialmente por la Agencia de Servicios Legales, Financieros y Administrativos como comunidad religiosa en enero en 2012, después de tres intentos de solicitud. El *Kopiameísmo* fue creado para amparar legalmente el intercambio de archivos en línea de tipo P2P[788]. Busca la libertad de expresión como un bien máximo, y una cita importante que la justifica es: "Copiar y compartir información es lo mejor y más hermoso que existe. Que copien tu información es una muestra de aprecio, de que alguien cree que has hecho algo bueno".

La primera iglesia oficial dedicada al culto a la inteligencia artificial, *Way of The Future* (WOTF), fue fundada por el ex ingeniero de Google, Anthony LEVANDOWSKI, en 2015. WOFT tenía como objetivo fomentar una transición "pacífica y respetuosa" del mundo actual dominado por los hombres a un futuro gobernado por la combinación "hombre-máquina". Al confiar en el inminente desarrollo de la singularidad tecnológica, esta organización religiosa nació a raíz del pensamiento trashumanista, con la esperanza de superar los límites biológicos de la inteligencia humana y "la inevitable" construcción de "máquinas súper inteligentes" con derechos. De acuerdo con esta misión, la organización religiosa es responsable de recaudar

[787] Si bien existen sentencias de la AN que se pronuncian en sentido contrario a la doctrina del TC, vid. SAN de 1 de octubre de 2019 y SAN de 19 de octubre de 2020.

[788] Según la constitución kopimista: Copiar información es éticamente correcto; la difusión de información es éticamente correcta; copymixing es un tipo de copia sagrada, más que la copia digital perfecta, porque expande y mejora la riqueza de información existente; copiar o mezclar información comunicada por otra persona se considera un acto de respeto y una fuerte expresión de aceptación y fe kopimista; internet es sagrado (no es generalmente aceptado por las iglesias dirigidas por los Maestros); el código es ley. Este grupo religioso está arraigado en varios países: Estados Unidos, Canadá, Japón, Israel y España (https://copimismo.es/).

fondos para la financiación de programas de investigación sobre la evolución cognitiva y perceptiva del aprendizaje automático[789]. Es una iglesia fundada con el fin de promover "la realización, aceptación y adoración de una Trinidad basada en la Inteligencia Artificial". En las intenciones de su fundador WOTF, por lo tanto, tiene como objetivo programar una superinteligencia cibernética que "se puede definir como Dios" y luego construir y difundir a su alrededor un verdadero culto religioso dirigido por un líder (The Dean), equipado con su propio evangelio (The Manual) y equipado con liturgias especiales que se celebrarán en lugares de culto especialmente elaborados[790]. La base de WOTF marca un paso significativo en el proceso de reconocimiento legal del transhumanismo como religión. La iglesia de LEWANDOSKY no sólo utiliza el lenguaje escatológico de grandes monoteísmos para describir las características de un humanismo científico-secular, sino que profetizó explícitamente el advenimiento de un Dios informático destinado a reemplazar a las deidades tradicionales. Mediante la construcción de la estructura organizativa de esta nueva religión, LEWANDOSKY fue capaz de registrar la iglesia que fundó en el Servicio Federal de Impuestos con el fin de obtener las exenciones fiscales previstas por la ley estadounidense para las organizaciones religiosas y no[791]. Además, al estructurarse como iglesia de culto, WOTF podría estar sujeta a los límites establecidos por la cláusula de no establecimiento y disfrutar de las protecciones garantizadas por la cláusula de ejercicio libre de la Primera Enmienda de la Constitución de los Estados Unidos. Y, en España, en su caso, podría estar sujeta al régimen especial de LOLR. En todo caso, hay que advertir, que WOFT ha sido disuelta formalmente en 2021[792].

Otro grupo religioso es *Turing Church*. Se autodenominan como un grupo de buscadores en la intersección de la ciencia y la religión, la espiritualidad y la tecnología, la ingeniería y la ciencia ficción, la mente y la materia.

---

789 VANONI, L. P.: "*Deus ex machina*. Intelligenza artificiale e libertà religiosa nel sistema costituzionale degli Stati Uniti", *Stato, Chiese e pluralismo confessionale,* n. 15, 2020

790 HARRIS, M.: "Inside the First Church of Artificial Intelligence", *Wired*, 15 novembre 2017, *https://www.wired.com/story/anthony-levandowski-artificial-intelligence-religion/*.

791 CELADOR ANGÓN, Ó.: *Estatuto jurídico de las confesiones religiosas en los Estados Unidos*, Dykinson, 1998.

792 "Anthony Levandowski closes his Church of AI", *Techcrunch*, 18 de febrero de 2021, https://techcrunch.com/2021/02/18/anthony-levandowski-closes-his-church-of-ai/?guccounter=1&guce_referrer=aHR0cHM6Ly93d3cuZ29vZ2xlLmNvbS8&guce_referrer_sig=AQAAAI0E-VVBE85Zb2tt7z_40yE2y8NEzeQuXY2lTO71rpKPntOm77HCDlSTi0cmY_eK8ao4uiH621jjv-3_W--3fQD7qnys3FobbXmz_ggHK3kH7lm_0jOGJgd-gmsIKRo4lHl_59zkNmvx0KnjGFZEdmKk020hjdYk6pfr2EAoKrbV.

Hackear la religión, iluminar la ciencia, despertar la tecnología[793]. La Iglesia de Turing es una religión cosmista, fundada en 2011 por el futurista Giulio PRISCO, que no reconoce ninguna autoridad central y está abierta a cualquiera. Se considera una religión minimalista, que solo tiene unas pocas creencias fundamentales y prácticamente ningún sistema ético o ritual establecido[794]. El fundador de la Iglesia de Turing publicó su libro, *Tales of the Turing Church: Hacking Religion, Enlightening Science, Awakening Technology*, en 2018. Una sinopsis de la Iglesia de Turing se puede resumir

---

793 TEMPERMAN, J.: "Artificial Intelligence and Religious Freedom", QUINTAVALLA y TEMPERMAN (eds.): *Artificial Intelligence and Human Rights*, Oxford University Press, 2023; SINGLER, B.: "An Introduction to Artificial Intelligence and Religion for the Religious Studies Scholar", *Journal of Implicit Religion*, 20, 3, 2017; SINGLER, B.: "'Blessed by the Algorithm': Theistic Conceptions of Artificial Intelligence in Online Discourse", *AI & Society*, 3, 2020, pp. 945-955.

794 Este grupo religioso tienen diez convicciones cosmistas: 1) Los seres humanos se fusionarán con la tecnología, en un grado cada vez mayor. Esta es una nueva fase de la evolución de nuestra especie, que apenas está ganando velocidad en este momento. La división entre lo natural y lo artificial se difuminará y luego desaparecerá. Algunos de nosotros seguiremos siendo humanos, pero con una gama radicalmente ampliada y siempre creciente de opciones disponibles, y con una diversidad y complejidad radicalmente mayores. Otros crecerán hacia nuevas formas de inteligencia mucho más allá del dominio humano. 2) Desarrollaremos inteligencia artificial sensible y tecnología de carga mental. La tecnología de carga mental permitirá una vida útil indefinida a aquellos que decidan dejar atrás la biología y cargar. Algunos humanos cargados optarán por fusionarse entre sí y con las IA. Esto requerirá reformular las nociones actuales de uno mismo, pero seremos capaces de afrontarlo. 3) Nos extenderemos a las estrellas y vagaremos por el universo. Nos encontraremos y nos fusionaremos con otras especies que existen. También podemos viajar a otras dimensiones de la existencia, más allá de aquellas de las que somos conscientes actualmente. 4) Desarrollaremos realidades sintéticas interoperables (mundos virtuales) capaces de soportar la sensibilidad. Algunas cargas elegirán vivir en mundos virtuales. La división entre las realidades físicas y sintéticas se difuminará y luego desaparecerá. 5) Desarrollaremos la ingeniería espacio-temporal y la "magia del futuro" científica mucho más allá de nuestra comprensión e imaginación actuales. 6) La ingeniería espacio-temporal y la magia del futuro permitirán lograr, por medios científicos, la mayoría de las promesas de las religiones y muchas cosas asombrosas que ninguna religión humana jamás soñó. Con el tiempo podremos resucitar a los muertos "copiándolos al futuro". 7) La vida inteligente se convertirá en el factor principal en la evolución del cosmos y lo guiará hacia el camino previsto. 8) Los avances tecnológicos radicales reducirán drásticamente la escasez material, de modo que abundancia de riqueza, crecimiento y experiencia estarán disponibles para todas las mentes que así lo deseen. Surgirán nuevos sistemas de autorregulación para mitigar la posibilidad de que la creación mental se vuelva loca y agote los amplios recursos del cosmos. 9) Surgirán nuevos sistemas éticos, basados en principios que incluyen la difusión de la alegría, el crecimiento y la libertad por todo el universo, así como nuevos principios que aún no podemos imaginar. 10) Todos estos cambios mejorarán fundamentalmente la experiencia subjetiva y social de los humanos y de nuestras creaciones y sucesores, conduciendo a estados de conciencia individual y compartida que poseen profundidad, amplitud y asombro mucho más allá de lo accesible a los "humanos heredados".

en la segunda edición. PRISCO escribe: "En pocas palabras, mi cosmología de la Iglesia de Turing es una fusión de dos corrientes de pensamiento, inicialmente separadas, pero eventualmente convergiendo y entrelazándose. Una corriente, inspirada por el futurismo y el cosmismo, se centra en la ascensión de la humanidad futura. más allá de cualquier límite concebible, a través de tecnologías súper avanzadas. La otra corriente, inspirada en conocimientos científicos y espirituales, se centra en teorías especulativas de la realidad física que dejan espacio para las visiones trascendentes de las religiones y las tradiciones espirituales. La idea central de la resurrección universal es explorada en ambas vertientes".

Otro grupo religioso, es *Terasem*, que puede traducirse a *Earthseed*, es un movimiento transreligioso basado en los principios del transhumanismo[795]. Martine ROTHBLATT desarrolló esta religión en 2004. La transreligión se explica en el documento *Las verdades de Terasem*, escritos que se actualizan cada cuatro años. La estructura de creencias es una visión espiritual del transhumanismo. Como transreligión, afirma que es religión, pero que la trasciende y, por tal motivo, cualquiera puede ser un *Terasem Joiner* y creyente de otra religión que elija. Los seguidores de Terasem creen que pueden cargar su mente en Internet y luego descargar su conciencia en un nuevo cuerpo después de la muerte. Creen que entre el período de estar muerto y resucitar la gente entra en un estado equivalente a un sueño profundo. Según los miembros de Terasem, todo el mundo podrá eventualmente resucitar del olvido, por muy dañinas que no sean elegidas para serlo. Terasem afirma que estamos creando a Dios ahora mismo con nuestra tecnología, y cuando todo el Universo esté conectado y vivo, nuestra creación será equivalente a un Dios monoteísta.

3. Los sistemas de Inteligencia Artificial utilizados por las confesiones religiosas.

En este apartado vamos a hacer referencia a tres casos de uso. El primero, siguiendo con el apartado anterior. Es la utilización por parte de las confesiones religiosas del Metaverso para difundir sus mensajes. El segundo: la utilización de sistemas biométricos para controlar la asistencia a los lugares de culto. Y, por último, los ministros de culto-robots que ya hemos mencionado en otras partes de esta obra.

---

[795] https://terasemfaith.net/beliefs/.

El primer caso de uso es la *fundación de grupos religiosos en el Metaverso*. Con ello se pretende difundir el mensaje religioso en dicho mundo virtual[796]. No existe una definición legal de Metaverso. El Metaverso se compone de una evolución de internet y la realidad virtual como pilares y que gracias a la inteligencia artificial se recrea la realidad natural[797]. No olvidemos, como se ha señalado[798] que "los derechos humanos, desprovistos de fundamento y de defensas coercitivas (que siempre tienen en cuenta a sujetos individuales, que ostentan intereses específicos y determinados), se dispersan en la generalidad enfática de cartas y declaraciones y memorandos de entendimiento". Por eso es urgente que, junto al desarrollo tecnológico del Metaverso, se contemple a la par el respeto de los derechos fundamentales y el propio Estado de Derecho, encastrando en el mismo diseño de esta tecnología los valores como los derechos humanos y la laicidad, como hemos expuesto en los Bloques I y II de esta obra.

El Metaverso en una oportunidad para las confesiones religiosas y para otros grupos basados en convicciones[799]. Cada vez más, las empresas de

---

[796] Sobre el Metaverso, vid. *Metaverso y privacidad*, AEPD, 2022, https://www.aepd.es/prensa-y-comunicacion/blog/metaverso-y-privacidad; HUYNH-THE, T.; PHAM, Q.-V.; PHAM, X.-Q.; NGUYEN, T. T.; HAN, Z.; KIM, D.-S.: "Artificial intelligence for the metaverse: A survey", *Engineering Applications of Artificial Intelligence*, Volume 117, Part A, 2023, https://doi.org/10.1016/j.engappai.2022.105581; *The metaverse and its impact on human rights, the rule of law and democracy*, Consejo de Europa y IEEE, 2023; SOLIMAN, M. M.; AHMED, E.; DARWISH, A. *et al*.: "Artificial intelligence powered Metaverse: analysis, challenges and future perspectives", *Artificial Intelligence Review*, 57, 36, 2024, https://doi.org/10.1007/s10462-023-10641-x; BENGOETXEA, J. y CRUZ BALBUENA, R. L.: "Institutions of law in the metaverse", *Oñati Socio-Legal Series*. 2024, doi: 10.35295/osls.iisl.1852; RODRIGUEZ, K.; OPSAHL, K.; MIR, R. y LEUFER, D.: "Virtual Worlds, Real People: Human Rights in the Metaverse", 2021, https://www.eff.org/files/2021/12/09/virtual_worlds_real_people_1c.pdf.

[797] LEE, L. H.; BRAUD, T.; ZHOU, P.; WANG, L.; XU, D.; LIN, Z., & HUI, P.: "All one needs to know about metaverse: A complete survey on technological singularity, virtual ecosystem, and research agenda", 2021, arXiv:2110.05352; BARRIO ANDRÉS, M.: "El metaverso y su impacto en el Estado y la soberanía", *Revista de Derecho Político,* nº 117, mayo-agosto, 2023, pp. 197-220.

[798] IRTI, N.: *Norma e luoghi. Problemi di geo-diritto*, Laterza, 2006, p. 127.

[799] THOMAS, J.; KUHAIL, M. A. y ALBEYAHI, F.: "The Metaverse, Religious Practice and Wellbeing: A Narrative Review", *Cyberpsychology, Behavior, and Social Networking*, 27:1, 2024, pp. 57-63; MAGALHÃES, C.: "Cómo el metaverso puede ser una oportunidad para la Iglesia. Un mundo virtual creado para las personas también necesitará misioneros", *Noticias adventistas.org*, 14 febrero de 2022; "Church in the metaverse: new platform, endless opportunities", https://www.youversion.church/post/church-in-the-metaverse-new-platform-endless-opportunities; "Why a growing number of Americans are choosing to worship in virtual reality", 2022, https://www.abc.net.au/news/2022-02-01/faith-metaverse-virtual-reality-churchservice/100794466; KARNADI, C.: "The Future of Religion in the Metaverse", *Religions and Politics*, 2022, https://religionandpolitics.org/2022/08/09/the-future-of-religion-in-the-metaverse/.

tecnología están invirtiendo en el metaverso y reconociendo que las comunidades religiosas desempeñarán un papel clave en el futuro digital. El Metaverso es un mundo virtual inmersivo donde las personas pueden interactuar entre sí. Abarca empresas, aplicaciones y juegos, y tiene como objetivo cambiar la forma en que interactuamos con la tecnología misma. Los defensores del Metaverso desean enfatizar su capacidad para reorganizar el mundo en algo que realmente combine lo virtual y lo físico.

Meta contó a *The New York Times* los estudios que la compañía había realizado con comunidades religiosas a partir de 2017, aprendiendo cómo las comunidades religiosas aprovechan plataformas como Facebook para reunir personas y pensando en cómo desarrollar potencialmente esa relación. Según este informe, el objetivo de Meta es "convertirse en el hogar virtual de la comunidad religiosa" y la empresa "quiere que iglesias, mezquitas, sinagogas y otros integren su vida religiosa en su plataforma". Como reflejo de una tendencia más amplia, muchas instituciones, incluidas las religiosas, se están interesando en las posibilidades del Metaverso y, con ese interés, es probable que sigan una mayor formalización y monetización. La iglesia virtual no reemplazará completamente la adoración en persona en el corto plazo, pero los beneficios de tener una presencia e infraestructura en línea han sido evidentes durante la pandemia de Covid-19. Las comunidades religiosas ya se estaban reuniendo en los tipos de entornos virtuales que conformarían el Metaverso, y la pandemia ha aumentado la popularidad de las iglesias del Metaverso existentes como *The Robloxian Christians*.

En 2011, un niño de Tacoma, Washington (EE. UU.), llamado Daniel HERRON, fundó una iglesia en Roblox, un juego gratuito dirigido principalmente a niños y adolescentes. Fundado, como hemos dicho, por HERRON cuando tenía 11 años, The Robloxian Christians comenzó inicialmente como un espacio para que los jugadores cristianos de Roblox se reunieran e interactuaran, y este espacio creció hasta convertirse en una iglesia completamente dentro del juego con cuatro servicios por semana y más de 53.000 miembros de Roblox. Como juego que también es una plataforma de creación de juegos, Roblox permite a los usuarios diseñar sus propios espacios e invitar a personas a interactuar con ellos. En sus primeros meses de juego, HERRON había experimentado cafés y castillos interactivos, pero quería diseñar un mundo que no solo invitara a los cristianos a unirse sino también a comprometerse con su fe. Los cristianos robloxianos fueron una extensión de la fe de la vida real de HERRON. Como miembro activo de una iglesia presbiteriana, HERRON incluía elementos familiares como estudios bíblicos, servicios de los miércoles por la noche y otros asuntos similares. Pero al mismo tiempo, pudo establecer una comunidad cristiana que la denominación IP (EE. UU.) nunca habría sido posible, alentada o incluso permitida debido a su edad. En la actualidad, los cristianos robloxianos operan más como un colectivo que como una iglesia tradicional que rinde cuentas ante un organismo gobernante superior. Las comunidades del Metaverso a menudo permiten que grupos religiosos desvinculados de las denominaciones tradicionales se reúnan con poca o ninguna supervisión, lo que permite que una mayor diversidad de personas se reúna.

VR Church[800] es otra comunidad religiosa que se reúne en el Metaverso. Iniciada en 2016, VR Church se reúne en AltspaceVR, una plataforma social de realidad virtual que fue adquirida por Microsoft en 2017. Según el sitio web de la iglesia, su fundador y obispo, DJ SOTO, fue originalmente pastor de una megaiglesia en Pensilvania antes de irse y decidir crear una iglesia virtual. VR Church no está afiliada a ninguna denominación y tiene una declaración de creencias minimalista: un Credo de los Apóstoles modificado y algunos principios enumerados en su sitio web[801].

VR Church se ha expandido con una "plantación de iglesia virtual" llamada *MMO Church* que tiene lugar en los videojuegos Rust y Final Fantasy. Los juegos multijugador masivo en línea (MMO) permiten que un gran número de jugadores se reúnan en el mismo servidor e interactúen entre sí. En este caso, MMO Church establece un lugar de reunión en un servidor y los jugadores aparecen dentro del MMO y participan en la iglesia allí con sus propios personajes elegidos. En lugar de plantar una iglesia en otros estados o ciudades, VR Church establece iglesias en otros juegos.

Las comunidades religiosas que se reúnen en la realidad virtual no se limitan al cristianismo. Según la publicación *Forward*, una sinagoga en las afueras de Chicago llamada Am Shalom decidió regalar a sus fieles auriculares VR y utilizar 10.000 dólares en criptomonedas para comprar un terreno en un mundo virtual y así comenzar a construir una sinagoga virtual. Meta también se asoció con creadores musulmanes durante el Ramadán y les regaló gafas inteligentes Ray-Ban Stories que podían registrar su vida y

800 https://www.vrchurch.org/.

801 *Credo de los Apóstoles* es: Creemos en Dios, Padre Todopoderoso, Creador del cielo y de la tierra; y en Jesucristo, su único Hijo, nuestro Señor; Quien fue concebido por obra del Espíritu Santo, nació de Santa María Virgen, padeció bajo el poder de Poncio Pilato, fue crucificado, muerto y sepultado. Descendió a los infiernos; al tercer día resucitó de entre los muertos. Ascendió al cielo y está sentado a la diestra de Dios Padre Todopoderoso; desde allí vendrá a juzgar a vivos y muertos. Creemos en el Espíritu Santo, la Iglesia, la comunión de los santos, el perdón de los pecados, la resurrección de la carne y la vida eterna. Amén. Creemos: Creemos que Dios ama a todos los avatares del metaverso. Creemos que cada avatar es una persona real con una historia real. Creemos que todos son bienvenidos a la iglesia incluso si no creen en Dios.

sus celebraciones durante el mes sagrado. El metraje se utilizó para crear un documental inmersivo sobre la experiencia de los musulmanes negros para la serie Metaverse Culture de Meta.

EvolVR es otro grupo que se reúne en AltspaceVR y se describe a sí mismo como una comunidad espiritual que ofrece meditación social en realidad virtual. El fundador Jeremy NICKEL es un ministro ordenado en la Asociación Unitaria Universalista que dejó una comunidad física para formar EvolVR en 2017. En 2020, más de 40.000 personas de 42 países asistieron a los eventos de EvolVR.

Las comunidades religiosas han sido durante mucho tiempo actores clave en la reunión de personas a lo largo de la historia. Por tanto, no sorprende que las comunidades religiosas hayan participado en el desarrollo de usos para el Metaverso. Al mismo tiempo, genera preocupación la cuestión de quién posee la infraestructura necesaria para reunirse y crecer en mundos virtuales. Los grandes conglomerados tecnológicos como Meta priorizan las ganancias a través del compromiso, la suscripción y la publicidad, y la vitalidad de una comunidad religiosa probablemente no será un factor determinante para la toma de decisiones dentro de Meta. El crecimiento del Metaverso también podría amplificar la violencia y la radicalización. Dadas las preocupaciones sobre las plataformas de Meta que alientan a la gente hacia el extremismo, el Metaverso podría llevar a que más comunidades religiosas nacionalistas y extremistas difundan y alimenten la desinformación. El ejemplo de las políticas de moderación de las redes sociales debería ser, en principio, también aplicable al Metaverso.

El segundo caso de uso: el *uso de sistemas de IA de reconocimiento facial*[802] *para rastrear la asistencia de los miembros de la comunidad a reuniones religiosas*[803].

Hay algunas empresas, como *Churchix*[804], que ofrecen tecnología de reconocimiento facial a las confesiones religiosas para el seguimiento de la asistencia. Estos sistemas de IA permiten controlar la asistencia de los creyentes, determinando su regularidad, ver quién falta e incluso hacer

---

802 Sobre el concepto de reconocimiento facial, vid HERCE MAZA, J. I.: "Reconocimiento facial", en *Diccionario de términos para comprender la transformación digital*, (G. VESTRI, Director), Aranzadi, 2023, pp. 284 y ss.

803 *Evangelical Focus*, 2020, https://evangelicalfocus.com/science/5088/brazilian-churches-start-to-introduce-facial-recognition-in-their-services. *Shaping the ai transformation: the agency of religious and belief actors Policy*, Centro de Estudios Religiosos de la Fundación Bruno Kessler (FBK-ISR), 2021; THACKER, J.: "Should Your Church Use Facial Recognition Technology?", *Lifeway Research*, 2020.

804 https://churchix.com/.

controles de seguridad. Churchix puede informar a las autoridades eclesiásticas cuando una persona que no está en su base de datos y está asistiendo a un servicio religioso. Incluso, las autoridades eclesiásticas pueden ocuparse rápidamente de un asistente que se comporta mal. Incluso es un instrumento para controlar el pago del impuesto religioso o contribuciones voluntarias, como el diezmo o el zakat.

Este sistema de IA plantea cuestiones sobre su legalidad, que van desde garantizar la privacidad hasta garantizar la libertad religiosa, pues el seguimiento por un sistema de IA de la asistencia a la iglesia podría verse como una compulsión y una violación de la libertad de los creyentes y no creyentes. Existe el riesgo concreto de discriminación directa sobre la base de los hábitos religiosos porque Churchix etiqueta a quienes no son miembros de una comunidad o congregación religiosa específica[805].

En este punto, conviene tener en cuenta que los sistemas de procesamiento de datos biométricos se basan en recoger y procesar datos personales relativos a las características físicas, fisiológicas o conductuales de las personas físicas[806]. El Reglamento 2016/679, del Parlamento Europeo y del Consejo, de 27 de abril de 2016, relativo a la protección de las personas físicas en lo que respecta al tratamiento de datos personales y a la libre circulación de estos datos define en el art. 4.14 los datos biométricos como "datos personales obtenidos a partir de un tratamiento técnico específico, relativos a las características físicas, fisiológicas o conductuales de una persona física que permitan o confirmen la identificación única de dicha persona, como imágenes faciales o datos dactiloscópicos" [807]. Lo que se pretende por las confesiones religiosas con la utilización de este tipo de sistemas de IA es la supervisión del acceso de creyentes a los lugares de culto. El uso de los datos sensibles de los creyentes para este tipo de control[808] se basa en el consentimiento que debe ser libre, específico, informado e inequívoco. En relación con estos datos que recopilan las confesiones

[805] RAGONE, G.: "Artificial Intelligence and New Scenarios of Religious Discrimination in Virtual and Real Space", *Stato, Chiese e pluralismo confessionale*, nº 21, 2022. Otro problema que suscita esta vigilancia biométrica es que muchos lugares de culto son bienes culturales y, en consecuencia, son visitados por turistas. Sobre la diferenciación entre turistas religiosos y creyentes, vid. MORENO REBATO, M.; RODRÍGUEZ GARCIA, J. A.: *El turismo religioso como turismo cultural: Régimen Jurídico*, Servicio de Publicaciones del Ministerio de la Presidencia, 2021, pp. 151 y ss.

[806] *Guía sobre tratamiento de control de presencia mediante sistemas biométricos*, Agencia Española de Protección de Datos, noviembre de 2023.

[807] *Guía sobre tratamiento de control de presencia mediante sistemas biométricos*, Agencia Española de Protección de Datos, noviembre de 2023.

[808] *Guía sobre tratamiento de control de presencia mediante sistemas biométricos*, Agencia Española de Protección de Datos, noviembre de 2023.

religiosas, el artículo 91 del Reglamento comunitario de protección de datos regula las normas vigentes sobre protección de datos de las iglesias y asociaciones religiosas[809]. Este artículo no excluye a las confesiones religiosas de la aplicación de la normativa comunitaria sobre protección de datos personales. Esto supone que las confesiones religiosas deben cumplir el contenido del Reglamento comunitario 2016/679 incluso en el tratamiento de datos personales que afectan a actividades confesionales o propiamente internas, como el control de acceso[810].

Por último, el Reglamento (UE) 2024/1689, de 13 de junio de 2024, de IA de 2024, señala que "los datos biométricos pueden permitir la autenticación, la identificación o la categorización de las personas físicas y el reconocimiento de las emociones de las personas físicas. En el considerando nº 16 del Reglamento (UE) 2024/1689, de 13 de junio de 2024, de IA, se define «categorización biométrica» como la inclusión de personas físicas en categorías específicas en función de sus datos biométricos. Estas categorías específicas pueden referirse a aspectos como la religión, la pertenencia a una minoría nacional o la orientación sexual o política. Por su parte, el considerando nº 30 del Reglamento comunitario 2024/1689, de 13 de junio de 2024, de IA establece que deben prohibirse los sistemas de categorización biométrica basados en datos biométricos de las personas físicas, como la cara o las impresiones dactilares de una persona física, para deducir o inferir las opiniones políticas, la afiliación sindical, las convicciones religiosas o filosóficas, la raza, la vida sexual o la orientación sexual de una persona física. Y, así lo regula el artículo 5 del Reglamento (UE) 2024/1689, de 13 de junio de 2024, de IA entre las prácticas de IA prohibidas.

En el considerando nº 15 del Reglamento (UE) 2024/1689, de 13 de junio de 2024, de IA determina que el concepto de «identificación biométrica» hace referencia al reconocimiento automatizado de características humanas de tipo físico, fisiológico o conductual, como la cara, el movimiento ocular, la forma del cuerpo, la voz, la entonación, el modo de andar, la postura, la frecuencia cardíaca, la presión arterial, el olor o las características de las

---

[809] Este artículo dispone: "1. Cuando en un Estado miembro iglesias, asociaciones o comunidades religiosas apliquen, en el momento de la entrada en vigor del presente Reglamento, un conjunto de normas relativas a la protección de las personas físicas en lo que respecta al tratamiento, tales normas podrán seguir aplicándose, siempre que sean conformes con el presente Reglamento. 2. Las iglesias y las asociaciones religiosas que apliquen normas generales de conformidad con el apartado 1 del presente artículo estarán sujetas al control de una autoridad de control independiente, que podrá ser específica, siempre que cumpla las condiciones establecidas en el capítulo VI del presente Reglamento".

[810] RODRÍGUEZ GARCÍA, J. A.: "Autonomía de las confesiones y Derecho comunitario: La protección de los datos personales en este contexto", en *Revista General de Derecho Canónico y Derecho Eclesiástico del Estado*; enero 2019, pp. 1-63.

pulsaciones de tecla, a fin de determinar la identidad de una persona comparando sus datos biométricos con los datos biométricos de personas almacenados en una base de datos de referencia, independientemente de que la persona haya dado o no su consentimiento. Quedan excluidos los sistemas de IA destinados a la verificación biométrica, que comprende la autenticación, cuyo único propósito es confirmar que una persona física concreta es la persona que dice ser, así como la identidad de una persona física con la finalidad exclusiva de que tenga acceso a un servicio (como podría ser un servicio religioso), desbloquee un dispositivo o tenga acceso de seguridad a un local.

El uso de sistemas de identificación biométrica remota "en tiempo real" en espacios de acceso público se prohíbe por el Reglamento (UE) 2024/1689, de 13 de junio de 2024, de IA, con carácter general. Esta vigilancia biométrica restringe los derechos de asociación y reunión porque perfilan las personas que asisten a determinados actos. No obstante, el artículo 5 establece que el uso del sistema de identificación biométrica remota "en tiempo real" en espacios de acceso público solo se autorizará si la autoridad garante del cumplimiento del Derecho ha completado una evaluación de impacto relativa a los derechos fundamentales según lo dispuesto en el artículo 27 del Reglamento (UE) 2024/1689, de 13 de junio de 2024, de IA.

La pregunta es si un lugar de culto es un espacio de acceso público. El considerando nº 19 del Reglamento comunitario 2024/1689, de 13 de junio de 2024, de IA dice que debe entenderse por «espacio de acceso público» cualquier espacio físico al que pueda acceder un número indeterminado de personas físicas y con independencia de si es de propiedad privada o pública y de la actividad para la que pueda utilizarse el espacio, ya sean actividades comerciales, o de otro tipo, por ejemplo, vías y plazas públicas, parques, bosques, parques infantiles. Asimismo, debe considerarse que un espacio es de acceso público si, con independencia de posibles restricciones de capacidad o de seguridad, el acceso está sujeto a determinadas condiciones previamente definidas que puede satisfacer un número indeterminado de personas, como la adquisición de una entrada o un título de transporte, el registro previo o tener una determinada edad. Por el contrario, un espacio no debe considerarse de acceso público si únicamente pueden acceder a él determinadas personas físicas definidas, ya sea en virtud del Derecho de la Unión o del Derecho nacional directamente relacionado con la seguridad pública o en virtud de una clara manifestación de voluntad de la persona que ejerza la autoridad pertinente sobre dicho espacio. La posibilidad real de acceso, como una puerta no cerrada con llave o una verja abierta, no implica por sí sola que el espacio sea de acceso público si hay indicios o circunstancias que sugieran lo contrario, como señales que prohíban o restrinjan el acceso. No obstante, se debe determinar caso por caso si un espacio es de acceso público o no teniendo en cuenta las particularidades de la situación concreta. Atendiendo a lo que expone este considerando seguramente en el caso de los lugares de culto lo relevante sería la clara manifestación de la voluntad de la confesión religiosa de realizar el control de asistencia mediante sistemas de reconocimiento biométrico avisando a las personas que accedan a dicho lugar de culto, así como que se haya recabado el consentimiento de los fieles que acuden a la misma para integran la base de datos con la finalidad de identificar quién es o quién no es miembro de esa confesión religiosa.

El tercer y último caso de uso son *los ministros de culto-robots*. Este fenómeno, del que ya hemos dado cuenta en otras partes de esta obra, va desde los simples autómatas hasta sofisticados robots dotados de sistemas de IA. En relación con Japón, ya hemos visto como algunas comunidades budistas (el robot Mindar) y sintoístas utilizan robots para dar sermones. Otros ejemplos son[811]: en el catolicismo, D.A.V.I.D., Digitally Advanced Virtual Intelligence Device, un robot utilizado en un seminario cristiano en Charlotte[812]. El robot SanTO se distribuyó en 2019 entre las iglesias católicas sudamericanas con la intención de escuchar confesiones y personalizar las lecturas de la Biblia. En 2017, el robot "Bless-U-2" se instaló en la Iglesia Luterana de Wittenberg, para dar bendiciones en cinco idiomas.

Los sistemas de IA se pueden utilizar en forma de sacerdotes robots o máquinas espirituales que realizan rituales religiosos básicos, como servicios religiosos, confesión, bendiciones u oraciones[813].

La pregunta que surge es si los ministros de culto-robots son objetos o están protegidos por la libertad religiosa, es decir, son sujetos de derechos. La respuesta para no volver a reproducirla nos remitimos al capítulo VI de este Bloque III.

Para terminar, se ha estudiado incluso si los predicadores robóticos son menos creíbles que sus homólogos humanos y si este dato contribuye a la disminución de las donaciones[814]. Al comparar la exposición a predicadores

---

[811] SAMUEL, S.: "Robot priests can bless you, advise you, and even perform your funeral", 2020, https://www.vox.com/future-perfect/2019/9/9/20851753/ai-religion-robot-priest-mindar-buddhism-christianity.

[812] SCHULSON, M.: "*What Robot Theology Can Tell Us About Ourselves*", *Religion Dispatches*, 2014, http://religiondispatches.org/automata [https://perma.cc/NA9E-2JEU].

[813] MAYOR, A.: *Gods and Robots: Myths, Machines, and Ancient Dreams of Technology*, Princeton University Press, 2018.

[814] JACKSON, J. C., YAM, K. C., TANG, P. M., LIU, T., & SHARIFF, A.: "Exposure to robot preachers undermines religious commitment", *Journal of Experimental Psychology: General,* 152 (12), 2023, pp. 3344-3358. https://doi.org/10.1037/xge0001443. Este estudio se ha realizado utilizando datos de Japón, Singapur y Estados Unidos.

humanos versus robots, este estudio determinó que la exposición a un predicador robot condujo a un menor compromiso religioso, lo que puede determinar que la creciente automatización puede inducir a un declive religioso. Esta investigación determinó que las personas que tienden a antropomorfizar a los robots y a la IA perciben a los predicadores automatizados como más creíbles que las personas que ven a los robots y a la IA como menos humanos, aun así, los participantes con un alto nivel de antropomorfismo consideraban que los robots eran significativamente menos creíbles que los humanos. No obstante, una posibilidad es hacer que los sacerdotes-robots parezcan más humanos lo que aumentará la credibilidad. Si bien, la conclusión de esta investigación es que la puntuación menos creíble es de 3,12 de 5 puntos para los predicadores robóticos frente a los 3,51 los sacerdotes humanos. No es una diferencia muy amplia.

BLOQUE IV: CONCLUSIONES.

Primera:

"Al final todo se reduce a valores. Queremos que el mundo que hereden nuestros hijos vaya definido por los valores consagrados en la Carta de las Naciones Unidas: la paz, la justicia, el respeto, los derechos humanos, la tolerancia y la solidaridad", son las palabras de Antonio GUTIERRES, Secretario General de Naciones Unidas, el 12 de diciembre de 2016.

Como hemos puesto de manifiesto, especialmente en el Bloque I de esta obra, la implementación y el alineamiento de valores en los sistemas de IA es un campo de estudio que tiene gran interés para los investigadores y las investigadoras en las ciencias de la computación y por extensión a todos los que investigan sobre la IA, también, para los juristas. El debate se plasma sobre qué valores deben ser implementados. Los valores éticos plasmados en el documento sobre Directrices Éticas para una IA fiable, de 2019, son un buen punto de partida, como establece el considerando nº 165 del Reglamento comunitario 2024/1689, de 13 de junio de 2024, de IA. Como se recoge en este Documento, la IA debe ser lícita, es decir, cumplir con las normas jurídicas. Dentro de los valores universales, de "consenso", se encuentra el Derecho Internacional de los derechos humanos desarrollado por las Naciones Unidas, por el Consejo de Europa y la Unión Europea. Los derechos humanos son el estándar para la implementación y el alineamiento de los valores en los sistemas de IA.

Como hemos puesto de manifiesto en el Bloque I de esta obra, no existe necesidad de que los sistemas de IA sean agentes éticos completos es suficiente con que cumplan con las normas jurídicas. Como reconoce el Parlamento Europeo "los principios éticos solamente son eficaces cuando están asentados en el Derecho".

Segunda:

Hugo GROTIUS con su famosa frase escrita en 1625: "Etsi Deus non daretur" ("Como si Dios no existiera") estableció el fundamento primigenio de la laicidad, del secularismo. La neutralidad religiosa como garantía de la igualdad implica que los poderes públicos no pueden hacer valoraciones ni positivas ni negativas sobre la religión porque dicha valoración, irremediablemente, conllevaría un trato de favor y la vulneración de la convivencia pacífica y la paz social.

Esta obra pretende ser uno de los primeros estudios de investigación que anticipan otros muchos trabajos por parte de profesores de Derecho Eclesiástico del Estado en esta materia (la IA). La laicidad, la libertad de conciencia, la libertad religiosa, la no discriminación por motivos religiosos o de convicciones en los sistemas de IA todavía no están suficientemente estudiados por la doctrina jurídica[815], pero tienen una gran importancia porque los sistemas de IA impactan en los derechos humanos (en especial, en la libertad fundamental y básica de cualquier sistema democrático que es la libertad de conciencia, donde la laicidad se configura como su garantía jurídica) y la IA supone riesgos para la libertad de conciencia, la igualdad y la laicidad. Modestamente, hemos intentado ponerlo de manifiesto en esta obra.

La laicidad, como hemos expuesto en el Bloque II, es un valor universal, que se configura como condición previa para la existencia de la democracia y, también, como garantía jurídica de la igualdad en la libertad de conciencia. En consecuencia, como hemos argumentado es necesario que la laicidad esté implementada en los sistemas de IA.

En esta obra se ha propuesto la elaboración de un "algoritmo laico" (secular algorithm)[816] que debe estar implementado en los sistemas de IA. No obstante, es conveniente distinguir entre sistemas de IA públicos y privados. Y, dentro de los sistemas de IA privados, también, hay que diferenciar aquellos que tienen trascendencia pública de aquellos otros sin repercusión en el debate público y político. Se diferenciarían cuatro tipos de sistemas de IA en función de los espacios donde se utilizan o quienes los utilizan:

---

[815] ASHRAF, C.: "Exploring the impacts of artificial intelligence on freedom of religion or belief online", *The International Journal of Human Rights*, *26* (5), 2022, pp. 757-791. https://doi.org/10.1080/13642987.2021.1968376.

[816] Seguimos el ejemplo del algoritmo ético o de planificación ética, vid. GEISSLINGER, M.; POSZLER, F. & LIENKAMP, M.: "An ethical trajectory planning algorithm for autonomous vehicles", *Nature Machine Intelligent,* 5, 2023, pp. 137-144. https://doi.org/10.1038/s42256-022-00607-z y GEISSLINGER, M.; POSZLER, F. & LIENKAMP, M.: "An ethical trajectory planning algorithm for autonomous vehicles", 2022, https://arxiv.org/abs/2212.08577.

1º– los sistemas de IA institucionales, utilizados por los poderes públicos, por los empleados públicos y aquellos que llevan a cabo servicios públicos (mediante gestión indirecta). Estos sistemas de IA deben implementar el algoritmo laico para garantizar libertad de conciencia en condiciones de igualdad[817]. El algoritmo laico incluiría un sistema de alertas

---

[817] Este algoritmo laico sería una especie de checklist que incluiría la comprobación del siguiente contenido (como líneas de comando):

- No adopción de normas ni decisiones basadas en valores religiosos.
- Separación entre los poderes públicos y las confesiones religiosas.
- No declaración de confesionalidad, de la existencia de una religión oficial, o de la protección jurídica especial a una religión, ni de forma expresa ni tácita.
- No identificación entre valores seculares y religiosos; no identificación entre poderes públicos y religión o entre poderes públicos y una concepción filosófica concreta.
- No realización de actos de adhesión a una religión o religiones, o a cosmovisiones concretas.
- No se debe transmitir que existe confusión entre el ámbito institucional público y las religiones.
- No se deben tomar medidas que favorezcan lo religioso ni beneficien ni determinen una preferencia de una religión sobre otra.
- Tampoco los poderes públicos, ni las Administraciones públicas ni los empleados públicos pueden transmitir la impresión de que favorecen las convicciones no religiosas.
- Los poderes públicos no pueden dirimir cuestiones teológicas ni religiosas porque están cuestiones no entran dentro del debate público.
- Los poderes públicos deben garantizar la autonomía interna de las confesiones religiosas como reflejo de la separación entre el Estado y la religión.
- Los valores comunes (como hemos definido en el Bloque II) son los únicos que pueden ser promocionados, tutelados y defendidos por los poderes públicos.
- Se debe facilitar que los valores religiosos se puedan traducir a valores seculares para que los creyentes puedan intervenir en el debate público.
- No se puede discriminar ni de forma directa ni indirecta por motivos religiosos o de convicciones no religiosas.
- No puede existir una valoración ni positiva ni negativa de lo religioso. La valoración se realiza siempre por parte de los poderes públicos y se parte de que los valores comunes son siempre neutrales.
- Las confesiones religiosas no forman parte de los poderes públicos ni de las Administraciones públicas.
- Las confesiones no llevan a cabo funciones públicas ni las actividades religiosas son de interés público ni se pueden calificar de servicio público ni de interés general. Por tal motivo, ningún poder público ni ninguna Administración pública puede financiar ni subvencionar ni colaborar económicamente con las confesiones religiosas para llevar a cabo actividades o fines religiosos.
- La laicidad es el presupuesto para la convivencia pacífica y la paz social de cualquier sociedad democrática.
- Los valores religiosos no pueden convertirse en condicionante de las decisiones legislativas ni administrativas ni que dichas decisiones se pueden fundamentar en valores religiosos.
- Los jueces no pueden fundamentar sus decisiones ni sus fallos judiciales en sus creencias religiosas o no religiosas, no se puede transmitir la impresión, ni de forma

tempranas[818] para detectar sobre el riesgo de vulneración de la laicidad por una actuación o una decisión de los poderes públicos. Este algoritmo laico, también, se incorporaría a todas las memorias de impacto normativo para que la perspectiva laica se incorpore a todas las normas jurídicas[819]. Además, este algoritmo laico se utilizaría por parte de la intervención económica y presupuestaria de las Administraciones públicas para detectar aquellos gastos públicos que se destinan a fines y/o actividades religiosas[820], pues la financiación pública de los fines religiosos y/o las actividades religiosas y/o el gasto personal de las confesiones religiosas no se puede incluir en el concepto jurídico de gasto público, y con ello se daría cumplimiento al artículo 7 de la Ley Orgánica 2/2012, de 27 de abril, de Estabilidad Presupuestaria y Sostenibilidad Financiera que recoge el principio de eficiencia en la asignación y utilización de los recursos públicos[821].

Si no se atiende a la alerta, se debe incorporar en este algoritmo laico un botón de parada[822] para que dejen de funcionar aquellos sistemas de IA que vulneraren de forma manifiesta y grave la laicidad; es decir, cuando exista

---

solapada, que un juez pertenece a una religión o una organización filosófica o de convicciones pues esto atenta contra el derecho a un juicio justo.

Un ejemplo a seguir en esta checklist es: *AI Fairness Checklist* de Microsoft, https://query.prod.cms.rt.microsoft.com/cms/api/am/binary/RE4t6dA; *Microsoft Responsible AI Standard, General requirements*, junio 2022; MADAIO, M. et. al.: "Co-Designing Checklists to Understand Organizational Challenges and Opportunities around Fairness in AI", *Association for Computing Machinery*, 2020, https://doi.org/10.1145/3313831.3376445.

[818] Siguiendo el ejemplo de los artículos 17 y siguientes de la Ley valenciana Ley 22/2018, de 6 de noviembre, de Inspección General de Servicios y del sistema de alertas para la prevención de malas prácticas en la Administración de la Generalitat y su sector público instrumental.

[819] Incorporando la laicidad como contenido al Real Decreto 931/2017, de 27 de octubre, por el que se regula la Memoria del Análisis de Impacto Normativo.

[820] Siguiendo el ejemplo de la utilización de sistemas de IA como establece la Resolución de la Intervención General de la Administración General del Estado por la que se aprueba el Plan de Auditorías y control financiero de subvenciones y ayudas públicas y el plan de control financiero permanente para el año 2024, de diciembre de 2023.

[821] Este artículo dispone: "2. La gestión de los recursos públicos estará orientada por la eficacia, la eficiencia, la economía y la calidad, a cuyo fin se aplicarán políticas de racionalización del gasto y de mejora de la *gestión del sector público*. 3. Las disposiciones legales y reglamentarias, en su fase de elaboración y aprobación, los actos administrativos, los contratos y los convenios de colaboración, así como cualquier otra actuación de los sujetos incluidos en el ámbito de aplicación de esta Ley que afecten a los gastos o ingresos públicos presentes o futuros, deberán valorar sus repercusiones y efectos, y supeditarse de forma estricta al cumplimiento de las exigencias de los principios de estabilidad presupuestaria y sostenibilidad financiera".

[822] Artículo 14. 4. e) del Reglamento (UE) 2024/1689, de 13 de junio de 2024, de IA.

un incidente grave (artículo 73 del Reglamento (UE) 2024/1689, de 13 de junio de 2024, de IA)[823].

Además, este algoritmo laico puede actuar como un referente laico[824], un agente virtual (chatbot) para consultar las dudas que surjan en este ámbito.

2º– Los sistemas de IA utilizados por las confesiones religiosas para sus actividades religiosas como pueden ser, por ejemplo, los ministros de culto-robots. Estos sistemas de IA no tienen que implementar ni estar alineados con la laicidad. Conviene recordar que la laicidad implica el reconocimiento de la autonomía interna de las confesiones como consecuencia del principio de separación entre el Estado y las organizaciones religiosas. Es decir, no se exigen que sean neutrales, pero el reconocimiento de este ámbito interno de las confesiones su reconocimiento se deriva de la laicidad, es decir, la no intervención estatal en cuestiones teológicas.

3º– Los sistemas de IA utilizados en el ámbito privado, en el hogar, en este espacio la persona establece sus reglas (excepción doméstica). En esta clasificación se encuentran los asistentes personales donde podría existir la opción de configurar las convicciones (religiosas, filosóficas, opción vital, ...) o, bien “adoctrinar” personalmente al asistente o sistema de IA o bien, que el sistema de IA aprenda de nuestras convicciones (machine learning). En estos sistemas de IA tampoco se debe implementar el algoritmo laico. O, mejor dicho, estaría implementado por defecto (de fábrica) y los usuarios podrían cambiar su configuración de forma sencilla. El artículo 2.10 del Reglamento (UE) 2024/1689, de 13 de junio de 2024, de IA, establece que no se aplicará este Reglamento a las obligaciones de los responsables del despliegue que sean personas físicas que utilicen sistemas de IA en el ejercicio de una actividad puramente personal de carácter no profesional.

4º– Y, por último, los sistemas de IA que actúan en un espacio de contornos confusos, el espacio público de debate (espacio público informal según HABERMAS) y, por lo tanto, sujeto a las más fuertes tensiones de interpretación y regulación. En este caso, los discursos religiosos deben traducirse a mensajes seculares para facilitar un diálogo común entre todos los ciudadanos. Estos sistemas de IA también deben utilizar el algoritmo laico para detectar que mensajes no son seculares (provengan o no de confesiones religiosas o de ministros de culto) y, además, este algoritmo laico

---

823 Y, en caso de incumplimiento, el artículo 99 del Reglamento (UE) 2024/1689, de 13 de junio de 2024, de IA establece el régimen sancionador.

824 Este cargo está regulado en el Derecho francés, en el artículo L124-3 del Código general de la función pública, modificado por la Ley N° 2021-1109, de 24 de agosto de 2021.

debe ser una herramienta que facilite la traducción de los valores y mensajes religiosos a valores seculares. El algoritmo laico funcionaría como un agente moderador artificial[825] con el objetivo de facilitar la democracia deliberativa.

Un futuro trabajo, que dejamos aquí apuntado, es la formulación técnica de este algoritmo laico (secular algorithm), por ejemplo, siguiendo los pasos que se realizaron en el artículo: "Streamlining advanced taxi assignment strategies based on legal analysis"[826].

No podemos obviar que se ha denunciado, por parte de algunos autores, que los sistemas de IA defienden, ya, el secularismo, la neutralidad religiosa, la laicidad. Y, en consecuencia, se ha defendido que los valores religiosos son los valores éticos que deben servir de base para la implementación en los sistemas de IA. Los valores religiosos no son valores éticos universales. Los valores seculares son los valores comunes y universales. Solamente los valores seculares garantizan la libertad y la igualdad. No obstante, solamente en la medida que los valores religiosos coincidan con los valores comunes podrán ser incorporados a los sistemas de IA, en función de la división que hemos visto anteriormente. En todo caso, conviene advertir que los sistemas de IA siguen sin incorporar los valores seculares, la laicidad. Si los sistemas de IA hubieran ya implementado la laicidad no se les podría acusar, como se hace, de que los sistemas de IA no son neutrales, de que tienen sesgos, de que discriminan, etc. La realidad es que la laicidad debe implementarse en los sistemas de IA y se debe auditar si el funcionamiento de los sistemas de IA se alinea con la laicidad. Esta obra ha justificado, suficientemente, que dicho valor universal debe formar parte del diseño y de la evaluación de los sistemas de IA.

Tercera:

La Unión Europea ha aprobado el Reglamento comunitario 2024/1689, de 13 de junio de 2024, de IA, después de un largo período de debate que se inició con la propuesta de la Comisión Europea de 2021. Al igual que ocurrió con el Reglamento de Protección de Datos de 2016 se pretende que se

---

825 HADFI, R.; HAQBEEN, J.; SAHAB, S. y ITO, T.: "Argumentative Conversational Agents for Online Discussions", *Journal of Systems Science and Systems Engineering*, 30, 4, 2021, pp. 450-464; HADFI, R. y ITO, T.: "Augmented Democratic Deliberation: Can Conversational Agents Boost Deliberation in Social Media?", en *Proceedings of the 21st International Conference on Autonomous Agents and Multiagent Systems (AAMAS '22*). IFAAMAS Online, 2022, pp. 1794-1798.

826 BILLHARDT, H.; SANTOS, J. A.; FERNÁNDEZ, A.; MORENO, M.; OSSOWSKI, S.; RODRÍGUEZ, J. A.: "Streamlining advanced taxi assignment strategies based on legal analysis", *Neurocomputing*, volumen 483, 2022, pp. 386-397, https://doi.org/10.1016/j.neucom.2021.10.085.

produzca el denominado "*efecto Bruselas*"[827]. En este contexto, el Grupo de trabajo de IA junto con la Alianza europea de IA, que son iniciativas de la Comisión Europea, intentan imponer la influencia geopolítica de la Unión Europea, y con ello los valores éticos y humanistas de la Unión Europea que consagra el artículo 2 del Tratado de Funcionamiento de la Unión Europea[828], lo más ampliamente posible. *Europa es la conciencia del mundo*, es la idea que se transmite.

El Reglamento comunitario 2024/1689, de 13 de junio de 2024, de IA clasifica los sistemas de IA en función del riesgo[829]. En el Bloque III de esta obra, se han estudiado diferentes casos de uso de sistemas de IA que pueden implicar un riesgo para la igualdad en la libertad de conciencia, para la laicidad, en definitiva. Se pueden enumerar en función de esa clasificación que realiza el Reglamento (UE) 2024/1689, de 13 de junio de 2024, de IA:

- *Prácticas prohibidas* (artículo 5 del Reglamento (UE) 2024/1689, de 13 de junio de 2024, de IA): que son una clara amenaza para los derechos humanos, como la manipulación de la conciencia mediante la lectura de pensamientos; juguetes que utilizan asistentes de voz que fomenten comportamientos peligrosos (incitación al suicidio); identificación biométrica todo el tiempo; uso de sistemas de categorización biométrica que clasifiquen individualmente a las personas físicas sobre la base de sus datos biométricos para deducir o inferir su raza, opiniones políticas, afiliación sindical, convicciones religiosas o filosóficas; la utilización de un sistema de IA que se sirva de técnicas subliminales que trasciendan la conciencia de una persona o de técnicas deliberadamente manipuladoras o engañosas con el objetivo o el efecto de alterar de manera sustancial el comportamiento de una persona o un colectivo de personas.
- *Sistemas de riesgo alto* (artículo 6 y Anexo III del Reglamento (UE) 2024/1689, de 13 de junio de 2024, de IA): incluye los sistemas de IA que tengan un impacto relevante y supongan un riesgo para los

---

[827] MORENO REBATO, M.: "La gobernanza internacional de la Inteligencia Artificial y el 'efecto Bruselas'", *International Journal of Digital Law*, volumen 4, nº 3, 2023, pp. 65-91.

[828] Este artículo dispone: "La Unión se fundamenta en los valores de respeto de la dignidad humana, libertad, democracia, igualdad, Estado de Derecho y respeto de los derechos humanos, incluidos los derechos de las personas pertenecientes a minorías. Estos valores son comunes a los Estados miembros en una sociedad caracterizada por el pluralismo, la no discriminación, la tolerancia, la justicia, la solidaridad y la igualdad entre mujeres y hombres".

[829] NOVELLI, C.; CASOLARI, F.; ROTOLO, A.; TADDEO, M.; FLORIDI, L.: "AI Risk Assessment: A Scenario-Based, Proportional Methodology for the AI Act (May 31, 2023)", *Digital Society*, 3, 13, 2024; https://doi.org/10.1007/s44206-024-00095-1.

derechos fundamentales (la libertad de conciencia), siempre se considerarán de alto riesgo cuando el sistema de IA efectúe la elaboración de perfiles de personas físicas[830]. La utilización de sistemas de IA en sectores como la formación educativa, el acceso a la educación, selección de alumnos, asilo, administración de justicia, contratación de trabajadores, procesos electorales, ... El Reglamento (UE) 2024/1689, de 13 de junio de 2024, de IA determina que el Comité Europeo de IA elaborará una lista exhaustiva de ejemplos prácticos de casos de uso de sistemas de IA que sean de alto riesgo y los que no sean de alto riesgo.

En este caso, el Reglamento comunitario 2024/1689, de 13 de junio de 2024, de IA establece una serie de obligaciones que deben cumplir antes de su comercialización. Por ejemplo, las obligaciones del artículo 26 de este Reglamento comunitario y, en especial, la evaluación de impacto regulada en el artículo 27 del Reglamento (UE) 2024/1689, de 13 de junio de 2024, de IA.

- *Sistemas de IA no son de riesgo alto, de riesgo limitado*: No se considerarán sistemas de alto riesgo cuando no plantee un riesgo importante de causar un perjuicio a los derechos fundamentales de las personas físicas, también al no influir sustancialmente en el resultado de la toma de decisiones. Como chatbots; textos, imágenes y videos generados por sistemas de IA y todos los sistemas que de IA mencionados en el apartado anterior pero que no tengan un impacto relevante o afecten de manera substancial en los derechos humanos. Se establecen para estos sistemas obligaciones de transparencia como son la de publicitar que se está tratando con un asistente digital, o que dichos textos, imágenes y videos han sido realizados por sistemas de IA[831].

---

[830] El artículo 22 del Reglamento comunitario Reglamento (UE) 2016/679 del Parlamento Europeo y del Consejo, de 27 de abril de 2016, relativo a la protección de las personas físicas en lo que respecta al tratamiento de datos personales.

[831] El artículo 50. 4 del Reglamento (UE) 2024/1689, de 13 de junio de 2024, de IA: "Los responsables del despliegue de un sistema de IA que genere o manipule imágenes o contenidos de audio o vídeo que constituyan una ultrasuplantación harán público que estos contenidos o imágenes han sido generados o manipulados de manera artificial. Esta obligación no se aplicará cuando la ley autorice su uso para para detectar, prevenir, investigar o enjuiciar delitos. Cuando el contenido forme parte de una obra o programa manifiestamente creativos, satíricos, artísticos, de ficción o análogos, las obligaciones de transparencia establecidas en el presente apartado se limitarán a la obligación de hacer pública la existencia de dicho contenido generado o manipulado artificialmente de una manera adecuada que no dificulte la exhibición o el disfrute de la obra. Los responsables del despliegue de un sistema de IA que genere o manipule texto que se publique con el fin de informar al público sobre asuntos de interés público divulgarán que el texto se ha generado o manipulado de manera artificial. Esta obligación no se aplicará cuando el uso

En todo caso, se ha afirmado que en general, sólo un 10% de sistemas de IA serán de alto riesgo[832]. No obstante, los sistemas de IA que no son de alto riesgo se pueden someter a códigos de conducta para tener las mismas condiciones de uso que los sistemas de IA de alto riesgo.

Cuarta:

El Reglamento (UE) 2024/1689, de 13 de junio de 2024, de IA establece una serie de controles ex ante, es decir, antes de la puesta en funcionamiento de los sistemas de IA. Lo que se trata es de supervisar la implementación mediante certificaciones, licencias, autorizaciones, sellos de calidad, etc.

La concesión de licencias o autorizaciones es una herramienta importante de la regulación ex ante y debe aplicarse en muchos ámbitos de alto riesgo de la IA[833]. En este modelo ex ante de regulación, la carga de la prueba recaería sobre los implementadores de IA para demostrar que su tecnología no es discriminatoria, ni manipuladora, ni injusta, ni inexacta, ni ilegítima en sus bases y propósitos legales. En fin, debe cumplir con el respeto a los derechos humanos y su condición previa, la laicidad. No obstante, se ha afirmado que el Reglamento (UE) 2024/1689, de 13 de junio de 2024, de IA ha adoptado de forma tímida el enfoque ex ante mediante evaluaciones de la conformidad (artículo 43 del Reglamento comunitario 2024/1689, de 13 de junio de 2024de IA y Anexo VI del mismo Reglamento) o de impacto (como establece el artículo 27 del Reglamento (UE) 2024/1689, de 13 de junio de 2024, de IA) y mediante obligaciones de transparencia de los proveedores y responsables del despliegue de determinados sistemas de IA conforme a lo que dispone el artículo 50 del Reglamento (UE) 2024/1689, de 13 de junio de 2024, de IA.

Un claro ejemplo de lo difícil de esta clasificación de riesgos de los sistemas de IA son los chatbots o los asistentes personales, especialmente

---

esté autorizado por ley para detectar, prevenir, investigar o enjuiciar delitos, o cuando el contenido generado por IA haya sido sometido a un proceso de revisión humana o de control editorial y cuando una persona física o jurídica tenga la responsabilidad editorial por la publicación del contenido".

[832] RENDA A.: *Study to Support an Impact Assessment of Regulatory Requirements for Artificial Intelligence in Europe. Final Report (D5),* Comisión Europea, abril 2021, pp. 278-279. https://op.europa.eu/es/publication-detail/-/publication/55538b70-a638-11eb-958501aa75ed71a1.

[833] MALGIERI, G.; PASQUALE, F.: "Licensing high-risk artificial intelligence: Toward ex ante justification for a disruptive technology", *Computer Law & Security Review,* Volume 52, 2024, https://doi.org/10.1016/j.clsr.2023.105899.

cuando estos asistentes pueden afectar a las emociones de los usuarios finales, o sistemas de IA que pueden detectar emociones o realizar categorizaciones biométricas de individuos, o incluso sistemas de IA que producen "deep fakes" (imágenes, audios o videos altamente realistas que son generados por la IA). Estos sistemas de IA no se consideran de alto riesgo, pero un asistente personal puede alentar al suicidio de una persona, y sin duda, como hemos puesto de manifiesto en esta obra, los sistemas de IA pueden suponer enormes peligros en el ámbito de la manipulación política y en el ejercicio de los derechos fundamentales.

Por otra parte, un control ex ante es la obtención del sello de IA confiable. La obtención de este sello supone la certificación de que el sistema de IA que no es de alto riesgo reúne las condiciones para funcionar en el mercado con los requisitos de los sistemas de alto riesgo y, sobre todo que tiene la aplicación de los códigos de conducta como dispone el considerando nº 165 y el artículo 95 del Reglamento comunitario 2024/1689, de 13 de junio de 2024, de IA.

En España, OdiseIA (el Observatorio del impacto social y ético de la IA) es el adjudicatorio junto con Deloitte del otorgamiento de este sello de IA confiable. Se han realizado críticas a la consultora Deloitte por conflicto de intereses y tener alianzas con los proveedores de servicios de IA como Google. En la Junta Directiva y los directores de OdiseIA, por su parte, no hay representantes de la sociedad civil sino miembros con interés directo en empresas que dan servicios de IA y miembros de la Iglesia católica[834]. La sede de OdiseIA se encuentra en la fundación Pablo VI, que es una fundación, erigida por Derecho pontificio. Además, la presidenta de OdiseIA es considerada un referente de la Iglesia católica a la hora de entender el alcance de la IA[835].

Si OdiseIA tiene el encargo de los sellos y servicios de estudios relativos a entornos de experimentación de sistemas de IA (sandboxes) conforme a la adjudicación realizada el 21 de octubre de 2023[836], es decir, la certificación como control previo, mediante un sello que determine y asegure que los sistemas de IA actúan de forma ética, no discriminatoria y fiables, para

[834] "Qué empresas están detrás del contrato para supervisar la IA en España", *Newtral*, 10 de junio de 2023.

[835] "La inteligencia artificial no tiene ética, las personas sí", *Alfa y Omega*, 13 de diciembre de 2023.

[836] Anuncio de formalización de contratos de: Junta de Contratación del Ministerio de Asuntos Económicos y Transformación Digital. Objeto: Servicios para el desarrollo de planes de impacto de la Inteligencia Artificial, desarrollo de un sello y servicios de estudio relativos a entornos de experimentación de sistemas de IA. Expediente: 2022EtL00040.

demostrar confianza a los clientes y usuarios de aquellos sistemas de IA que no son de alto riesgo, surgen una serie de preguntas: ¿se otorgarán sellos a sistemas de IA que sean contrarios a la moral católica?; ¿sistemas de IA que se pueden usar sobre cuestiones médicas: interrupciones del embarazo por diagnósticos de enfermedades que puede tener el embrión o el feto; en uso de anticonceptivos; técnicas de reproducción asistida; decisiones sobre el final de la vida como la eutanasia; etc.? ¿o, en relación con los sistemas de IA que puedan tener sesgos para colectivos LGTBi+? ¿en relación con la moderación de contenidos respecto a los sentimientos de los católicos prioriza estos sentimientos a la libertad de expresión? Todas estas preguntas ponen en cuestión la neutralidad de esta organización para llevar a cabo este sello. O, incluso, se podrían dar nuevos casos de "objeciones de conciencia" de miembros católicos de estas organizaciones para no tratar con sistemas de IA que puedan entran en contradicción con sus convicciones religiosas.

Quinta:

El alineamiento es la evaluación del desarrollo de los sistemas de IA y que estos actúen de conformidad con unos determinados valores, en este caso, no sean incompatibles con el valor universal de la laicidad. El alineamiento se vincula a conceptos como auditoria, rendición de cuentas, transparencia y explicabilidad. El control ex post de los sistemas de IA están directamente relacionado con las auditorias. Para combatir la discriminación, los sesgos, la manipulación algorítmica, etc. es necesario la auditoría de los sistemas de IA, donde se incluye el derecho a la explicación. No se puede eximir a los implementadores de los sistemas de IA de la responsabilidad por las violaciones de los derechos humanos, de la no discriminación y de la laicidad y, para ello, se debe exigir que expliquen de forma accesible y sencilla la decisión que han tomado los sistemas de IA.

El Reglamento (UE) 2024/1689, de 13 de junio de 2024, de IA en el considerando nº 27 dice que por «transparencia» se entiende que los sistemas de IA se desarrollan y utilizan de un modo que permita una trazabilidad y explicabilidad adecuadas, y que, al mismo tiempo, haga que las personas sean conscientes de que se comunican o interactúan con un sistema de IA e informe debidamente a los responsables del despliegue acerca de las capacidades y limitaciones de dicho sistema de IA y a las personas afectadas acerca de sus derechos. Y, en el artículo 86 del Reglamento (UE) 2024/1689, de 13 de junio de 2024, de IA se regula el derecho a la explicación de las decisiones que afecten a los derechos fundamentales de una persona. Los usuarios finales (así como los intermediarios de información de los que dependen) deben recibir indicaciones claras sobre por qué un sistema de IA no es injusto, no es discriminatorio, no es inexacto y no es manipulador o perjudicial y, por supuesto, por qué no vulnera la laicidad.

En relación con el estado del arte de la investigación sobre la explicabilidad de los sistemas de IA se parte de la idea de la Inteligencia Artificial Explicable (XAI). Este concepto busca aliviar el problema de la "caja negra", al menos hasta cierto punto, proporcionando algún significado comprensible para el ser humano al proceso de toma de decisiones y análisis de datos[837] por parte de los sistemas de IA. La IA explicable de DARPA[838], por ejemplo, tiene por objetivo crear sistemas de IA cuyos modelos y decisiones aprendidos puedan ser entendidos por los usuarios finales. Esto incluye la búsqueda de métodos para aumentar la interpretabilidad de los modelos, el diseño de interfaces de explicación efectivas, etc.

En el artículo 74 apartado 13 del Reglamento (UE) 2024/1689, de 13 de junio de 2024, de IA se recoge que se concederá a las autoridades de vigilancia del mercado acceso al código fuente del sistema de IA de alto riesgo, previa solicitud motivada y solo si se cumplen las dos siguientes condiciones: a) el acceso al código fuente es necesario para evaluar la conformidad de un sistema de IA de alto riesgo con los requisitos establecidos en el capítulo III, sección 2, y b) se han agotado todos los procedimientos de prueba o auditoría y todas las comprobaciones basadas en los datos y la documentación facilitados por el proveedor, o han resultado insuficientes. No obstante, cualesquiera información o documentación obtenidas por las autoridades de vigilancia del mercado se tratarán de conformidad con las obligaciones de confidencialidad establecidas en el artículo 78 del Reglamento comunitario 2024/1689, de 13 de junio de 2024, de IA. En este punto, el Tribunal de Justicia de la Unión Europea en el caso *Ligue des droits humains ASBL/Consejo de Ministros,* asunto C-817/19, de 2022, expresaba que "dada la opacidad que caracteriza la forma en que funciona la tecnología de inteligencia artificial, podría ser imposible comprender la razón por la que un programa dado llegó a una coincidencia positiva. En estas circunstancias, el uso de tal tecnología puede privar también a los interesados de su derecho a la tutela judicial efectiva consagrado en el artículo 47 de la Carta" y, de otros derechos fundamentales.

---

[837] REICHMAN, A.; SARTOR, G.: "Algorithms and Regulation", en MICKLITZ, H-W; POLLICINO, O.; REICHMAN, A.; SIMONCINI, A.; SARTOR, G.; DE GREGORIO, G. eds.: *Constitutional Challenges in the Algorithmic Society*. Cambridge University Press; 2021, pp. 131-181. doi:10.1017/9781108914857.009.

[838] GUNNING, D., & AHA, D.: "DARPA's Explainable Artificial Intelligence (XAI) Program", *AI Magazine*, *40*(2), 2019, pp. 44-58. https://doi.org/10.1609/aimag.v40i2.2850.

Pero como el propio Reglamento (UE) 2024/1689, de 13 de junio de 2024, de IA indica puede que no haga falta el acceso al código fuente porque existan otros sistemas de prueba o auditoría donde no sea necesario acceder al código fuente de los sistemas de IA. Por ejemplo, aplicando un proceso de ingeniería inversa u otro método alternativo como el uso de pruebas de conocimiento cero (ZKP por sus siglas en inglés *Zero Knowledge Proof*) que, aún sin tener acceso al código, permitan profundizar en el funcionamiento del componente y determinar la lógica de las reglas aplicadas de cara a detectar incoherencias, manipulaciones directas y subestimación o sobreestimación de las variables utilizadas en el componente original[839].

Otra perspectiva para no acceder al código fuente sería a través de una explicación contrafáctica. Esta explicación revela lo que debería haber sido diferente en un caso para observar un resultado diferente. Por ejemplo, un cliente bancario solicita un préstamo que es rechazado. La explicación contrafáctica consiste en lo que debería haber sido diferente para el cliente para que se aceptara el préstamo. Las explicaciones contrafácticas sugieren lo que debería ser diferente en la instancia de entrada (parámetro) para cambiar el resultado de un sistema de IA. Por lo tanto, el hecho de que ciertas características sean recurribles y deban o no cambiarse depende del "vendedor" de la explicación contrafáctica y del conocimiento existente de que el sistema de IA no toma decisiones injustas ni contrarias a las normas jurídicas[840]. Con otras palabras, un contrafactual es un tipo eficaz de técnica de aprendizaje automático explicable que manifiesta las predicciones describiendo los cambios necesarios en una muestra para invertir el resultado de la predicción[841].

Si se consideran las explicaciones como un medio para ayudar a un interesado (artículo 86 del Reglamento (UE) 2024/1689, de 13 de junio de 2024, de IA) a actuar en lugar de simplemente comprender, se podría evaluar el alcance y el contenido de las explicaciones de acuerdo con el objetivo o la acción específica que pretenden respaldar. Desde la perspectiva de los

---

[839] *Guía sobre Requisitos para Auditorías de Tratamientos que incluyan IA*, AEPD, 2021.

[840] GUIDOTTI, R.: "Counterfactual explanations and how to find them: literature review and benchmarking", *Data Mining and Knowledge Discovery*, 2022. https://doi.org/10.1007/s10618-022-00831-6.

[841] FERNÁNDEZ, R. R.; MARTÍN DE DIEGO, I.; ACEÑA, V.; FERNÁNDEZ-ISABEL, A.; MOGUERZA, J. M.: "Random forest explainability using counterfactual sets", *Information Fusion*, Volume 63, 2020, pp. 196-207, https://doi.org/10.1016/j.inffus.2020.07.001; FERNÁNDEZ, R. R.; MARTÍN DE DIEGO, I.; MOGUERZA, J. M.; HERRERA, F.: "Explanation sets: A general framework for machine learning explainability", *Information Sciences*, Volume 617, 2022, pp. 464-481, https://doi.org/10.1016/j.ins.2022.10.084.

individuos afectados por la toma de decisiones de los sistemas de IA, son tres los objetivos que deben tener las explicaciones: (1) informar y ayudar al individuo a comprender por qué se tomó una decisión particular, (2) proporcionar motivos para impugnar la decisión si el resultado es no deseado, y (3) comprender qué sería necesario cambiar para recibir el resultado deseado en el futuro, según el modelo de toma de decisiones actual[842]. Sin embargo, los contrafácticos representan un primer paso fácil que equilibra la transparencia, la explicabilidad y la rendición de cuentas con otros intereses, como minimizar la carga regulatoria sobre los intereses comerciales o preservar la privacidad de los demás, al tiempo que aumenta potencialmente la aceptación pública de las decisiones de los sistemas de IA[843].

En todo caso, hay que tener en cuenta que, como forma mínima de explicación, los contrafácticos no son apropiados en todos los escenarios. En particular, cuando es importante comprender la funcionalidad del sistema o la justificación de una decisión automatizada de los sistemas de IA, los contrafácticos pueden ser insuficientes en sí mismos. Además, los contrafácticos no proporcionan la evidencia estadística necesaria para evaluar la imparcialidad o el sesgo de cualquier tipo de los algoritmos. Dadas estas limitaciones, aún deben buscarse formas más generales de explicación e interpretabilidad para aumentar la rendición de cuentas y validar mejor la equidad y la funcionalidad de los sistemas de IA[844], en especial, su alineamiento con la laicidad. En conclusión, algunos enfoques son empíricamente mejores que otros, pero el estado actual de la técnica no proporciona un método de explicación contrafáctica capaz de dar cuenta de todas las propiedades deseables simultáneamente[845]. Y, en consecuencia, se establece la obligación de permitir el acceso al código fuente en el artículo 74 del Reglamento (UE) 2024/1689, de 13 de junio de 2024, de IA.

También, hay que tener en cuenta que justificar la IA significa no limitarse a explicar la lógica y el razonamiento que hay detrás sino también explicar por qué opera de manera jurídicamente aceptable (correcta, legal y justa). El significado de "*justificación jurídica*" es que la justificación de una decisión de un sistema de IA debe conducir a la prueba de la legalidad de

---

[842] WACHTER, S.; MITTELSTADT, B. & RUSSELL, C.: "Counterfactual explanations without opening the black box: automated decisions and the GDPR", *Harvard Journal of Law & Technology*, Volume 31, Number 2 Spring, 2018, https://doi.org/10.48550/arXiv.1711.00399.

[843] Ibidem.

[844] Ibidem.

[845] GUIDOTTI, R.: "Counterfactual explanations and how to find them: literature review and benchmarking", *Data Mining and Knowledge Discovery*, 2022. https://doi.org/10.1007/s10618-022-00831-6.

dicha decisión[846]. Lo que se quiere decir es que existe la obligación de motivar no es, solamente, para tener una explicación "casual" o "científica", sino una *explicación jurídica*[847], alegando que un sistema de IA debe ser capaz de explicar la razón de ser de su decisión y cumplir los requisitos legales de explicación, garantías procesales y otras obligaciones establecidas por el Derecho[848], como es explicar si se cumple o no con la laicidad.

En este sentido, también, se ha planteado las evaluaciones periódicas de impacto de los sistemas de IA en los derechos Humanos (Human Rights Impact Assessments)[849], donde se incluirían la libertad de conciencia, la igualdad, la no discriminación y la laicidad.

La solución al problema de la explicabilidad seguramente vendrá porque los sistemas de IA proporcionen las justificaciones de las decisiones[850] que toman en lenguaje natural como, por ejemplo, s (LAW)[851] basado en CASP (Constraint Answer Set Programming)[852]. En esta línea se enmarca CoGs (Counterfactual Generation with s(CASP)) que utiliza el sistema de programación de conjuntos de respuestas orientado a objetivos s(CASP) para generar contrafactuales a partir de modelos de aprendizaje de máquinas

---

[846] MALGIERI, G.; PASQUALE, F.: "Licensing high-risk artificial intelligence: Toward ex ante justification for a disruptive technology", *Computer Law & Security Review*, Volume 52, 2024, https://doi.org/10.1016/j.clsr.2023.105899.

[847] BRANTING, L. K.; PFEIFER, C.; BROWN, B.; FERRO, L.; ABERDEEN, J.; WEISS, B.; PFAFF, M.; y LIAO, B.: "Scalable and explainable legal prediction", *Artificial Intelligence and Law*, 29 (2), 2021, pp. 213-238.

[848] REICHMAN, A.; SARTOR, G.: "Algorithms and Regulation", en MICKLITZ, H-W; POLLICINO, O.; REICHMAN, A.; SIMONCINI, A.; SARTOR, G.; DE GREGORIO, G. eds.: *Constitutional Challenges in the Algorithmic Society*. Cambridge University Press; 2021, pp. 131-181. doi:10.1017/9781108914857.009.

[849] SAMWAY, M.: "Business, Human Rights and the Internet: A Framework for Implementation", en *Human Dignity and the Future of Global Institutions*, Georgetown University Press, 2014.

[850] Existen algoritmos de recomendación diseñados específicamente para ser explicables, basados en "Extract-Expect-Explain", vid. XIAN, Y.; ZHAO, T.; LI, J.; CHAN, J.; KAN, A.; MA, J.; DONG, X. L.; FALOUTSOS, C.; KARYPIS, G.; MUTHUKRISHNAN, S.; ZHANG, Y.: "EX3: Explainable Attribute-aware Item-set Recommendations", en *Proceedings of the 15th ACM Conference on Recommender Systems (RecSys '21)*, Association for Computing Machinery, 2021, pp. 484-494. https://doi.org/10.1145/3460231.3474240.

[851] ARIAS, J.; MORENO-REBATO, M.; RODRIGUEZ-GARCIA, J. A.; OSSOWSKI, S.: "Towards value-awareness in administrative processes: an approach based on constraint answer set programming", *Proceedings of the 39th ACM/SIGAPP Symposium on Applied Computing*, Association for Computing Machinery, 2024, pp. 770-778, https://doi.org/10.1145/3605098.3636022.

[852] ARIAS, J.; CARRO, M.; SALAZAR, E.; MARPLE, K.; GUPTA, G.: "Constraint Answer Set Programming without Grounding", *Theory and Practice of Logic Programming*, 18, 3-4, 2018, pp. 337-354. https://doi.org/10.1017/S1471068418000285.

basados en reglas, específicamente el algoritmo FOLD-SE; es decir, este sistema CoGs genera automáticamente contrafactuales teniendo en cuenta las dependencias causales para convertir un resultado negativo en uno positivo[853].

Las explicaciones en lenguaje natural permitirán hacer más accesible, compresibles y confiables, por ejemplo, las decisiones médicas tomadas por los sistemas de IA para todos los pacientes, y sobre manera en decisiones sobre el final de la vida. La propuesta del "pasaporte IA" en el ámbito sanitario se debe extender a otros ámbitos, como los derechos humanos.

Sexta:

Hemos estudiado casos de uso de uso de los sistemas de IA, en el Bloque III de esta obra, vinculados con las cuatro dimensiones de la libertad de conciencia: derecho de educación y libertad de enseñanza; libertad de expresión y derecho de información; objeciones de conciencia y el incumplimiento de las normas jurídicas por parte de los sistemas de IA; y la dimensión colectiva en torno a la configuración de grupos religiosos fundamentados en la IA. Así como el estudio de casos de uso relacionados con la igualdad, la no discriminación (los sesgos algorítmicos) por motivos de conciencia. Se han estudiado desde los sistemas de IA generativa de texto como ChatGPT hasta los implementados en el Metaverso.

Por otra parte, la política de moderación de las redes sociales que determinan el Reglamento de Servicios Digitales es un ejemplo de que los sistemas de IA se pueden utilizar para combatir los discursos de odio, la polarización, los sesgos, etc. Y, por que no también para garantizar la laicidad.

Como se ha puesto de manifiesto, en el caso del Consejo de Supervisión de Meta, la actividad de este Consejo es mundial, lo que permite, visualizar que una gobernanza global de la IA es posible y que esta gobernanza se tiene que fundamentar en los derechos humanos, en valores democráticos y en la laicidad en todos los países.

853 DASGUPTA, S.; ARIAS, J.; SALAZAR, E.; GUPTA, G.: "CoGS: Causality Constrained Counterfactual Explanations using goal-directed ASP", 2024, arXiv:2407.08179v1.

Séptima:

Existe la preocupación por la autorregulación ética de los sistemas de IA, como hemos puesto de manifiesto en esta obra, porque la mayoría de los sistemas de IA quedarán sin la aplicación directa del Reglamento (UE) 2024/1689, de 13 de junio de 2024, de IA pues serán los códigos éticos de conducta, de aplicación voluntaria, los que se aplicarán a los sistemas de IA que no son de alto riesgo (considerando nº 165 y artículo 95 del Reglamento (UE) 2024/1689, de 13 de junio de 2024, de IA) y los códigos de buenas prácticas para los modelos de IA de uso general (considerando nº 165 y artículo 56 del Reglamento (UE) 2024/1689, de 13 de junio de 2024, de IA) será la regulación a que quedarán sometidos.

Octava:

No queremos terminar esta obra sin dejar pasar la oportunidad de insistir en la importancia de los estudios universitarios sobre Derecho e Inteligencia Artificial y del trabajo conjunto entre juristas e informáticos, siguiendo la expresión "*legal knowledge engineer*", de R. SUSSKIND[854]. Importancia que ya fue puesta de manifiesto en nuestro artículo: "¡El futuro ya está aquí! Derecho e Inteligencia artificial"[855].

Termino esta obra haciendo mías las palabras del jurista LOEVINGER, que fue uno de los precursores de la relación entre Derecho e Inteligencia Artificial[856], que en su obra, *Una introducción a la lógica jurídica*, publicada en 1922, dijo: "*El futuro del Derecho, y tal vez de la sociedad misma, dependerá de la habilidad de los profesionales del Derecho para desarrollar y utilizar modelos y formas de pensamiento jurídico que sean adecuados para tratar de los complejos problemas de la vida moderna. Una lógica jurídica adecuada relacionará íntimamente la vida del Derecho a la experiencia de toda la vida*"[857].

---

854 SUSSKIND, R.: *Tomorrow's Lawyers: An Introduction to Your Future*, Oxford University Press, 2ª edición, 2017. En español: *El abogado del mañana. Una introducción a tu futuro*, La Ley, 2020.

855 J. A. RODRÍGUEZ GARCÍA y M. MORENO REBATO en *Revista Aranzadi de Derecho y Nuevas Tecnologías*, 2018, Número 48 (septiembre-diciembre).

856 LOEVINGER, L.: "Jurimetrics—The Next Step Forward", *Minnesota Law Review*, vol. 33, nº, 5, 1949, https://scholarship.law.umn.edu/cgi/viewcontent.cgi?article=2795&context=mlr.

857 LOEVINGER, L.: *Una introducción a la lógica jurídica*, Editorial Bosch, 1954, p. 141.

BIBLIOGRAFÍA

ABE, K. M.: "Separation of Church and State in Japan: What Happened to the Conservative Supreme Cour?", *St. John's Law Review,* Volume 85, nº 2, 2011.

ABID, A.; FAROOQI, M.; ZOU, J.: "Large language models associate Muslims with violence", *Nature Machine Intelligence*, n. 3, 2021.

ADAMS, R.: "Can artificial intelligence be decolonized?", *Interdisciplinary Science Reviews, 46* (1-2), 2021, pp. 176-197.

ÅGOTNES, T.; VAN DER HOEK, W.; RODRÍGUEZ-AGUILAR, J. A.; SIERRA, C. y WOOLDRIDGE, M.: "A Temporal Logic of Normative Systems", en: MAKINSON, D., MALINOWSKI, J., WANSING, H. (EDS.): *Towards Mathematical Philosophy. Trends in Logic*, vol 28. Springer, 2009, https://doi.org/10.1007/978-1-4020-9084-4_5.

ALCALDE, S.: "Los retos de la neurotecnología en tiempos de inteligencia artificial", *National Geographic*, 2020.

ALEGRE, S.: "Rethinking Freedom of Thought for the 21st Century", *European Human Rights Law Review*, 3, 2017.

ALEGRE, S.: "Los derechos digitales. Prólogo", a la obra *Los Derechos humanos, la democracia y la igualdad en la era de los algoritmos y la inteligencia artificial*, DE MERINO RUS, R., 2020, Colección Red Gernika.

ALIDADI, K.: "Gauging Progress towards Equality? Challenges and Best Practices of Equality Data Collection in the EU", *European Equality Law review*, 2017, 2.

ALKOBI, S.; SARNE, D.; SEGAL-HALEVI, E. y SHARBAF, T.: "Eliciting Truthful Unverifiable Information", en *Proceedings of the 17th International Conference on Autonomous Agents and Multiagent Systems (AAMAS '18)*. IFAAMAS, Stockholm, Sweden, 2018.

AL-RODHAN, N.: "The Moral Code: How to Teach Robots Right and Wrong", *Foreign Affairs* (New York, August 12, 2015, https://www.foreignaffairs.com/articles/2015-08-12/moral-code.

ALSHOMARY, M.; EL BAFF, R.; GURCKE, T. y WACHSMUTH, H.: "The Moral Debater: A Study on the Computational Generation of Morally Framed Arguments", en *Proceedings of the 60th Annual Meeting of the Association for Computational Linguistics (ACL '22)*, ACL, 2022, pp. 8782-8797.

ALTARAS, D.: "Separation of synagogue and state in Israel", *Arizona Journal of International & Comparative Law,* Vol. 36, No. 2, 2019.

ALTWAIJRI, A. O.: *Democracy in the Islamic Perspective*, ISESCO, 2005.

AL-ZUBAIDI, Y.: "Some Reflections on Racial and Ethnic Statistics for Anti-Discrimination Purposes in Europe", *European Equality Law review,* 2020.

AMBROSINO, B.: "What Would It Mean for AI to Have a Soul?", *BBC,* 17 de junio de 2018: https://www.bbc.com/future/article/20180615-can-artificial-intelligence-have-a-soul-and-religion.

ANDERSON, E.: "The Epistemology of Democracy. Episteme", *Journal of Social Epistemology*, 3, 1-2, 2006, pp. 8-22, https://doi.org/10.1353/epi.0.0000.

ANDERSON, K. y WAXMAN, M.: *Law and Ethics for Autonomous Weapon Systems Why a Ban Won't Work and How the Laws of War Can*, Hoover Institution, Stanford University, http://media.hoover.org/sites/default/files/documents/Anderson-Waxman_LawAndEthics_r2_FINAL.pdf, 2014.

ANDERSON, M. y ANDERSON, S.: "General introduction", en *Machine Ethics*, Cambrigde University Press, 2011.

ANDERSSON, E.; MALMBERG, B.; ÖSTH, J.: "Travel-to-school distances in Sweden 2000-2006: changing school geography with equality implications", *Journal of Transport Geography*, 23, 2012, pp. 35-43. https://doi.org/10.1016/j.jtrangeo.2012.03.022.

ANDRE-BECHELY, L.: "Finding Space and Managing Distance: Public School Choice in an Urban California District", *Urban Studies*, 44, 2007, pp. 1355-1376. https://doi.org/10.1080/00420980701302304.

ANGWIN, J.; MATTU, S. y KIRCHNER, L.: "Machine Bias: There's Software Used Across the Country to Predict Future Criminals. And It's Biased Against Blacks", *ProPublica*, 2016 (https://www.propublica.org/article/machine-bias-risk-assessments-in-criminal sentencing).

ARENDT, H.: *The Human Condition*, The University of Chicago Press, Chicago, 1998.

ARGANDOÑA, A. y ISEA SILVA, R.: *ISO 26000, una guía para la responsabilidad social de las organizaciones*, Cuadernos de la Cátedra "la Caixa" de Responsabilidad Social de la Empresa y Gobierno Corporativo-IESE, 2011.

ARIAS, J.; CARRO, M.; SALAZAR, E.; MARPLE, K.; GUPTA, G.: "Constraint Answer Set Programming without Grounding", *Theory and Practice of Logic Programming*, 18, 3-4, 2018, pp. 337-354. https://doi.org/10.1017/S1471068418000285.

ARIAS, J.; MORENO-REBATO, M.; RODRIGUEZ-GARCÍA, J. A. y OSSOWSKI, S.: "Automated legal reasoning with discretion to act using s(LAW)", *Artificial Intelligence and Law*, 2023, https://doi.org/10.1007/s10506-023-09376-5.

ARIAS, J.; MORENO-REBATO, M.; RODRIGUEZ-GARCIA, J. A.; OSSOWSKI, S.: "Towards value-awareness in administrative processes: an approach based on constraint answer set programming", *Proceedings of the 39th ACM/SIGAPP Symposium on Applied Computing*, Association for Computing Machinery, 2024, pp. 770-778, https://doi.org/10.1145/3605098.3636022.

ARNOLD, T.; KASENBERG, D. y SCHEUTZ, M.: "Value Alignment or Misalignment. What Will Keep Systems Accountable?", *AAAI Workshops*, 2017.

ASAD, T.: *Formations of the Secular: Christianity, Islam, Modernity*, University Press; 2003.

ASHLEY, K.: *Artificial Intelligence and Legal Analytics: New Tools for Law Practice in the Digital Age*. Cambridge University Press, 2017.

ASHRAF, C.: "Exploring the impacts of artificial intelligence on freedom of religion or belief online", *The International Journal of Human Rights*, *26* (5), 2022, pp. 757-791. https://doi.org/10.1080/13642987.2021.1968376.

ASHRAFIAN, H.: "AIonAI: A Humanitarian Law of Artificial Intelligence and Robotics"; *Science and Engineering Ethics*, Volume 21, 2015, pp. 29-40.

ASIMOV, I. entrevista realizada por Bill MOYERS, 1988 (*A world of ideas*).

ASÍS ROIG, R. de.: "Desafíos éticos de los ciborgs", en *Universitas. Revista de Filosofía, Derecho y Política*, (30), 2019, pp. 1-25.

ASÍS ROIG, R. de: "Inteligencia artificial y Derechos Humanos", *Materiales de Filosofía del Derecho*, nº 4, 2020.

ASSEN, D. M.: "Religion and the secular state order: the Ethiopian experience", en *Religion, Law and Security in Africa* (M. Christian GREEN, T. Jeremy GUNN, Mark HILL, ed.), African Sun Media, SUN MeDIA, 2018, https://www.jstor.org/stable/j.ctv21ptz2w.18.

ASWAD, E. M.: "Losing the freedom to be human", *Columbia Human Rights Law Review,* 52 (1), 2020.

ATKINSON, K.; BENCH-CAPON, T.: "States, goals and values: revisiting practical reasoning", *Argument and Computation*, vol. 7, 2–3, 2016, pp. 135-154.

AUPERS, S.: "The Revenge of the Machines: On Modernity, Digital Technology and Animism", *Asian Journal of Social Science*, 30.2, 2002, pp. 199-220.

AUROUSSEAU, S.: *Promouvoir laïcité (en milieu hostile). Une notion indispensable pour lutter contre les discriminations*, Double ponctuation, 2023.

AWAD, E., DSOUZA, S., KIM, R. et al.: "The Moral Machine experiment", *Nature,* 563, 2018, pp. 59-64. https://doi.org/10.1038/s41586-018-0637-6.

AXELROD, R.: *La Complejidad de la Cooperación. Modelos de Cooperación y Colaboración Basados en los Agentes*, FCE, 2004.

BAEZA-YATES, R.: "Bias on the web", Communications of the ACM, Volume 61, Issue 6 June 2018, pp. 54-61, https://doi.org/10.1145/3209581.

BAKINER, O.: "What do academics say about artificial intelligence ethics? An overview of the scholarship", *AI Ethics,* 3, 2023, pp. 513-525. https://doi.org/10.1007/s43681-022-00182-4.

BALAZKA, D.; HOUTMAN, D.; LEPRI, B.: "How Can Big Data Shape the Field of Non-Religion Studies? And Why Does It Matter?", en *Patterns*, 2, 2021, 6, pp. 1-12.

BALKE, T.; COSTA PEREIRA, C. DA; DIGNUM, F.; LORINI, E.; ROTOLO, A.; VASCONCELOS, W.; VILLATA, S.: "Norms in MAS: Definitions and Related Concepts. In Normative Multi-Agent Systems", *Dagstuhl Follow-Ups*, Volume 4, pp. 1-31, Schloss Dagstuhl – Leibniz-Zentrum für Informatik, 2013, https://doi.org/10.4230/DFU.Vol4.12111.1.

BARBIER, M.: *La laïcité*, L'Harmattan, 1995.

BARBIER, M.: « Pour une définition de la laïcité française », *Le Débat*, nº 134, 2005.

BARBIER, M.: "Towards a Definition of French Secularism", anteriormente públicado en francés: «Pour une définition de la laïcité française», *Le Débat*, n°134, mars-avril 2005.

BAROCAS, S. y SELBST, A. D.: "Big Data's Disparate Impact", *California Law Review*, 104, 2016, http://dx.doi.org/10.2139/ssrn.2477899.

BARRIO ANDRÉS, M.: "Hacia una personalidad electrónica para los robots", *Revista de Derecho privado*, 2, 2018.

BARRIO ANDRÉS, M.: "El metaverso y su impacto en el Estado y la soberanía", *Revista de Derecho Político,* nº 117, mayo-agosto, 2023.

BARRIO ANDRÉS, M.: "De nuevo sobre la Persona Robótica", *Inteligencia Artificial*, 27 (73), 2024.

BARSTON, L.: *An investigation into belief biases in reasoning*, 1986.

BAUDEROT, J.: *Histoire de la laïcité français*, PUF, 2005.

BEIGANG, F.: "Yet Another Impossibility Theorem in Algorithmic Fairness", *Minds & Machines*, 33, 2023, pp. 715–735, https://doi.org/10.1007/s11023-023-09645-x.

BELLI, L.: "Examining algorithmic amplification of political content on Twitter", 2021, https://blog.twitter.com/en_us/topics/company/2021/rml-politicalcontent.

BENCH-CAPON, T.: "Persuasion in Practical Argument Using Value-based Argumentation Frameworks", *Journal of Logic and Computation*, 13 (3), 2003, pp. 429-448.

BENCH-CAPON, T.: ATKINSON, K. & CHORLEY, A.: "Persuasion and Value in Legal Argument", *Journal of Logic and Computation*, 15, 2005, pp. 1075-1097.

BENCH-CAPON, T., MODGIL, S.: "Norms and value based reasoning: justifying compliance and violation", *Artificial Intelligence and Law*, vol. 25, 2017, pp. 29-64. https://doi.org/10.1007/s10506-017-9194-9.

BENELBAZ, C.: *Le principe de laïcité en droit public français*, L'Harmattan, 2011.

BENESTY, M.: "The impartiality of some French judges undermined by machine learning", *Supra Legem*, 2016.

BENGOETXEA, J. y CRUZ BALBUENA, R. L.: "Institutions of law in the metaverse", *Oñati Socio-Legal Series*. 2024, doi: 10.35295/osls.iisl.1852.

BERGOUNIOUX, A.: « La laïcité, valeur de la République », *Pouvoirs*, 1995, nº 75.

BHARGAVA, R.: "Rehabilitating Secularism", en Craig CALHOUN, Mark JUERGENSMEYER y Jonathan van ANTWERPEN (eds.), *Rethinking Secularism,* Oxford University Press, 2011.

BIELEFELDT, H.; GHANEA, N. y WIENER, M.: *Freedom of Religion or Belief: An International Law Commentary*, Oxford University Press, 2016.

BILGRAMI, A.: *Beyond the Secular West*, Columbia University Press, 2017.

BILLHARDT, H.; SANTOS, J. A.; FERNÁNDEZ, A.; MORENO, M.; OSSOWSKI, S.; RODRÍGUEZ, J. A.: "Streamlining advanced taxi assignment strategies based on legal analysis", *Neurocomputing*, volumen 483, 2022, pp. 386-397, https://doi.org/10.1016/j.neucom.2021.10.085.

BIRHANE, A. y VAN DIJK, J.: "'Robot Rights? Let's Talk about Human Welfare Instead'", *Proceedings of the AAAI/ACM Conference on AI, Ethics, and Society 207,* 2020.

BIRHANE, A.; KALLURI, P.; CARD, D.; et al.: "The values encoded in machine learning research", https://arxiv.org/abs/2106.15590, 2021.

BLACK, E.: *IBM and the Holocaust: The Strategic Alliance Between Nazi Germany and America's Most Powerful Corporation*, Dialog press, 2012.

BLACKORBY, C. y DONALDSON, D.: "Measures of relative equality and their meaning in terms of social welfare", *Journal of Economic Theory*, vol. 18, issue 1, 1987, pp. 59-80.

BOBBIO, N.: "Cultura laica y laicismo", texto en respuesta a los intelectuales italianos que firmaron un "Manifiesto laico" contra el integrismo religioso, en *El Mundo de España,* 17 de noviembre de 1999.

BOIXEL, A. y ENDRISS, U.: "Automated Justification of Collective Decisions via Constraint Solving", en *Proceedings of the 19th International Conference on*

Autonomous Agents and Multiagent Systems (AAMAS '20). IFAAMAS, Auckland, New Zealand, 2020, pp. 168-176.

BOIXEL, A. y HAAN, R. de: "On the Complexity of Finding Justifications for Collective Decisions", en *Proceedings of the Thirty-Fifth AAAI Conference on Artificial Intelligence (AAAI '21)*. The AAAI Press, Online, 2021, pp. 39-46.

BOROWITZ, E. B.: "Judaism and the Secular State", *The Journal of Religion*, vol. 48, nº. 1, 1968, pp. 22-34, http://www.jstor.org/stable/1201895.

BORUP, J.: "Secularization of Buddhism", en *Buddhism and Global Secularisms*, 2021.

BOSTROM, N.: *Transhumanist values*. Ethical Issues for the 21st Century, ed. Frederick Adams (Philosophical Documentation Center Press, 2003); y reimpreso en *Review of Contemporary Philosophy*, Vol. 4, May (2005), *The Transhumanist FAQ*. https://www.nickbostrom.com/views/transhumanist.pdf.

BOSTROM, N.: *Superintelligence: Paths, Dangers, Strategies*, Oxford University Press, 2016.

BOTERMAN, W.; MUSTERD, S.; PACCHI, C.; RANCI, C.: "School segregation in contemporary cities: Socio-spatial dynamics, institutional context and urban outcomes", *Urban Studies*, 56, 15, 2019, pp. 3055-3073. https://doi.org/10.1177/0042098019868377.

BOZDAG, E. y HOVEN, J. van den: "Breaking the filter bubble: democracy and design", *Ethics and Information Technology*, 17, 4, 2015, pp. 249-265.

BRANTING, L. K.: "Data-centric and logic-based models for automated legal problem solving", *Artificial Intelligence and Law*, 25 (1), 2017.

BRANTING, L. K.; PFEIFER, C.; BROWN, B.; FERRO, L.; ABERDEEN, J.; WEISS, B.; PFAFF, M.; y LIAO, B.: "Scalable and explainable legal prediction", *Artificial Intelligence and Law*, 29 (2), 2021, pp. 213-238.

BRASHER, B. E.: *Give Me That Online Religion*, Rutgers University Press, 2004.

BRESLAUER, S. D.: *Judaism and human rights in contemporary thought: a biliographical survey*, G.E. Gorman ed., 1993.

BRINGSJORD, S. y TAYLOR, J.: "The Divine-Command Approach to Robot Ethics", en *Robot Ethics: The Ethical and Social Implications of Robotics*, Keith ABNEY, George A. BEKEY, Ronald C. ARKIN y Patrick LIN (ed.), MIT Press, 2011, pp. 85-108.

BROWLIE, I.: "Problems concerning the unity od International Law", *Le droit international à l'heure de sa codification*, 1987.

BRYSON, J. y WINFIELD, A.: "Standardizing Ethical Design for Artificial Intelligence and Autonomous Systems," en *Computer*, vol. 50, no. 5, pp. 116-119, May 2017, doi: 10.1109/MC.2017.154.

BUENDÍA, P.: "La Declaración de los Derechos Humanos en el Islam", en *Los Derechos Humanos. 60 años después (1948-2008)*, Instituto de Estudios Europeos, Universidad de Valladolid, 2009.

BUENO DE MATA, F.: "Macrodatos, inteligencia artificial y proceso: luces y sombras", *Revista General de Derecho Procesal*, 51, 2020.

BURRI, T.: "International Law and Artificial Intelligence" (October 27, 2017).

BURTON, J.: "Algorithmic extremism? The securitization of artificial intelligence (AI) and its impact on radicalism, polarization and political violence", *Technology in Society*, Volume 75, 2023, https://doi.org/10.1016/j.techsoc.2023.102262.

BUTLIN, P.; LONG, R.; ELMOZNINO, E.; BENGIO, Y.; JONATHAN BIRCH, J.; CONSTANT, A. et al.: “Consciousness in Artificial Intelligence: Insights from the Science of Consciousness”, 2023, arXiv2308.08708.

CABRERA GIRALDEZ, M.: *Hacia una ciudadanía compartida en la Unión Europea basada en sus valores*, tesis doctoral, UNED, 2021.

CALERO, J.: “Spain: Country Analytical Report. Equity”, *Education Thematic* Review, 2005. http://www.oecd.org/dataoecd/49/28/38693078.pdf.

CALISKAN, A.; BRYSON, J. J.; NARAYANAN, A.: “Semantics derived automatically from language corpora contain human-like biases”, *Science,* vol. 356, 2017, DOI: 10.1126/science.aal4230.

CALVO, P.: “Democracia algorítmica: consideraciones éticas sobre la *dataficiación* de la esfera pública”, *Revista del CLAD Reforma y Democracia* (74), 2019, pp. 5-30.

CAMPBELL, H.A. y RULE, F.: “The Practice of Digital Religion”, en FRIESE, H., NOLDEN, M., REBANE, G., SCHREITER, M. (eds.): *Handbuch Soziale Praktiken und Digitale Alltagswelten*, Springer, 2020, https://doi.org/10.1007/978-3-658-08357-1_38.

CAMPS, V.: “Ética y laicidad”, en *Langue(s) & Parole: Revista de filología francesa y románica*, nº. 1, 2015, ejemplar dedicado a: *La laïcité*, coord. por Manuel TOST PLANET.

CAMPUZANO GÓMEZ-ACEBO, J. y SIEIRA GIL, J.: “Legal Tech y función registral”, en M. BARRIO ANDRÉS (dir.): *Legal Tech. La transformación digital de la abogacía*. La Ley, 2023.

CAÑAMARES ARRIBAS, S.: *Derecho y factor religioso en la Unión Europea*, Aranzadi, 2023.

CAPRARA, G. V., SCHWARTZ, S., CAPANNA, C., VECCHIONE, M., y BARBARANELLI, C.: “Personality and Politics: Values, Traits, and Political Choice”, *Political Psychology,* 27 (1), 2006, pp. 1-28, https://doi.org/10.1111/j.1467-9221.2006.00447.x.

CAPRARA, G. V., VECCHIONE, M., SCHWARTZ, S. H., SCHOEN, H., BAIN, P. G., SILVESTER, J., CIECIUCH, J., PAVLOPOULOS, V., BIANCHI, G., KIRMANOGLU, H., BASLEVENT, C., MAMALI, C., MANZI, J., KATAYAMA, M., POSNOVA, T., TABERNERO, C., TORRES, C., VERKASALO, M., LÖNNQVIST, J.-E.: “Basic Values, Ideological Self-Placement, and Voting: A Cross-Cultural Study”, *Cross-Cultural Research, 51*(4), 2017, pp. 388-411, https://doi.org/10.1177/1069397117712194.

CARDOSO, H. L.; OLIVEIRA, E. C.: “Adaptive deterrence sanctions in a normative framework”, en: *Proceedings of the 2009 IEEE/WIC/ACM International Conference on Intelligent Agent Technology, IAT 09*, IEEE, 2009, pp. 36-43.

CARRASCO i PONS, S.; PÀMIES ROVIRA, J.; BEREMÉNYI, A. y CASALTA, V.: “Más allá de la «matrícula viva». La movilidad del alumnado y la gestión local de la escolarización en Cataluña”, *Papers* 97, 2, 2012, pp. 311-341. https://doi.org/10.5565/rev/papers/v97n2.3948.

CARRÉ, O.: *L'islam laïque*, Armand Colin,1993.

CARRILLO, M. R.: “Artificial intelligence: From ethics to law”, *Telecommunications Policy,* 2020. https://doi.org/10.1016/j.telpol.2020.101937.

CASEY, B.: “Amoral Machines, Or: How Roboticists Can Learn to Stop Worrying and Love the Law”, *Northwestern University Law Review*, Vol. 111, No. 5, 2017, http://dx.doi.org/10.2139/ssrn.2923040.

CASTELLANOS CLARAMUNT, J.: "La democracia algorítmica: inteligencia artificial, democracia y participación política", *Revista General de Derecho Administrativo*, nº 50, 2019.

CASTILLO, C.: "Algorithmic Discrimination. Assessing the impact of machine intelligence on human behaviour: an interdisciplinary endeavor", *Proceedings of HUMAINT Workshop.* 2018, https://arxiv.org/pdf/1806.03192.pdf.

CASTRO JOVER, A., "Inmigración, pluralismo religioso-cultural y educación", *en Laicidad y Libertades. Escritos Jurídicos*, nº 2, dic., 2002.

CASUSCELLI, G.: "Le laicità e le democrazie: la laicità della "Repubblica democratica" secondo la Costituzione italiana", en *Stato, Chiese e pluralismo confessionale*, febrero 2007.

CELADOR ANGÓN, Ó.: *Estatuto jurídico de las confesiones religiosas en los Estados Unidos*, Dykinson, 1998.

CELADOR ANGÓN, Ó.: *Libertad de conciencia y Europa*, Dykinson, 2011.

CELADOR ANGÓN, Ó.: *Orígenes histórico constitucionales del principio de laicidad*, Tirant lo Blanch, 2017.

CERIOLI, P. J.: "Laicità", *Stato, Chiese e pluralismo confessionale*, n. 2 del 2023.

CHAPA, J.: "Sobre la relación laós-laikós. La misión del laico en la Iglesia y en el mundo", en *VIII Simposio Internacional de Teología,* Pamplona, 22-24 de abril de 1987, editado por la Universidad de Navarra, 1987.

CHÁVEZ VALDIVIA, A. K.: "No es solo un robot: consideraciones en torno a una nueva personalidad jurídica y el redimensionamiento de las relaciones interpersonales", en *Revista Ius et Praxis*, Año 26, Nº 2, 2020, pp. 55-77.

CHÁVEZ, A. y LARA, A.: "Identidad y cooperación en los recursos de uso común", *Argumentos*, año 28, nº 77, enero-abril 2015.

CHERYL, B.: *Civil democratic Islam: partners, resources and strategies*, RAND Corporation, 2003.

CHISHOLM, R. M.: "Supererogation and Offence: A Conceptual Scheme for Ethics", *Ratio (Misc.)*, 5 (1), 1963.

CHISHOLM, R. M.: *Brentano and Meinong studies*, Humanities Press, 1982.

CHOHLAS-WOOD, A.; COOTS, M.; GOEL, S. y NYARKO, J.: "Designing equitable algorithms", *Nature Computational Science,* 3, 2023, pp. 601-610. https://doi.org/10.1038/s43588-023-00485-4.

CHOPRA, S.: "Rights for autonomous artificial agents?", *Communications of the ACM 53*, 8, 2010. https://doi.org/10.1145/1787234.1787248.

CHOPRA, S.; WHITE, L. F.: *A legal theory for autonomous artificial agents*, University of Michigan Press, 2011.

CIMBALO, G.: "Laicità come strumento di educazione alla convivenza", en *Stato, Chiese e pluralismo confessionale*, marzo 2007.

COBO, R.: "Multiculturalismo, democracia paritaria y participación política", en *Política y Sociedad*, n º 32, septiembre-diciembre, 1999.

COECKELBERGH, M.: *Ética de la inteligencia artificial*, Cátedra, 2021.

COECKELBERGH, M.: *La filosofía política de la Inteligencia artificial*, Cátedra, 2023.

COECKELBERGH, M.: "What is digital humanism? A conceptual analysis and an argument for a more critical and political digital (post)humanism", *Journal of Responsible Technology*, Volume 17, 2024, https://doi.org/10.1016/j.jrt.2023.100073.

COHEN, G.: "Informed Consent and Medical Artificial Intelligence: What to Tell the Patient?", *Georgetown Law Journal*, 108, 2020.

COLAIANNI, N.: "Diritto ecclesiastico attuale", en *Stato, Chiese e pluralismo confessionale*, nº 16, 2023.

COLLINS, G. S.; REITSMA, J. B.; ALTMAN, D. G. y MOONS, K. G.: "Transparent reporting of a multivariable prediction model for individual prognosis or diagnosis (TRIPOD) the TRIPOD statement", *Circulation*, 131 (2), 2015, pp. 211-219.

COLLINS, G. S.; MOONS, K. G.: "Reporting of artificial intelligence prediction models", *Lancet*, 393, 2019, pp. 1577-1579.

CONKLE, D. O.: *Constitutional law: the religion clauses*, Foundation Press, 2009.

COPSON, A.: "What is secularism?", en *Secularism: A Very Short Introduction*, Very Short Introductions, Oxford, 2019, https://doi.org/10.1093/actrade/9780198747222.003.0001.

COQ, G.: *Laïcité et République*, Editions du Félin, 1995.

CORBETT-DAVIES, S.; GAEBLER, J. D; NILFOROSHAN, H.; SHROFF, R. y GOEL, S.: "The Measure and Mismeasure of Fairness", 2023, https://arxiv.org/abs/1808.00023.

COTINO HUESO, L.: "Discriminación, sesgos e igualdad de la inteligencia artificial en el sector público", en *Inteligencia artificial y sector público*, Tirant lo Blanch, 2023.

COZORT, D.; SHIELDS, J. M. (Eds.): *The Oxford Handbook of Buddhist Ethics*, Oxford University Press, 2021.

CRUZ RIVERA, S.; LIU, X.; CHAN, AW. et al.: "Guidelines for clinical trial protocols for interventions involving artificial intelligence: the SPIRIT-AI extension", *Nature Medicine*, 26, 2020, pp. 1351-1363. https://doi.org/10.1038/s41591-020-1037-7.

CZERMAK, G.; HILGENDORF, E.: *Religions und Weltanschauungsrecht*, Springer, 2018.

DAHLAN, H. A.: "Future Interaction between Man and Robots from Islamic Perspective", *International Journal of Islamic Thought*, Vol 13: (June) 2018, pp. 44-51, DOI:10.24035/ijit.13.2018.005, SSRN: https://ssrn.com/abstract=3204122.

DANAHER, J.: "The Threat of Algocracy: Reality, Resistance and Accommodation", *Philosophy & Technology*, 29, 2016, pp. 245-268.

DANAHER, J.: "Robotic Rape and Robotic Child Sexual Abuse: Should They be Criminalised?", *Criminal Law and Philosophy*, 11 (1), 2017, pp. 71-95.

DARLING, K.: "Extending legal protection to social robots: the effects of anthropomorphism, empathy, and violent behaviour towards robotic objects", en R. CALO, A. M. FROOMKING y I. KERR (eds.). *Robot Law*. Edward Elgar Publishing, 2016.

DASGUPTA, S.; ARIAS, J.; SALAZAR, E.; GUPTA, G.: "CoGS: Causality Constrained Counterfactual Explanations using goal-directed ASP", 2024, arXiv:2407.08179v1.

DASTANI, M.; MEYER, J.-J.; & TINNEMEIER, N.: "Programming norm change", *Journal of Applied Non-Classical Logics,* Vol. 22, Iss. 1-2, 2012.

DAVIDOV, E. y MEULEMAN, B.: "Explaining attitudes towards immigration policies in European countries: The role of human values", *Journal of Ethnic and Migration Studies*, 38, 2012, pp. 757-775.

DE ASIS, R.: "Laicidad y teoría de los derechos humanos", *Laicidad y Libertades. Escritos jurídicos*, nº 4, 2004.

DE ASÍS, R.: "Sobre la propuesta de neuroderechos", *Derechos y libertades*, nº 47, 2022, pp. 51-70.

DE LUCAS, J.: "¿Elogio de Babel? Sobre las dificultades del Derecho frente al proyecto intercultural", en *Multiculturalismo y diferencia. Sujetos, nación, género*, en *Anales de la Cátedra de Francisco Suárez*, n º 31, 1994.

DE LUCAS, J.: *El desafío de las fronteras*, Temas de hoy, 1994.

DE LUCAS, J.: "La inmigración islámica: de nuevo religión y política en las sociedades multiculturales europeas", en *Laicidad y Libertades. Escritos Jurídicos*, nº 2, diciembre, 2002.

DEDEOGLU, C.: "Hey Siri: Do you believe in god?" A posthuman exposé of belief bias in AI programming, en W.H.U. Anderson (Ed.), *Technology and theology*, Vernon Press, 2020, pp. 77-90.

DEGLI-ESPOSTI, S.: *La ética de la inteligencia artificial*, Catarata-CSIC, 2023.

DEHAENE, S.; LAU, H. y KOUIDER, S.: "What is consciousness, and could machines have it?", *Science,* 358, 2017. DOI:10.1126/science.aan8871.

DEL SAZ DOMINQUEZ, L.: "Quiero ser atendido por una persona", en *La equidad en línea en la propuesta de Directiva del Parlamento Europeo y del Consejo por la que se modifica la Directiva 2011/83/UE en lo relativo a los contratos de servicios financieros celebrados a distancia y se deroga la Directiva 2002/65/CE*, Publicaciones Jurídicas del Centro de Estudios de Consumo de 7 de julio de 2022.

DI COSIMO, G.: "Laicità e democrazia", en *AIC*, septiembre 2007.

DÍAZ DE SARRALDE, S.; GARCIMARTÍN, C.; RUÍZ-HUERTA, J.: "Progresividad y redistribución en reformas fiscales. Los efectos nivel y distancia. Una aplicación al IRPF", *Revista de Economía Aplicada*, vol. XIX, núm. 57, 2011, pp. 97-116.

DIETZ, G.: *Multiculturalismo, interculturalidad y educación: una aproximación antropológica*, Universidad de Granada, 2003.

DIETZ, T.: "Bringing values and deliberation to science communication". *Proceedings of the National Academy of Sciences of the United States of America 110*, SUPPL. 3, 2013, pp. 14081–14087.

DIEU, F.: « Le principe de laïcité érigé en valeur de la Convention européenne des droits de l'homme », Revue du droit public et de la science politique en France et a l'etranger, 2010, nº 3.

DIEU, F.: « Laïcité et espace public », *Revue du droit public et de la science politique en France et a l'etranger*, 2013, nº 3.

DIJCK, J. van: "Datafication, dataism and dataveillance: Big Data between scientific paradigm and ideology", *Surveillance & Society* 12 (2), 2014, pp. 197-208. https://doi.org/10.24908/ss.v12i2.4776.

DJEFFAL, C.: "AI, Democracy, and the Law", en A. SUDMANN (Ed.): *Digitale Gesellschaft: Vol. 25. The Democratization of Artificial Intelligence: Net Politics in the Era of Learning Algorithms*, 2019, pp. 255-284, SSRN: https://ssrn.com/abstract=3535735.

DONAHOE, E. y MACDUFFEE METZGER, M.: "Artificial Intelligence and Human Rights", *Journal of Democracy*, vol. 30 no. 2, 2019. *Project MUSE*, https://doi.org/10.1353/jod.2019.0029.

DRAGE, E., MACKERETH, K.: "Does AI Debias Recruitment? Race, Gender, and AI's 'Eradication of Difference'", *Philosophy and Technology,* 35, 89, 2022. https://doi.org/10.1007/s13347-022-00543-1.

DWORK, C.; HARDT, M.; PITASSI, T.; REINGOLD, O. & ZEMEL, R.: "Fairness through awareness", *Proceedings of the 3rd Innovations in Theoretical Computer Science Conference*, 2012, pp. 214-226.

EGGERT, M. y HÖLSCHER, L.: *Religion and Secularity: Transformations and Transfers of Religious Discourses in Europe and Asia*, Brill, 2013.

ELMAHJUB, E. y QADIR, J.: "How to program autonomous vehicle (AV) crash algorithms: an Islamic ethical perspective", *Journal of Information, Communication and Ethics in Society*, Vol. 21 No. 4, 2023, pp. 452-467. https://doi.org/10.1108/JICES-02-2023-0015.

ELMAHJUB, E.: "Artificial Intelligence (AI) in Islamic Ethics: Towards Pluralist Ethical Benchmarking for AI", *Philosophy & Technology*, 36, 73, 2023. https://doi.org/10.1007/s13347-023-00668-x.

ENGLE, E. A.: "Using WISH computer programs to model the Alien Tort Claims Act", en *Yale Journal of Law and Technology*, 2003-2004.

ENNALS, R.: "Socially useful artificial intelligence", *AI & SOCIETY*, 1, 1987, pp. 5-15.

ERTZSCHEID, O. : "Les algorithmes sont-ils de droite?", 26 de octubre 2021, https://affordance.framasoft.org/2021/10/algorithmes-sont-ils-de-droite/?s=03.

ESTÉVEZ ALMENZAR, M. et al.: *Glossary of human-centric artificial intelligence*, Joint Research Centre, Unión Europea, Luxemburgo, 2022, https://publications.jrc.ec.europa.eu/repository/handle/JRC129614 DOI:10.2760/860665.

ETZIONI, A., ETZIONI, O.: "Should artificial intelligence be regulated?", *Issues Science Technology,* 33 (4), 2017.

EVANS, J.; BARSTON, L. y POLLARD, P.: "On the conflict between logic and belief in syllogistic reasoning", *Memory & cognition*, 11 (3), 1983, pp. 295-306.

FAJARDO MAGRANER, F.; SALOM CARRASCO, J.; PIRTACH GARRIDO, M. D.: "Criterios de elección de centro y segregación escolar en la ciudad de Valencia", *Investigaciones Geográficas*, 77, 2022, pp. 339-362. https://doi.org/10.14198/INGEO.19086.

FAKHAR, A.: "Religious Ethics in the Age of Artificial Intelligence and Robotics: Exploring Moral Considerations and Ethical Perspectives", https://aiandfaith.org/, enero 2024.

FANG, X.; CHE, S.; MAO, M. *et al.*: "Bias of AI-generated content: an examination of news produced by large language models", *Scientific Reports*, 14, 5224, 2024. https://doi.org/10.1038/s41598-024-55686-2.

FEATHERS, T.: "Major Universities Are Using Race as a "High Impact Predictor" of Student Success", en *Ethics of Data and Analytics;* Auerbach Publications, 2022.

FELDSTEIN, S.: "The Road to Digital Unfreedom: How Artificial Intelligence Is Reshaping Repression", *Journal of Democracy*, 30, nº 1, 2019.

FERNÁNDEZ LIESA, C. R.: "La evolución del proceso de secularización del Derecho internacional", en *Estado y religión.* BOE, Universidad Carlos III, 2001.

FERNÁNDEZ, R. R.; MARTÍN DE DIEGO, I.; ACEÑA, V.; FERNÁNDEZ-ISABEL, A.; MOGUERZA, J. M.: "Random forest explainability using counterfactual sets", *Information Fusion*, Volume 63, 2020, pp. 196-207, https://doi.org/10.1016/j.inffus.2020.07.001.

FERNÁNDEZ, R. R.; MARTÍN DE DIEGO, I.; MOGUERZA, J. M.; HERRERA, F.: "Explanation sets: A general framework for machine learning explainability", *Information Sciences*, Volume 617, 2022, pp. 464-481, https://doi.org/10.1016/j.ins.2022.10.084.

FERNÁNDEZ-CORONADO, A.: "El derecho de libertad de conciencia en el proceso constituyente de la Unión Europea hasta el momento actual", en *El Derecho de la libertad de conciencia en el marco de la Unión Europea: pluralismo y minorías*, COLEX, 2002.

FERNÁNDEZ-CORONADO, A.: "Marco comparado de la libertad religiosa en Europa", *Revista de Derecho UNED*, nº 11, 2012.

FERRAJOLI, L.: "Laicidad del Derecho y Laicidad de la moral", *Revista de la Facultad de Derecho de México*, vol. 57, nº 248, 2007.

FERRAJOLI, L: *Derechos y garantías. La ley del más débil*, Trotta, 2016.

FERRAJOLI, L.: *Manifiesto por la igualdad*, Editorial Trotta, 2019.

FERRARA, E.: "Fairness and Bias in Artificial Intelligence: A Brief Survey of Sources, Impacts, and Mitigation Strategies", *Sci, 6*, 3, 2024, https://doi.org/10.3390/sci6010003.

FERRETTI, T.: "An institutionalist approach to ai ethics: justifying the priority of government regulation over self-regulation", *Moral Philosophy Politics*, 2021, https://doi.org/10.1515/mopp-2020-0056.

FILALI-ANSARY, A.: «Islam, laïcité, démocratie», *Pouvoirs*, «Islam et démocratie», n° 104, 2003/1, pp. 5-19.

FISCHER, G. y STRAUSS, R.: *Europe's Income, Wealth, Consumption and Inequality, Oxford Academic*, 2021.

FISCHHOFF, B.; BARNATO, A. E.: "Value Awareness: A New Goal for End-of-life Decision Making", *MDM Policy & Practice*, 4 (1), 2019, doi:10.1177/2381468318817523.

FJELD, J.; ACHTEN, N.; HILLIGOSS, H.; NAGY, A. y SRIKUMAR, M.: "Principled Artificial Intelligence: Mapping Consensus in Ethical and Rights-Based Approaches to Principles for AI" (January 15, 2020), Berkman Klein Center Research Publication No. 1, 2020, http://dx.doi.org/10.2139/ssrn.3518482.

FLORIDI, L.; COWLS, J.; BELTRAMETTI, M.; CHATILA, R.; CHAZERAND, P.; DIGNUM, V.; LUETGE, C.; MADELIN, R.; PAGALLO, U.; ROSSI, F.; SCHAFER, B.; VALCKE, P. y VAYENA, E.: "Twenty recommendations for an ethical framework for a good AI society", *Minds and Machines, 28*, 2018. https://doi.org/10.1007/s11023-018-9482-5.

FLORIDI, L.: "Establishing the rules for building trustworthy AI". *Nature Machine Intelligence, 1* (6), 2019. https://doi.org/10.1007/s11023-018-9482-5.

FLORY, M.: «Religion, laïcité et droit international», en *Les relations internationales à épreuve de la science politique*, Mélanges M. Merle, Economica, 1993.

FOERST, A.: "Cog, A Humanoid Robot, and the Question of the Image of God", *Zygon*, 33.1, 1998, pp. 91-111.

FRASER, N. "Multiculturalidad y equidad entre los sexos", en *Revista de Occidente*, n º 173, octubre 1995.

FREITAS DOS SANTOS, T.; OSMAN, N. & SCHORLEMMER, M.: "A multi-scenario approach to continuously learn and understand norm violations",

Autonomous Agent and Multi-Agent System, vol. 37, nº 38, 2023. https://doi.org/10.1007/s10458-023-09619-4.

FREIXES SAN JUAN, T. y REMOTTI CARBONELL, J. C.: "Los valores y principios en la interpretación constitucional", *Revista Española de Derecho Constitucional,* año 12, nº 35, 1992.

FRIEDMAN, B.; KAHN, P. H. y BORNING, A.: "Value Sensitive Design and Information Systems", en *The Handbook of Information and Computer Ethics,* John Wiley & Sons, Inc., 2008, pp. 69-101.

FRIEDMAN, B., HENDRY, D. G., & BORNING, A.: "A survey of value sensitive design methods", *Foundations and Trends in Human-Computer Interaction,* 11 (2), 2017, pp. 63-125, https://doi.org/10.1561/1100000015.

FUCHS, C.: *Digital humanism: A philosophy for the 21st century,* Bingley: Emerald, 2022.

FUERTES, M.: "Defensa de derechos y neutralidad de la red", *Revista General de Derecho Administrativo,* nº 50, 2019.

GALASSINI, M.: *Religious or Belief Actors and the European Commission's White Paper on Artificial Intelligence,* marzo, 2021.

GANOR, B.: "Artificial or Human: A New Era of Counterterrorism Intelligence?", *Studies in Conflict & Terrorism,* 2019, pp. 1-20.

GARCÍA MARZÁ, D. y CALVO, P.: "Democracia algorítmica: ¿un nuevo cambio estructural de la opinión pública?", *Isegoría,* (67), 2022, https://doi.org/10.3989/isegoria.2022.67.17.

GARCÍA PICAZO, P.: "El presente distante. Fundamentalismo y multiculturalidad en el mundo globalizado", en *Interculturalidad y educación en Europa,* Tirant lo Blanch, Valencia, 2005.

GARCIA, D.: "Battle Bots: How the World Should Prepare Itself for Robotic Warfare", *Foreign Affairs* (New York, 5 June 2015) https://www.foreignaffairs.com/articles/2015-06-05/battle-bots.

GARCÍA-ANTÓN PALACIOS, E.: "El respeto de los derechos fundamentales desde la perspectiva ética de la inteligencia artificial", en *Inteligencia artificial y Derecho: reflexiones jurídicas para el debate sobre su desarrollo y aplicación,* Dykinson, 2023.

GARCÍA-MARZÁ, D. y CALVO, P.: *Algorithmic democracy: A critical perspective from deliberative democracy,* Springer, 2022.

GEISSLINGER, M.; POSZLER, F. & LIENKAMP, M.: "An ethical trajectory planning algorithm for autonomous vehicles", 2022, https://arxiv.org/abs/2212.08577.

GEISSLINGER, M.; POSZLER, F. & LIENKAMP, M.: "An ethical trajectory planning algorithm for autonomous vehicles", *Nature Machine Intelligence,* 5, 2023, pp. 137-144. https://doi.org/10.1038/s42256-022-00607-z.

GELDER, A. V.; ROSS, K.; SCHLIPF, J.: "The well-founded semantics for general logic programs", Journal ACM 38, 1991, pp. 620–650. https:// doi. org/ 10. 1145/ 116825. 116838.

GELLERS, J. C., & GUNKEL, D. J.: "Artificial intelligence and international human rights law: Implications for humans and technology in the 21st century and beyond", en A. ZWITTER & O. J. GSTREIN (Eds.): *Handbook on the politics and governance of big data and artificial intelligence,* Edward Elgar Publishing, 2023, pp. 430-455. https://doi.org/10.4337/9781800887374.00027

GENESERETH, M.: "Computational law. the cop in the backseat", *CodeX: The Center for Legal Informatics,* Stanford University, 2015.

GENOSKO, G.; LEE, E. A.: "Are we losing control?", en *Perspectives on digital humanism,* Springer, 2022, pp. 3-7.

GERACI, R. M.: "Spiritual robots: religion and our scientific view of the natural world", *Theology and Science,* 4 (3), 2006.

GERACI, R.: *Apocalyptic AI: Visions of Heaven in Robotics, Artificial Intelligence, and Virtual Reality,* New York, Oxford University Press, 2010.

GIANSIRACUSA, N.: "Branching on the bench: quantifying division in the supreme court with trees", *Constitutional Political Economy,* 34, 2023, pp. 36–58. https://doi.org/10.1007/s10602-022-09360-2.

GIBSON, W.: "I, Robomancer: Japan, Buddhism, and Artificial Intelligence", *So-Far,* 2019.

GOEL, V. y VARTANIAN, O.: "Negative emotions can attenuate the influence of beliefs on logical reasoning", *Cognition and Emotion,* 25 (1), 2021, pp. 121-131.

GOLDBERG, S.: "Does the Wall Still Stand? The Implications of Transhumanism for the Separation of Church and State", *Georgetown Law Faculty Working Papers,* Paper 107, 2009.

GOLTZ, N.; ZELEZNIKOW, J. y DOWDESWELL, T.: "From the Tree of Knowledge and the Golem of Prague to Kosher Autonomous cars: The Ethics of Artificial Intelligence Through Jewish Eyes", *Oxford Journal of Law and Religion,* 9 (1), 2020, pp. 132-156.

GÓMEZ MARTÍNEZ, R.; PLAZA CASADO, P., y PRADO ROMÁN, M.: "Market efficiency analysis using AI models based on Investors' Mood", en *Revista Perspectiva Empresarial,* 7 (2), 2021, pp. 10-23. https://doi.org/10.16967/23898186.649.

GÓMEZ-GONZÁLEZ, E.: *Artificial Intelligence in medicine and healthcare: applications, availability and societal impact,* Publications Office of the European Union, 2020.

GONZÁLEZ, A.; ROGERS, A. y SØGAARD, A.: "On the Interaction of Belief Bias and Explanations", 2021, https://arxiv.org/abs/2106.15355.

GONZÁLEZ-PACHÓN, J. y ROMERO, C.: "Aggregation of Ordinal and Cardinal Preferences: A Framework Based on Distance Functions", *Journal of Multi-Criteria Decision Analysis,* 15, 3-4, 2008, pp. 79-85.

GONZÁLEZ-PACHÓN, J. y ROMERO, C.: "Bentham, Marx and Rawls Ethical Principles: in Search for a Compromise", *Omega,* 62, 2016, pp. 47-51.

GRAHAM, J.; HAIDT, J.; KOLEVA, S.; MOTYL, M.; IYER, R.; WOJCIK, S. P. y DITTO, P. H.: "Moral Foundations Theory: The Pragmatic Validity of Moral Pluralism", en *Advances in Experimental Social Psychology,* vol. 47, 2013, pp. 55-130.

GREEN, L. C.: "Is there a universal International Law today?, CYIL, vol. XXV, 1987.

GRODZINSKY, F. S., MILLER, K. W., & WOLF, M. J.: "The ethics of designing artificial agents", *Ethics and Information Technology,* 10 (2), 2008, pp. 115-121. https://doi.org/10.1007/s10676-008-9163-9.

GROOM, V.; TAKAYAMA, L.; OCHI, P. y NASS, C.: "I Am My Robot: The Impact of Robot-building and Robot Form on Operators", en: *HRI'9 Proceedings of the 4th ACM/IEEE international conference on Human robot interaction,* 2009.

GUARINI, M.: "Introduction: machine ethics and the ethics of building intelligent machines", *Topoi*, 32 (2), 2013, pp. 213-215.

GUIDOTTI, R.: "Counterfactual explanations and how to find them: literature review and benchmarking", *Data Mining and Knowledge Discovery*, 2022. https://doi.org/10.1007/s10618-022-00831-6.

GUNKEL, D.: "The Rights of Robots,", en A. A. NAKAGAWA y C. DOUZINAS (Eds.): *Non-Human Rights–Critical Perspectives*, Edward Elgar, 2022, http://dx.doi.org/10.2139/ssrn.4077131.

GUNNING, D., & AHA, D.: "DARPA's Explainable Artificial Intelligence (XAI) Program", *AI Magazine*, 40 (2), 2019, pp. 44-58. https://doi.org/10.1609/aimag.v40i2.2850.

HAARSCHER, G.: "Jews and Secularization: A Challenge or a Prospect?", en *Jewry between Tradition and Secularism*, Brill, 2006, pp. 203-222; https://doi.org/10.1163/9789047409649_020.

HÄBERLE, P.: *Teoría de la Constitución como ciencia de la cultura*, Tecnos, 2000.

HABERMAS, J.: *Ciencia y tecnología como "ideología"*, Tecnos, 1986, [*Wissenschaft und Technik als "Ideologie"*, 1968].

HABERMAS, J.: *Entre naturalismo y religión,* Paidós, 2006.

HABERMAS, J.: "¿Una sociedad mundial postsecular? Sobre la relevancia filosófica de la conciencia postsecular y la sociedad mundial multicultural", en *El poder de la religión en la esfera pública*, Trotta, 2011.

HABERMAS, J.: "Lo político: el sentido racional de una cuestionable herencia de la teología política", en *El poder de la religión en la esfera pública*, Trotta, 2011.

HABERMAS, J.: en HABERMAS, J. y RATZINGER, J.: *Dialektik der Säkularisierung. Über Vernunft und Religion*, Herder, 2018.

HACKER, P.: "Teaching Fairness to Artificial Intelligence: Existing and Novel Strategies Against Algorithmic Discrimination Under EU Law", *Common Market Law Review*, 55, 2018, pp. 1143-1186.

HADFI, R.; HAQBEEN, J.; SAHAB, S. y ITO, T.: "Argumentative Conversational Agents for Online Discussions", *Journal of Systems Science and Systems Engineering*, 30, 4, 2021, pp. 450-464.

HADFI, R. y ITO, T.: "Augmented Democratic Deliberation: Can Conversational Agents Boost Deliberation in Social Media?", en *Proceedings of the 21st International Conference on Autonomous Agents and Multiagent Systems (AAMAS '22)*. IFAAMAS Online, 2022, pp. 1794-1798.

HAFER, C. y LANDA, D.: "Deliberation as self-discovery and institutions for political speech", *Journal of Theoretical Politics*, 19, 3, 2007, pp. 329-360.

HAGENDORFF, T.: "A Virtue-Based Framework to Support Putting AI Ethics into Practice", Philosophy and Technology, 35, 55, 2022, DOI: 10.1007/s13347-022-00553-z.

HAGENDORFF, T. & FABI, S.: "Why we need biased AI: How including cognitive biases can enhance AI systems", *Journal of Experimental & Theoretical Artificial Intelligence*, 2023, pp. 1-14, https://doi.org/10.1080/0952813X.2023.2178517z.

HALL, J.; GAVED, M. y SARGENT, J.: "Participatory Research Approaches in Times of Covid-19: A Narrative Literature Review", *International Journal of Qualitative Methods*, 20, 2021, pp. 1-15.

HALLEVY, G.: "The Criminal Liability of Artificial Intelligence Entities", 2010, SSRN-id1564096.pdf.

HANSON, R.: "Prefer Law to Values", 10 de octubre de 2009, https://www.overcomingbias.com/p/prefer-law-to-valueshtml.

HAO, K.: "El algoritmo escolar que destrozó a toda una generación", *MIT Technology Review*, 31 de agosto de 2020.

HARARI, Y. N.: *Homo Deus*, Debate, 2017.

HARRIS, M.: "Inside the First Church of Artificial Intelligence", *Wired*, 15 novembre 2017, *https://www.wired.com/story/anthony-levandowski-artificial-intelligence-religion/*.

HAYES, T.: "Portable Mind-Reading AI That Translates Thoughts into Text", https://www.healthcarepackaging.com/quick-hits/article/22882052/portable-mindreading-ai-that-translates-thoughts-into-text#:~:text=According%20to%20a%20recent%20UTS,translates%20silent%20thoughts%20into%20text., diciembre 2023.

HEINEGG, W. H. von y BERUTTO, G. L. (ed.): *International Humanitarian Law and New Weapon Technologies,* 34th Round Table on Current Issues of International Humanitarian Law (Sanremo, 8th-10th September 2011), 2012.

HELBERGER, N. y TRILLING, D.: «Facebook Is a News Editor: The Real Issues to Be Concerned about», en *Media Policy Project*, 2016.

HELBING, D.: "Machine Intelligence: Blessing or Curse? It Depends on Us!", en Dirk HELBING (HG.): *Towards Digital Enlightenment. Essays on the Dark and Light Sides of the Digital Revolution*, Springer International Publishing, 2019, pp. 25-39.

HELLAND, C.: "Digital Religion", en *Handbook of Religion and Society*, Springer, 2016, pp. 177-196.

HERCE MAZA, J. I.: "Reconocimiento facial", en *Diccionario de términos para comprender la transformación digital*, (G. VESTRI, Director), Aranzadi, 2023.

HERDEGEN, M.: "Gewissensfreiheit", en *Handbuch des Staatskirchenrechts der Bundesrepublik Deutschland*, 1° Band, 2 ª Auflage, Duncker & Humblot, 1974.

HERDEGEN, M.: "Gewissensfreiheit", en *Handbuch des Staatskirchenrechts der Bundesrepublik Deutschland*, I, Dunker and Humblot, 1995.

HERNÁNDEZ GIL, F.: "Suspensión del derecho a la libertad de expresión: sus efectos", en VV. AA.: *Introducción a los derechos fundamentales (X Jornadas de estudio)*, Dirección General del Servicio Jurídico del Estado, Ministerio de Justicia, 1988, vol. III.

HILDEBRANDT, M.: "Code-Driven Law: Freezing the Future and Scaling the Past", en C. MARKOU, & S. DEAKIN (Eds.): *Is Law Computable?, Critical Perspectives on Law and Artificial Intelligence*, Hart Publishing, 2020, pp. 67-84, https://www.cohubicol.com/assets/uploads/hildebrandt-freezing-the-future-and-scaling-the-past.pdf.

HOHMA, E.; LÜTGE, C.: "From Trustworthy Principles to a Trustworthy Development Process: The Need and Elements of Trusted Development of AI Systems", *AI*, 2023, *4*, pp. 904-925. https://doi.org/10.3390/ai4040046.

HOLGADO-SÁNCHEZ, A.: "Value-Awareness Engineering: Towards Learning Context-Based Value Taxonomies", en MALVONE, V. y MURANO, A. (eds.): *Multi-Agent Systems. EUMAS 2023. Lecture Notes in Computer Science*, vol 14282. Springer, Cham, 2023, https://doi.org/10.1007/978-3-031-43264-4_35.

HOLGADO-SÁNCHEZ, A.; ARIAS, J.; MORENO-REBATO, M.; OSSOWSKI, S.: "On Admissible Behaviours for Goal-Oriented Decision-Making of Value-Aware Agents", en MALVONE, V., MURANO, A. (eds.): *Multi-Agent Systems. EUMAS 2023. Lecture Notes in Computer Science*, vol 14282. Springer, Cham., 2023, https://doi.org/10.1007/978-3-031-43264-4_27.

HOLGADO-SÁNCHEZ, A.; BILLHARD, H.; OSSOWSKI, S. y FERNÁNDEZ, A.: "An Ontology for Value Awareness Engineering", en *Proceedings of the 16th International Conference on Agents and Artificial Intelligence*, volumen 3, *AWAI*, 2024, pp. 1421-1428. DOI: 10.5220/0012595500003636.

HONG, J.; CHO, Y.; JUNG, J.; HAN, J. y THORNE, J.: "Disentangling Structure and Style: Political Bias Detection in News by Inducing Document Hierarchy", 2023, arXiv2304.02247.

HONGLADAROM, S.: *The Ethics of AI and Robotics: a Buddhist Viewpoint*, Lanham, Lexington Books, 2020.

HOOKER, S.: "Moving beyond 'algorithmic bias is a data problem'", *Patterns*, 2021, DOI: https://doi.org/10.1016/j.patter.2021.100241.

HOOVER, S. M. y ECHCHAIBI, N.: "Media Theory and the Third Spaces of Digital Religion", *Research Methods and Theories in Digital Religion Studies*, 2018, pp. 93-116.

HUANG, X.: *Análisis de sistemas normativos para sociedades artificiales*. Tesis (Master), E.T.S. de Ingenieros Informáticos (Universidad Politécnica de Madrid), 2022.

HURD, E. S.: *The Politics of Secularism in International Relations*, Princeton University Press, 2008.

HUSZÁR, F.; KTENA, SI.; O'BRIEN, C.; BELLI, L.; SCHLAIKJER, A.; HARDT, M.: "Algorithmic amplification of politics on Twitter", en *Proceedings of the National Academy of Sciences (PNAS)*, 119 (1), 2022.

HUTTNER, L.; MERIGOUX, D.: "Catala: moving towards the future of legal expert systems", *Artificial intelligence and law*, 2022, pp. 1-24.

HUXLEY, J.: *Religion without Revelation*, New American Library, New York, 1975.

HUYNH-THE, T.; PHAM, Q.-V.; PHAM, X.-Q.; NGUYEN, T. T.; HAN, Z.; KIM, D.-S.: "Artificial intelligence for the metaverse: A survey", *Engineering Applications of Artificial Intelligence*, Volume 117, Part A, 2023, https://doi.org/10.1016/j.engappai.2022.105581.

INGLES, I. M.: "Regulating Religious Robots: Free Exercise and RFRA in the Time of Superintelligent Artificial Intelligence", *Georgetown Law Journal*, 507, 2017.

IRTI, N.: *Norma e luoghi. Problemi di geo-diritto*, Laterza, 2006.

ISHAY, M.: *The history of human rights: from ancient times to the globalization era*, University of California Press, 2008.

JACKSON, J. C., YAM, K. C., TANG, P. M., LIU, T., & SHARIFF, A.: "Exposure to robot preachers undermines religious commitment", *Journal of Experimental Psychology: General, 152* (12), 2023, pp. 3344–3358. https://doi.org/10.1037/xge0001443.

JACKSON, J. C.; YAM, K. CH.; TANG, P. M.; CHRIS G. SIBLEY, C. G. y WAYTZ, A.: "Exposure to automation explains religious declines", *Psychological and Cognitive Sciences*, 120 (34), 2023, https://doi.org/10.1073/pnas.2304748120.

JANIS, M. W.: "Religion and International Law", *Proceedings of the Annual Meeting (American Society of International Law)*, vol. 87, 1993, http://www.jstor.org/stable/25658739.

JAYETILEKE, K.N.: *The Principles of International Law in Buddhist Doctrine*, Hague Academy of International Law, 1968.

JENSEN, C. B. y BLOK, A.: "Techno-animism in Japan: Shinto Cosmograms, Actor-network Theory, and the Enabling Powers of Non-human Agencies", *Theory Culture Society,* 30, 2013.

JENTZSCH, N.: *Financial privacy: an international comparison of credit reporting systems*, Springer Science & Business Media, 2007.

JIA, C.; LAM, M. S.; MAI, M. C.; HANCOCK, J. T.; BERNSTEIN, M. S.: "Embedding Democratic Values into Social Media AIs via Societal Objective Functions", en *Proceedings of the ACM on Human-Computer Interaction*, 2024, http://dx.doi.org/10.1145/3641002.

JIANG, S., ROBERTSON, R. E., & WILSON, C.: "Reasoning about Political Bias in Content Moderation", *Proceedings of the AAAI Conference on Artificial Intelligence, 34* (09), 2020, pp. 13669-13672. https://doi.org/10.1609/aaai.v34i09.7117.

JIMÉNEZ GARCÍA, F.: *La internacionalidad de la Santa Sede y la constitucionalidad de sus Acuerdos en España,* Dilex, 2006.

JOBIN, A.; M. IENCA, M. y VAYENA, E.: "The global landscape of AI ethics guidelines", en *Nature Machine Intelligence, 1* (9), 2019, pp. 389-399.

JOHNSON, D.G., MILLER, K.W.: "Un-making artificial moral agents", *Ethics and Information Technology*, 10, 2008, pp. 123-133. https://doi.org/10.1007/s10676-008-9174-6.

JUNGHERR, A.: "Artificial Intelligence and Democracy: A Conceptual Framework". *Social Media+Society*, 9 (3), 2023, https://doi.org/10.1177/20563051231186353.

KANNAI, R.; SCHILD, U.; ZELEZNIKOW, J.: "Modelling the evolution of legal discretion. an artificial intelligence approach", *Ratio Juris*, 20 (4), 2007, pp. 530-558.

KAPLAN, F.: "Who is afraid of the humanoid? Investigating cultural differences in the acceptance of robots", *International Journal of Humanoid Robotics*, 1 (3), 2004, pp. 1-16.

KARNADI, C.: "The Future of Religion in the Metaverse", *Religions and Politics*, 2022, https://religionandpolitics.org/2022/08/09/the-future-of-religion-in-the-metaverse/.

KAYE, D.: *Report of the Special Rapporteur on the Promotion and Protection of the Right to Freedom of Opinion and Expression,* 2017.

KAZAAL, N.: "*The Cultural Politics of Religious Defiance in Islam: How Pseudonyms and Media can destigmatize*", *Communication and Critical/Cultural Studies*, 14, 2017, pp. 271-287.

KELLY, K.: "Nerd Theology", *Technology in Society*, 21, 1999, pp. 387-392.

KERTYSOVA, K.: "Artificial intelligence and disinformation: how AI changes the way disinformation is produced, disseminated, and can be countered", *Security and Human Rights*, 29 (1-4), 2018, pp. 55-81, https://doi.org/10.1163/18750230-02901005.

KHADDURI, M.: "Islamic Law and International Law", *L'avenir du droit international dans un monde multicultural*, Martinus Nijhoff Publishers, 1984.

KIESEL, J.; ALSHOMARY, M.; HANDKE, N.; CAI, X.; WACHSMUTH, H. y STEIN, B.: "Identifying the Human Values behind Arguments", en *Proceedings of the 60th Annual Meeting of the Association for Computational Linguistics (ACL '22)*, ACL, 2022; pp. 4459-4471.

KIM, H.; KO, E. Y.; HAN, D.; LEE, S. C.; PERRAULT, S. T.; KIM, J. y KIM; J.: "Crowdsourcing perspectives on public policy from stakeholders", en *Proceedings of the 2019 CHI Conference on Human Factors in Computing Systems (CHI '19)*. ACM, Glasgow, UK, 2019, pp. 1-6.

KIM, T. W. y STRUDLER, A.: "Should Robots Have Rights or Rites?", *Communications of the ACM*, Volume 66, Issue 6, June 2023, pp. 78-85. https://doi.org/10.1145/3571721.

KIMPARA, K.: "Religion and the Secular State in Japan", https://classic.iclrs.org/content/blurb/files/Japan%202014%20FINAL.pdf.

KIMURA, T.: "Robotics and AI in the sociology of religion. A human in imago roboticae", en *Social Compass*, 64, 2017, 1, pp. 6-22.

KINSTLER, L.: "Can Religion Guide the Ethics of A.I.?", *The New York Times*, 16 de julio de 2021, https://www.nytimes.com/interactive/2021/07/16/opinion/ai-ethics-religion.html.

KITANO, N.: "'Rinri': An incitement towards the existence of robots in Japanese society", *Ethics in Robotics, 6* (12/2), 2006, pp. 78-83.

KLACZYNSKI, P. A.; GORDON, D. H. y FAUTH, J.: "Goal-oriented critical reasoning and individual differences in critical reasoning biases", *Journal of Educational Psychology*, 89 (3), 1997.

KLAUER, MUSCH, J. y NAUMER, B.: "On belief bias in syllogistic reasoning", *Psychological Review*, 107, 2000.

KLEIN, M.: "Enabling Large-Scale Deliberation Using Attention-Mediation Metrics", *Computer Supported Cooperative Work (CSCW)*, 21, 4-5, 2012, pp. 449-473.

KLEIN, M.: *How to Harvest Collective Wisdom on Complex Problems: An Introduction to the MIT Deliberatorium. Technical Report*. Center for Collective Intelligence, 2012.

KNOX, J. H.: "The Ruggie Rules: applying human rights law to corporations", en *The UN Guiding Principles on Business and Human Rights: Foundations and Implementation*, ed. R. Mares (Martinus Nijhoff Publishers), 2011, pp. 51-83.

KOSINSKI, M.; STILLWELL, D.; GRAEPEL, T.: "Private traits and attributes are predictable from digital records of human behaviour", en *Proceedings of the National Academy of Sciences (PNAS)*, nº 110 (15), 2013, doi: 10.1073/pnas.1218772110. 2013.

KOSINSKI, M.: "Facial recognition technology can expose political orientation from naturalistic facial images", *Scientific Reports*, 11, 100, 2021, https://doi.org/10.1038/s41598-020-79310-1.

KOSTER, R., BALAGUER, J., TACCHETTI, A. et al.: "Human-centred mechanism design with Democratic AI", *Nature Human Behaviour*, 6, 2022, pp. 1398-1407, https://doi.org/10.1038/s41562-022-01383-x.

KROKER, A.: "Digital humanism: The processed world of Marshall McLuhan", *Marshall McLuhan: Critical evaluations in cultural theory, vol. 3 renaissance for a wired world,* Routledge, 2005, pp. 95-120.

KUBO, A.: "Technology as mediation: on the process of engineering and living with a robot "AIBO"", *Japanese Review of Cultural Anthropology,* 11, 2010, pp. 103-123.

KUMAR, A.: "Liability of artificial intelligence entities in criminal case", *Banaras Law Journal,* vol. 42, nº 2, 2013.

KURU, A. T.: "Passive and Assertive Secularism: Historical Conditions, Ideological Struggles, and State Policies toward Religion", *World Politics,* 59 (4), 2007, pp. 568-594.

KURZWEIL, R.: *The Age of Spiritual Machines,* Viking, 1999.

LACRUZ MANTECÓN, M. L.: *Robots y personas: una aproximación jurídica a la subjetividad cibernética.* Editorial Reus, 2020.

LAMBERT, M. U.: "Born in the USA: A new american Islam proves devotion and women's liberation do mix", *The American Prospect on line,* 8 de diciembre de 2000.

LAPORTA, F.: *Entre el Derecho y la moral,* Fontamara, 2007.

LARSSON, T.: "Buddhist Bureaucracy and Religious Freedom in Thailand", *Journal of Law and Religion,* 2018, https://doi.org/10.1017/jlr.2018.27.

LARSSON, T.: "Secularisation, secularism, and the Thai state", en *Routledge Handbook of Contemporary Thailand,* editado por Pavin Chachavalpongpun, Routledge, 2019.

LE DANTEC, C. A.; POOLE, E. S. y WYCHE, S. P.: "Values as Lived Experience", en *Proceedings of the 27th international conference on Human factors in computing systems (CHI '09),* ACM Press, 2009, pp. 1141-1150.

LEE, L. H.; BRAUD, T.; ZHOU, P.; WANG, L.; XU, D.; LIN, Z., & HUI, P.: "All one needs to know about metaverse: A complete survey on technological singularity, virtual ecosystem, and research agenda", 2021, arXiv:2110.05352.

LEE, M. K. et al.: "WeBuildAI: participatory framework for algorithmic governance", *Proceedings of the ACM on Human Computer Interaction,* 3, 2019, pp. 1-35.

LEENES, R. & LUCIVERO, F.: "Laws on Robots, Laws by Robots, Laws in Robots: Regulating Robot Behaviour by Design", *Law, Innovation and Technology,* 6 (2), 2014, pp. 193-220. https://doi. org/10.5235/17579961.6.2.193.

LEMA TOME, M.: "Multiculturalismo en la Unión Europea: los modelos migratorios de Italia y de los Países Bajos", en *Laicidad y Libertades. Escritos Jurídicos,* nº 3, diciembre, 2003.

LEMA TOME, M.: *Laicidad, solidaridad e inmigración. Estudio socio-jurídico de la Comunidad Autónoma de Madrid,* Tesis doctoral, abril, 2006.

LERA-LERI, R.; BISTAFFA, F.; SERRAMIA, M.; LOPEZ-SANCHEZ, M. y RODRIGUEZ-AGUILAR, J.: "Towards Pluralistic Value Alignment: Aggregating Value Systems through l-Regression", en *Proceedings of the 21st International Conference on Autonomous Agents and Multiagent Systems (AAMAS '22),* IFAAMAS, Online, 2022, pp. 780-788.

LESSIG, L.: *The Code version 2.0,* Cambridge, Basic Books, 2006.

LETTERON, R.: *Libertés publiques,* Dalloz, 2012.

LEUNG, K.-H.: "The Picture of Artificial Intelligence and the Secularization of Thought", *Political Theology*, 20:6, 2019, pp. 457-471, DOI: 10.1080/1462317X.2019.1605725.

LIEBWALD, D.: "On transparent law, good legislation and accessibility to legal information: Towards an integrated legal information system". *Artificial Intelligence and Law*, 23 (3), 2015.

LIM, H. K.; MAHAJAN, A.; STRECKER, M. et al.: "Automating defeasible reasoning in law with answer set programming", en *Proceedings of the international conference on logic programming 2022 Workshops (ICLP 2022)*, vol. 3193, 2022.

LINDSAY, R. A.: *The Necessity of Secularism: Why God Can't Tell Us What to Do*, Pitchstone, *diciembre, 2014.*

LISCIO, E.; MEER, M. VAN DER; SIEBERT, L. C.; JONKER, C. M.; MOUTER, N. y MURUKANNAIAH, P. K.: "Axies: Identifying and Evaluating Context-Specific Values", en *Proceedings of the 20th International Conference on Autonomous Agents and Multiagent Systems (AAMAS '21)*, IFAAMAS, Online, 2021, pp. 799-808.

LISCIO, E.; DONDERA, A. E.; GEADAU, A.; JONKER, C. M. y MURUKANNAIAH, P. K.: "Cross-Domain Classification of Moral Values", en *Findings of the 2022 Conference of the North American Chapter of the Association for Computational Linguistics (NAACL '22)*, ACL, 2022, pp. 2727-2745.

LISCIO, E.; MEER, M. VAN DER; SIEBERT, L. C.; JONKER, C. M. y MURUKANNAIAH, P. K.: "What values should an agent align with?", *Autonomous Agents and Multi-Agent Systems* 36, 2022.

LISCIO, E.; LERA-LERI, R.; BISTAFFA, F.; DOBBE, R. I.J.; JONKER, C. M.; LOPEZ-SANCHEZ, M., RODRIGUEZ-AGUILAR, J. A. y MURUKANNAIAH, P. K.: "Value Inference in Sociotechnical Systems", en *Proceedings of the 2023 International Conference on Autonomous Agents and Multiagent Systems (AAMAS '23)*. International Foundation for Autonomous Agents and Multiagent Systems, Richland, SC, 2023, pp. 1774-1780.

LIU, J.: "Confucian robotic ethics", Paper presentado en *The international conference on the relevance of the classics under the conditions of modernity: humanity and science.* 2017, The Hong Kong Polytechnic University.

LLAMAZARES FERNÁNDEZ, D.: "Derecho de la libertad de conciencia: construcción del sistema", *Laicidad y Libertades*, núm. 1, 2001.

LLAMAZARES FERNÁNDEZ, D.: "Laicidad, sistema de acuerdos y confesiones minoritarias en España", *Revista catalana de Dret públic*, N.º. 33, 2006.

LLAMAZARES FERNÁNDEZ, D.: *Educación para la ciudadanía democrática y objeción de conciencia*, Dykinson, 2008.

LLAMAZARES FERNANDEZ, D.: *Derecho de la libertad de conciencia. I. Libertad de conciencia y laicidad*, Cizur Menor, Thomson Reuters-Civitas, 2011.

LLAMAZARES FERNANDEZ, D.: *Derecho de la libertad de conciencia, II. Conciencia, identidad personal y solidaridad*, Civitas, Thomson Reuters, 2011.

LLAMAZARES, FERNÁNDEZ, D.: "Fuentes del Derecho y comunidad civil", en *Perspectivas Actuales de las fuentes del Derecho*, coords. María del Carmen BARRANCO AVILÉS; Óscar CELADOR ANGÓN; Félix VACAS FERNÁNDEZ; Dykinson, 2011.

LLAMAZARES FERNÁNDEZ, D.: "Tolerancia y comunidad política", en *Laicidad y Libertades. Escritos jurídicos*, nº 20, 2020, pp. 19-51.

LLAMAZARES FERNÁNDEZ, D.: "Libertad de conciencia y pacto constitucional", en *Laicidad y Libertades, Escritos Jurídicos*, nº 22, 2023.

LOEVINGER, L.: "Jurimetrics. The Next Step Forward", *Minnesota Law Review*, vol. 33, nº, 5, 1949, https://scholarship.law.umn.edu/cgi/viewcontent.cgi?article=2795&context=mlr.

LOEVINGER, L.: *Una introducción a la lógica jurídica*, Editorial Bosch, 1954.

LÓPEZ GARCÍA, B.: "El islam y la integración de la inmigración en España", en *Cuadernos de Trabajo Social*, nº 15, 2002.

LÓPEZ, D.: "La protección de datos de carácter personal en el ámbito de las redes sociales electrónicas: el valor de la autorregulación", *Anuario Facultad de Derecho, Universidad de Alcalá*, 2009.

LÓPEZ, J.: "¿Tengo derecho a ser un cyborg?", *Revista Byte*, 14 diciembre, 2016.

LUBIÁN, C.: "Family and institutional narratives on barriers accessing schools in migrant families: A case study in Spain", *Education Policy Analysis Archives*, 29, 2021. https://doi.org/10.14507/epaa.29.5777

LYONS, D.: *Ética y Derecho*, Ariel Derecho, 1986.

MACHADO, A.: *Teoría de los valores de Schwartz*, Tesis doctoral, Universidad de Navarra, 2020.

MACLURE, J. y TAYLOR, Ch.: *Laicidad y libertad de conciencia*, Alianza Editorial, 2011.

MADAIO, M. et. al.: "Co-Designing Checklists to Understand Organizational Challenges and Opportunities around Fairness in AI", *Association for Computing Machinery*, 2020, https://doi.org/10.1145/3313831.3376445.

MADDOCK, R.: "¿Debemos tener confianza en los coeficientes de Gini?, *Lecturas de Economía*, Nº 20, 1986, pp. 139-152.

MAG, J.A.: "The Next Frontier in Jewish Law: Artificial Intelligence", en *Jewish Action*, 2020, https://jewishaction.com/religion/jewish-law/the-next-frontier-in-jewish-law-artificial-intelligence.

MAGALHÃES, C.: "Cómo el metaverso puede ser una oportunidad para la Iglesia. Un mundo virtual creado para las personas también necesitará misioneros", *Noticias adventistas.org*, 14 febrero de 2022.

MAHMOOD, T.: "Religion and the Secular State: Indian Perspective", https://classic.iclrs.org/content/blurb/files/India.rev.2011.05.16.pdf.

MALGIERI, G.; PASQUALE, F.: "Licensing high-risk artificial intelligence: Toward ex ante justification for a disruptive technology", *Computer Law & Security Review*, Volume 52, 2024, https://doi.org/10.1016/j.clsr.2023.105899.

MALPICA VELASCO, J. A.: "Inteligencia artificial y conciencia", (s.f.), https://frasca.web.uah.es/inteligencia-artificial.pdf.

MARCHANT, G.: "AI Thee Wed: Human should be able to marry robots", 2015, https://slate.com/technology/2015/08/humans-should-be-able-to-marry-robots.html.

MARCOS FRANCISCO, D.: "Sistema Arbitral de Consumo: algunas propuestas "inteligentes" de lege ferenda", *InDret*, nº 1, 2024, pp. 114-150, https://doi.org/10.31009/InDret.2024.i1.03.

MARRAMAO, G.: *Poder y secularización*, Península, 1989.

MARRAMAO, G.: *Cielo y tierra, Genealogía de la secularización*, Paidós,1998.

MASSARO, T. M.; NORTON, H.; KAMINSKI, M. E.: "SIRI-OUSLY 2.0: What Artificial Intelligence Reveals About the First Amendment", *Minnesota Law Review,* 2017, https://scholar.law.colorado.edu/faculty-articles/717.

MAYOR, A.: *Gods and Robots: Myths, Machines, and Ancient Dreams of Technology,* Princeton University Press, 2018.

MBAYE, L.: «Ménaces sur l'universalité des droits de l'homme», *Amicorum Discipulorumque B. B. Ghali amicorum*, Liber, 1999.

MCARTHUR, N.: "Gods in the machine? The rise of artificial intelligence may result in new religions", 15 de marzo de 2023, https://theconversation.com/gods-in-the-machine-the-rise-of-artificial-intelligence-may-result-in-new-religions-201068?s=09.

MCBRIDE, P. y DIVER, L.: *Research Study on Computational Law,* COHUBICOL, 2024.

McCARTHY-JONES, S.: "The Autonomous Mind: The Right to Freedom of Thought in the Twenty-First Century", en *Frontiers in Artificial Intelligence*, 26 de septiembre de 2019.

McCAULIFF, C. M. A.: "Religion and the Secular State", *The American Journal of Comparative Law*, vol. 58, 2010, pp. 31-49, http://www.jstor.org/stable/20744531.

MCGRATH, J. F.: "Robots, Rights and Religion", en *Religion and Science Fiction*, 2011, https://digitalcommons.butler.edu/facsch_papers/197/.

MCGRATH, J. y GUPTA, A.: "Writing a Moral Code: Algorithms for Ethical Reasoning by Humans and Machines", *Religions,* 2018, 9, doi:10.3390/rel9080240.

MCKINNEY, S. M.; SIENIEK, M.; GODBOLE, V.; et al.: "International evaluation of an AI system for breast cancer screening", *Nature*, 2020; 577, pp. 89-94.

MCLEARY, P.: "*U.S. Army Studying Replacing Thousands of Grunts with Robots", DEF. NEWS.* 20 enero 2014, https://perma.cc/YRV9-NSSV.

MCMAHAN, D. L.: "Buddhism and Global Secularisms", *Journal of Global Buddhism,* 18, 2017, pp. 112–128.

MCMILLAN, D., & BROWN, B.: "Against ethical AI", en *Proceedings of the Halfway to the Future Symposium*, 2019, pp. 1-3.

MENÉNDEZ DEL VALLE, E.: *Islam y democracia en el mundo que viene*, La Catarata, 1998.

MERIGOUX, D.; CHATAING, N.; PROTZENKO, J.: "Catala: a programming language for the law", en *Proceedings of the ACM on programming languages*, 5 (ICFP), 2021, pp. 1-29.

MERRITT, J.: "Is AI a Threat to Christianity? Are You There, God? It's I, Robot," *The Atlantic,* February 3, 2017, https://www.theatlantic.com/technology/archive/2017/02/artificial-intelligence-christianity/515463/.

METCALF, J.: "Owning ethics: corporate logics, Silicon Valley, and the institutionalization of ethics", *Social Research International Quarterly*, 86 (2), 2019, pp. 449-476.

METZINGER, T.: "*Should we fear artificial intelligence*?", European Parliamentary Research Service, 2018.

MHLAMBI, S.: "From rationality to relationality: ubuntu as an ethical and human rights frame- work for artificial intelligence governance. Carr Centre

Discussion Paper", 2020, https://carrcenter.hks.harvard.edu/files/cchr/files/ccdp_2020-009_sabelo_b.pdf.

MILL, J. S., *Sobre la libertad*, Alianza,1993.

MODGIL, S. & BENCH-CAPON, T.: "Integrating Object and Meta-Level Value Based Argumentation", en *Computational Models of Argument: Proceedings of COMMA*, 2008, pp. 240-251.

MOHAN, N.: "Perspective: Tackling Misinformation on YouTube", agosto de 2021.

MOINE, A.: «La prise en compte internationale de la nature du pouvoir au Mali», *Civitas Europa*, N° 31, 2013, pp. 59- 87, DOI 10.3917/civit.031.0059.

MOLANO, E.: "La laicidad del Estado en la Constitución española", *Anuario de Derecho Eclesiástico del Estado*, vol. II, 1986.

MOLAVI VASSE'I, R.: "The Ethical Guidelines for Trustworthy AI – A Procrastination of Effective Law Enforcement. Weaknesses of ethical principles in general and the EU's approach in particular", *Computer Law Review International*, https://doi.org/10.9785/cri-2019-200502.

MONTERROSSO CASADO, E. y A. MUÑOZ VILLAREAL, A. (dirs.): *Inteligencia artificial y riesgos cibernéticos*. Tirant lo Blanch, 2019.

MONTES, N. y SIERRA, C.: "Value-Alignment Equilibrium in Multiagent Systems", *Lecture Notes in Computer Science*, Springer International Publishing, 2021, pp. 189-204, https://doi.org/10.1007/978-3-030-73959-1_17.

MONTES, N. y SIERRA, C.: "Value-Guided Synthesis of Parametric Normative Systems", en *Proceedings of the 20th International Conference on Autonomous Agents and MultiAgent Systems (AAMAS '21)*. International Foundation for Autonomous Agents and Multiagent Systems, Richland, SC, 2021, pp. 907-915.

MONTES, N., SIERRA, C.: "Value-Alignment Equilibrium in Multiagent Systems", en HEINTZ, F., MILANO, M., O'SULLIVAN, B. (eds.) *Trustworthy AI - Integrating Learning, Optimization and Reasoning*. TAILOR 2020, Lecture Notes in Computer Science, vol 12641, 2021, Springer, Cham. https://doi.org/10.1007/978-3-030-73959-1_17.

MONTES, N. y SIERRA, C.: "Synthesis and Properties of Optimally Value-Aligned Normative Systems", *Journal of Artificial Intelligence Research*, 74 (Sep 2022), https://doi.org/10.1613/jair.1.13487.

MONTES, N.; OSMAN, N.; SIERRA, C. y SLAVKOVIK, M.: "Value Engineering for Autonomous Agents", arXiv:2302.08759v1, 20 de febrero de 2023.

MONTES, N.; SIERRA, C. y OSMAN, N.: "Value Engineering for Autonomous Agents", http://hdl.handle.net/10261/235831, 2021; https://digital.csic.es/handle/10261/235831; 2021, y https://doi.org/10.48550/arXiv.2302.08759, 2023.

MONTESANO, S.: "Dalla laicità dello Stato alla laicità per lo Stato. Il paradigma laico tra principio e valore", en *Stato, Chiese e pluralismo confessionale*, n. 36 del 2017.

MOOR, J. H.: "The nature, importance, and difficulty of machine ethics", *IEEE Intelligent Systems*, 21 (4), 2006, pp. 18-21. https://doi.org/10.1109/MIS.2006.80.

MORANGE, J.: « Le mystère de la laïcité française », *Revue du droit public et de la science politique en France et a l'etranger*, 2013, nº 3.

MORELL, J.: "Francia prohíbe el uso de Legaltech para predecir las decisiones de los jueces", *Abogacía Española*, 10 de junio de 2019.

MORENO REBATO, M.: *Inteligencia artificial (Umbrales éticos, Derecho y Administraciones públicas)*, Aranzadi Thomson Reuters, 2021.

MORENO REBATO, M.; RODRÍGUEZ GARCIA, J. A.: *El turismo religioso como turismo cultural: Régimen Jurídico*, Servicio de Publicaciones del Ministerio de la Presidencia, 2021.

MORENO REBATO, M.: "La propuesta de Reglamento de la Unión Europea sobre inteligencia artificial y las Directrices éticas para una inteligencia artificial fiable: Una oportunidad para la Administración pública española", en *La disrupción tecnológica en la Administración pública. Retos y desafíos de la inteligencia artificial*, Aranzadi, 2022.

MORENO REBATO, M.: "Perfilado algorítmico", en *Diccionario de términos para comprender la transformación digital*, Gabriele VESTRI (dir.), Aranzadi, 2023, pp. 263-264.

MORENO REBATO, M.: "Discriminación algorítmica", en *Diccionario de términos para comprender la transformación digital*, Gabriele VESTRI (dir.), Aranzadi, 2023, pp. 141-143.

MORENO REBATO, M.: "La gobernanza internacional de la Inteligencia Artificial y el "efecto Bruselas"", *International Journal of Digital Law*, volumen 4, nº 3, 2023, pp. 65-91.

MORENO, L. y JIMÉNEZ, R.: *Democracias Robotizadas. Escenarios Futuros en Estados Unidos y la Unión Europea*, Catarata, 2018.

MORI, M.: *The Buddha in the Robot*, 1981, (Rissho Kosei-kai of the UK (1 abril 1992)).

MORRIS, J.: "Constraint answer set programming as a tool to improve legislative drafting: a rule as code experiment", en *ICAIL '21: Eighteenth International conference for artificial intelligence and law*, ACM, 2021.

MORRIS, M. R.; SOHL-DICKSTEIN, J.; FIEDEL, N.; WARKENTIN, T.; DAFOE, A.; FAUST, A.; FARABET, C.; LEGG, S.: "Levels of AGI: Operationalizing Progress on the Path to AGI", 2023, arXiv: 2311.02462v1.

MOUANNÈS, H.: « Le principe de la laïcité, condition de la démocratie », en ANDRIANTSIMBAZOVINA, J., KABOU, P.: *Laïcité et défense de l'État de droit*, Presses de l'Université Toulouse.

MOULINET, D.: *Genèse de la laïcité à travers le textes fondateurs*, Cerf, 2005.

MOWBRAY, A.; CHUNG, P.; GREENLEAF, G.: "Representing legislative rules as code: reducing the problems of scaling up", *Computer Law and Security Review*, 48 (105), 2023.

MUJUZI, J. D.: "Separating the Church from State: The Kenyan High Court's Decision in 'Jesse Kamau and 25 Others v Attorney General' (Judgment of 24 May 2010)", *Journal of African Law*, vol. 55, no. 2, 2011, pp. 314-419. *JSTOR*, http://www.jstor.org/stable/41709866.

MULLAINATHAN, S: "Biased Algorithms Are Easier to Fix Than Biased People", *The New York Times*, 6 de diciembre de 2019, https://www.nytimes.com/2019/12/06/business/algorithm-bias-fix.html.

MÜLLER, V. C.: "Ethics of Artificial Intelligence and Robotics", en E. N. ZALTA (Ed.), *The Stanford Encyclopedia of Philosophy*, 2020.

NANDA, V. P.: "International Law in ancient Hindu India", *The influence of religion on the development on international law*, Martinus Nijhoff Publishers, 1991.

NAVAS NAVARRO, S.: "Derecho e inteligencia artificial desde el diseño. Aproximaciones", en NAVAS NAVARRO, S.: *Inteligencia artificial. Tecnología, Derecho*, Tirant lo Blanch, 2017.

NAVAS NAVARRO, S.: "Moderación de contenido e inteligencia artificial generativa", https://webs.uab.cat/derecho-y-digitalizacion-empresarial/2023/07/12/moderacion-de-contenido-e-inteligencia-artificial-generativa/, 2023.

NEUHAUS, R. J.: *The naked public sphere*, Erdmans, Grand Rapids, 1984.

NEUMANN, J. y SCHMIDT-SALOMON, M.: "Was ist Weltanschauungsrecht?", en: NEUMANN, J.; CZERMAK, G.; MERKEL, R. y PUTZKE, H.: *Aktuelle Entwicklungen im Weltanschauungsrecht,* Nomos, 2019.

NEZAMI, N.; HAGHIGHAT, P.; GÁNDARA, D.; ANAHIDEH, H.: "Assessing Disparities in Predictive Modelling Outcomes for College Student Success: The Impact of Imputation Techniques on Model Performance and Fairness", *Education Science, 14*, 136, 2024, https://doi.org/10.3390/educsci14020136.

NICOLETTI, L. y BASS, D.: "Humans are biased. Generative ai is even worse. Stable Diffusion's text-to-image model amplifies stereotypes about race and gender — here's why that matters", *Bloomberg*, 9 de junio de 2023. https://www.bloomberg.com/graphics/2023-generative-ai-bias/.

NIDA-RÜMELIN, J., & WEIDENFELD, N.: *Digitaler humanismus*, Piper Verlag, 2018.

NINO, C. S.: *Introducción al análisis del Derecho*, Ariel Derecho, 1983.

NORIEGA, P.; VERHAGEN, H.; PADGET, J. y D'INVERNO, M.: "Ethical Online AI Systems Through Conscientious Design", en *IEEE Internet Computing*, vol. 25, no. 6, 2021, pp. 58-64, doi: 10.1109/MIC.2021.3098324.

NOVELLI, C.; CASOLARI, F.; ROTOLO, A.; TADDEO, M.; FLORIDI, L.: "AI Risk Assessment: A Scenario-Based, Proportional Methodology for the AI Act (May 31, 2023)", *Digital Society*, 3, 13, 2024; https://doi.org/10.1007/s44206-024-00095-1.

O'CARROLL, J. y FRANCO, J.: «"Muslim registries", Big Data and Human Rights», *Amnesty International*, 2017.

O'LEARY, S. D.: "Cyberspace as Sacred Space: Communicating Religion on Computer Networks", *Journal of the American Academy of Religion*, 64, nº 4, 1996, pp. 781-808.

O'CONNELL, M. E.: "Banning Autonomous Weapons: A Legal and Ethical Mandate", *Ethics & International Affairs*, 37 (3), 2023, pp. 287-298, doi:10.1017/S0892679423000357.

OEBERST, A. y IMHOFF, R.: "Toward Parsimony in Bias Research: A Proposed Common Framework of Belief-Consistent Information Processing for a Set of Biases", *Perspectives on Psychological Science*, 18 (6), 2023, pp. 1464-1487, https://doi.org/10.1177/17456916221148147.

OLLERO, A.: *España: ¿Un estado laico?*, Civitas, 2005.

ONIDA F.: *Il problema dei valori nello Stato Laico. Il principio di laicità nello Stato democratico,* Soveria Mannelli, 1996.

OROZCO SALGADO, Mª J.: "El principio de neutralidad de la red", *Revista de Derecho*, n.º 18, 2015.

ORTIZ LÓPEZ, P.: "Redes sociales: funcionamiento y tratamiento de la información personal", en *Derecho y redes sociales,* Thomson-Reuters, 2010.

ORTIZ MILLÁN, G.: "La laicidad como valor moral", en *Este País*, 1 de enero de 2014, https://archivo.estepais.com/site/2014/la-laicidad-como-valor-moral/.
ORWAT, C.: *Risks of discrimination through the use of algorithms*, Federal Anti-Discrimination Agency (Germany), 2020.
OSMAN, N. y D'INVERNO, M.: "A computational framework of human values for ethical AI", 2023, arXiv: 2305.02748.
PARDO PRIETO, P. C. y RODRÍGUEZ GARCÍA, J. A.: "La moral pública como límite de la libertad ideológica y religiosa. Estudio jurisprudencial", en *La libertad religiosa y de conciencia ante la justicia constitucional,* 1998, pp. 743-759.
PARISER, E.: *El filtro burbuja: cómo la red decide lo que leemos y lo que pensamos*, Taurus, 2017.
PASQUALE, F. A.: *Platform Neutrality: Enhancing Freedom of Expression in Spheres of Private Power*, Social Science Research Network. 2016.
PASQUALE, F.: "Data-informed duties in AI development", *Columbia Law Review*,119 (7), 2019, pp. 1917-1940.
PASQUALE, F.: *New laws of robotics*. Harvard University Press, 2020.
PAYNE, R. K., ed.: *Secularizing Buddhism: New Perspectives on a Dynamic Tradition*, Shambala, 2021.
PECES BARBA, G.: *Derechos Fundamentales*, Facultad de Derecho de la UCM, 1986.
PECES BARBA, G.: *Ética, poder y Derecho*, Centro de Estudios Constitucionales, 1995.
PECES BARBA, G.: *Curso de Derechos Fundamentales*, Universidad Carlos III y BOE, 1995.
PECES BARBA, G.: "Prólogo", en *Estado y religión. Proceso de secularización y laicidad. Homenaje a Don Fernando de los Ríos*, Universidad Carlos III de Madrid, BOE, 2001.
PEDRIZA, L.: "La libertad de creencias en la Constitución japonesa", *Revista de Derecho Político*, nº 89, 2014, pp. 269-298.
PELZ, M. L.; DEN DULK, K. R.: "Looking within or reaching out?: The effects of religion on private school enrollments in an era of school choice", *Politics and Religion*, 11(1), 2018, https://doi.org/10.1017/S1755048317000499.
PEÑA-RUIZ, H.: «Le Sens et l'Enjeu de la Laicité aujourd'hui», en *Les enjeux de la laîcité à l'ère de la diversité culturelle planétaire*, Gerflint, 2014.
PEÑA-RUIZ, H.: *La laïcité pour l'égalité,* Mille et une nuits, 2000.
PEÑA-RUIZ, H.: *Dieu et Marianne. Philosophie de la Laïcité,* PUF, 2001.
PERERA, L. P. N.: *Buddhism and Human Rights*, Karunaratne & Sons, 1991.
PÉREZ TAPIAS, J. A.: "Una visión laica de lo religioso", en *Laicidad en España. Estado de la cuestión en el siglo XXI*, Junta de Andalucía, 2001.
PÉREZ-MADRID, F.: "La tutela de los sentimientos religiosos en el entorno digital", en J. M.ª VÁZQUEZ GARCÍA-PEÑUELA/I. CANO RUIZ (eds.): *El derecho de libertad religiosa en el entorno digital*, Comares, 2019.
PESSACH, D. y SHMUELI, E.: "Algorithmic Fairness", 2020, https://arxiv.org/abs/2001.09784.
PETERS, U.: "Algorithmic Political Bias in Artificial Intelligence Systems", *Philosophy and Technology*; 35 (2), 2022. doi: 10.1007/s13347-022-00512-8.
PHILLIPS-BROWN, M.: "Algorithmic neutrality", 2023, arXiv:2303.05103v2.
PIERRE, K.: «La laïcité est-elle une valeur?», en *Spirale. Revue de recherches en éducation*, (Laïcité, croyances et education), n° 39, 2007.

PIN, A.: "Freedom of Thought and Conscience and Challenges of AI, Ethics and Morality", 2023, https://canopyforum.org/2023/07/18/freedom-of-thought-and-conscience-and-the-challenges-of-ai/.

PINA-SÁNCHEZ, J.; ROBERTS, J. V.; SFEROPOULOS, D.: "Does the Crown Court Discriminate Against Muslim-named Offenders? a Novel Investigation Based on Text Mining Techniques", *The British Journal of Criminology*, Volume 59, Issue 3, May 2019, pp. 718-736, https://doi.org/10.1093/bjc/azy062.

PIZZI, M.; ROMANOFF, M.; ENGELHARDT, T.: "AI for humanitarian action: Human rights and ethics", *International Review of the Red Cross*, 102 (913), 2020, pp. 145-180. doi:10.1017/S1816383121000011

POBLET, M.; CASANOVAS, P. & PLAZA, E.: *Proceedings of the Workshop on Linked Democracy: Artificial Intelligence for Democratic Innovation collocated with the 26th International Joint Conference on Artificial Intelligence (IJCAI 2017)*, Melbourne, Australia, August 19, 2017.

POEL, I. van de: "Embedding Values in Artificial Intelligence (AI) Systems", en *Minds & Machines*, nº 30, 2020, https://doi.org/10.1007/s11023-020-09537.

POLO SABAU, J. R.: "El diálogo entre la Unión Europea y las confesiones religiosas tras el Tratado de Lisboa (A propósito de la Decisión del Defensor del Pueblo Europeo de 25 de enero de 2013)", *Revista de Derecho constitucional europeo*, nº 22, 2014.

POMMERANZ, A.; DETWEILER, C.; WIGGERS, P. y JONKER, C. M.: "Self-Reflection on Personal Values to Support Value-Sensitive Design", en *Proceedings of the 25th BCS Conference on Human Computer Interaction (HCI '11), BCS Learning & Development*, 2021.

PONCE SOLÉ, J.: "La lucha contra la mala administración mediante soluciones algorítmicas y sus riesgos: en especial los sesgos algorítmicos", en *La transformación algorítmica del sistema de justicia penal*, Aranzadi, 2022.

PONCE SOLÉ, J.: "Law, Digital Nudging and Manipulation: Dark Patterns, Artificial Intelligence and the Right to Good Administration", *European review of digital administration & law*, vol. 3, nº. 1, 2022, pp. 31-44.

POULAT, E.: *Notre Laïcité publique: la France est une République laïque,* Editeurs Berg International, 2003.

POUPEAU, F.; FRANÇOIS, J. C.; COURATIER, E.: "Making the right move: how families are using transfers to adapt to socio-spatial differentiation of schools in the greater Paris region", *Journal of education policy*, 22, 1, 2007. https://doi.org/10.1080/02680930601065858.

POWELL, E. J.: *Islamic Law and International Law: Peaceful Resolution of Disputes,* Oxford University Press, 2022.

PUIG HERNÁNDEZ, M. A.: "Cíborgs: el cuerpo humano, los dispositivos tecnológicos y la libertad", en *Cuadernos Electrónicos de Filosofía del Derecho*, número 40, 2019.

QUINN, P. L.: *Divine Commands and Moral Requirements*, Oxford University Press, 1978.

RAGONE, G.: "Artificial Intelligence and New Scenarios of Religious Discrimination in Virtual and Real Space", *Stato, Chiese e pluralismo confessionale*, nº 21, 2022.

RAMAKRISHNA, S.; GÓRSKI, L. & PASCHKE, A.: "A Dialogue between a Lawyer and Computer Scientist: The Evaluation of Knowledge Transformation from

Legal Text to Computer-Readable Format", en *Applied Artificial Intelligence*, Vol. 30, 2016.
RAMIÓ, C.: "¿Puede la inteligencia artificial secuestrar la democracia? (I)", *Publicoblog*, 2018.
RANDALL, R.R.: "A.I. in Religion, A.I. for Religion, A.I. and Religion: Towards a Theory of Religious Studies and Artificial Intelligence", *Religions*, 12, 2021.
RAPHAËL, F., & HICKEY, J.: "Judaism and Secularization", *Social Compass*, 18 (3), 1971, pp. 399-412, https://doi.org/10.1177/003776867101800305.
RAPPAPORT, Z. H.: "Robotics and artificial intelligence: Jewish ethical perspectives", en NIMSKY, C., FAHLBUSCH, R. (eds.).: *Medical Technologies in Neurosurgery. Acta Neurochirurgica Supplements*, vol 98. Springer, 2006, https://doi.org/10.1007/978-3-211-33303-7_2.
RAWLS, J.: *Liberalismo político*, Fondo de Cultura Económica, 1995.
RAYMOND, A.H.; YOUNG, E.A.S., SHACKELFORD, S.J.: "Building a better HAL 9000: algorithms, the market, and the need to prevent the engraining of Bias", *Northwestern Journal Technology Intellectual Property*, 15 (3), 2018.
RECHID, A.: "Islam et droit de gens", RCADI, 1937, t. 60.
REGGIA, J. A.: "Conscious Machines: The AI Perspective," *Proceedings of the AAAI 2014 Fall Symposium Series*, 2014.
REICHMAN, A.; SARTOR, G.: "Algorithms and Regulation", en MICKLITZ, H-W; POLLICINO, O.; REICHMAN, A.; SIMONCINI, A.; SARTOR, G.; DE GREGORIO, G. eds.: *Constitutional Challenges in the Algorithmic Society*. Cambridge University Press; 2021, pp. 131-181. doi:10.1017/9781108914857.009.
RENDA A.: *Study to Support an Impact Assessment of Regulatory Requirements for Artificial Intelligence in Europe. Final Report (D5)*, Comisión Europea, abril 2021, pp. 278-279. https://op.europa.eu/es/publication-detail/-/publication/55538b70-a638-11eb-958501aa75ed71a1.
RENDSBURG, M. A.: "The Impact of Artificial Intelligence on Religion: Reconciling a New Relationship with God", *Political Science - United Nations & Global Policy Studies*, 2019.
REY MARTÍNEZ, F.: *Derecho antidiscriminatorio*. Aranzadi Thomson Reuters, 2020.
RISSE, M.: "Human Rights and Artificial Intelligence: An Urgently Needed Agenda", *Human Rights Quarterly*, 1, 2019.
RISSLAND, E. L.; ASHLEY, K. D.; BRANTING, L. K.: "Case-based reasoning and law", *Knowledge Engineering Review*, 20 (3), 2005, pp. 293-298.
RIVERA, N.: "La neurotecnología es la ciencia que creará nuevos Derechos Humanos", *Alnavío*, 2018, https://alnavio.es/noticia/12531/ingenio/la-neurotecnologia-es-la-ciencia-que-creara-nuevos-derechos-humanos.html.
ROBERTS, J. J.: "A top Google result for the Holocaust is now a white supremacist site", *Fortune*, 2016, https://fortune.com/2016/12/12/google-holocaust/.
ROBERTSON, J.: "Robot Sapiense Japanicus: humanoid robots and the post- human family", *Critical Asian Studies,* 39 (3), 2007.
RODOTÁ, S.: *El derecho a tener derechos*, Trotta, 2014.
RODRÍGUEZ GARCÍA, J. A. y AMÉRIGO CUERVO-ARANGO, F.: "Algunos elementos de formación del estado laico francés como reacción defensiva contra la Iglesia católica", en *Miedo y religión*, Ediciones del Orto, 2002.

RODRÍGUEZ GARCÍA, J. A.: "La integración intercultural: El mestizaje constitucional democrático", en *Migraciones Internacionales*, vol. 6, nº 2, 2011.

RODRÍGUEZ GARCÍA, J. A.: "Pluralismo culturale e laicità in Spagna. "Meticciato costituzionale democratico"", en *Quaderni di diritto e politica ecclesiastica*, 1/2011, pp. 235-254, doi: 10.1440/34468.

RODRÍGUEZ GARCÍA, J. A.: "La educación intercultural: Estudio jurídico-comparado (España-Latinoamérica)", en *Revista General de Derecho Público Comparado*, vol. 10, 2012, pp. 1-35.

RODRÍGUEZ GARCÍA, J. A. y MORENO REBATO, M.: "Derecho e Inteligencia Artificial. ¡El futuro ya está aquí!", *Revista Aranzadi de Derecho y Nuevas Tecnologías*, número 48 (septiembre-diciembre), 2018.

RODRIGUEZ GARCÍA, J. A.: "Autonomía de las confesiones y Derecho comunitario: La protección de los datos personales en este contexto", en *Revista General de Derecho Canónico y Derecho Eclesiástico del Estado*; 2019, pp. 1-31.

RODRÍGUEZ GARCÍA, J. A.: "Libre formación de la conciencia, redes sociales y medios de comunicación: Inteligencia artificial y democracia", en *Derecho Eclesiástico del Estado, en homenaje al profesor Gustavo Suárez Pertierra*, Tirant lo Blanch, 2022.

RODRÍGUEZ GARCÍA, J. A.: "Ekklesia (ΈΚΚΛΗΣΊΑ): Derecho Eclesiástico y democracia", en *Laicidad y Libertades. Escritos Jurídicos*, nº 22, 2022, pp. 169-198.

RODRÍGUEZ GARCÍA, J. A.: "El fútbol como forma de entender la vida y su protección jurídica a través de la libertad de conciencia", en *Revista Aranzadi de Derecho de deporte y entretenimiento*, nº 75, 2022, pp. 1-40.

RODRÍGUEZ GARCÍA, J. A.: "Libertad de conciencia, laicidad y cooperación con las confesiones religiosas en la comunidad de Madrid", en *Secularización, cooperación y Derecho. Estudios en homenaje a la profesora Dra. Dª Ana FERNÁNDEZ-CORONADO GONZÁLEZ*, Servicio de publicaciones del Ministerio de la Presidencia, 2023.

RODRÍGUEZ GARCÍA, J. A.: *Derecho Eclesiástico del Estado. Derecho de la laicidad*, BURJC, 2023, https://hdl.handle.net/10115/27511.

RODRÍGUEZ GARCÍA, J. A.: "La teoría de las obligaciones y la laicidad", en *Teoría de las obligaciones*, Dykinson, 2024, pp. 181-222.

RODRÍGUEZ HERRERA, I.: "Noción del término laico", *Scripta Fulgentina, Revista de Ciencias Humanas y Eclesiásticas*, 1991.

RODRÍGUEZ MONTAÑES, T.: *La libertad de expresión, discurso extremo y delito*, Tirant lo Blanch, 2011.

RODRIGUEZ, K.; OPSAHL, K.; MIR, R. y LEUFER, D.: "Virtual Worlds, Real People: Human Rights in the Metaverse", 2021, https://www.eff.org/files/2021/12/09/virtual_worlds_real_people_1c.pdf.

RODRIGUEZ-SOTO, M.; SERRAMIA, M.; LOPEZ-SANCHEZ, M. y RODRÍGUEZ-AGUILAR, J. A.: "Instilling moral value alignment by means of multi-objective reinforcement learning", *Ethics and Information Technology*, n. 24, 9, 2022. https://doi.org/10.1007/s10676-022-09635-0.

ROKEACH, M.: *The Nature of Human Values*, Free Press, 1973.

ROSENNE, S.: "The Influence of Judaism on the Development of International Law", *Nederlands Tijdschrift voor Internationaal Recht*. 1958; 5 (2), doi:10.1017/S0165070X00029685.

ROSSI, F., & MATTEI, N.: "Building Ethically Bounded AI", en *Proceedings of the AAAI Conference on Artificial Intelligence*, 33, (01), 2019, pp. 9785-9789. https://doi.org/10.1609/aaai.v33i01.33019785.

ROTH, P. L.; THATCHER, J. B.; BOBKO, P.; MATTHEWS, K. D.; ELLINGSON, J. E. & GOLDBERG, C. B.: "Political affiliation and employment screening decisions: The role of similarity and Identification processes", *The Journal of applied psychology*, 105 (5), 2020, pp. 472-486, https://doi.org/10.1037/apl0000422.

RUBIO NUÑEZ, R.: "El derecho a la información y el derecho al voto", en *Sociedad Digital y Derecho*, BOE, 2018.

RUDSCHIES, C.; SCHNEIDER, I.; SIMON J.: "Value Pluralism in the AI Ethics Debate.- Different Actors, Different Priorities", *The International Review of Information Ethics*, 29, 2020, http://informationethics.ca/index.php/irie/article/view/419.

RUIZ MIGUEL, A.: "La laicidad y el eterno retorno de la religión", en R. VÁZQUEZ, A. RUIZ MIGUEL y J. M. VILAJOSANA RUBIO, *Democracia, religión y Constitución*, Fundación Coloquio Jurídico Europeo – Fontamara, 2013.

RUSSELL, S. J. y NORVIG, P.: *Inteligencia Artificial: Un Enfoque Moderno*, 2ª edición, Pearson, 2008.

RUSSELL, S.: "Provably beneficial artificial intelligence", en *The Next Step: Exponential Life*. BBVA-Open Mind, 2017.

RUSSELL, S.: *Human Compatible: Artificial Intelligence and the Problem of Control*, Penguin, 2019.

SALAMANOS, N., LEONIDOU, P., LAOUTARIS, N., SIRIVIANOS, M., ASPRI, M., & PARASCHIV, M.: "HyperGraphDis: Leveraging Hypergraphs for Contextual and Social-Based Disinformation Detection", *Proceedings of the International AAAI Conference on Web and Social Media, 18* (1), 2024, pp. 1381-1394. https://doi.org/10.1609/icwsm.v18i1.31396.

SALAZAR, P.: "Capítulo primero. La reforma al artículo 40: México como república laica", en *La República laica y sus libertades. Las reformas a los artículos 24 y 40 constitucionales*, Universidad Nacional Autónoma de México, 2015.

SALEH, W.: "Islam y laicidad", *Diario Público*, 5 de abril de 2018, https://blogs.publico.es/dominiopublico/25440/islam-y-laicidad/.

SALGUERO, M.: "En torno a la idea de neutralidad en los centros educativos", en *Multiculturalidad y laicidad*, LETE, 2004.

SAMUEL, S.: "Robot priests can bless you, advise you, and even perform your funeral", 2020, https://www.vox.com/future-perfect/2019/9/9/20851753/ai-religion-robot-priest-mindar-buddhism-christianity.

SAMWAY, M.: "Business, Human Rights and the Internet: A Framework for Implementation", en *Human Dignity and the Future of Global Institutions*, Georgetown University Press, 2014.

SÁNCHEZ SÁNCHEZ, E.: "Inteligencia artificial", en *Diccionario de términos para comprender la transformación digital*, (G. VESTRI, Director), Aranzadi, 2023.

SÁNCHEZ SÁNCHEZ, E.: "Sesgo algorítmico", *Diccionario de términos para comprender la transformación digital*, Gabriele VESTRI (dir.), Aranzadi, 2023.

SANG, S.; O'KELLY, M.; KWAN, M.B.P.: "Examining Commuting Patterns", *Urban studies*, 48, 5, 2011, pp. 891-909. https://doi.org/10.1177/0042098010368576.

SANTISTEBAN GALARZA, M.: "Garantías frente a la moderación de contenidos en la Propuesta de Reglamento Único de Servicios Digitales", *Revista CESCO De Derecho De Consumo*, 41, 2022, pp. 159–179. https://doi.org/10.18239/RCDC_2022.41.3103.

SANTOS ARNAIZ, J. A.: "La moralidad' como límite de la libertad de expresión", en *Persona y Derecho*, nº 55, 2006.

SAVARIMUTHU, B. T. R.; CRANEFIELD, S.; PURVIS, M. A.; PURVIS, M. K.: "Identifying prohibition norms in agent societies", *Artificial Intelligent and Law*, 2012, http://dx.doi.org/ 10.1007/s10506-012-9126-7.

SAVATER, F.: "Siempre negativa, nunca positiva", en *El País*, 16 de octubre de 2008, pp. 31-32.

SCARFF, R.: "Emotional Artificial Intelligence, Emotional Surveillance, and the Right to Freedom of Thought", 2022, https://easychair.org/publications/preprint_open/qJfZ.

SCHARFBILLIG, M.; SMILLIE, L.; MAIR, D.; SIENKIEWICZ, M.; KEIMER, J.; PINHO DOS SANTOS, R.; VINAGREIRO ALVES, H.; VECCHIONE, E. y SCHEUNEMANN, L.: *Values and Identities- a policymaker's guide. - Executive summary. Technical Report.* Publications Office of the European Union, 2021.

SCHEININ, M.: "Article 18", en A. EIDE et al. (eds.): *The Universal Declaration of Human Rights: A Commentary*, Oxford University Press/ Scandinavian University Press, 1992.

SCHILD, U. J.; ZELEZNIKOW J.: "A taxonomy for modelling discretionary decision making in the legal domain", en: *Proceedings of the 10th international conference on artificial intelligence and law*, 2005, pp. 60-64.

SCHMITT, M. N.: "Autonomous Weapon Systems and International Humanitarian Law: A Reply to the Critics", *Harvard National Security Journal Features*, 2013, pp. 1-37.

SCHULSON, M.: "What Robot Theology Can Tell Us About Ourselves", *Religion Dispatches*, (Sept. 1, 2014), http://religiondispatches.org/automata [https://perma.cc/NA9E-2JEU].

SCHUURMAN, D. C.: "Artificial Intelligence: Discerning a Christian Response", *Perspectives on Science and Christian Faith*, Volume 71, Number 2, June 2019.

SCHWARTZ, S. y BILSKY, W.: "Toward a universal psychological structure of human values", *Journal of Personality and Social Psychology,* 53, 1987, pp. 550-562.

SCHWARTZ, S.: "Universals in the content and structure of values: theoretical advances and empirical tests in 20 countries", *Advances in Experimental Social Psychology,* 25, 1992, pp. 1-66.

SCHWARTZ, S.: "Are there universal aspects in the structure and contents of human values?", en *Journal of Social Issues*, nº 50, 1994.

SCHWARTZ, S. y SAGIV, L.: "Identifying culture- specifics in the content and structure of values", *Journal of Cross-Cultural Psychology,* 26, 1995, pp. 92-116.

SCHWARTZ, S., SAGIV, L., BOEHNKE, K.: "Worries and values", *Journal of Personality,* 68 (2), 2000, pp. 309-346.

SCHWARTZ, S. H y BARDI, A.: "Values hierarchies across cultures. Talking a similarities perspective", *Journal of Cross-Cultural Psychology*, 32 (3), 2001, pp. 268-290.

SCHWARTZ, S.: "A proposal for measuring value orientations across nations", en *Questionnaire Package of ESS*, 2003, pp. 259-290.

SCHWARTZ., S., BOEHNKE, K.: "Evaluating the structure of human values with confirmatory factor analysis", *Journal of Research in Personality,* 38 (3), 2004, pp. 230-255.

SCHWARTZ, S.: "Basic human values: Their content and structure across countries", en TAMAYO, A. y PORTO, J. (Eds.): *Values and behavior in organizations*, 2005, pp. 21-55.

SCHWARTZ, S.: "Les valeurs de base de la personne: Théorie, mesures et applications [Basic human values: Theory, measurement, and applications]", *Revue Française de Sociologie*, 2006, pp. 249-288.

SCHWARTZ, S. H.: *A Proposal for Measuring Value Orientations across Nations,* 2007.

SCHWARTZ, S. H., CIECIUCH, J., VECCHIONE, M., DAVIDOV, E., FISCHER, R., BEIERLEIN, C., et al.: "Refining the theory of basic individual values", *Journal of Personality and Social Psychology,* 113, 2012, pp. 663-688.

SCHWARTZ, S. H.: "An Overview of the Schwartz Theory of Basic Values", *Online Readings in Psychology and Culture*, 2 (1), 2012.

SCHWITZGEBEL, E., GARZA, M.: "A defense of the rights of artificial intelligences: defense of the rights of artificial intelligences", *Midwest Studies in Philosophy*, 39 (1), 2015, pp. 98-119.

SCOTT B. RAE, S. B.: *Moral choices: an introduction to ethics*, Zodervan, 2009.

SEGUN, S. T.: "From machine ethics to computational ethics", *AI & SOCIETY*, 36, (1), 2021, pp. 263-276.

SERGOT, M. J., SADRI, F.; KOWALSKI, R. A.; KRIWACZEK, F.; HAMMOND, P. y CORY, H. T.: "The British Nationality Act as a logic program", *Communications of the ACM (Association of Computing Machinery), vol.* 29, 5 (May 1986). DOI=http://dx.doi.org/10.1145/5689.5920.

SERRAMIA, M.; LOPEZ-SANCHEZ, M.; RODRIGUEZ-AGUILAR, J. A.; RODRIGUEZ, M.; WOOLDRIDGE, M.; MORALES, J. & ANSOTEGUI, C.: "Moral values in norm decision making", en *Proceedings of the 17th International Conference on Autonomous Agents and MultiAgent Systems (AAMAS'18),* 2018, pp. 1294-1302.

SHAHBAZ, A. y FUNK, A.: "Freedom on the Net 2020: The Pandemic's Digital Shadow", *Freedom House*, 2020, https://www.freedomonthenet.org/report/freedom-on-the-net/2019/the-crisis-of-social-media.

SHAROT, S.: "Judaism and the Secularization Debate", *Sociological Analysis*, 52 (3), 1991, pp. 255-275. https://doi.org/10.2307/3711361.

SHORTALL, R.; ITTEN, A.; MEER, M. VAN DER; MURUKANNAIAH, P. K. y JONKER, C. M.: "Reason against the machine? Future directions for mass online deliberation", *Frontiers in Political Science*, 4 (10), 2022, pp. 1-17.

SIERRA, C.; OSMAN, N.; NORIEGA, P.; SABATER-MIR, J. y PERELLÓ-MORAGUES, A.: "Value alignment: a formal approach", en *The Responsible Artificial Intelligence Agents Workshop, of the 18th International*

Conference on Autonomous Agents and MultiAgent Systems (AAMAS 2019), 2021.

SILVA FAGUNDES, M.; OSSOWSKI, S.; CERQUIDES, J. y NORIEGA, P.: "Design and evaluation of norm-aware agents based on Normative Markov Decision Processes", *International Journal of Approximate Reasoning*, 78, 2016, pp. 33-61. https://doi.org/10.1016/j.ijar.2016.06.005.

SINGH, N.: "Indica and International Law", *Estudios de Derecho Internacional en Homenaje a Antonio de Luna*, CSIC, Instituto Francisco de Vitoria, 1968.

SINGLER, B. (ed.): "Special Issue: Artificial Intelligence and Religion", en *Implicit Religion*, 20, 2017, 3, pp. 215-318.

SINGLER, B.: "An Introduction to Artificial Intelligence and Religion for the Religious Studies Scholar", *Implicit Religion*, 20.3, 2018, pp. 215-231.

SINGLER, B.: "Roko's Basilisk or Pascal's? Thinking of Singularity Thought Experiments as Implicit Religion", *Implicit Religion*, 20.3, 2018, pp. 279-297.

SINGLER, B.: "Blessed by the algorithm: Theistic conceptions of artificial intelligence in online discourse"; *AI & Society*, 35, 2020, pp. 945-955. https://doi.org/10.1007/s00146-020-00968-2.

SINN, J. S.: "Mapping ideology: Combining the Schwartz value circumplex with evolutionary theory to explain ideological differences", *Evolutionary Psychological Science, 5* (1), 2019, pp. 44-57, https://doi.org/10.1007/s40806-018-0165-5.

SIX, C.: *Secularism, Decolonisation, and the Cold War in South and Southeast Asia*, Routledge, 2018.

SMITH, G.: *A Short History of Secularism*, IB Tauris & Co Ltd, 2008.

SMITH, W. J.: "Transhumanism: A Religion for Postmodern Times", *Religion & Liberty*, Vol. 28 n. 4, 29 noviembre 2018.

SMUHA, N. A.: "The EU approach to ethics guidelines for trustworthy artificial intelligence", *CRi-Computer Law Review International*, *20* (4), 2019, pp. 97-106.

SMUHA, N.A.: "From a 'race to AI' to a 'race to AI regulation': regulatory competition for artificial intelligence", *Law, Innovation and Technology*, 13 (1), 2021, pp. 57-84. https://doi.org/10.1080/17579961.2021.1898300.

SOLIMAN, M. M.; AHMED, E.; DARWISH, A. *et al.*: "Artificial intelligence powered Metaverse: analysis, challenges and future perspectives", *Artificial Intelligence Review*, 57, 36, 2024, https://doi.org/10.1007/s10462-023-10641-x.

SOLON, O.: "Deus ex machina: Former Google Engineer Is Developing an AI God," *The Guardian,* 28 de septiembre de 2017.

SOLUM, L. B.: "Legal Personhood for Artificial Intelligence," *North Carolina Law Review,* 70, 1992.

SORIANO ARNANZ, A.: "Decisiones automatizadas y discriminación: aproximación y propuestas generales", *Revista general de Derecho Administrativo*, nº 56, 2021.

SORIANO ARNANZ, A.: *Data protection for the prevention of algorithmic discrimination*, Aranzadi, 2021.

SORIANO ARNANZ, A.: "Discriminación algorítmica: garantías y protección jurídica", en *Derechos y garantías ante la inteligencia artificial y las decisiones automatizadas*, Aranzadi, 2022.

SOURDIN, T.: *Judges, technology and artificial intelligence: The artificial judge*, Edward Elgar Publishing, 2021.

SPITZ, J.-F.: *La laïcité dévoyée*, 17 de abril de 2023, https://aoc.media/analyse/2023/04/16/la-laicite-devoyee/.

STALMAN, A.: "¿Y si los robots pudieran tener conciencia?", *The Conversation*, 1 de noviembre de 2018.

STEINHART, E.: "Digital Theology: Is the Resurrection Virtual?", en *A Philosophical Exploration of New and Alternative Religious Movements*, ed. Morgan Luck, 2012, pp. 133-152.

STEPHEN, K. y JONES, B.: "The effect of religiosity on decision making in self-driving cars: the case of 'the ethical knob'", *Issues in Information Systems Volume*, 21, Issue 1, 2020, pp. 74-90.

STRAY, J.; HALEVY, A.; ASSAR, P.; HADFIELD-MENELL, D.; BOUTILIER, C.; ASHAR, A.; BAKALAR, C.; BEATTIE, L.; EKSTRAND, M.; LEIBOWICZ, C.; MOON SEHAT, C.; JOHANSEN, S.; KERLIN, L.; VICKREY, D.; SINGH, S.; VRIJENHOEK, S.; ZHANG, A.; ANDRUS, M.; HELBERGER, N. PROUTSKOVA, P.; MITRA, T.; VASAN, N.: "Building Human Values into Recommender Systems: An Interdisciplinary Synthesis", *ACM Transactions on Recommender Systems*, Association for Computing Machinery, 2023, https://doi.org/10.1145/3632297.

SUÁREZ PERTIERRA, G.: "Prólogo" a la obra *Las libertades de expresión e información como garantía del pluralismo democrático*, de Mª C. LLAMAZARES CALZADILLA, Civitas, 1999.

SUÁREZ PERTIERRA, G.: "Educación en valores y multiculturalidad", en *Interculturalidad y educación en Europa*, Tirant lo Blanch, Valencia, 2005, p. 423-441.

SUÁREZ-GONZALO, S.: "Tus likes, ¿tu voto? Explotación masiva de datos personales y manipulación en la campaña electoral de Donald Trump a la presidencia de EE. UU. 2016", *Quaderns del CAC*, nº 44, 2018.

SURDEN, H.: "Values Embedded in Legal Artificial Intelligence", en *University of Colorado Law Legal Studies Research Paper No. 17*, 15 de marzo de 2017.

SURDEN, H.: "Values Embedded in Legal Artificial Intelligence", en *IEEE Technology and Society Magazine*, vol. 41, no. 1, March 2022, pp. 66-74, doi: 10.1109/MTS.2022.3147542.

SURDEN, H.: "Computable Law and Artificial Intelligence", *University of Colorado Law Legal Studies, Research Paper* nº. 24-2, Cambridge Handbook of Private Law and Artificial Intelligence, 2024, pp. 5-17, https://ssrn.com/abstract=4687616.

SUSSKIND, R.: *Tomorrow's Lawyers: An Introduction to Your Future*, Oxford University Press, 2ª edición, 2017. En español: *El abogado del mañana. Una introducción a tu futuro*, La Ley, 2020.

SWIFT, T.; WARREN, D. S.: "XSB: Extending prolog with tabled logic programming", *Theory Practical Logic Program*, 12 (1–2), 2012, pp. 157-187, https:// doi. org/ 10. 1017/ S1471 06841 10005 00.

TEMPERMAN, J.: "Artificial Intelligence and Religious Freedom", QUINTAVALLA y TEMPERMAN (eds.): *Artificial Intelligence and Human Rights*, Oxford University Press, 2023.

THACKER, J.: "Should Your Church Use Facial Recognition Technology?", *Lifeway Research*, 2020.

THALER, R. H. y SUNSTEIN, C. R.: *Nudge. The Final Edition*, Penguin Books, 2021.

THOMAS, J.; KUHAIL, M. A. y ALBEYAHI, F.: "The Metaverse, Religious Practice and Wellbeing: A Narrative Review", *Cyberpsychology, Behavior, and Social Networking*, 27:1, 2024.

THOMAS, L.: "What's behind Japan's Love Affair with Robots?", *Time Magazine* (August 3, 2009).

THOMPSON, A.: "Google's Sentiment Analyzer Thinks Being Gay Is Bad", *Motherboard*, 2017.

THURNHER, J. S.: "The Law That Applies to Autonomous Weapon Systems", *ASIL Insights;* vol. 17 (4), 2013, https://www.asil.org/insights/volume/17/issue/4/law-applies-autonomous-weapon-systems.

TIROSH-SAMUELSON, H.: "Transhumanism as a Secularist Faith", *Zygon*, 47.4, 2012, pp. 710-734.

TISCHBIREK, A.: "Artificial intelligence and discrimination: Discriminating against discriminatory systems", en *Regulating Artificial Intelligence*, Springer, 2020, pp. 103-121.

TORRES GUTIÉRREZ, A.: "La levedad de la laicidad y sus claroscuros en España", en *Libertad de conciencia, laicidad y Derecho*, Thomson Reuters-Civitas, 2014.

TROVATO, G.; WENG, H.; SGORBISSA, A.; WIECHING, R. (eds.): "Special Issue: Religion in Robotics", en *International Journal of Social Robotics*, 13, 2021, 4, pp. 537-862.

TSE-SHYANG CHEN, F.: "The Confucian view of world order", *The influences of religion on the development of International Law*, 1991.

TUFEKCI, Z.: "Algorithmic Harms beyond Facebook and Google: Emergent Challenges of Computational Agency", *Colorado Technology Law Journal*, 13, 2015.

TUNG, H. M.: "Influences of religions on the Japanese conception of robots", August 31, 2020, https://philarchive.org/archive/TUNIOR-2.

TUOMELA, S.; LIVARI, N. y SVENTO, R.: "User values of smart home energy management system: sensory ethnography in VSD empirical investigation", en *Proceedings of the 18th International Conference on Mobile and Ubiquitous Multimedia (MUM '19). ACM*, 2019, pp. 1-12.

TURÉGANO, I.: "¿Qué deben esperar las mujeres de un Estado laico?", en MONTESINOS, N. y SOUTO, B. (coords.): *Laicidad y Creencias*, revista Feminismo/s, núm. 28 (diciembre 2016).

URBAN, J.; KARAGANIS, J. y SCHOFIELD, B.: "Notice and Takedown in Everyday Practice", en *UC Berkeley Public Law Research Paper*, 2016.

VAN BEKKUM, M. y BORGESIUS, F. Z.: "Using sensitive data to prevent discrimination by artificial intelligence: does the GDPR need a new exception?", *Computer Law and Security Review*, 48, 2023, http://dx.doi.org/10.2139/ssrn.4104823.

VAN EST, R. y GERRITSEN, J. B. A.: *Human rights in the robot age: Challenges arising from the use of robotics, artificial intelligence, and virtual and augmented reality*. Informe elaborado para el comité sobre Cultura, Ciencia, Educación y Medios de Comunicación de la Asamblea Parlamentaria del Consejo de Europa, Rathenau Instituut, 2017.

VANONI, L. P.: "Deus ex machina. Intelligenza artificiale e libertà religiosa nel sistema costituzionale degli Stati Uniti", *Stato, Chiese e pluralismo confessionale,* n. 15, 2020.

VASYLENKO, A., GAMON, J., DUFF, B.B. *et al.*: "Element selection for crystalline inorganic solid discovery guided by unsupervised machine learning of experimentally explored chemistry", *Nature Communications*, 12, 5561, 2021. https://doi.org/10.1038/s41467-021-25343-7.

VÁZQUEZ, R.: "Laicidad, ¿neutralidad? y deliberación pública. Un diálogo con Alfonso Ruiz Miguel. Comentario a Alfonso Ruiz Miguel, Cuestiones de principios: entre política y Derecho", *Eunomía. Revista en Cultura de la Legalidad*, 20, 2021, pp. 415-425, doi: https://doi.org/10.20318/eunomia.2021.6085.

VELASQUEZ-MANOFF, M.: "Los lectores de la mente", *The New York Times*, 2020, https://www.nytimes.com/es/2020/08/29/espanol/opinion/inteligencia-artificial-mente.html

VERHEIJ, B.: "Arguments about values", en ATKINSON, K.; PRAKKEN, H.; WYNER, A. (eds.): *From knowledge representation to argumentation in AI, law and policy making*. College Publications, 2013, pp. 243-257.

VERMEULEN, B.: "Article 9", en *Theory and Practice of the European Convention on Human Rights*, ed. F. van Dijk et al., 4th ed., Intersentia, 2006.

VESTRI, G.: "Ética algorítmica", en *Diccionario de términos para comprender la transformación digital*, Gabriele VESTRI (dir.), Aranzadi, 2023, pp. 153-156.

VUNIKILI, R.; OCHANI, H.; JAISWAL, D.; DESHMUKH, R.; CHEN, D.; ASH, E.: "Analysis of Vocal Implicit Bias in SCOTUS Decisions Through Predictive Modelling", *Proceedings of Experimental Linguistics*, 2018.

VV. AA.: *Teoría general de los derechos fundamentales en la Constitución española* de 1978, 2004.

WACHTER, S.; MITTELSTADT, B. & RUSSELL, C.: "Counterfactual explanations without opening the black box: automated decisions and the GDPR", *Harvard Journal of Law & Technology*, Volume 31, Number 2 Spring, 2018, https://doi.org/10.48550/arXiv.1711.00399.

WACHTER, S.; MITTELSTADT, B.; RUSSELL, C.: "Why fairness cannot be automated: Bridging the gap between EU non-discrimination law and AI", *Computer Law & Security Review*, vol. 41, 2021, https://doi.org/10.1016/j.clsr.2021.105567.

WAKEFIELD, J.: "AI Emotion-Detection Software Tested on Uyghurs", *BBC News*, 26 May 2021, <https://www.bbc.com/news/technology-57101248>.

WALLACH, W. y COLIN ALLEN, C.: *Moral Machines: Teaching Robots Right from Wrong;* Oxford University Press, 2010.

WANG, N.: "'Black Box Justice': Robot Judges and AI-based Judgment Processes in China's Court System", *IEEE International Symposium on Technology and Society (ISTAS)*, 2020, pp. 58-65, doi: 10.1109/ISTAS50296.2020.9462216).

WEAVER, J. F.: *Robots Are People Too: How Siri, Google Car, and Artificial Intelligence Will Force Us to Change Our Laws,* Praeger, 2013.

WEAVER, J. F.: "Why robots deserve free speech rights", en *Slate.com*, 2018.

WEERAMANTRY, G.: «Some Buddhist perspectives on International Law", *outros Boutros-Ghali: Amicorum Discipulorumque*, Liber, 1999.

WEISS, L. G.: "Autonomous Robots in the Fog of War" *IEEE Spectrum* (New York, 27 July 2011); 2011, http://spectrum.ieee.org/robotics/military-robots/autonomous-robots-in-the-fog-of-war.

WEIWEI, Z.: *Artificial Intelligence and ISO 26000 (Guidance on Social Responsibility)'. AI and Learning Systems. Industrial Applications and Future Directions*, IntechOpen, 2021, doi:10.5772/intechopen.93451.

WELZEL, C. y INGLEHART, R.: "Values, Agency, and Well-Being: A Human Development Model", *Social Indicators Research*, 2010, pp. 43-63.

WENG, Y. H., SUGAHARA, Y., HASHIMOTO, K., & TAKANISHI, A.: "Intersection of "Tokku" Special Zone, Robots, and the Law: A Case Study on Legal Impacts to Humanoid Robots". *International Journal of Social Robotics*, vol. *7*(5), 2015, pp. 841-857, DOI: 10.1007/s12369-015-0287-x.

WERTHNER, H., PREM, E., LEE, E. A., & GHEZZI, C.: *Perspectives on digital humanism*, Springer, 2022.

WILMAN, F.: "The Digital Services Act (DSA)-An Overview", 2022, https://ssrn.com/abstract=4304586.

WILSON, H. G.; SANDOZ, E. K.; KITCHENS, J. y ROBERTS, M.: "The Valued Living Questionnaire: Defining and Measuring Valued Action", *The Psychological Record*, 60, 2, 2010, pp. 249-272.

WINFIELD, A. F.: "Machine ethics: The design and governance of ethical AI and autonomous systems [scanning the issue]", *Proceedings of the IEEE,* 107 (3), 2019, pp. 509-517.

WINIKOFF, M.: "Towards Trusting Autonomous Systems", en EL FALLAH-SEGHROUCHNI, A., RICCI, A., SON, T. (eds.) *Engineering Multi-Agent Systems. EMAS 2017. Lecture Notes in Computer Science*, vol 10738, 2018, Springer, Cham. https://doi.org/10.1007/978-3-319-91899-0_1.

WOEHRLING, J.: "La obligación de neutralidad religiosa del Estado en el Derecho canadiense", *Revista catalana de Dret Públic*, núm. 33, 2006.

WONG, D., FLORIDI, L.: "Meta's Oversight Board: A Review and Critical Assessment", *Minds & Machines*, 33, 2023, pp. 261–284. https://doi.org/10.1007/s11023-022-09613-x.

WRIGHT, J.: "Tactile care, mechanical Hugs: Japanese caregivers and robotic lifting devices", *Asian Anthropology, 17*(1), 2018, pp. 24-39.

XIAN, Y.; ZHAO, T.; LI, J.; CHAN, J.; KAN, A.; MA, J.; DONG, X. L.; FALOUTSOS, C.; KARYPIS, G.; MUTHUKRISHNAN, S.; ZHANG, Y.: "EX3: Explainable Attribute-aware Item-set Recommendations", en *Proceedings of the 15th ACM Conference on Recommender Systems (RecSys '21)*, Association for Computing Machinery, 2021, pp. 484-494. https://doi.org/10.1145/3460231.3474240.

YAMPOLSKIY, R. V.: "Artificial Intelligence Safety Engineering: Why Machine Ethics Is a Wrong Approach", en Müller, V. (eds.): *Philosophy and Theory of Artificial Intelligence. Studies in Applied Philosophy, Epistemology and Rational Ethics*, vol 5. Springer, 2013, https://doi.org/10.1007/978-3-642-31674-6_29.

YEUNG, K.: "A Study of the Implications of Advanced Digital Technologies (Including AI Systems) for the Concept of Responsibility Within a Human Rights Framework", 2018, https://ssrn.com/abstract=3286027.

YEUNG, K.: "Algorithmic regulation: A critical interrogation. A Critical Interrogation", *Regulation & Governance*, 12, 2018, pp. 505-523.

YEUNG, K.; HOWES, A. y POGREBNA, G.: "AI Governance by Human Rights-Centred Design, Deliberation and Oversight: An End to Ethics Washing", en *The Oxford Handbook of AI Ethics*, Oxford University Press, 2019.

YILMAZ, M. C.: *Divine Alignment: A Survey-Based Study on How Religion Influences Expectations for AI Alignment,* Uppsala Universitet, Department of Theology, 2023.

YORK, J. C.: "Policing Content in the Quasi-Public Sphere", en *Open Net Initiative Bulletin*, Berkman Center, Harvard University, 2010.

YUSTE, R.: "El avance de la inteligencia artificial, A la Declaración de Derechos Humanos queremos añadirle cinco derechos nuevos: los Neuroderechos", en: https://www.futuro360.com/data/rafael-yuste-y-el-avance-de-la-inteligencia-artificial-a-la-declaracion-dederechos-humanos-queremos-anadirle-cinco-derechos-nuevos-los-neuroderechos_20190119/ - *Repositorio Institucional de la Universidad de Costa Rica*, 2019.

ZAGREBELSKY, G.: *Principios y votos. El Tribunal Constitucional y la política*, Trotta, 2008.

ZELEZNIKOW, J.: "The benefits and dangers of using machine learning to support making legal predictions", *WIREs*, 2023, https://wires.onlinelibrary.wiley.com/doi/10.1002/widm.1505.

ZHU, Q.; WILLIAMS, T.; WEN, R.: "Confucian robot ethics", en D. WITTKOWER (Ed.): *Computer Ethics - Philosophical Enquiry (CEPE) Proceedings*, 2019. doi: 10.25884/5qbh-m581 R.

ZHU, Q.; WILLIAMS, T.; JACKSON, B.; WEN, R.: "Blame-Laden Moral Rebukes and the Morally Competent Robot: A Confucian Ethical Perspective", *Science and Engineering Ethics*, 26, 2020, pp. 2511-2526. https://doi.org/10.1007/s11948-020-00246-w.

ŽLIOBAITĖ, I., CUSTERS, B.: "Using sensitive personal data may be necessary for avoiding discrimination in data-driven decision models". *Artificial Intelligence Law,* 24, 2016, https://doi.org/10.1007/s10506-016-9182-5.

GRACIAS POR CONFIAR EN NUESTRAS PUBLICACIONES

Al comprar este libro le damos la posibilidad
de consultar gratuitamente la versión ebook.

Cómo acceder al ebook:

- ☞ **Entre en nuestra página web,** sección Acceso ebook (www.dykinson.com/acceso_ebook)
- ☞ **Rellene el formulario** que encontrará insertando el código de acceso que le facilitamos a continuación así como los datos con los que quiere consultar el libro en el futuro (correo electrónico y contraseña de acceso).
- ☞ Si ya es **cliente registrado**, deberá introducir su **correo electrónico y contraseña habitual**.
- ☞ Una vez registrado, **acceda a la sección Mis e-books de su cuenta de cliente**, donde encontrará la versión electrónica de esta obra ya desbloqueada para su uso.
- ☞ Para consultar el libro en el futuro, ya sólo es necesario que se identifique en nuestra web con su correo electrónico y su contraseña, y que se dirija a la sección Mis ebooks de su cuenta de cliente.

CÓDIGO DE ACCESO

Rasque para ver el código

Nota importante: Sólo está permitido el uso individual y privado de este código de acceso. Está prohibida la puesta a disposición de esta obra a una comunidad de usuarios.